新编21世纪研究生系列教材

U0853543

团队建设与管理

TEAM BUILDING
AND MANAGEMENT

主编 卫旭华

中国人民大学出版社
·北京·

本书为兰州大学教材建设基金项目（72372063）、国家自然科学基金面上项目（71972093），受到兰州大学中央高校基本科研业务费专项资金（2023jbkyzx005)资助。

前 言

习近平总书记在党的二十大报告中强调，“团结奋斗是中国人民创造历史伟业的必由之路”。团结奋斗不仅是开创强国建设、民族复兴新局面的精神力量，也是微观企业中凝聚人心、开展团队建设与管理的重要手段。

不论是对企业基层员工的管理，还是各个层级管理者的管理，都离不开团队建设与管理的知识、技能和能力。我们经常听到“定战略、搭班子、带团队”，这些内容和团队建设与管理紧密相连。然而，目前团队建设与管理领域的相关书籍多以实战型为主，通俗易懂但缺乏理论基础和深度，注重个人经验的推广，甚至是心灵鸡汤的灌输，忽视了知识普适性和情境特殊性之间的融合。因此，这些实战型书籍在理论基础、逻辑架构、严谨性和体系性等方面都存在诸多不足。当前团队已成为企业的主流工作模式，不仅实践界对团队建设与管理课程的需求非常旺盛，理论界也进行了大量卓有成效的研究。在过去几十年，学术界对团队展开了大量研究，这些研究成果具有宝贵的价值，但这些最新的研究成果并未收录到主流教科书中。

为此，我们基于当前团队建设与管理的经典文献和前沿研究，编撰了这本站在严谨的实证研究基础上的团队建设与管理教材。本书具有如下几个显著特征：

第一，本书内容编排系统完整，借鉴经典团队模型组织篇章内容，使得章节架构更加合理，便于学生快速了解团队建设与管理的要点和知识体系。本书逻辑清晰地介绍了团队管理的概念、理论和相关模块。通过借鉴团队管理领域的经典模型——IPO 模型系统地阐述了团队建设与管理中的输入—过程—输出知识体系。团队输入管理方面主要涉及团队目标设置、团队构成、团队层级结构等内容。团队过程管理方面主要涉及三类过程的管理，即团队情感过程建设与管理、团队行为过程建设与管理、团队认知过程建设与管理。团队输出管理方面主要涉及团队绩效管理和团队创新管理等内容。

第二，本书的内容前沿，编者长期致力于团队建设与管理研究，对团队建设与管理领域的前沿理论和科学研究有着较高的敏感性，能够将其融入教材编写中。编者近些年涉猎的研究主题包括团队权力与地位层级、团队断层与多元化、团队薪酬差距、团队情绪智力、团队冲突与合作、团队效能感、团队凝聚力、团队创新与绩效等，这些都是团队建设与管理中的重要内容。编者围绕这些主题开展了系统且科学的探索，主持了多项与团队管理密切相关的国家级和省部级课题，形成了最新综述和实证研究成果，并能够将这些前沿成果较好地融入各章节的内容中。

第三，本书融入丰富的中国情境案例和思政元素，这些中国情境案例和思政元素将有助于学生进行深度思考，并能够借助所学的团队管理知识体系来解决现实中的团队建设与管理问题。比如，本书在每一章开篇都会设置一个引导案例，引发学生思考，让学生带着问题进行后续内容的学习。在正文中穿插各种情境化和有针对性的短案例，启发学生思考解决问题之道。在每一章最后设置两个典型案例供学生课堂或者课下讨论。本书将理论联系实践，着力提升学生的专业能力、理论素养和商业伦理素质，提高学生对团队建设与管理问题的分析和解决能力。

本书由兰州大学卫旭华教授的研究团队通力协作完成，由卫旭华教授统稿和修订。具体编写分工如下：第 1 章，张超；第 2 章，赵馨怡；第 3 章，陈子萌；第 4 章，卫旭华；第 5 章，卫旭华；第 6 章，谭为；第 7 章，吕铭瑶；第 8 章，崔代宇；第 9 章，黄予欣；第 10 章，杨沫；第 11 章，于璟婷；第 12 章，焦文颖；第 13 章，陈义；第 14 章，杜玉娇；第 15 章，魏子栋；第 16 章，王敏；第 17 章，张悦。

非常感谢兰州大学教材建设基金项目（72372063）、国家自然科学基金面上项目（71972093）和兰州大学中央高校基本科研业务费专项资金（2023jbkyzx005）对本书提供的资助，感谢中国人民大学出版社谷广阔编辑、兰州大学研究生院及管理学院研究生教学管理办公室对本书的大力支持。

由于编者水平有限，本书难免存在诸多不足，期待各位读者能够提出宝贵的建议，以求不断完善本书。

卫旭华

目 录

第一部分 认识团队建设与管理

第二部分 团队输入管理

第三部分 团队情感过程建设与管理

第四部分 团队行为过程建设与管理

第五部分 团队认知过程建设与管理

第六部分 团队输出管理

01

第一部分

认识团队建设与管理

第1章

团队概述

14 亿多中国人心往一处想、劲往一处使，同舟共济、众志成城，就没有干不成的事、迈不过的坎。

——习近平，二〇二三年新年贺词

学习目标

1. 理解团队的定义
2. 能够区分团队的类型及各类团队的特点
3. 掌握团队的构成要素
4. 了解团队的发展阶段
5. 辩证地分析团队的优缺点

引导案例

同舟共济携手战“疫”

2019 年末，突如其来的新冠疫情打破了新年的温馨与祥和，武汉成为疫情的“风暴眼”。2020 年 1 月 23 日，武汉市新冠疫情防控指挥部为了应对来势汹汹的疫情，紧急决定参照北京“小汤山模式”，在武汉市蔡甸区火速建设一所可容纳 1 000 张床位的火神山医院。

在短时期内完成如此大规模的工程量，给疫情防控带来了几乎不可完成的挑战。虽然疫情形势严峻，但从四面八方汇聚而成的坚定力量，成了抗疫中最坚硬的盾牌。

1月23日晚上10点半，第一台挖掘机开进了知音湖畔，打响了火神山医院建设的第一枪。为了降低疫情扩散的风险，第一批工人连续工作了40个小时。他们忘记了寒冷，忘记了辛苦，放弃了与家人的团聚。

随着疫情的进一步加重，一项更加庞大、更具困难的任务到来了。

1月25日，大年初一，武汉市新冠疫情防控指挥部紧急召开调度会，会议决定除了完成火神山医院的建设以外，还需要半个月之内在武汉市江夏区黄家湖畔建一所雷神山医院。雷神山医院总建筑规模超过两个火神山医院。此时，武汉市全市的施工人员、机械设备、物资材料都在援助火神山医院。开启“第二战场”，可以说是几乎不可能的。但是哪里任务险重，哪里就有挺身而出的英雄。

4万多名建设者在短时间内完成集结，发挥设计建设等全产业链优势，以天为单位来安排工期，把施工节点细分到小时甚至分钟，实现了数百家分包单位、上千道工序、几万名建设者的无缝对接、高效协同，以求在最短的时间内把医院建成。饿了，他们就蹲在工地上吃盒饭；困了，他们就靠在材料堆上打个盹，他们用半个月的时间完成了平常2年的工作量。

2月2日，火神山医院交付。2月6日，雷神山医院逐步交付。

面对极限的工期，严苛的标准，火神山医院运行73天，雷神山医院运行68天，累计治愈患者近5 000人，同时实现了“零扩散”“零感染”。与此同时，“大兵团作战”优势继续发光发热，成为中国抗疫的可靠力量。

资料来源：“火神山”“雷神山”彰显中国速度［EB/OL］.（2020-12-18）. https：//m. thepaper. cn/baijiahao_10451716.

我们在日常生活或工作中大都参加过某种类型的团队，比如生产团队、学习团队、销售团队等。它们都是为了解决某一特定问题或者针对某些特定任务而专门组建起来的小组。在很多情况下，组织中的许多工作都呈现出量大且烦琐、涉及专业领域多的特征，个人没有办法独立完成整个组织中的任务，需要依赖成员组成团队，充分发挥各个成员的能力与特色，集合成员们共同努力完成团队任务，达成团队目标。[1]如何构建好的团队，使得团队中的每位成员都能够发挥所长，成员之间相互信任与合作，形成良好的团队氛围，最终实现团队的高效管理，这些都是组织成功的关键因素。因此，团队管理对于团队成功至关重要。

1.1 团队的定义

团队的起源最早可以追溯到军队中。[2]随着时间的推移，团队的概念逐渐开始兴起，逐渐演变为“一起行动的一群人”[3]。团队由“具有不同特征的两个或更多的人组成，他们会为了一个共同的、重要的目的/目标/任务而动态地、相互依赖地产生交互作用。团队中的每个个体都会拥有明确的角色或者职能，但是他们的角色或老职能有一个有限的生命周期”[4]。也就是说，首先，团队是指由两个或者两个以上的人组成的一个共同体，是人际关系的集合体；其次，成员们拥有共同的目标；最后，团队中每个成员利用自己的技能、知识或者经验，彼此之间进行沟通、学习、合作，共同承担责任，进而完成团队任务，实现“1+1>2”的结果。

1.2 团队的分类

1.2.1 形式和目标视角下的团队类型

罗宾斯（Robbins）和贾奇（Judge）按照团队的形式和目标将团队划分成问题解决团队（problem-solving teams）、自我管理团队（self-managed teams）、跨职能团队（cross-functional teams）和虚拟团队（virtual teams），见表1-1。[5]

表1-1 按照团队形式和目标划分的团队类型

团队类型	形式	目标
问题解决团队	由同一部门的5～12名成员构成	改进工作程序和解决团队发展过程中存在的问题；成员们根据建议采取行动的实际权力非常小
自我管理团队	由从事相互依赖性工作的10～15名成员构成	计划和安排工作日程、给成员们分配工作任务、制定与生产相关的决策等；拥有权力管理团队
跨职能团队	由层级相近但属于不同工作领域且具有不同工作技能的成员构成	处理复杂多样的工作任务
虚拟团队	依赖现代信息技术将分散在不同地区的成员联系起来	灵活、动态地完成团队任务，减少团队运营成本，提高资源利用率

1. 问题解决团队

问题解决团队通常是由来自同一部门的5～12名成员构成，主要目的是改进工作程序和解决团队发展过程中存在的问题。[6]由于团队时常会面临质量以及成本等问题，因此问题解决团队的工作任务之一就是每周花费几个小时开会讨论如何提升产品的质量、提高成员们的劳动生产率、改善工作环境等。[7]团队可以在不改变基本工作流程或者不影响其他部门的情况下根据自己的需求提出解决方案。实际上，问题解决团队在大多数情况下只是针对工作程序提出一些建议，提供可行性的方案，并没有什么实际的权力可以根据自己的建议采取改变的措施或者行动。比较有代表性的问题解决团队就是质量管理团队（也称为“质量圈”）。质量管理团队是由共同承担责任的成员以及主管构成。成员们通过定期会面的形式，共同讨论找到质量方面存在的问题，就如何改变工作程序和工作方法、提升生产效率，提出相对应的建议和方案，但是成员们根据建议采取行动的实际权力非常小。

2. 自我管理团队

自我管理团队通常是由10～15名成员构成，成员之间关系密切，而且成员从事的工作相辅相成。[8]除此之外，成员们还需要承担一些以前本应该由主管来承担的责任，比如计划和安排工作日程；给成员们分配工作任务；制定与生产相关的决策；共同监控工作进度；针对出现的问题采取相关措施等。[9]完全的自我管理团队甚至可以自主地挑选成员，并让成员们相互进行绩效评估。在自我管理团队中，主管人员的重要性下降了，甚至可以取消主管这个职位。可以看出，自我管理团队不仅保留了团队的基本性质，在团队运行方面也具有自我管理、自我负责、自我领导等特征。如施乐、通用电气、百事、惠普公司等，都采用自我管理团队的形式，团队拥有处理问题、做出决策、推进项目进度的权限，进而实现高效的团队管理。

3. 跨职能团队

20世纪80年代末，很多大公司为了完成复杂的项目逐渐建立起跨职能团队。跨职能团队通常是由层级相近但是来自不同工作领域且具有不同知识技能的成员构成，成员们共同协作、识别和解决问题。在组织中，跨职能团队通常作为自主团队被分配到需要众多部门共同协作投入和专业知识的特定任务中。组织一般会将特定的任务分配给由多个不同学科的个体组成的跨职能团队，进一步帮助组织完善工作方案。此外，拥有不同知识技能的员工可以自由地进行信息交换，提升组织内部的知识共享水平，进而激发成员们的创新能力，提高组织的运营效率，以便于组织更加灵活地应对市场变化，提高核心竞争力。比如，IBM在开发卓有成效的360系统时，成立了一个大型的“任务攻坚队”(task force)。任务攻坚队成员来自公司的多个部门，成员们打破了部门之间的界限，并运用不同的专业知识和技能为问题和任务的潜在解决方案提供了不同观点，克服了开发过程中的重重困难，帮助IBM取得了重大成功。后来，一些主要的汽车制造公司（例如丰田、日产、本田）都采用了跨职能团队来协调完成复杂的项目，跨职能团队在组织中得到了广泛的应用。

4. 虚拟团队

与问题解决团队、自我管理团队、跨职能团队不同的是，虚拟团队的成员们并不需要面对面地进行交流与工作，而是利用现代信息技术手段将分散在不同地区的成员联系起来以完成团队的任务，实现团队的目标。[10]虚拟团队的存在使得成员们的工作可以跨越时间、空间、文化、组织的界限，帮助成员们实现宽泛联合，协调完成复杂的团队任务。迈尔斯（Miles）和斯诺（Snow）较早地提出了大众较为认可的虚拟团队概念，认为虚拟团队是伴随着信息技术的发展而出现的网络化团队的进化形式。[11]由于虚拟团队打破了成员“分散性”的界限，相对于其他传统类型的团队，它在各类团队中拥有更加广阔的发展前景。[12]尤其是在2020年以后，新冠疫情在全球大规模爆发，给人们的工作和生活带来了深刻影响。虚拟团队的“灵活性”、“便利性”和“高效性”在疫情时代得到了进一步的体现，虚拟团队在人们的工作生活中扮演着重要的角色。[13]

1.2.2 职能视角下的团队类型

伍兹（Woods）和威斯特（West）按照职能将团队划分成战略和政策团队、生产团队、服务团队、项目开发团队、行动和表演团队。[14]

1. 战略和政策团队

战略和政策团队的成员主要是为组织或者公司发展提供一些建设性的意见和决策意见。成员大多在组织中还有其他身份，且大多是各自工作领域中具有权威的人物。比较有代表性的团队包括高管团队、董事会和管理决策团队等。

2. 生产团队

生产团队通常由专职人员组成，涉及的主要任务就是按部就班地达成组织的生产目标，保证生产的有序进行，很大程度上都是自我管理。比较有代表性的团队包括手机组装团队、啤酒灌装团队和园林苗圃里的种植团队等。

3. 服务团队

服务团队是以服务为导向的团队，负责战略政策等各类工作部署的具体落实，协助组织日常工作的统筹开展，配合组织各项工作的推进等。比较有代表性的团队包括售后团队、法务团队和电脑销售组织里的咨询服务中心团队等。

4. 项目开发团队

项目开发团队的工作时间跨度一般比较长，需要多年的积累与研究才能完成一项发展计划。项目开发团队主要由技术娴熟的科技工作人员或者拥有专业知识的人员构成，成员并不是来自单一的领域，而是来自不同的专业领域。比如新产品开发团队、研发团队和科研团队等。

5. 行动和表演团队

行动和表演团队主要由一些拥有较高专业技能的成员组成，这些成员会共同参与特定的活动，每位成员的作用都会明确划分。行动和表演团队大多是以任务为导向，团队非常重视成员的技能水平，各位成员会根据自己所拥有的专业技能对团队任务和目标做出贡献。通常情况下，行动和表演团队所面临的任务都是较为复杂的，有些时候甚至是不可预测的。比如医疗团队、谈判团队、篮球队和乐队等。

1.2.3 依存性视角下的团队类型

德鲁克（Drucker）在《巨变时代的管理》一书中按照成员的依存性将团队划分成棒球型团队、足球型团队和网球双打型团队（见表1-2）。[15]

表 1-2 按照依存性划分的团队类型及其特征

类型	特征			
	灵活性	独立性	依赖性	顺序性
棒球型团队	位置固定，灵活性很小	成员独立性高	成员之间依赖性低	串联式
足球型团队	互相补位，灵活性较大	成员独立性中等	成员之间依赖性中等	并联式
网球双打型团队	按照团队需求随时调整位置，灵活性非常大	成员独立性低	成员之间依赖性高	无固定顺序

1. 棒球型团队

棒球型团队的成员都在这个队伍里行动，但并不是同时行动。在团队里每个人有自己固定的位置且从不离开，彼此之间处于独立状态，按顺序排列。当一个人的任务完成后，按照顺序将工作交给下一位成员，成员们需要坚守在自己的岗位上，不能随意离开这个位置。每位成员完成任务时，完全是独立的状态。每位成员都有自己清晰的目标，保证能够充分发挥自己的作用。就像在手术过程中麻醉师不会帮助外科护士一样。例如，在美国汽车厂商传统的设计团队中，设计师需要做好设计，然后将设计图交给开发工程师，开发工程师将开发的结果交给制造工程师，再由制造工程师将产品生产出来，最终将产品交给营销人员。在整个过程中，成员各自负责自己的部分，不需要涉及其他成员的部分。

2. 足球型团队

虽然足球型团队成员与棒球型团队成员都有自己相对固定的位置，但是与棒球型团队成员不同的是，足球型团队成员可以离开自己的位置，互相补位，成员们彼此配合，不能各自为战。足球型团队成员虽然比棒球型团队成员具有更大的灵活性，但是他们需要严格遵守团队规则。与棒球型团队成员的“串联式”工作流程不同，足球型团队成员呈现的是“并联式”工作流程。例如，在日本汽车厂商的设计团队中，设计师、开发工程师、制造工程师和营销人员是共同开展工作来完成团队任务的。团队中的成员不再是按照某种特定的“顺序”工作，而是同时开展工作，一起讨论设计、开发、制造和营销中存在的各种问题。

3. 网球双打型团队

网球双打型团队的规模通常比较小，一般是 7～9 人。在网球双打型团队中，成员们有自己专门负责的工作任务，但不是完全固定的位置，他们之间相互掩护，随时根据其他团队成员的工作情况和团队任务的进度来及时地调整自己的位置，同时也要兼顾到其他人的长处与弱点，争取使团队力量最大化，从而实现团队目标。整个团队需要有一个明确的目标，成员必须一同培训，共同工作较长一段时间，才能发挥一个团队的充分作用。从某种程度上来讲，相对于棒球型团队和足球型团队，网球双打型团队更具灵活性，可以及时地应对突发事件对团队任务进度的影响。因此，网球双打型团队的成员可以最大限度地发挥自己的作用。

1.3　团队的构成要素

团队（team）有五个重要的构成要素，总结为5P，分别为人（people）、目标（purpose）、定位（place）、权限（power）和计划（plan）（见图1-1）。[16]

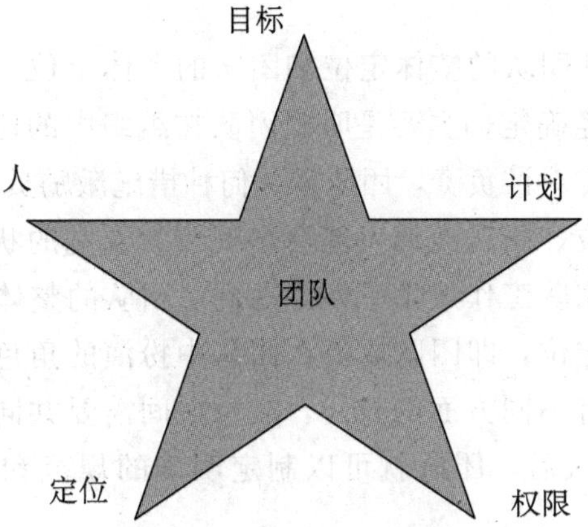

图1-1　团队的构成要素

1.3.1　人

人是构成团队最核心的部分。团队目标需要通过团队成员来完成，所以团队成员的选择是完成团队任务、实现高效团队管理的关键环节。团队通常是由至少2人以上构成的。[4]团队中的人不仅仅是普通人，而且是需要具有某些方面的技能，在实现团队的整体目标中可以发挥协助作用的人。在团队协作的过程中，可能需要有人出主意、制定战略，有人定工作计划，有人实施具体措施，有人协调不同的人一起去工作，还有人监督团队工作的进展、评价团队最终的贡献。因此，完成团队目标需要不同的人分工进行。在成员选择时需要充分考虑到团队构成人员的能力如何、成员之间的技能是否能实现互补等。团队成员构成中还需要一个领导者，领导者不仅需要在相关的专业技能上占据优势，还需要具备组织、管理等能力。

1.3.2　目标

团队工作建立在目标的基础上，目标是成员们的风向标，指引着成员们前进的方向。[17]目标是团队存在的初衷，也是团队实现高效运转的核心动力。如果团队没有一个被成员们共同认可的目标，就可能会导致成员们各自努力奋斗的方向不一致。这种方向的偏离，可能会导致团队出现严重的内耗。合理的目标为团队指明了发展方向，在目标的指引下，成员们会主动发挥创造力，激发自己的潜能，大家团结一致，形成较强的团队凝聚力，提高团队成员的工作热情和创造性，进而提升团队绩效。当团队拥有了清晰的目标后，就会吸引更多优秀的个体加入团队。更重要的一点是，团队目标的实现，充分彰显了个体的价值，在这个过程中，个体的价值也在团队中得到了充分的体现。

1.3.3 定位

团队的定位主要包括团队的整体定位和团队的个体定位。团队的整体定位，通常在团队成立的初期便已经确定，主要是明确团队在组织中的位置，对成员的选择由谁来决定，团队与谁对接、对谁负责，团队采取何种措施激励员工，从而实现高效管理。如果团队没有明确的定位，团队内部可能会出现较为混乱的状态，在团队管理的过程中出现冲突，从而导致团队工作效率下降。因此，团队的整体定位对于团队发展具有重要意义。团队的个体定位，即团队成员在团队中扮演的角色。为了保证团队目标顺利完成，成员们需要具有不同方面的技能，成员之间需要共同协作。此外，当个体在团队中所扮演的角色确认后，团队就可以制定明确的规范和制度，保证团队的有序运行。

1.3.4 权限

权限是指团队拥有的责任和相应的权力。[18]为了保证团队有序运行，提升团队绩效，需要对团队的权限进行界定。一方面，权限涉及团队的活动范围，主要包括活动范围的广度，需要从事哪些活动、业务、规模等。另一方面，权限是指团队拥有的权力或者团队被组织赋予的权力，团队在多大程度上可以实现自主决策，主要受到投资决策权、人事聘任权、经营决策权、薪酬奖励权的影响。团队绩效在很大程度上取决于团队的积极性和主动性，而影响成员主动性和积极性的主要因素就是“权”“责”“利”的合理配置。因此，权限是影响团队绩效的核心因素之一。

1.3.5 计划

计划是团队完成目标过程中必不可少的关键要素，它不仅关系到团队的构成，还关系到团队的日常运营。团队的计划能力直接影响团队的工作效率。[19]事实上，计划主要包含两个方面：一方面是统筹控制，联动集成。总体目标的实现往往离不开多种资源的合理规划和有效投入，团队的计划能力直接决定了团队的目标能否有效实现。另一方面是分解目标，循序渐进。总体目标通常由多个阶段性的目标构成，总体目标的实现，需要一系列具体的行动方案，可以把计划理解成实现目标的具体工作的程序。只有在计划的指导下，围绕每个阶段性目标实施计划管理，团队才会一步一步地贴近总体目标，最终实现总体目标。

1.4 团队的发展阶段

1965年，美国俄亥俄州立大学教育心理学教授塔克曼（Tuckman）回顾了50多个关于团队发展的研究，在《小型团队的发展序列》（Developmental Sequence in Small Groups）一文中提出了著名的团队发展理论——小型团队的发展理论。尽管团队的周期性导致团队的发展始终不能得到一个稳定的状态，但是依然可以采用一个概括出来的模式去描述大多数团队的发展过程。塔克曼根据团队在不同阶段的任务和人际关系特征，将团队经历的阶段划分成形成期（forming）、震荡期（storming）、规范期（norming）、执行期（performing）。[20]1977年，塔克曼和詹森（Jensen）在四阶段小型团队发展模型基础上加入了第五个阶段——终止期（adjourning）。[21]他们认为这五个阶段是团队里程碑式的阶段，这一模型的提出，得到了众多学者的认可，形成了团队发展模型，并一直沿用至今。

团队发展模型分为以下五个阶段：形成期、震荡期、规范期、执行期和终止期（见图1-2）。每个阶段的团队所呈现出来的特征、面临的主要矛盾都是不一样的。

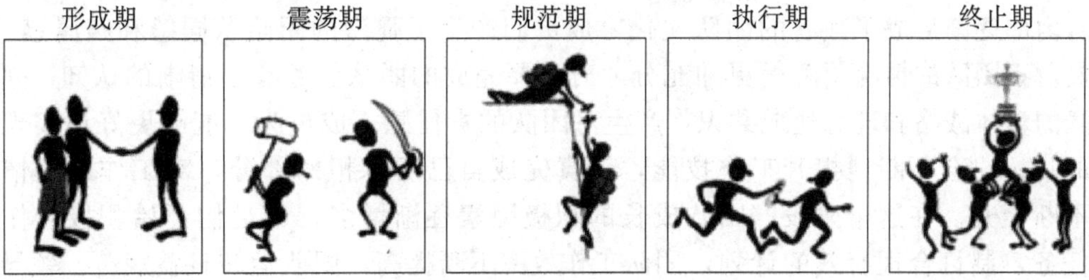

图1-2 团队发展模型的五个阶段

1.4.1 形成期

这个阶段是团队发展的初始阶段。团队成员之间熟悉度较低，成员对新的同事和工作环境处于一种初识的状态。成员们表现出“礼节性”或者“礼貌性”的交往，甚至存在一些不安和紧张感。[22]但是，随着成员之间的交往逐渐频繁，成员慢慢熟悉起来。团队的形成期是一个不断探索和学习的阶段。团队制度、规范、成员角色都尚未确定，此时团队工作的开展需要依赖领导的指导。领导和成员们在共同探索的过程中，一步步去验证哪些团队活动属于有效活动，哪些属于无效活动。通过多次尝试后，逐渐建立团队的规则制度，团队成员们能够明确自己的工作任务，意识到团队的整体目标。成员们也逐渐找到自己在团队中的定位，分辨清楚成员之间的从属关系。因此，在这个阶段，团队最重要的是要明确以下问题：(1) 创建什么类型的团队？(2) 团队的任务是什么？(3) 团队的规模是怎样的？(4) 团队如何进行角色分配？这一阶段结束时，成员们应该都能够清晰地了解团队的终极目标。

1.4.2 震荡期

在震荡期，成员们已经由形成期的彼此不熟悉过渡到大家相互了解。随着工作的开展和深入，成员的异质性逐渐暴露，成员们开始强调自己的个性而不是大家的共性，之前“礼节性”的交往掩盖的矛盾逐渐凸显。[23]成员之间可能因为习惯、理念等个性特质不同而产生冲突，导致大家相互猜疑，甚至产生“小圈子”。与团队形成期相比，震荡期成员们的工作热情下降，进而降低了团队的士气。由于团队冲突在这个阶段尤为突出，所以领导需要主动地去解决团队中的冲突问题，避免团队出现严重的内耗问题。领导应该积极地引导成员们相互包容，鼓励成员们参与团队决策，建立团队信任，增强团队认同，积极沟通交流，形成团队凝聚力，通过有效管理提升团队创新能力和团队绩效，为实现团队共同目标而努力。

1.4.3 规范期

成员经过在震荡期的相互磨合逐渐消除彼此之间的矛盾，冲突也得到了解决，团队开始摆脱震荡期的阴霾，走向正轨。在这个阶段，成员之间的沟通和交流不断增多，团队内部逐渐形成了独有的团队文化，成员们产生了强烈的团队认同感和归属感。[24]成员对于团队的情况了解得更加充分，对需要完成的团队任务有了清晰的认知，并对团队的整体战略和理念达成共识，产生对团队的责任感。成员为了能够更好地实现团队的目标，会不断地提升工作技能，认真完成自己所承担的部分，对工作的热情也会不断上升。在这个阶段，团队成长的积极因素逐渐增多，成员们开始积极合作完成任务，制订合理有效的计划，团队工作效率不断提高，团队运转日益规范。领导在团队规范期可以允许员工拥有更多的自主性，充分激发个体的创造力。

1.4.4 执行期

团队经过前三个阶段的磨合，已经进入了高效运转的执行期。团队的目标更加明确，沟通更加顺畅，成员们已经建立起默契，成员之间的信任度相对较高。在这个阶段，成员们通常会具备多种不同的技能，对自己在整个团队中所扮演的角色有了清晰的认识，对团队产生高度的认同感、忠诚度。成员意识到不仅仅需要完成自己的工作，还需要关注其他成员的任务，彼此之间相互合作，共同实现团队的目标。在这个阶段，团队的各项工作流程标准化，成员之间的矛盾较少，团队工作氛围良好。因此，领导可以采用民主的方式进行管理，鼓励成员们参与到团队决策中，进而充分调动成员们的创造性和工作积极性。

1.4.5 终止期

随着团队任务的结束，很多团队都会进入终止期。团队目标即将实现，团队会面临解散。在这一阶段，团队往往可能面临着成员离散的情感问题和任务模糊的问题，成员们可能会出现悲观消极的工作态度，整个团队的士气较为低落，成员们的工作热情和积极性低，工作效率下降。在这个阶段，团队领导需要加强对团队的管理力度，避免激化团队冲突，努力调动成员们的工作积极性，确保团队目标顺利完成。

并非所有团队都会按照上述团队发展模型进行。有时团队可能会呈现出多个阶段的特征，并不是很明显地只呈现出某一个阶段的特征，还可能会出现团队本已经发展到下一阶段但又倒回上一阶段，循环往复的情况。因此，在根据团队发展模型判断团队发展状况时，不仅要关注团队在不同阶段呈现出的特征，还要注意循环往复的问题。

1.5 团队的优缺点

1.5.1 团队的优点

团队作为一个由多个成员构成的共同体，能够更加合理地利用每位成员的知识和技能，有利于团队整合资源，强化优势；加强沟通与学习，促进合作；知识共享，推动创新；目标明确，提升效率等。

1. 整合资源，强化优势

团队通过整合内部的稀缺资源，强化团队优势，进而提高团队竞争力。团队可以通过整合的功能来协调团队内部关系，优化人员配置，实现团队资源的合理配置，提升组织高效率地运转的能力。[25]在团队中全能型的人才非常少，大多数情况下团队是由具有不同知识技能的成员构成，通过将个体不同的优势进行整合，弥补个体的不足，进一步发挥团队的整体功能，提高团队决策效率、团队创新能力、团队绩效等。

2. 加强沟通与学习，促进合作

团队是由具有不同知识技能的成员构成，强调成员知识结构的互补性。成员在完成团队任务的过程中，需要不断地学习新的知识，积累经验，提高自身技能。团队则刚好为成员之间互相学习提供了真实的环境和机会，大家可以通过交流与互动获取经验。在互动过程中，成员们除了学习到新的知识技能以外，也加强了彼此的交流，便于建立良好的人际关系，促进有效沟通，减少团队成员间的摩擦与冲突。同时，成员彼此互相信任，心理安全感得到提升，有助于良好的团队氛围的形成。这种良好的团队氛围提升了成员们的相融度，提高团队合作水平，激发成员积极工作的动机，进而对团队绩效产生积极的促进作用。[24,26-27]

3. 知识共享，推动创新

一方面，当拥有与团队目标相关的知识、技术和能力的成员组成一个团队时，成员们在分享自己的观点和知识的过程中将会挑战那些原有的假设，并为探索新的、提升团队效率的工作方式提供发展空间。成员们通过积极有效的沟通将彼此之间相互交流的知识和经验扩散到团队层面。随着时间的推移，有效的知识共享还可以刺激创新。[28-29]

另一方面，工作的难度不断地增加，要求团队成员寻找新的方式来解决问题，这也从各个角度激活了成员们的创新意识，推动了团队的创新行为。

4. 目标明确，提升效率

在团队拥有共同愿景和共同目标后，成员将不仅仅关注自己的成功，也会关注团队其他成员。当每个人都被一个共同的目标所激励时，所有相关人员都会更倾向于朝着这个共同的目标来高效地工作。[30-31]首先，成员们根据团队明确的目标，各司其职，彼此之间相互配合，团队可以更快、更有效地完成任务。[32]其次，在团队有序发展的过程中，成员齐心协力，为实现团队目标出谋划策，提升团队决策效率。[33]再次，随着成员之间的了解日益加深，团队内部形成了独有的内部文化和共同的价值观，成员对团队的归属感会逐渐增强，矛盾与冲突也会得到缓解，形成良好的团队氛围。[34]最后，成员对团队的整体战略和理念达成共识，成员之间的人际关系更加和谐，彼此相互信任，团队绩效得到提升。

1.5.2 团队的缺点

团队并不总会呈现出“1+1>2”的结果，也可能会出现群体思维、从众心理、服从权威、防御惯例、社会惰性、“搭便车”问题等。

1. 群体思维

群体思维（group thinking）是指当高凝聚力的群体认为他们的决策一定没有错误时，为了维持群体表面上的一致，所有成员都必须坚定不移地与群体的决策保持一致，不一致的信息则被忽略或者打压。[35]简而言之，群体思维就是团队决策时的倾向性思维方式。[36]成员在面临团队任务时，通常会产生较大的压力和时间紧迫感，为了能够快速做出决策，成员们就想快速达成一致意见，在这种情况下团队可能会产生群体思维。当团队产生群体思维后，持有不同意见的成员可能会因为团队一致性的压力而发表符合大多数人的观点和意见。在这种强大的群体压力下，外部群体的意见是无法获得信任的，成员们甚至会阻止来自群体外的信息，忽略专家的意见。当成员们过分重视团队的整体性，不能采用批判的态度看待问题，就可能会导致团队决策失误，对团队效率产生负面影响。

2. 从众心理

从众心理（conformity）是指成员受到团队中大多人行为的影响，导致成员自身的认知、判断和行为表现出符合多数人的或者团队的行为方式。[37-38]当个体处于个体一致性很高的团队中，人们面临的从众压力就会非常大。成员在团队的影响或者压力下，放弃自己的观点或者意见，而与团队保持一致，也就是常说的“随大流”。这样的从众心理会导致成员们盲目模仿其他人，造成个性的缺失、墨守成规，从而使个体逐渐丧失主动性，对团队创新产生消极影响，不利于团队的长期发展。

3. 服从权威

服从权威（authoritarian submission）是指成员们无条件服从权威的领导，甚至不经过思考和判断就盲目接受领导的意志。[39]在等级森严的团队中，成员会倾向于服从权威。

当团队中的领导过于强势时，成员们可能会习惯服从于领导，而不是发挥自主性。成员担心自身的主动行为会受到领导的批评或者惩罚，而不愿意花费过多的精力去自主独立地设计工作。在趋利避害的导向下，团队目标、任务以及奖励措施不能有效地激励个体，成员们对团队的满意度下降，成员们不愿意投入更多的精力去探索问题的解决方案，对团队创新产生消极的影响。此外，成员们过于服从权威，领导对团队资源分配拥有绝对的话语权，对团队其他成员的依赖性较小，这种不对称的关系可能会导致领导的行为无所顾忌，甚至产生不道德行为，危害团队的整体利益。

4. 防御惯例

防御惯例（defensive routines）是指团队就像一个有机体一样，在完成团队任务的过程中逐渐形成独特的免疫系统，用来抵御威胁团队的不稳定因素。[40]这个防疫系统并不是团队特意建立的，而是在团队运行过程中由团队规范和不成文的规则组成的。防御惯例在团队中最常见的表现就是当团队出现问题或者遇到困难时，成员们总是责怪组织，或者怪罪领导，或者抱怨团队资源限制，而不是从现实出发充分认识问题，提出解决策略。因此，当团队内部出现问题时，成员们总是倾向于将问题归因为外部因素。团队成员们只是保持了表面上的团结和凝聚力，是形式化的团队合作。事实上，当团队面临问题时，防御惯例不但不能解决问题，还会增加团队冲突的可能性，导致成员不愿意分享自己的经验和知识。[41]它对于高效完成团队目标和提升团队绩效都会起到一定的破坏作用。[42]

5. 社会惰性

社会惰性（social loafing）是指团队成员在完成团队共同目标时，个体的努力程度和对团队的贡献率会随着团队成员的增多而下降。[43]当群体一起完成任务或者完成任务时，有他人在场，个体所付出的努力会比单独完成任务时更少，个人活动的积极性和效率都会大打折扣，而且还有“群体越大，干活越少”的趋势。[44-45]社会惰性可能会导致团队出现低于团队成员个体生产力之和的情况。也就是我们常说的“一个和尚挑水喝，两个和尚抬水喝，三个和尚没水喝”。一方面，社会惰性会破坏成员的公平感，降低团队凝聚力，对团队效率产生消极影响，甚至阻碍团队目标的实现。另一方面，当团队遇到问题时，成员会认为是团队中的其他人没有尽职尽责，牵连到自己，激化成员之间的矛盾，进而个体不愿意付出更多的努力来维护团队利益。

6. “搭便车”问题

“搭便车”问题（free-rider problem），也称为“偷懒”问题，是指在团队工作中，由于团队最终的成果并没有办法明确地划分给每一位成员，导致成员的投入与团队产出之间的因果关系存在模糊不清的问题。或者是由于团队的其他激励措施不够完善，导致成员们可以减少自己的付出成本，增加个体坐享他人劳动成果的机会主义倾向。“搭便车”问题会导致团队成员缺乏工作的积极性，降低团队绩效。[46]比如，团队中一部分人为了实现团队目标拼命努力工作，但是总有一部分或者小部分人坐享其成。虽然在一定时期内团队是可以完成阶段性任务的，但是长此以往，团队成员的积极性就会被消耗，团队的激励作用并没有得到发挥，成员们完成团队任务、实现团队目标的动力不足，进一步对团队效率和团队绩效产生负面影响。“搭便车”问题积累到一定的阶段后，团队内部冲突严重，对团队会产生不可逆转的破坏作用。

本章小结及管理启示

本章主要对团队的概念进行界定，介绍了团队的构成要素、团队的发展阶段以及团队的优缺点。同时，展示了不同分类标准下的团队类型和团队任务，以及不同类型的团队和团队任务分别呈现出哪些特征。这些内容从不同的角度展示了构建团队的关键要素，为建立高效的团队提供借鉴。因此，组织管理者在构建团队时，需要注意到团队的特性，结合组织需要实现的目标，帮助组织实现有效的团队管理。

关键术语

问题解决团队（problem-solving teams）
自我管理团队（self-managed teams）
跨职能团队（cross-functional teams）
虚拟团队（virtual teams）
形成期（forming）
震荡期（storming）
规范期（norming）
执行期（performing）
终止期（adjourning）
群体思维（group thinking）
从众心理（conformity）
服从权威（authoritarian submission）
防御惯例（defensive routines）
社会惰性（social loafing）
“搭便车”问题（free-rider problem）

思考题

1. 什么是团队？
2. 团队有哪些类型？每种类型划分的依据是什么？
3. 团队的构成要素有哪些？
4. 团队的发展阶段有哪些？
5. 团队有哪些优势？
6. 团队的缺点是什么？

参考文献

[1] Alchian A A，Demsetz H. Production，information costs，and economic organization [J]. The American Economic Review，1972，62 (5)：777-795.

[2] 张玉利，程斌宏. 重新设计组织 [M]. 天津：天津人民出版社，1997.

[3] 王振江，李常法. 管理范式转变 [M]. 上海：学林出版社，2001.

[4] Salas E，Dickinson T L，Converse S A，et al. Toward an understanding of

team performance and training [M]. Norwood, NJ: Ablex, 1992.

[5] Robbins S P, Judge T. Organizational behavior [M]. New Jersey: Prentice Hall, 2009.

[6] Bahr M W, Kovalesk J F. The need for problem-solving teams: introduction to the special issue [J]. Remedial and Special Education, 2006, 27 (1): 2-5.

[7] Okhuysen G A. Structuring change: familiarity and formal interventions in problem-solving groups [J]. Academy of Management Journal, 2001, 44 (4): 794-808.

[8] Thoms P, Moore K S, Scott K S. The relationship between self-efficacy for participating in self-managed work groups and the big five personality dimensions [J]. Journal of Organizational Behavior, 1996, 17 (4): 349-362.

[9] Erez A, Lepine J A, Elms H. Effects of rotated leadership and peer evaluation on the functioning and effectiveness of self-managed teams: a quasi-experiment [J]. Personnel Psychology, 2002, 55 (4): 929-948.

[10] Wong S-S, Burton R M. Virtual teams: what are their characteristics, and impact on team performance? [J]. Computational & Mathematical Organization Theory, 2000, 6 (4): 339-360.

[11] Miles R E, Snow C C. Organizations: new concepts for new forms [J]. California Management Review, 1986, 28 (3): 62-73.

[12] 刘松博，程进凯，王曦．虚拟团队共享式领导的双刃剑效应研究：基于调适性结构理论的视角 [J]. 心理科学进展，2022，30 (8)：1770-1784.

[13] 刘晓婷，黄颖，李瑞婻，等．虚拟团队研究：特征、演化与趋势 [J]. 现代情报，2021，41 (9)：144-156.

[14] Woods S A, West M A. The psychology of work and organizations [M]. London: Cengage, 2010.

[15] Drucker P. Managing in a time of great change [M]. New York: Truman Talley Books/Dutton, 1995.

[16] 章义伍．如何打造高绩效团队 [M]. 北京：北京大学出版社，2004.

[17] Rodgers R, Hunter J E. Impact of management by objectives on organizational productivity [J]. Journal of Applied Psychology, 1991, 76 (2): 322-336.

[18] Greer L L, Caruso H M, Jehn K A. The bigger they are, the harder they fall: linking team power, team conflict, and performance [J]. Organizational Behavior and Human Decision Processes, 2011, 116 (1): 116-128.

[19] Mehta A, Feild H, Armenakis A, et al. Team goal orientation and team performance: the mediating role of team planning [J]. Journal of Management, 2009, 35 (4): 1026-1046.

[20] Tuckman B W. Developmental sequence in small groups [J]. Psychological Bulletin, 1965, 63 (6): 384-399.

[21] Tuckman B W, Jensen M A C. Stages of smallgroup development revisited [J]. Group & Organization Studies, 1977, 2 (4): 419-427.

[22] Mcgrew J F, Bilotta J G, Deeney J M. Software team formation and decay: extending the standard model for small groups [J]. Small Group Research, 1999, 30 (2): 209 - 234.

[23] Bonebright D A. 40 years of storming: a historical review of Tuckman's model of small group development [J]. Human Resource Development International, 2010, 13 (1): 111 - 120.

[24] Jones A. The Tuckman's model implementation, effect, and analysis & the new development of Jones lsi model on a small group [J]. Journal of Management, 2019, 6 (4): 23 - 28.

[25] Goodman P S. Impact of task and technology on group performance [M]. San Francisco: Jossey-Bass, 1986.

[26] Lin C P, He H, Baruch Y, et al. The effect of team affective tone on team performance: the roles of team identification and team cooperation [J]. Human Resource Management, 2017, 56 (6): 931 - 952.

[27] Beersma B, Hollenbeck J R, Humphrey S E, et al. Cooperation, competition, and team performance: toward a contingency approach [J]. Academy of Management Journal, 2003, 46 (5): 572 - 590.

[28] Zhou K Z, Li C B. How knowledge affects radical innovation: knowledge base, market knowledge acquisition, and internal knowledge sharing [J]. Strategic Management Journal, 2012, 33 (9): 1090 - 1102.

[29] Hu M-L M, Horng J-S, Sun Y-H C. Hospitality teams: knowledge sharing and service innovation performance [J]. Tourism Management, 2009, 30 (1): 41 - 50.

[30] Costa A C. Work team trust and effectiveness [J]. Personnel Review, 2003, 32 (5): 605 - 622.

[31] De Jong B A, Dirks K T, Gillespie N. Trust and team performance: a meta-analysis of main effects, moderators, and covariates [J]. Journal of Applied Psychology, 2016, 101 (8): 1134 - 1150.

[32] Dirks K T. Trust in leadership and team performance: evidence from ncaa basketball [J]. Journal of Applied Psychology, 2000, 85 (6): 1004 - 1012.

[33] Avey J B, Avolio B J, Crossley C D, et al. Psychological ownership: theoretical extensions, measurement and relation to work outcomes [J]. Journal of Organizational Behavior: The International Journal of Industrial, Occupational and Organizational Psychology and Behavior, 2009, 30 (2): 173 - 191.

[34] Hoogervorst N, De Cremer D, Van Dijke M, et al. When do leaders sacrifice?: the effects of sense of power and belongingness on leader self-sacrifice [J]. The Leadership Quarterly, 2012, 23 (5): 883 - 896.

[35] Maier N R, Solem A R. The contribution of a discussion leader to the quality of group thinking: the effective use of minority opinions [J]. Human Relations, 1952, 5

(3): 277 - 288.

[36] Taylor D W, Berry P C, Block C H. Does group participation when using brainstorming facilitate or inhibit creative thinking? [J]. Administrative Science Quarterly, 1958, 3 (1): 23 - 47.

[37] Miron-Spektor E, Erez M, Naveh E. The effect of conformist and attentive-to-detail members on team innovation: reconciling the innovation paradox [J]. Academy of Management Journal, 2011, 54 (4): 740 - 760.

[38] Mo S, Ling C-D, Xie X-Y. The curvilinear relationship between ethical leadership and team creativity: the moderating role of team faultlines [J]. Journal of Business Ethics, 2019, 154 (1): 229 - 242.

[39] Van Hiel A, Pandelaere M, Duriez B. The impact of need for closure on conservative beliefs and racism: differential mediation by authoritarian submission and authoritarian dominance [J]. Personality and Social Psychology Bulletin, 2004, 30 (7): 824 - 837.

[40] Ashforth B E, Lee R T. Defensive behavior in organizations: a preliminary model [J]. Human Relations, 1990, 43 (7): 621 - 648.

[41] Yang Y, Secchi D, Homberg F. Are organisational defensive routines harmful to the relationship between personality and organisational learning? [J]. Journal of Business Research, 2018 (85): 155 - 164.

[42] Cegarra-Navarro J G, Wensley A, Batistic S, et al. Minimizing the effects of defensive routines on knowledge hiding though unlearning [J]. Journal of Business Research, 2021 (137): 58 - 68.

[43] Williams K D, Karau S J. Social loafing and social compensation: the effects of expectations of co-worker performance [J]. Journal of Personality and Social Psychology, 1991, 61 (4): 570 - 581.

[44] Comer D R. A model of social loafing in real work groups [J]. Human Relations, 1995, 48 (6): 647 - 667.

[45] Simms A, Nichols T. Social loafing: a review of the literature [J]. Journal of Management, 2014, 15 (1): 58 - 67.

[46] Bornstein G. The free-rider problem in intergroup conflicts over step-level and continuous public goods [J]. Journal of Personality and Social Psychology, 1992, 62 (4): 597 - 606.

案例分析

两天实现 100 万元销售额

11 月 30 日下午，西安华新分公司多渠道事业部员工赵浩得知西安纳瑞集团需要紧急采购一批电子产品——200 台电脑和 400 台打印机，需要两天内备齐货源。此外，赵浩还了解到，已经有竞争对手开始进行报价工作了。

西安华新分公司立马开始进行报价工作，但是在短时间内很难备齐这么多货源。为了能够确保足够的货源，分公司立刻与总部联系，确定公司哪些型号的货源是充足的，可以报价。与此同时，分公司立马成立了一个由西安华新分公司总经理、多渠道事业部经理和总公司的电子产品销售经理组成的团队，并马上召开了一个紧急会议，确定了一个明确可行的方案。

第二天早上，西安华新分公司的多渠道事业部经理和赵浩带着样品来到了西安纳瑞集团。但是到了西安纳瑞集团后才发现，竞争对手也来了，但是好在他们只是介绍了自己的产品，并没有带来样机。经理和赵浩准备充分，在这次谈判中占据了绝对的优势。回到公司后，西安华新分公司便把详细的方案发给了西安纳瑞集团，但是对方认为报价过高。很明显整个团队都不愿意放弃此次难得的机会，经过团队内部的讨论后，确定了一个新的方案，即在原来定价的基础上，再额外赠送给西安纳瑞集团 200 个墨盒。考虑到打印机的标配就是墨盒，于是西安华新分公司立刻向总公司请示，得到批准后又将方案再次报给西安纳瑞集团。

这次修改方案得到了对方的认可，但是新的问题又出现了，对方要求必须在付款后的 24 小时内收到产品。时间紧迫，团队分工协作。西安华新分公司总经理、多渠道事业部经理和总公司的电子产品销售经理三人积极地和厂家联系货源，赵浩则继续与西安纳瑞集团接洽，沟通合作。经过多方协商沟通，终于从北京、郑州等地迅速将产品备齐，24 小时内可以到达西安。

在公司各方的共同努力下，终于与西安纳瑞集团签订了合同。在签完合同后，西安纳瑞集团的负责人说道："其实，我们本次最有合作意向的并不是你们，而是你们的竞争对手。但是你们的办事效率太高了，备货速度超出了我们的想象，你们积极的合作态度让我们没有任何理由拒绝你们。即使是在我们这么苛刻的条件下，你们也非常出色地完成了任务。希望以后有机会可以继续合作。"

就这样，仅在不到 2 天之内就实现了一笔 100 万元的销售额，而整单销售毛利润达到了 15%，这离不开西安华新分公司以及总公司各部门的相互配合、共同努力。只有团队共同奋斗，才能让公司不断进步，实现持续发展。

[讨论题]

1. 你觉得西安华新分公司能够拿下此次大订单的原因是什么？
2. 上述案例中体现出了团队的哪些优势？

心有所向，但行非所往

东旭公司的赵总一个人坐在办公室中，回想着这一年以来的经历，终于认识到创业有多么不容易。团队如果按照现状继续发展下去，很难再有大的突破，失败已成定局。对于团队的失败，赵总百思不得其解。团队明明是由堪称优秀的"顶配"成员构成的，有知名营销大咖作为团队的股东和顾问，有专业的创业指导，也有充足的启动资金。但是这一年来，公司的发展方向一直在调整，大多数项目没有得到彻底的孵化，到年底，公司处于亏损的状态，团队成员陆续离开，公司员工人心涣散。过去一年大家共同奋斗的经历，一次次出现在他的脑海中。

最初是赵总构想并推动了创业项目，召集大家开始了第一次集体例会的探讨，并将创业的领域选定为线上教育培训。参会的团队成员有赵总、沈菲、陈希和张明，成员们的基本情况如下：

赵总：公司创始发起人，是一位创业者，有自己的线下教育公司，公司经营状况很好；

沈菲：有10年从事教育品牌管理的经验；

陈希：一直从事营销领域的工作，热情有活力，拥有丰富的人脉资源；

张明：上海某知名教育机构教师，拥有丰富的教学经验。

在这次会议上，成员们各自交换了创业的意见，大家进行了激烈的讨论，并敲定了公司的名字、业务领域、公司地点，以及成员们各自的职责。随后，公司正式成立，并开始运营。

虽然大家满腔热情地投入到创业工作中，但是经营中的问题却接踵而至。首先，大家的步调有些不一致。比如，赵总思考的是如何实现想法；陈希似乎总是停留在创意阶段；张明则主要针对推行项目过程中的问题进行一些解答，并没有仔细考虑项目的可行性问题。同时，张明的主要工作地点是上海，只有假期的时候才能到杭州的公司。但是很多时候创业项目的推进都与张明有很大的关系，需要在张明完成某个环节以后，其他成员才可以继续推进后续的事情。另外，张明本身有自己的全职工作，很多时候分身乏术，对公司的事情并不能及时处理。所以，很多时候一些并不烦琐的问题经常会被拖延好几天才能完成。团队工作如同行军打仗，每一步都不可以出现差错。张明无法全身心投入的状态拖了整个团队的后腿，其他成员开始在公开和私下的场合抱怨张明。有些成员甚至认为赵总作为一个创业项目的整合者应该从全局考虑，当时在找合伙人时就应该把张明不能全职的问题考虑进去。

公司迟迟没有步入正轨，成员们的各种问题层出不穷。首先，成员们逐渐失去了创业初期的热情，大家都不愿意加班，甚至迟到早退。但是赵总也不能指责他们，因为赵总还经营着自己的线下教育公司，没有办法每天到公司，更无法做到全身心投入。即使赵总已经发现团队里出现的各种问题，也没有及时地和团队其他成员进行沟通，只是在开会时口头上要求大家尽量多投入一些精力。

随后，沈菲也发现了上述问题，并建议赵总及时解决这些问题。于是赵总在会议上提出了这些问题，最终定下一个方案：不强制要求大家来公司办公，成员们需要以结果为导向，及时完成自己的工作。但是后来发现在这种碎片化办公的状态下，工作效率不但没有提升，反而下降了。

3月中旬，团队成员在反思后认为，大家还是要一起面对现实问题。虽然公司还未进入完全正常的运营轨道，但是工作还得继续，需要尽快开展业务，因为现在亟须现金流。于是大家准备先从周末课程入手。但是这个决定并没有与张明沟通，每个人都默认这样做是在为张明节省时间和精力。虽然张明感觉很不舒服，但是他还是按照团队的要求完成了自己的任务。赵总为了尽快拓展业务，鼓舞士气，每次都身先士卒，冲到一线，积极推广，还在自己的公司进行内推，终于公司在清明节假期接到了一些订单。

可是，整个团队除了赵总没有人愿意到一线去工作，沈菲和陈希更希望做策划工作，而不愿意实际地去执行。赵总对于这种情况并没有什么好的解决办法，只能采取“他们不去做，那么我去做”的态度，希望通过自身的行动可以激励其他成员。但是这种激励方法似乎并没有奏效，成员们总觉得自己的付出大于其他人，团队冲突更加明显。整个团队除了赵总努力投入到这个创业项目中，其他人总是有其他事情要做，对团队效率造成了很大的消极影响。

时间一晃到了6月，凭借赵总自身的关系，上半年这个项目终于有了20万元的流水进账，成员们也逐渐看到了希望，信心足了起来。紧接着暑假到了，成员们按照事先制订好的计划，紧锣密鼓地准备着，张明也带着新的老师团队一起加入。在暑假这个阶段，大家各司其职，取得了阶段性的胜利，相互之间的配合也很好，团队也更加坚定了推进这个创业项目的信心。

暑假结束之后，在分配收益时又出现了新的问题。张明带来的老师团队如何定位？张明从未就这个问题与整个创业团队进行探讨。赵总认为这个团队属于张明，就将他们定位为合伙人。但是这个老师团队的成员却将自己定位为外聘老师，对赵总他们提供的酒店住宿等都不太满意。问题出现后，张明的态度明显是偏袒自己带来的这个团队的，这让创业团队的其他成员很寒心。到底谁和谁才是一个真正的团队？

这件事情还没有解决，沈菲就表达了自己想要退出的想法。沈菲认为在整个创业过程中，当赵总没有时间顾及公司时，大部分时间公司的事务都是自己完成的，但是她个人的价值并没有得到实现。另外，由于张明不能全职处理公司的事情，很多时候一个简单的问题都需要好几天才能完成。张明又总是因为他自己带来的老师团队与创业团队产生矛盾，沈菲还需要去解决这些冲突，这些都导致沈菲越来越觉得自己分身乏术，身心俱疲。

沈菲离开的空缺还未填补，张明又因为自己带来的老师团队的工资和绩效问题与赵总发生了冲突。张明认为应该给老师团队更高的工资，但是赵总认为他需要考虑到整个公司的运营成本，如果再增加工资，公司就没什么利润了。经过多次争论，最后张明放出了狠话，如果不能答应他的要求，他就退出。赵总不得不退了一步，答应了张明的部分要求，但彼此都心生嫌隙。公司走到如今，既缺钱又缺人，同时核心教育资源也不在全职团队中，可以说已经到了“人困马乏，山穷水尽”的地步。

到这里，创业项目基本上可以宣布失败了。面对如此的结局，赵总确实是有点想不明白：都是优秀的人，高学历、经验丰富，又有有利的形势背景，这么好的条件组合在一起，项目本应该可以顺利推动起来。但事实是，没过多久，团队成员陆续离开，工作满意度下降，业务起色慢，成员之间矛盾冲突难以缓解，自己的领导管理能力明显不足。

但是，对于接下来创业团队该何去何从，赵总似乎有了更为清晰的认识。

［讨论题］

1. 该创业团队涉及团队的哪些构成要素？该团队主要经历了哪些发展阶段？每个发展阶段呈现出怎样的特征？

2. 如果你是赵总，你会如何实现该创业团队的有效管理，以保证团队的高效运行？

第2章

团队建设与管理理论

明天的中国，力量源于团结。

——习近平，二〇二三年新年贺词

学习目标

1. 明晰团队建设与管理的常见模型
2. 掌握团队建设与管理的经典理论
3. 了解团队建设与管理理论的发展脉络
4. 了解团队建设与管理理论的发展贡献

引导案例

团队力量胜于个人力量

一个失意的下属找到领导，向领导寻求帮助。他遇到了一个问题，受其困扰已经许久了：自己的一生为何总是如此暗淡，何时才会有发光发热的一天？

听完下属的困惑，领导就与下属在炽热的火炉前面对面坐了下来。当时正值寒冬，这些煤炭烧红后所发散出来的炽热，温暖着整个房间。

“你想要像这些炭火一样发光发热吗?”领导意味深长地问道。

“是啊……”下属回答着，目不转睛地注视着面前火红的炭火，“但那简直就是一种奢望，我注定平庸一生，平庸就是我的命运吧。”

领导笑了笑，随手拿起火炉旁边的钳子，然后夹出其中一块煤炭，放到一边。刚开始的时候下属很不解，但看到领导一脸平静，他也只好安静地看着。

没多久，那个原本火红的煤炭开始渐渐变得黯淡。下属顿时明白了领导的意思：一个人离开团体后，个人的力量就会变弱，甚至消失殆尽。

团队建设与管理可以从能力学派和过程学派两个角度来界定。能力学派强调的是确保团队有效协同和达成团队目标的技能和素质，而过程学派则强调通过合理的人员配置和有效的干预措施，以达成团队目标和预期结果的过程。一些学者对团队建设（team building）和团队管理（team management）进行了明确的区分，认为团队建设致力于创建一个积极协同的工作环境，而团队管理则更加注重团队成员的管理以及任务目标的达成。然而，从过程视角来看，无论是团队建设还是团队管理，其终极目标都是通过有效的干预措施来打造一支高绩效团队。因此，本书并未对团队建设与管理进行明确的区分，而是按照过程学派的逻辑，从输入、过程和输出三个方面来介绍团队建设与管理的相关理论。

2.1 团队建设与管理的常见模型

2.1.1 IPO 模型

组织是团队建设与管理所依赖的重要环境，团队建设与管理会受到组织环境、组织间的交流合作以及冲突等多方面因素的影响，而团队又时时刻刻影响着组织，这说明团队与组织是不可分离的整体。在进行团队建设与管理时，管理者要重点关注团队基于组织发展的特性，例如团队整体的目标、每个团队成员所扮演的角色等。对此，麦格拉思（McGrath）于 1964 年提出了团队建设与管理的经典模型之一——IPO 模型，该模型是社会科学领域中研究群体现象的典型模型。[1] 随着学者们进一步的研究和发展，该模型也逐渐应用到了跨学科领域。IPO 模型将影响团队建设与管理的核心因素分解为团队输入（input）、团队过程（process）、团队输出（outcomes）三个阶段（见图 2-1），这有利于管理者充分理解团队运作模式。

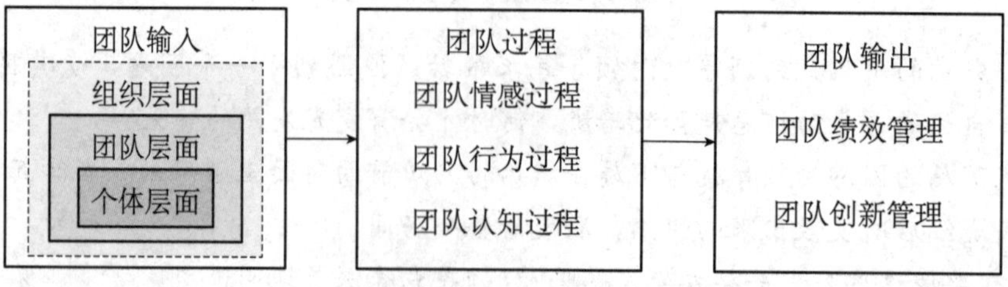

图 2-1 IPO 模型

团队输入是团队建设与管理过程的前因变量，它们通过成员之间的互动影响团队结果。团队输入包括个体、团队、组织三个层面的变量。个体层面的输入变量主要包括团队成员的人口统计特征、个体知识、技能和能力、人格与价值观、个体动机[2-3]；团队层面的输入变量包括团队目标、团队构成、团队层级结构等；组织层面的输入变量包括组织结构、制度规范、管理方式和文化氛围等。其中，个体层面的输入变量是形成团队层面输入变量的基础，而组织层面的输入变量则是团队所处的背景和环境特征。

团队过程是指团队成员通过团队建设与管理活动将团队输入转化成团队结果的机制，是团队成员为了解决问题或执行任务而参与的活动，通常包括团队的沟通谈判、团队的决策过程、团队的学习培训、团队冲突的解决和团队信任的建立等。团队建设与管理过程通常包括团队成员的情感、行为和认知三个层面的交互。具体而言，团队情感过程主要包括团队的情绪管理、团队认同以及凝聚力、团队信任与安全建设等内容；团队行为过程主要包括团队冲突管理、团队合作竞争以及团队的沟通谈判等内容；团队认知过程主要涉及团队的认知加工、团队决策和团队开发学习等内容。这些过程活动是由团队输入所引起的，最终带来一定的团队输出[3-4]。

团队输出是团队交互后的结果表现，也是许多管理者最关心的环节。团队输出既可以是团队交互后的任务结果的绩效表现，这是团队任务目标实现程度的一个直观体现，也可以是团队交互后的创新产出，这是团队可持续发展的重要支撑。

需要指出的是，IPO 模型主要是从相对静态的视角审视某一时刻的团队输入、团队过程和团队输出之间的关系。然而，团队输入、团队过程和团队输出因素是在不断动态变化的，可能并不是严格的从输入到过程再到输出的因果链条。在团队建设与管理的过程中，往往还伴随着各种特殊情况和紧急问题的出现[5]，且上一阶段的团队输出也可能会成为下一阶段的团队输入[6]，这些动态过程和突发因素都对 IPO 模型提出了一些挑战。

2.1.2 ABC 模型

ABC 模型是美国心理学家贝尔（Bell）及其团队于 2018 年提出的团队建设与管理模型。[7]该模型在对团队构成、团队绩效等相关理论文献进行分析与总结后，针对 IPO 模型中团队过程这一环节进行深入研究。

ABC 模型认为，团队过程可以分为三个部分[7]：情感过程（affective processes）、行为过程（behavioral processes）以及认知过程（cognitive processes）。情感过程是团队成员对团队及其任务的感受和态度，通常包括团队的情绪管理、认同与凝聚力、信任与心理安全、激励与满意度。行为过程是主要针对团队完成组织目标所进行的一系列管理活动，包括团队的冲突与管理、合作与竞争、沟通与谈判。认知过程则指团队知识、信息交换和获取的活动，包括团队的认知加工、团队决策、学习与开发。团队可以通过有效的情感过程、行为过程和认知过程来提升团队有效性。[8]本书后续章节将基于 ABC 模型对团队过程进行详细阐述，具体模型见图 2-2。

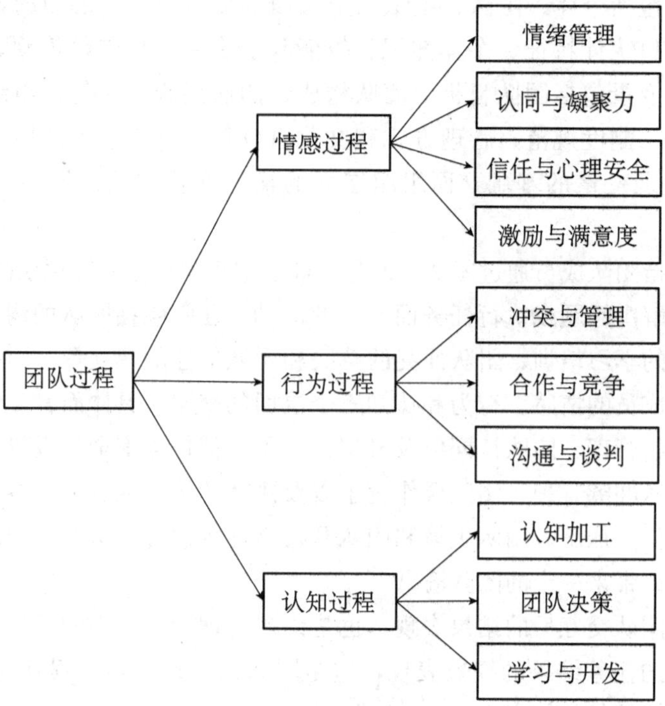

图 2-2 ABC 模型

2.1.3 IMOI 模型

随着组织复杂程度不断提高，以及国内外学者在团队管理领域研究的不断深入，IPO 模型已无法满足管理研究发展的需要。因此大量学者对 IPO 模型进行了优化，包括内涵扩展、要素分离、从静态分析转向动态分析。例如，科恩（Cohen）和贝利（Bailey）把心理特征从过程中分离出来[9]；马克斯（Marks）等人对过程进行了细分，并分离出了涌现状态（emergent states）[10]。

埃里根（Ilgen）等人指出，在 IPO 模型输入和输出之间起到中介作用的很多因素并不属于过程（process），而是属于涌现的认知或情感状态。涌现状态展现了团队的动态本质，它随着团队的输入、过程和输出而变化，是一种自下而上涌现出来的团队现象。[11]在此背景下，研究者提出了更完备的理论模型框架——IMOI 模型，即输入（input）—中介（mediator）—输出（output）—输入（input）模型（见图 2-3）。在埃里根等人的解释下，该模型将涌现状态和团队过程同时作为团队输入和输出之间的中介，概括来讲，IMOI 模型是在 IPO 模型的基础上针对输出这一环节进行的拓展和优化。马修（Mathieu）等人进一步完善构建了 IMOI 模型。[12]

在 IMOI 模型中，“I”代表了输入因素，主要包含团队目标设置、团队成员构成与团队层级结构等因素。而“M”代替了 IPO 模型中的“P”，代表包含了团队过程和涌现状态的中介因素，团队过程包括团队情感过程、团队行为过程和团队认知过程；涌现状态包括团队凝聚力、团队情绪、成员之间的信任、团队认同等情感、行为和认知方面的

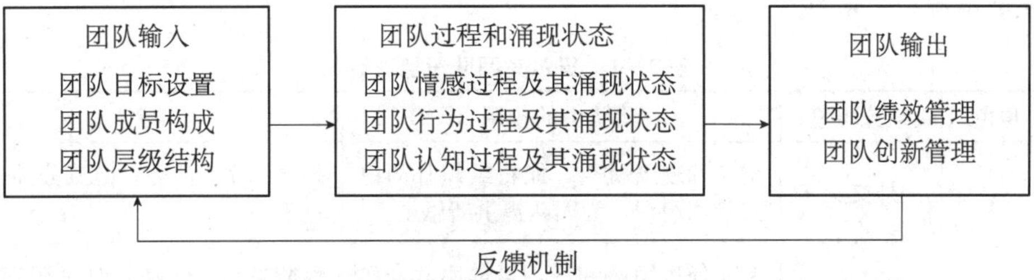

图 2-3 IMOI 模型

中介机制。“O”代表了输出结果，在群体层面来讲就是团队有效性，而具体来说就是团队的绩效与创新；最后一个“I”代表的是某一阶段的团队输出同时也是下一阶段的输入因素。IMOI 模型也考虑了时间效应，加入了反馈环节，即从最后的输出端发出，再反馈到下一轮输入因素，这是一个较为完善的动态变化过程。团队的绩效就是在这样不断往复的过程中进行持续修正，团队的学习和发展也正是由于这种反馈机制的存在而变为可能。

2.2 团队建设与管理的经典理论

2.2.1 团队输入的经典理论：团队角色理论

团队建设与管理一般包括三个阶段，分别是团队构成管理、团队过程建设与管理、团队结果管理。本节中我们将首先介绍团队构成领域的经典管理理论——团队角色理论。团队角色通常是指团队成员为了推动整个团队的发展而与其他成员交往时表现出来的行为方式。团队角色研究中最经典的理论是贝尔宾（Belbin）团队角色模型。

1. 贝尔宾团队角色理论

1981 年由贝尔宾提出的团队角色理论，是团队角色领域应用较为广泛的一个有关团队构成及发展的模型。

首先，该理论认为每个团队成员都具有双重角色——职能角色和团队角色。职能角色是由团队成员的知识、技能和能力所决定的，是工作任务赋予个体的角色。团队角色是由个体的气质、性格所决定的，是个体与其他团队成员互动时表现出来的特定模式。在团队中，每个成员都通过同时扮演这两种角色而对团队目标做出贡献。

其次，该理论认为不同的团队成员有不同的角色偏好，由于人格特质和智力水平的差异，团队成员可能更适合某些角色，而不适合其他一些角色。

再次，该理论将团队角色划分成三类核心角色（如表 2-1 所示），即社交、思考和行动。团队成员的三类核心角色又可以被细分为九种角色，其中社交角色包括外交家、凝聚者和协调者，思考角色包括智多星、审议员和专业师，行动角色包括鞭策者、完成者和执行者。只有当团队成员角色互补、技能互补和优势互补时，才能打造出高效的团队。这九种角色与团队的规模无关，在很多情况下一个团队成员要承担多种角色，或者多个成员承担一个角色。

表 2-1 贝尔宾团队角色理论

核心角色	细分角色	团队中的作用	特征
社交	外交家	擅于发现新机会，能将组织外的思想带回组织，为团队提供新思想	外向、充满活力，但三分钟热度，过于乐观
	凝聚者	利于促进团队和谐，培养团队合作精神，是团队的黏合剂	性情温和，但是有时过于谨慎小心，易受他人影响
	协调者	阐明目的，分配角色、责任义务，为团队作总结	稳重公正，信任别人，积极思考且对团队成员有内驱力
思考	智多星	智力超群，提出新的建议	个性强，知识渊博，但不切实际，不懂具体操作，有些孤独
	审议员	对团队方案进行利弊分析，避免团队误入歧途	头脑冷静，有较强的思维分析能力，稳重但缺乏创新
	专业师	为团队解决技术问题，提出专业意见	注重细节，做事专一投入，但过于依赖本领域专业知识
行动	鞭策者	促使群体达成一致、做出决策	有较高成就动机，精力旺盛，有干劲，推动团队前进
	完成者	确保团队工作高效完成，擅于发现团队的错误和疏漏	尽职尽责完成工作，但没有耐心，不能容忍和稀泥现象
	执行者	将团队的各种想法变为现实，推动团队向目标稳步前进	守纪律，忠诚，将工作放在首位，但过于保守，缺乏变通

最后，该理论认为每种团队角色都有自己独特的行为特征，这些特征不但影响团队整体的绩效，而且还影响个人在团队内的绩效。只有团队成员正确认识自己的团队角色，并根据角色要求学习知识、发展能力，才能促进团队的有效发展。

2. 理论评价

团队角色理论有助于我们了解团队构成在团队建设与管理中所发挥的作用。团队角色理论对团队成员应当扮演的角色进行了细致的划分，这不仅有利于团队成员各司其职，也有利于团队内部的人与角色匹配和领导者合理规划任务安排。然而，团队角色理论存在环境适应问题。尽管该理论强调“适配性”，但是不同团队具有不同的特点，倘若仅刻板地依靠某一理论划分团队成员角色，可能会出现团队成员角色模糊等问题。因此，未来在角色定位以及更具体的团队和组织环境适配方面仍需进一步研究。

2.2.2 团队过程的经典理论：团队动力学理论

团队动力学理论（team dynamics theory）更加关注团队过程的建设与管理，尝试通过有效的团队过程干预措施来提升团队最终的结果产出。

1. 团队动力学理论

2019年，英国学者菲尔霍（Filho）在前人研究的基础上提出了团队动力学理论。[14]该理论认为影响团队结果的过程变量主要包括四个，即团队凝聚力、团队心智模式、团队协调和集体效能感。尽管IPO模型和IMOI模型将这些过程变量看作平行的团队过程，但菲尔霍认为这些过程变量彼此之间存在先后关系。因此，菲尔霍基于IPO模型提出了团队动力学的系统框架，尝试建立团队凝聚力、团队心智模式、团队协调、集体效能感这四个过程变量与团队结果的法理关系网络，如图2-4所示。

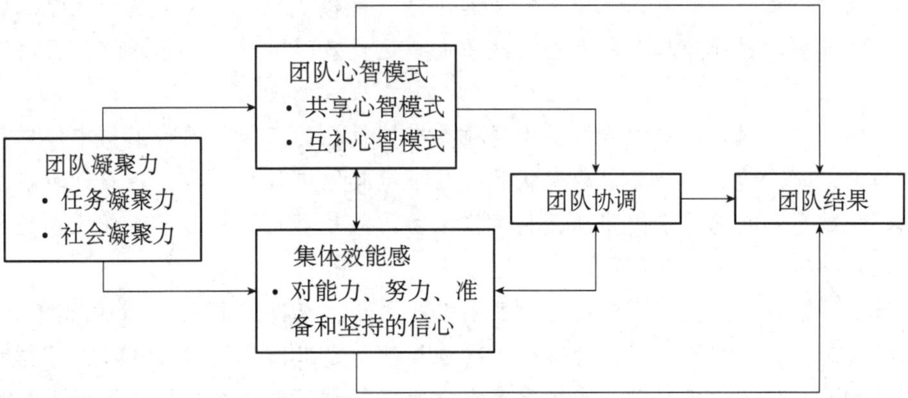

图2-4　团队动力学理论的法理关系网络

团队动力学理论是一个解释性理论，它的重心并不是描述所有的团队过程，而是解释团队结果是如何通过一系列的团队过程而形成的。[14]该理论认为团队凝聚力是有效团队过程的起点。团队凝聚力是团队成员凝聚在一起的任务和社会力量[15]，分别对应团队的任务凝聚力和社会凝聚力。团队动力学理论认为任务凝聚力和社会凝聚力首先形成共享心智模式和互补心智模式，这有助于团队拥有共同的认知框架和知识结构体系。在共享心智模式的形成过程中，还伴随着集体效能感的成型，即团队对他们自身能力、努力、准备和坚持的信心水平越来越高。在此基础上，团队可以借助共享和互补的心智模式来影响团队协调程度，表现为团队冲突的解决水平和团队成员的合作水平最终影响团队的结果产出。[16]该理论认为集体效能感与团队心智模式和团队协调同时存在，呈现出相关关系。本书在后续章节将会对团队动力学理论中所涉及的过程和结果变量进行详细的阐述。

需要注意的是，团队动力学理论强调将团队视为一个整体，关注团队整体的过程和结果，而不是团队内部单个成员的行为表现。[10]以集体效能感和绩效为例，团队成员的自我效能感可能非常高，但这并不意味着团队的集体效能感也非常高；同样，团队成员的个人绩效并不等同于团队整体的绩效。因此，管理者应当充分认识到"整体大于各部分之和"的理念，重视通过有效的团队动力学干预措施来促使团队共同目标的实现，而非单纯个人目标的达成。

2. 理论评价

虽然团队动力学理论阐述了四种团队过程变量与团队结果之间的关系网络，但对于一个团队而言，其运作过程不仅仅局限于上述四种过程。此外，相较于 ABC 模型而言，团队动力学理论对团队过程的归类和总结有待进一步梳理。

扩展阅读

某化学公司项目组的团队管理问题

肖东是某化学公司项目组经理，手下有 8 名工程师，均系男性。多年来，小组成员之间关系良好。随着工作任务的增加，肖东招聘了刚刚获得某名牌大学工学硕士学位的夏利，并让她加入一个旨在提高设备运行效率的项目小组。该项目小组由安冉担任组长。

作为一名新成员，夏利非常喜欢这项具有挑战性的工作，因为工作中能够用到不少她的专长。她工作努力，态度认真，与小组其他成员关系十分融洽，但在业余时间，她从不和其他同事闲聊。夏利工作主动，总是率先完成自己的任务，还经常帮助其他同事。

五个月后，安冉找到肖东讨论项目小组的问题。安冉汇报说：“夏利骄傲自大，好像什么都懂。对人不友好，大家都不愿意和她一起工作。”肖东回答说：“据我所知，夏利是个优秀的工程师，成绩很突出。大家怎么可能对她的印象不好呢？过几天我找她谈谈。”

一周后，肖东找夏利谈话，说：“夏利，自从你来到我们项目组，工作很勤奋，能力很出众，我非常赞赏。但是，听说你和同事的关系处理得不好，怎么回事？”夏利大吃一惊，回答说：“没有啊！”肖东提醒她：“有些同事反映，说你骄傲自满，好像无所不能，而且常常对他人的工作指手画脚。”夏利反驳道：“我从来没有公开批评过其他同事，而且，我经常帮助其他同事完成工作。”肖东问：“那么为什么别人对你的意见那么大呢？”夏利感到愤愤不平，说：“那几个人根本没有全身心地投入到工作中，他们更热衷于足球、音乐、酒吧，而我认真工作不愿意和他们闲聊，他们认为我总是不和他们聚在一起，是对他们有意见。还有，他们从未把我当作一名称职的工程师，仅仅把我看作一名闯入他们专业领域的女性。”肖东说：“工程师的考评与激励属于管理工作，你的职责是做好本职工作。关于性别，公司招聘你只是由于你的能力、知识符合条件，好好干，把管理问题留给我。”

资料来源：李剑锋．组织行为学［M］．北京：首都经济贸易大学出版社，2003：144－145.

2.2.3 团队输出的经典理论：团队有效性理论

团队有效性理论（team effectiveness theory）是团队关注团队输出影响因素的经典理论，重点关注影响团队有效性的各类前因变量和前提条件。

1. 团队有效性理论

团队有效性是团队交互作用的实际结果[17]，是由个体成员所组成团队的协调性产出。[18]团队能在合作中将整体优势充分发挥出来，减少团队成员的“搭便车”行为。有效性团队能够调动起团队成员的积极性，增强团队的凝聚力，减少“内耗”，实现团队合作的效率最大化。

团队有效性的影响因素纷繁复杂，2.1节已经阐述了IPO模型中的输入和过程因素都是影响团队有效性的重要因素，在这里就不再赘述。除了输入和过程因素之外，情境因素也是影响团队有效性的重要前提条件（见图2-5）。情境因素通常包括团队所面临的资源约束、任务类型、组织结构、文化与氛围、制度与规范等。这些情境因素不但会对团队过程产生直接的影响，进而影响团队的有效协作，也可能会在团队输入与团队过程的关系或者团队过程与团队有效性的关系链条中扮演调节变量的角色。[19]也就是说，当团队所处的情境因素发生变化时，团队输入和团队过程与团队有效性的因果链条也会发生变化。比如，一个人员搭配合理、经验丰富的研发团队，在缺乏组织必要的财务支持的情况下，很难研发出很好的产品。只有在组织有足够的财务和资金支持的情况下，良好的团队构成才能提升团队的有效性。

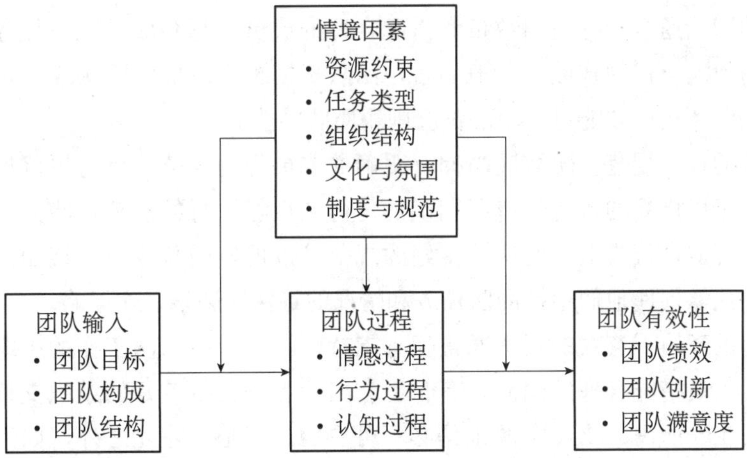

图2-5 团队有效性理论

然而，哈克曼（Hackman）认为打造有效的团队，仅仅关注图2-5所示的情境因素、团队输入、团队过程是不够的。在前人研究的基础上，他提出了全新的团队有效性理论[20]，并认为有效的团队应当具备如图2-6所示的六个条件。其中，真正的团队、令人信服的目标、合适的成员是必要条件，明确的行为规范、支持的环境、团队导向的教练行为是促进条件。

（1）真正的团队。团队应当是一个真正的团队，而不是一个虚有其表的假团队。真正的团队具有相互依赖、边界清晰和成员稳定三个特征，即团队需要拥有一个依靠相互协作才能实现的共同目标，需要拥有清晰的边界来区分团队成员和团队以外的人，需要团队具有稳定性，从而让成员们有时间学习如何很好地合作。

（2）令人信服的目标。团队应当有一个令人信服的目标或方向。一个令人信服的目标能激发团队成员的活力，使他们朝着集体目标前进，并充分发挥他们的才能。在组建团队时，目标具有很高的优先级，因为团队如何构建、需要哪些组织支持和资源、需要

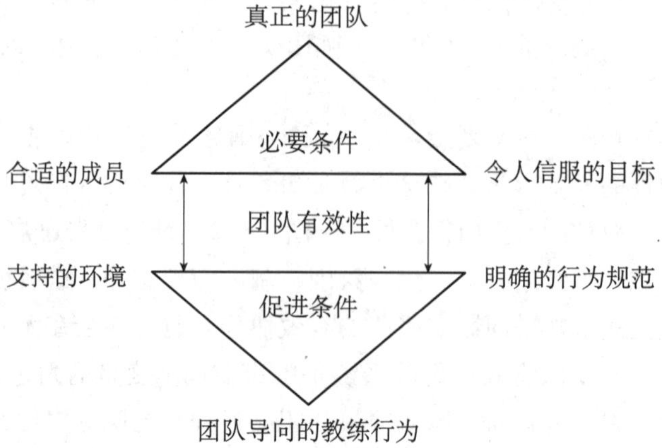

图 2-6　哈克曼的团队有效性理论

团队领导提供哪些类型的辅导都取决于团队目标。

（3）合适的成员。团队应当拥有技能适当、人数适当的成员，即我们通常所说的搭班子。有效的团队通常拥有适当数量和搭配合理的成员，每个成员既有任务方面的专业知识，又有与他人合作的技能。一般而言，团队规模越小越好，团队成员技能越多样化越好。规模过大和成员技能过于单一都会削弱团队的能力。

（4）明确的行为规范。团队应当拥有明确的成员行为规范。行为规范规定了团队中可以接受和不可以接受的行为。有了明确的、得到良好执行的规范，能大大减少团队必须花在主动管理成员行为上的时间。良好的规范可以促使团队成员围绕团队目标而不断进行反思，并能够促使他们根据团队任务和情况的特殊性调整工作策略。

（5）支持的环境。有效的团队通常拥有支持而不是阻碍团队工作的组织环境。即使是结构清晰、人员搭配合理的团队，有时也会因为无法获得良好的组织支持而失败。当然，拥有开展工作所需的物质资源也是必不可少的。但是，除此之外，如下的组织支持措施对于团队的有效性也是非常有帮助的：1）通过合理的奖励制度设计来认同团队的出色表现；2）拥有高效的信息系统，为团队提供数据和信息处理工具，以便他们更好地开展计划和执行工作；3）拥有完善的教育和培训体系，为团队提供成员可能需要的任何技术或为他们的学习需求提供援助。

（6）团队导向的教练行为。团队应当拥有出色的团队辅导和教练。出色且适时的团队辅导可以帮助团队最大限度地减少过程损失，有助于团队通过协同提升绩效。但是，如果其他有利条件不具备，或者团队成员尚未准备好接受辅导，那么即使是能力很强的辅导也很可能是徒劳的。这就是为什么教练虽然在培养团队合作能力方面非常重要，但却在团队有效性清单中排在最后的原因。

2. 理论评价

虽然学者从不同视角构建了不同的团队有效性理论，但事实上这些理论之间存在较高的交叉性。此外，不同的团队有效性理论包含诸多影响因素以及分析指标，对于衡量团队输出结果有着全面细致的方法，但是缺乏系统整合和规划分析。

扩展阅读

如何应付“搭便车”者

团队中最常见的问题之一便是存在“搭便车”者，他们作出的贡献远低于群体中的其他成员。

张丽所在的市场项目小组就有“搭便车”者。小组由三个人组成，其中，刘军总是第一个回复“收到”，但是真正落实到岗位上时，却是滥竽充数，任务核心每次都是落到张丽和王勇二人身上，二人与刘军沟通多次无果，只好硬着头皮干。繁重的工作让二人力不从心，最终年底的业绩勉强合格，但是殊不知这些都是张丽和王勇的工作成果，最后的绩效反倒分了一半给刘军，张丽对于刘军在市场项目小组坐享其成的这种行为十分不满。

在应付团队中的“搭便车”者时，应考虑以下问题：

(1) 如果团队中的其他成员存在“搭便车”行为，那么你认为是否应该向上级汇报这种情况，从而使每个团队成员对该项目的贡献获得更公正的评价？如果你认为应该，那么团队是否有道德义务把这个事实告知“搭便车”者？如果你认为不应该，那么“搭便车”者是否不正当地获得了奖励？

(2) 你是否认为对“搭便车”者正面提出质疑是正当行为？这是否取决于“搭便车”者所具备的个人能力（例如对于绩效评估较好的“搭便车”者就应该忽视他的“搭便车”行为）？

资料来源：如何解决团队中的“搭便车”现象［EB/OL］.（2023-11-26）. https://www.vientianeark.cn/p/6568/.

2.2.4 高管团队的经典理论：高层梯队理论

本节前面所介绍的三个团队建设与管理的经典理论并没有针对特定类型的团队。然而，在战略管理领域，研究者更加关注高管团队（top management team），并发展出了专门针对高管团队的经典理论。高管团队的研究最早可以追溯到1938年巴纳德（Barnard）的管理学经典著作《管理人员的职能》。从那时起，众多学者就开始探讨高层领导管理团队的一系列理论及方法。1963年，西尔特（Cyert）和马奇（March）引入了“优势联合”的概念，强调了管理成员的优势互补对提高团体效能、减少决策风险的作用。[21]1973年，查尔德（Child）引用了“战略选择”的概念，用以解释管理团队在战略决策中的职责与行为模式。[22]1984年，汉布瑞克（Hambrick）和梅森（Mason）把高管团队组成结构与组织的绩效连接起来，并提出了“高层梯队理论”。[23]本节我们重点介绍高层梯队理论的内容及发展应用。

1. 高层梯队理论

高层梯队理论（upper echelons theory）的核心观点主要有两个方面：第一，高管人口统计特征可以作为高管认知框架的有效代理；第二，高管团队能够对组织的战略决策过程产生重要影响，进而传递到组织的结果和绩效产出方面，且与单个高层管理人员（如 CEO）的特征相比，高管团队的特征对组织结果的预测作用将会更强。[24]

高管自身的价值观和人格等心理特征会极大地影响他们对组织所面临的战略问题的理解，进而影响他们的战略选择，最终影响企业的行为。[24]因此，组织应当重视高管团队的构成，对高管团队进行合理的构建。不过，高管团队的心理特征难以度量，而高管团队可以客观度量的人口统计特征（如年龄、任期、职能背景、教育背景等）与管理者的认知能力和价值观密切相关。[23]因此，通过观察人口统计特征变量可以在一定程度上反映高管团队的认知模式，并可以作为预测组织绩效的重要前因。研究者已经围绕高管团队的人口统计特征构成的异质性、多元化等因素展开大量的研究，他们发现这些因素是决定组织战略决策过程和决策结果的有效预测因素。

该理论认为关注整个高管团队比关注单个高管更重要。一个复杂组织的领导活动是一个共享的活动，整个高管团队的集体认知、能力和交互都有战略行为的参与。[24]在这种情况下，许多研究已经证实，组织的战略决策过程和绩效结果至少部分取决于高管团队。如图 2－7 所示，高管团队的构成特征会对产品创新、非相关多元化、相关多元化、并购战略、资本密集度、工厂和设备的新颖性、后向一体化、前向一体化、财务杠杆、管理复杂性、响应时间等组织战略决策过程产生影响，并最终影响组织的结果。虽然许多重要的贡献来自 CEO 或其他个别高管，但如果重点关注高管团队而不是个人，往往能更好地解释组织的结果。此外，该理论还认为高管的战略选择受到该组织情境特征的影响，如外部环境或组织特征。

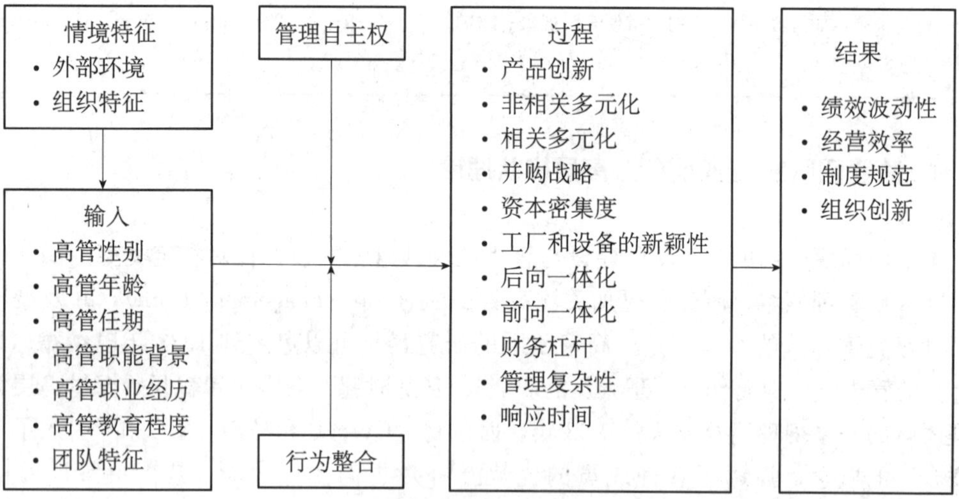

图 2－7　高层梯队理论

随着该理论的深入研究，汉布瑞克于 2007 年对高层梯队理论进行了细化和改进，提出了两个重要的调节变量，即管理自主权和行为整合，以补充发展传统的高层梯队理论模型。[24-25]管理自主权是指高层管理者在作出战略选择时享有的权限范围。[25]行为整合是指高管团队成员集体互动的程度，包括信息交换、协作行为和联合决策三个维度。[24]汉布瑞克认为，当管理自主权比较高或者行为整合程度比较高的时候，高管团队在组织战略决策过程和结果中发挥的作用才会比较大。

2. 理论评价

相较于团队角色理论、团队动力学理论和团队有效性理论，高层梯队理论与高管团队所处情境的结合度更高，更加适用于预测战略决策过程和结果。然而，该理论也存在一定的局限性。首先，将高管任期和职业背景等人口统计特征作为高管认知的代理变量，可能是不可靠和不准确的，无法准确地表征高管团队的真实认知水平。威尔斯玛（Wiersema）曾提出一个更加全面、更稳定的衡量经理人员异质性的维度，包括运作过程、态度和判断。[26]其次，该理论没有考虑沟通、冲突等直接影响团队绩效的团队心理过程，导致高管团队人口统计特征和组织绩效关系的实证研究往往得出不一致的结论。[27]

本章小结及管理启示

本章主要介绍了IPO、ABC、IMOI三种团队模型，以及团队角色理论、团队动力学理论、团队有效性理论、高层梯队理论等团队建设与管理理论。这些理论从团队输入、过程、输出、反馈、情境等方面对团队建设与管理进行了系统梳理。这些理论在后续章节会再次出现，它们为提升团队建设与管理的有效性提供了一般性指导。

关键术语

团队管理（team management）
情感过程（affective processes）
行为过程（behavioral processes）
认知过程（cognitive processes）
涌现状态（emergent states）
团队有效性理论（team effectiveness theory）
团队动力学理论（team dynamics theory）
高层梯队理论（upper echelons theory）

思考题

1. IMOI模型与IPO模型相比，有了哪些发展？
2. 团队有效性的输入因素和过程因素有哪些？
3. 一个优秀的团队应该具备哪些特点？
4. 为什么高层领导者在团队中的地位十分重要？
5. 结合本章内容，谈一谈团队成员的个人能力是否是评判一个团队好坏的唯一标准。

参考文献

[1] Kozlowski S W, Ilgen D R. Enhancing the effectiveness of work groups and teams [J]. Psychological Science in the Public Interest, 2006, 7 (3): 77-124.

[2] Barry B, Stewart G L. Composition, process, and performance in self-managed groups: the role of personality [J]. Journal of Applied Psychology, 1997, 82 (1): 62-78.

[3] Neuman G A, Wright J. Team effectiveness: beyond skills and cognitive ability [J]. Journal of Applied Psychology, 1999, 84 (3): 376-389.

[4] Bell S T. Deep-level composition variables as predictors of team performance: a meta-analysis [J]. Journal of Applied Psychology, 2007, 92 (3): 595-615.

[5] Kozlowski S W, Chao G T. Macrocognition, team learning, and team knowledge: origins, emergence, and measurement [M]. London: Routledge, 2013.

[6] Braun M T, Kuljanin G, Grand J A, et al. The power of process theories to better understand and detect consequences of organizational interventions [J]. Industrial and Organizational Psychology, 2022, 15 (1): 99-104.

[7] Bell S T, Brown S G, Colaneri A, et al. Team composition and the ABCs of teamwork [J]. American Psychologist, 2018, 73 (4): 349.

[8] Lepine J A, Piccolo R F, Jackson C L, et al. A meta-analysis of teamwork processes: tests of a multidimensional model and relationships with team effectiveness criteria [J]. Personnel Psychology, 2008, 61 (2): 273-307.

[9] Cohen S G, Bailey D E. What makes teams work: group effectiveness research from the shop floor to the executive suite [J]. Journal of Management, 1997, 23 (3): 239-290.

[10] Marks M A, Mathieu J E, Zaccaro S J. A temporally based framework and taxonomy of team processes [J]. Academy of Management Review, 2001, 26 (3): 356-376.

[11] Ilgen D R, Hollenbeck J R, Johnson M, et al. Teams in organizations: from input-process-output models to IMOI models [J]. Annual Reviews of Psychology, 2005, 56 (1): 517-543.

[12] Mathieu J, Maynard M T, Rapp T, et al. Team effectiveness 1997—2007: a review of recent advancements and a glimpse into the future [J]. Journal of Management, 2008, 34 (3): 410-476.

[13] Margerison C, Mccann D, Davies R. The Margerison-Mccann team management resource: theory and applications [J]. International Journal of Manpower, 1986, 7 (2): 2-32.

[14] Filho E. Team dynamics theory: nomological network among cohesion, team mental models, coordination, and collective efficacy [J]. Sport Sciences for Health, 2019, 15 (1): 1-20.

[15] Pescosolido A T, Saavedra R. Cohesion and sports teams: a review [J]. Small Group Research, 2012, 43 (6): 744-758.

[16] Salas E, Rico R, Passmore J. The Wiley Blackwell handbook of the psychology of team working and collaborative processes [M]. Hoboken, NJ: John Wiley & Sons, 2017.

[17] 李维安，牛建波，宋笑扬. 董事会治理研究的理论根源及研究脉络评析 [J].

南开管理评论，2009 (1)：130－145.

[18] Milliken F J，Martins L L. Searching for common tureads：understanding the multiple effects of diversity in organizational groups [J]. Academy of Management Review，1996，21 (2)：402－433.

[19] Gladstein D L. Groups in context：a model of task group effectiveness [J]. Administrative Science Quarterly，1984，29 (4)：499－517.

[20] Hackman J R. From causes to conditions in group research [J]. Journal of Organizational Behavior，2012，33 (3)：428－444.

[21] Cyert R M，March J G. A behavioral theory of the firm [M]. Englewood Cliffs，NJ：Prentice Hall，1963.

[22] Child J. Predicting and understanding organization structure [J]. Administrative Science Quarterly，1973，3 (2)：168－185.

[23] Hambrick D C，Mason P A. Upper echelons：the organization as a reflection of its top managers [J]. Academy of Management Review，1984，9 (2)：193－206.

[24] Hambrick D C. Upper echelons theory：an update [J]. Academy of Management Review，2007，32 (2)：334－343.

[25] Hambrick D C，D'aveni R A. Top team deterioration as part of the downward spiral of large corporate bankruptcies [J]. Management Science，1992，38 (10)：1445－1466.

[26] Wiersema M F，Bantel K A. Top management team demography and corporate strategic change [J]. Academy of Management Journal，1992，35 (1)：91－121.

[27] Priem R L，Lyon D W，Dess G G. Inherent limitations of demographic proxies in top management team heterogeneity research [J]. Journal of Management，1999，25 (6)：935－953.

案例分析

高效团队如何管理

亿雅公司是日用品生产制造公司，钱经理五年前进入该公司，负责多个生产团队，其中一个团队里有四名成员，分别是刚入职一年的新员工徐长远与关圆圆，以及入职四年的资深员工荣兴财与赵德柱。经过一段时间共事，钱经理发现徐长远能够合理安排工作时间，做事有条不紊，但不够积极主动。关圆圆是团队内最活泼开朗的，常提出让人耳目一新的想法，但做事不够仔细认真，也没有规划。而荣兴财与赵德柱有着丰富的工作经验。其中，赵德柱工作积极主动；荣兴财在团队内外左右逢源，他的好友遍布公司各个部门、团队。

去年，钱经理对团队成员的工作职责进行了重新划分。其中，赵德柱负责制作生产计划与产能计划；荣兴财负责制作分销资源计划；徐长远负责安排日常生产排程；关圆圆负责制作采购计划。此外，由于公司采用了目标管理工具，每个员工都能参与制定自己的工作目标，所以大家都清楚自己需要完成哪些工作任务。并且，团队内每个员工的目标都能通过工作职责落实到具体、可衡量的数字，大家的完成情况也可以通过 ERP 系统随时获得，绩效反馈非常有效，公司的激励制度也得以有效实施。

由于本团队工作的完成情况很大程度上取决于成员之间的配合，所以钱经理在团队内一直强调沟通协调的重要性，并积极提倡合作共赢，使大家都明白与团队内其他成员互帮互助的重要性。经过几年发展，大家形成了一个高度信任、团结协作、肝胆相照的团体，团队绩效也在公司内遥遥领先。但最近钱经理越来越发觉团队内的创新氛围大不如前，成员们也开始不思进取。在平时的交谈中，大家总是抱怨、指责其他部门的同事，如“某部门不讲分工，同一任务交接的都是不同的人”，“某团队的人总是相互推诿，搞得我们办个事情都找不到责任人，浪费我们的时间”，“某团队就像一团散沙，各自为政”，等等。钱经理感到整个团队正受到不好的氛围的侵蚀。下一步钱经理该怎么办？

资料来源：高绩效团队［EB/OL］.（2023-11-26）. https://easylearn.baidu.com/edu-page/tiangong/bgkdetail?id=97be328f6529647d272852be&fr=searc.

［讨论题］

1. 亿雅公司生产团队成员的角色划分是否合理？
2. 请结合团队角色理论，谈一谈钱经理应该如何解决生产团队的这些问题。

这样的团队为何会失败

容先生是某品牌广告公司的资深顾问，年前他刚刚接手了一个新的项目小组，据他的了解，项目小组之前的团队整体绩效很低，总是拖公司的后腿，公司决定让容先生来接手小组，成为小组新的负责人，找出团队绩效持续走低的原因，并优化团队。

容先生刚到项目小组的第一天，就拿到了项目小组每一个成员的简历，他发现，团队中每一位成员都是名校毕业，且都十分上进，可谓是“单打独斗”能力极强，但是，这样一个由强手组成的小组为何团队产出会如此低呢？

容先生喜欢开短会，注重核心问题，他发现团队之前的负责人习惯性地开会，并在开会之前没有明确会议上的问题就让大家自行讨论，这使得问题并没有通过会议得到很好的解决，反而在团队内出现了很多不一致的声音。

虽然团队成员每一个人都师出名校、简历光彩，但是性格都极为强势，不允许有人与其意见相左，每个人都坚持自己的观点，使得团队内的气氛十分紧张；成员更为关心的是“我是不是在这个团队里突出了自己”，而不是为了团队的整体目标而一同努力，这样的“小心思”在团队里似乎十分常见，每个人都想极力表现自己，着眼点往往不是团队的核心目标。

［讨论题］

1. 这个团队以前存在哪些管理问题？
2. 容先生下一步该怎么做呢？

02

第二部分

团队输入管理

第3章

团队目标设置

我们的目标很宏伟，也很朴素，归根结底就是让老百姓过上更好的好日子。

——习近平，二〇二四年新年贺词

学习目标

1. 掌握目标设定理论的发展历程、目标设定的分类和结果
2. 掌握团队愿景的定义、性质与实施
3. 掌握团队使命的定义、性质与制定
4. 理解团队愿景、使命对于团队的作用
5. 掌握团队目标管理的发展和基本流程

引导案例

艰难的团队目标管理改革

某日下午6时，喧闹了一天的办公楼渐趋安静，某食品公司专项研发团队负责人陈明坐在会议室，面对着桌上摆放的会议记录陷入了沉思，空气中弥漫着紧张的气氛。刚才他向公司经营层做了关于开展团队目标管理改革的报告，这个报告在经营层中引起了激烈的讨论，会议整整持续了一个下午，最终还是在总经理冯建的拍板下才勉强通过了审议。会议结束后，所有人都已离席，只有陈明一人瘫坐在椅子上，他闭上眼睛，开始思索今后的工作方向。虽然他对目标管理比较熟悉，也相信开展目标管理改革是领导的英明决策和团队的正确选择，但是一想到目前团队上下弥漫着拖沓的气息，陈明顿时觉得千斤巨石向他压来。

个人目标和团队目标的优先性问题是组建高绩效团队的关键。过于注重个人目标，可能会出现“个人英雄主义”、个体主义和内部绩效的差异分化，影响团队整体绩效的达成；而过于注重团队目标可能会滋生社会惰性，导致“出工不出活”的现象发生，这又会损害团队内部的公平氛围和整体积极性。为了统一思想，陈明决定召开工作沟通会。会议一开始，陈明扫视会场，看到参会人员态度过于轻松，甚至有交谈甚欢的，决定先定基调：“2022 年是管理改革年，为了确保团队的经营管理目标顺利推进，公司决定推行目标管理，这项工作势在必行。年初制定好目标，年底结束后进行考核，有奖有惩，完不成任务的在座负责人就直接下岗。现在召集大家就是想听听你们对目标管理以及自己的责任书有什么意见，有问题的请直接提出来。我们有言在先，现在可以提意见，但是一旦确定后大家就必须严格执行。大家不要有顾虑，都谈谈自己的想法吧。”话音一落，会场一片沉默。签订了目标协议后，就无法更改了。在座员工的脸上露出了疑惑和质疑的表情。陈明将一切都看在眼里，感叹道：“团队目标管理果然不是容易实施的啊！”

一个卓越的团队，必定拥有一个清晰、合理的目标。共同一致的目标可以使团队迸发出巨大的力量。管理者需要洞悉团队愿景、使命和战略，并以此为基础，制定、优化符合团队发展方向的目标，进行科学的目标管理，从而保证团队体现出可持续的、异质的、独创的竞争能力。

3.1 目标设定理论

1969 年，莱瑟姆（Latham）成为美国纸浆协会特聘心理学家，并在洛克（Locke）以往实验室实验的基础上，于乔治亚卡夫公司下属的林场中开展实地实验。实验中，莱瑟姆将伐木工人随机分配到两个组，实验组的工人有一个具体的、高生产率的工作目标；对照组的工人不设置具体目标，只被敦促尽力而为。工人薪酬制度为计件工资制。在实验过程中，强调工作量会直接影响其最终绩效。莱瑟姆发现在为期三个月的实验中，实验组的表现显著优于对照组。

实际上，这些明确的目标为实验组的伐木工人提供了努力的方向，帮助工人获得面对枯燥工作时的挑战感以及成就感。因此，除了每周生产率显著提升，在设定目标的条件下，工人的出勤率也大幅上升，砍伐树木对工人来说变得更有意义。

3.1.1 目标设定理论的内涵与发展

经过长时间的实验研究，目标设定理论（goal-setting theory）于 1990 年由洛克和莱瑟姆正式提出，关注有效目标的核心属性以及目标是如何预测、解释和影响个人绩效的。[1]该理论的核心包括两个部分。首先该理论认为目标和个人绩效之间具有相关性，并受到个人能力（ability）、反馈（feedback）、承诺（commitment）和资源（resources）

的调节。目标的挑战性越高，个人的绩效表现就越好。个人能力只有当达到极限或承诺度较低时才会表现出下降的趋势。[2]其次，具体的、有挑战性的目标比模糊的、抽象的目标能带来更高的个人绩效，而目标本身并不一定会带来高绩效，因为不同目标的难度和挑战是不同的。[3]

洛克提出了四个机制来解释为什么具体并有挑战性的目标能够提高个人绩效。第一，特定的目标迫使个体在采取行动时专注于同一个方向，个体所有行为的选择（choice）和专注力（attention）都集中在目标任务上。第二，具有挑战性的目标，可以激励个体加倍努力（effort）。目标对个体的挑战性越大，个体付出的努力就越多。第三，当设定了一个具体而困难的目标时，个体会表现出对目标的执着追求。第四，个体会使用现有的策略或制定新的策略来达成目标。[1]

最初的目标设定理论只提倡要设定具体的且有挑战性的目标。之后学者开始关注绩效目标（performance goal）和学习目标（learning goal）之间的区别（见表 3－1），认为绩效目标和学习目标都应该是具体且有挑战性的。[4]组织管理者应该区分这些目标的类型，并在不同的背景下分别设置每种类型的目标。绩效目标和学习目标的差异导致个体在执行任务时的关注点不同，绩效目标是依据某些标准完成特定的工作任务，包括特定的目标指令，使个体的注意力集中在特定的任务结果上；而学习目标则是为了有效完成任务而产生的策略/想法或程序的数量。[2]它们可能涉及策略/想法的产生、批判、评估以及策略/想法的实施。综上，绩效目标侧重实现员工的预期结果，而学习目标侧重开发有效执行任务的程序或策略。[5]

表 3－1　绩效目标和学习目标的区别

	目标类型	
	绩效目标	学习目标
目标应用实例	1. 每天画出 10 份不同风格的宣传设计图 2. 信息报送及时率超过 90％ 3. 生产作业下达不及时的次数不超过 3 次 4. 废板退库率达到 100％	1. 找出 3 种有效办法来增加设计图风格 2. 实施 2 种策略来提升信息报送率 3. 提出 2 种有效方案来改进信息沟通方式 4. 找出 2 种可用库存信息分析方法

3.1.2　目标设定的分类与测量

根据目标设定过程中员工的参与程度可以将目标类型分为参与性目标（participative goals）和指定性目标（assigned goals）。参与性目标指的是在目标的设定过程中，员工有机会参与讨论并与领导一同制定目标标准；而指定性目标则是由公司总体目标细分或直接由部门/团队领导/人事部门制定，并委派给员工的任务目标。以往研究表明，员工对参与性目标的目标接受度（goal acceptance）更高。[6]不管目标最后是否实现，追求参与性目标的员工会制定较高的总体目标，其承诺度也相对较高。[7]

除了绩效目标和学习目标，在目标设定理论的早期研究中，学者还提出了一种“尽最大努力”（do-your-best）的目标。在 1990 年关于目标设定理论的概述中，洛克和莱瑟姆提出，在相对复杂的工作任务中，“尽最大努力”的目标比具体的、有挑战性的目标更加有效，但在后续的研究中，“尽最大努力”的目标被证明是优于绩效目标，但劣于学习目标的。[5]因此，当前学界普遍认为，学习目标是绩效目标的最佳替代方案。

关于目标设定理论的相关量表，主要是对目标承诺（goal commitment）、目标接受度、目标设定（goal setting）和目标导向（goal orientation）等变量的测量。关于目标承诺的测量，克莱因（Klein）开发了目标承诺的 5 题项量表，霍伦贝克（Hollenbeck）开发了目标承诺的 4 题项量表。[8-9]而李（Lee）开发了目标设定的 53 题项量表。[10]

3.1.3 目标设定的结果

目标设定理论的大多数研究都是围绕目标—绩效的积极关系展开的。虽然具体的、有挑战性的目标可以提升绩效，但会受到各种因素的影响，比如自我效能感（self-efficacy）、自我设定目标（self-set goals）、指定性目标、反馈（feedback）、个人特质（personality）、动机（incentives）、工作设计（job design）、领导力（leadership）等。[1]图 3－1 展示了目标设定对绩效和满意度的作用，其中目标设定理论主要确定了影响目标—绩效路径的四个调节变量。第一个是个体的能力，即个体所拥有的知识、经验或技能水平。如果员工缺乏完成任务的能力，就会在工作中茫然不知所措，这是在工作动机和认知领域的共识。如果分配的目标过于困难，就会被认为是虐待员工的行为。[11]第二个是目标反馈。反馈使个体能够明晰任务的进展，以便能随时调整自身努力的强度和方向，并修正策略来更好地实现目标。因此拥有及时而准确的目标反馈体系和目标反馈信息系统对提升个人绩效有很大的帮助。第三个是目标承诺，即个体有多大的决心来达成他的目标。可以通过自我报告量表或直接观察个体在工作中的行为和表现测量其目标承诺。第四个是个体资源。为了实现目标，组织或团队必须为个体提供其需要的资源，如资金、设施等。

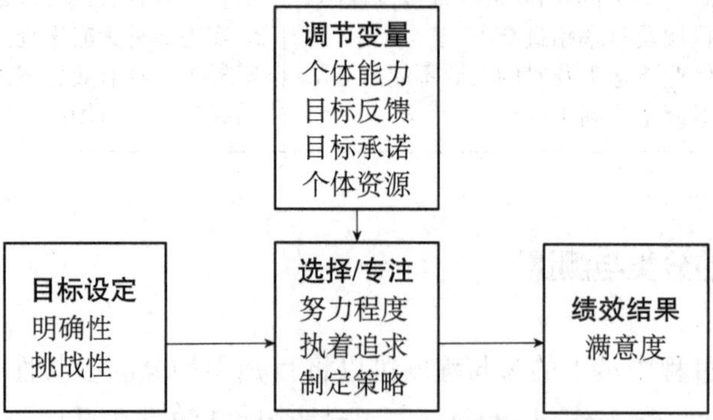

图 3－1 目标设定对绩效和满意度的作用

目标设定对情感的影响。情感是基于个体潜意识的价值判断。研究表明，目标的实现可提高个体的满意度。虽然有挑战性的目标任务不易实现，但蒙托（Mento）等学者发现，当达成具有挑战性的目标或困难的目标时，通常比那些容易的目标带来更多个体和外部的收益。[12]

自我设定目标和自我效能感对于绩效的影响。自我效能感是个体在面对某一任务或某一领域时，有自信能够做好的程度。自我效能感较高的员工会为自己设定比较高的目标。低水平或低目标的绩效标准往往不能提升自我效能感较高的员工的满意度。当组织面对的外部环境比较多变时，技术发展和各领域交叉融合，使得岗位职责也更加复杂。当面对复杂工作时，单纯的目标设定和绩效之间的关系不再明显。组织和团队需要培养复合型人才，进一步提升员工的知识和技术水平，采取更加灵活多变的激励策略。

目标设定可能会带来一些消极的后果。[2]比如，无法实现的高目标可能会导致个体具有较高的压力值（stress）和焦虑感（anxiety）。同时莱瑟姆和洛克认为，目标设定的一个潜在问题是，个体可能会将困难的绩效目标看作一种威胁而非挑战。[6]这会导致个体绩效水平的下降和不道德行为（unethical behaviour）的产生。当个体有一个具体的且具有挑战性的目标时，他更有可能采取不道德行为或作弊行为，尤其是当个体的实际绩效离目标绩效只差一点点时。这种不道德行为或作弊行为分为两种。第一，使用不道德行为达到目标（比如私自进入公司的系统后台，修改数据）；第二，歪曲一个人的绩效表现（比如报告本季度目标已实现，但实际上没有）。个体通过夸大事实、撒谎等方式消除目标设定给自己带来的威胁感。[2]另外，对于一个目标来说，只有“完成”和“未完成”两个结果，这和目标的性质无关（无论是自我设定的目标还是领导指定的目标）。当目标未实现时，不满就会发生，并可能导致个体的绩效进一步下降。之前的失败则会引发个体的各种负面情绪，导致较低的绩效产生。[13]个体对于任务或目标的注意力转移到思考个人缺点或预测失败带来的负面结果上，这会威胁到个体自我概念、自我效能和动机，最终导致个体降低目标标准甚至完全放弃目标。因此团队领导应谨慎为员工设置目标，目标设置过程要求员工亲自参与，以保证目标是适宜、可行的、受到员工认可的。

3.2　团队的愿景、使命及战略

3.2.1　团队的愿景

1. 团队愿景的界定与性质

明晰愿景、使命和战略是制定团队目标的前提。团队愿景（the vision of team）是一个团队对自己未来的定位，描述了一个团队未来希望达到的水平或在组织中所处的位置。团队愿景体现了一个团队相比于组织中其他团队或部门（或组织外的竞争对手）而言，希望达到的一种长期目标状态。团队愿景通过一些简洁明了的声明（statements）进行表达，并强调团队不同寻常的特征，将其与其他团队或部门区分开。考虑到现实中团队可能会遇到不可测的约束和限制，团队愿景在不脱离组织整体愿景的情况下可以适当理想化。作为团队未来的蓝图，愿景可以帮助团队成员了解团队文化，并为团队成员提供行动的方向，使得团队成员可以通过合作克服团队发展过程中遇到的障碍。[14]因此团队愿景是充满吸引力的，是提升团队创新、提高员工工作投入度、完善组织承诺及提高使命感的重要驱动因素。

一方面，愿景是团队抱负的真实体现，具有未来导向（future focus）和理想主义

(idealism) 的倾向，所以略显激进的愿景声明也是可以接受的，如“让美国的每个办公桌上都配有一台电脑”，这是微软公司创始人——比尔·盖茨所说的。同时，愿景是长期存在的，不需要频繁的评估和测量。随着组织外部市场变动、技术变革、组织内部结构调整等因素的影响，团队一般需要每年或每季度对团队愿景进行一次修改，以适应团队发展的需要。另一方面，愿景是简洁（brevity）的和抽象（abstractness）的。对于团队成员来说，愿景是一种相对稳定的信标，能够保证团队成员和团队利益相关者共享同一个目标。

团队愿景源于组织愿景，并融合了团队领导或重要团队成员的想法。以往学者关注愿景和文化之间的关系[15]，并认为团队愿景是一种团队道德（ethics）和价值观（values）的体现方式。因此，团队愿景的相关声明往往包含着团队想要实现的团队道德目标和价值观目标。除此之外，一个团队的道德和价值观对于确定其在整个组织中如何看待自己至关重要，团队愿景的相关声明需要凸显出其独一无二（uniqueness）的战略优势。[16]价值观描述了一系列能够指导团队决策的、有选择和考虑次序的抽象的核心信念。这些信念都是支持团队愿景和使命的基础。

2. 团队愿景的制定与实施

团队愿景应该与利益相关者的价值观和期望一致。帕普洛娃（Papulova）认为愿景的制定可以通过四种方式。[17]

（1）依靠直觉（intuition）的愿景制定。这种愿景制定方法对于团队领导具有较高的要求，需要团队领导挖掘自己内心深处的梦想和建立团队最初的原因，并通过直觉自然而然地发现并制定愿景。作为一个有远见的梦想家和创造者，团队领导会带领整个团队实现愿景。

（2）依靠团队的愿景制定。这种愿景制定方法类似于头脑风暴。团队领导把团队中的成员集合起来，让每位成员提出具有创造力的或不寻常的想法、观点、意见和灵感。

（3）依靠理性（rational）研究的愿景制定。这种愿景制定方法是通过理性和逻辑思维来发展团队愿景，依赖于归纳、演绎、比较或其他实证研究方法的应用。但是这种愿景制定方法使用信息推演所得到的基于假设的愿景，不会带来太多的创造力，并与愿景“理想化”的特征相悖。[18]

（4）依靠团队标杆的愿景制定。学习另一个标杆团队的愿景，认识到其重要性和价值，并根据自身团队的特征和实际发展情况进行修正，演化出新的愿景。

由于团队愿景和团队战略的制定密切相关，组织中的高层管理者和团队领导（执行管理者）通常会在设计或完善组织或团队愿景时发挥主导作用。高层管理者在设计组织总体愿景时，需要让组织各层级利益相关者（管理者、员工、股东等）参与其中。问卷调查、半结构化访谈、匿名反馈表等方法和工具的合理使用，可以帮助高层管理者洞察各个层级不同类型的利益相关者对于组织愿景的看法。值得一提的是，员工对于组织或团队的潜力的看法可能与管理层存在显著差异。因此在实际操作中，每一个受到决策影响的人都应该参与决策的制定。[19]

团队愿景制定的过程与组织愿景类似，在团队领导（执行管理者）的带领下，让团队中的员工都参与到创建新愿景或修正当前愿景的讨论中，帮助激发团队成员的主人翁意识，提升其组织承诺和工作效率。在团队愿景的制定过程中，团队领导首先应引导员工思考团队中最根本的追求是什么，其次通过将组织层面的核心竞争力与价值观细化，结合团队本身的竞争优势，帮助团队成员构建出理想化的或最佳设想情形下（best-case-scenario）的关于团队的未来蓝图和结果。柯克帕特里克（Kirkpatrick）将愿景的制定细分为五个阶段：第一阶段——未沟通的愿景（the uncommunicated vision）。[20]团队领导明晰组建团队的原因，并在脑海中构建出了理想的未来，但并没有正式的说明。第二阶段——未正式声明但已实施的愿景（unstated yet implemented vision）。愿景中所蕴含的价值观和行动准则已经潜移默化地在团队中传播，但还未正式制定愿景声明。第三阶段——正式声明的愿景（formally stated vision）。团队领导联合团队成员、管理人员、客户及其他利益相关者共同讨论出制度化的愿景，并写入相关制度文件。第四阶段——精练的愿景（refined vision）。团队成员和利益相关者对现有的愿景进行评价，并把评价信息反馈给团队领导。团队愿景进一步精练。第五阶段——愿景的修正（re-examined vision）。随着内外部环境的变化，团队愿景每年或每季度都会进行修正，以保证愿景适应团队的发展需要。

3. 团队愿景的作用

组织沟通学领域的学者从愿景、文化和领导力的研究中发现，愿景突显度（vision salience）可以显著地提升个体的战略参与度，并进一步提升其组织承诺和满意度。[21]愿景突显度包含愿景的清晰度（clarity）、共享度（sharedness）和适宜度（appropriateness），这些维度被认为是反映组织或团队内部成员和愿景之间的连接有效性的重要标志。团队战略和团队成员的承诺度对实现团队愿景起着重要作用。科内利森（Cornelissen）认为愿景是团队所期望的未来状态，它是高层管理者对团队总体发展方向的一种预期，需要团队成员提高工作投入度和承诺度。[22]一旦愿景被编入公司制度文件中，团队内部沟通工作就必须要建立在持续强调组织愿景的基础上。虽然这些内部沟通工作往往是零星的，但关于团队愿景的传播和渗透应该是持续的。愿景的相关宣传工作不能只在新员工入职或年度培训中体现，更应成为团队讨论和战略管理决策中的常规活动流程。团队愿景应该蕴含在团队文化中，并实现制度化，这样团队愿景才是有生命力的、可持续的、规范化的、信息化的，而不是成为被遗忘的制度手册的一部分。[23]

3.2.2 团队的使命

1. 团队使命的界定与性质

虽然团队使命（the mission of team）和团队愿景经常容易被混淆[24]，但这是两个不同的概念（见表 3-2）。团队愿景回答了“我们要去哪里”（where will we go），而团队使命则关注的是“我们为什么存在”（why do we exist），团队使命具有指导团队战略规划的功能，并解释了团队“想要成为什么样子”和团队“为谁服务”的问题。[25]正如习近平总书记在党的二十大报告中指出的，“中国共产党的中心任务就是团结带领全国各族人民全面建成社会主义现代化强国、实现第二个百年奋斗目标，以中国式现代化全面推进中华民族伟大复兴”。团队使命需要符合组织价值观，满足利益相关者的期望。[26]总之，团队使命展示了团队存在的根本原因，为团队提供战略导向。

表 3-2 团队愿景和团队使命的辨析

	团队愿景	团队使命
定义	我们要去哪里	我们为什么存在
关注时间	关注未来	关注当下和未来
功能	概述团队几年后的发展方向	概述团队的普遍目标和追求，保证团队发展与领导者、团队成员及利益相关者的利益一致
是否可改变	改变较小，仅作修正	可以改变较大，但仍必须与团队核心价值观及利益相关者的需求相一致
特征	理想化、抽象化、简洁、独一无二，具有挑战性、未来导向	具有指导性，凸显团队道德和价值观标准、团队核心竞争力

团队使命要充分考虑组织中的其他团队不同的功能和竞争优势（competitive advantage），并进一步强调团队价值观。一个好的团队使命需要具有指导性，体现在能够生成足以推动众多目标实现的团队战略上。同时，团队使命也要具体化，关注各项团队活动和资源的分配情况。与愿景声明不同，使命声明往往更详细。团队使命能够帮助管理者划分日常或长期运营工作中处理事项的优先级。从利益相关者价值观的视角来看，“使命是凌驾于一切目标的普遍追求。在理想的情形下，使命和利益相关者的价值观或期望一致”[22]。使命回答了“我们团队寻求什么”“我们团队渴望什么”“我们团队成员应该朝着什么方向去努力”。

专注于团队的核心竞争力（core competitive advantage）有利于创造一个好的团队使命。我们需要时刻思考：是什么让我们的团队显得与众不同？我们和组织内的其他团队有什么区别？我们团队可以为组织带来什么优势？我们团队的产品或服务的独特价值体现在哪里？正如皮尔斯（Pearce）所说的，“使命是一种广泛但持久的声明，它将我们与其他同类团队区分开来”[27]。与愿景的相关声明一致，团队的使命声明（mission statements）也必须基于团队的道德价值观。这些价值观通常包含诚信等概念，但在使命的相关声明中更加具体。例如，团队的价值观倾向于追寻产品创新、降低成本还是提升效率？产品的设计倾向于一致性产品还是个性化定制产品？另外，团队还应考虑哪些利益相关者能够感知到其使命。相较于组织内的某些职能团队，营销团队的使命显然更容易被外部的消费者、公众、业务上下游利益相关者所感知。因而，对于与外部沟通更为频繁的团队，其使命在阐明组织竞争优势、基于核心道德价值观的管理理念、战略决策等事项方面起到更好的宣传作用。创造一个好的团队使命可以为团队和组织带来更多的竞争优势。为了进一步说明使命和团队决策制定倾向、资源分配优先级之间的关系，我们可以参考一下两个能源公司团队的使命相关声明：

能源公司团队 A：“我们努力成为一个可靠、高效、低成本的能源开发团队。”

能源公司团队 B：“我们从事着最高水平的能源创新研究，始终坚持能源创新和物联网思维。”

在这个例子中，团队A首先考虑的是能源的成本效率以及常规化能源的开发。其相关团队活动都是建立在现有专利和科技的基础上，目标是创造具有更大消费者价值的可靠产品，追求稳定的生产作业活动。团队B在科研和能源创新的相关活动上会花费更多的时间和资源，其核心目标是成为具有独特能源产品的市场先驱者。此外，团队A的核心道德价值观为高价值、高可靠性和高产出。与团队B的核心价值观念——“创新”形成了鲜明的对比。每个团队的激励结构都与其团队价值观相一致[28]，因此即使一个简单的使命声明也可以改变一个团队整体作业活动的优先级和资源分配的比例。

2. 团队使命的制定与实施

团队使命应该具有启发性、渗透性、沟通性、包容性、明确性，以帮助团队成员与团队及组织建立情感纽带。[24]一些团队的使命可能很简单，比如“想出更好的问题解决方案”“创造出更好的产品”“帮助消费者获得他们需要的东西”。即使在简单的使命声明的背后，也会蕴含着团队的核心价值。有效的使命往往包含九种要素，用以说明团队的总体追求[29]，包括团队的目标市场（markets）；团队的主要产品和服务（products and services）；团队所关注的客户（customers）；团队所拥有的技术（technology）优势；团队想要达到的经济绩效；团队的哲学思想（philosophy）；团队的身份定位（self-concept）；团队所拥有的声誉和形象（public image）；团队的人力资源。

不同的团队使命的内容、格式和具体要素可能有所不同。[30]在制定团队使命时，要考虑团队所处的行业、团队的规模、团队所面对的消费者及业务定位、团队的利益相关者的需求、团队在整个组织中所处的地位等。[30]九种要素的划分为团队使命的制定提供了一个相对完整和灵活的框架，帮助指导团队战略和团队目标的建构。

一个有效的团队使命，能够将团队的优先活动事项和资源集中在能形成竞争优势的核心要素上。使命的相关声明应该通过减少或消除多余的活动，帮助团队成员专注于团队合作，推动团队优先活动事项的发展。在构建一个团队使命的过程中要考虑以下几个要素：

（1）团队创始人/团队领导的愿景；

（2）愿景的相关声明；

（3）对于团队内部利益相关者和外部利益相关者以及公众的调查；

（4）与组织内外部环境相关的核心竞争力的分析；

（5）环境因素，如法规、行业、技术等；

（6）团队领导风格和管理风格；

（7）团队核心道德价值观。

要明确一个团队的创始人或者团队领导所表达的愿景或使命，并将这些想法作为一个起点。与愿景的创造一样，团队内部的利益相关者应该在创造使命时充分倾听并使用其发言权，从而真正地投入到团队使命的设计活动中。

无论团队的愿景是正式的，还是非正式的，我们都应该将其作为定义团队使命的基础。愿景声明决定了整个团队的发展方向和需要实现的价值。使命的相关声明进一步阐明了团队的核心竞争能力，并建立在已有愿景声明的基础上。这些核心竞争力有可能是大家关注的重点领域，它们构成了团队的竞争优势，并使团队能够合理地优先分配资源，从而进一步实现该目标。

对团队内部和外部利益相关者的调查，应该用来帮助构建或者完善相关使命声明。调查可以通过定性研究（qualitative research）和定量研究（quantitative research）两种方式进行。定性研究可以帮助理解并回答“为什么”的问题。在使命的形成阶段，评估内部利益相关者如何看待团队的优势和劣势是非常重要的。定量研究调查整个团体和各级员工对于使命认可的一致程度，可以通过发放问卷来实现。需要注意的是定量研究的整个过程需要匿名进行，以保证信息的输入和反馈都是真实的，使得使命的相关声明符合团队大多数利益相关者的核心利益。

外部公众和利益相关者也可以包含在研究中，以了解外部的消费者、投资者是如何看待团队的。高层管理者必须仔细分析团队运行的竞争环境，根据团队独特的竞争优势寻找核心竞争力。当团队成员多样性较强、地域跨度较大时，有关环境的分析将会变得更加复杂。在制定团队使命时，还应该考虑团队领导的风格以及团队独特的管理哲学。比如团队的等级分布、团队是分权还是集权、团队成员参与度高还是低。生产团队往往是集权的、高度分工的、机械化的，而研发团队往往是分权的、自主的、柔性化的。

核心的道德价值观是团队一切活动的基础，团队愿景、团队使命和团队日常运营活动都建立在其之上。共享的核心价值观能够帮助团队成员更好地理解什么是好的、有价值的，这是团队成员共同追寻的目标，为团队个体行为和群体行为的合理性、适当性提供依据。因此这些价值观应被纳入团队使命中，使其在不确定的环境下帮助团队走出困境。综上可知，一份简明、全面、具体且具有战略性的使命是经过大量团队利益相关者的信息分析和调研而产出的结果。

3. 团队使命的作用

团队使命预测着团队未来的投资倾向，因为它划分了团队各个事项的优先级以及资源分配的比例。团队使命还有助于营造团结协作的氛围，提升员工的组织承诺和内在动机，帮助每位团队成员实现共同的目标。团队的文化蕴含在使命的相关声明中，受团队核心道德价值观影响，为团队创造出更高效的员工和更低的工作成本，尤其是在团队变革、过渡或组织环境动荡的时期，一个清晰且定义良好的团队使命是必不可少的。[21]

除此之外，团队使命更大的价值在于通过提高团队使命相关信息的披露水平，帮助团队与内部利益相关者或外部公众建立长期、稳定、互信的关系。团队使命保障了管理层和团队成员行为的一致性，明晰了团队任务的优先次序，最大限度地减少了决策过程中的干扰因素和潜在问题。随着时间的推移，这种一致性使团队能够满足公众和利益相关者的期望。鲍文（Bowen）认为与伦理道德相关的组织行为是团队与利益相关者或公众形成长期有效关系的先决条件，团队和利益相关者或公众之间的关系必须建立在信任、承诺、满意度和共享控制的基础上。[16]由于团队的相关行为是受道德价值观所驱动的，因此在满足外部利益相关者或公众的期望的同时，信任感也成了团队与利益相关者或公众关系的重要组成部分。这种信任感可以使得团队免受负面事件（如突发危机事件、自然灾害、产品失败等）的影响，增强团队韧性，使团队有更多的时间进行分析、解释、适应和恢复等活动。因此团队使命的制定和宣传是战略管理的重要组成部分，也是建立团队与利益相关者或公众之间良好关系的重要手段。[31]

3.2.3 基于愿景和使命的团队战略

团队愿景是描述一种团队理想化的或值得实现的目标状态或抱负，它是团队的长期目标[32]，是团队战略规划的一个关键要素，它控制并指导团队未来的商业活动。团队愿景聚焦未知事物，以帮助识别现状（优势与劣势、机会和威胁）。战略性地使用团队愿景可以帮助团队进行长期规划、场景构建、问题识别和分析并解决有关团队的伦理困境，帮助团队确定有限资源的最佳配置。[31]

由于团队性质的多样性，对于某些较小的团队、临时团队、虚拟团队、跨边界团队，愿景的存在并不是必须的。因为团队使命不同，所以需要每个团队（无论其规模或性质是否相同）中的每位成员共同研究、制定并使其制度化。当一个团队在制定战略并选择各种备选方案时，通常会通过使命去判断这些方案。例如，团队在评估解决问题的方案时，需要始终思考："这些方案中哪一个最能支持我们的使命？"为了创造出更大的团队竞争优势，建立合作以及良好的团队和利益相关者或公众的关系，使命必须成为贯穿团队文化并渗透基本运作流程的核心要素。总之，愿景和使命是团队战略制定的标准，而战略是建立团队目标的基础。愿景、使命、战略与目标的关系，如图3-2所示。

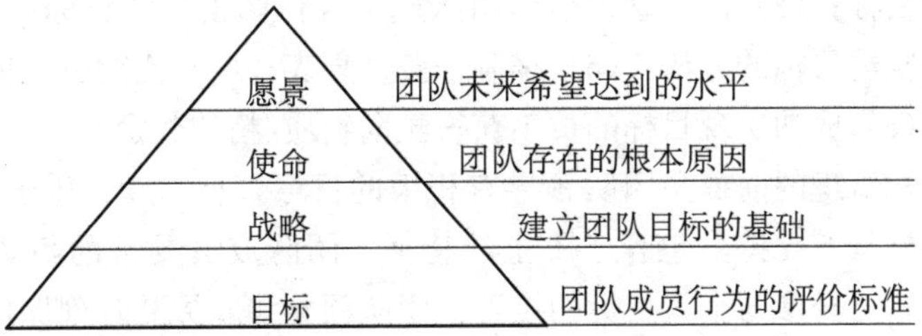

图3-2 愿景、使命、战略与目标的关系

3.3 团队目标管理

3.1节和3.2节介绍了目标设定理论和团队的愿景、使命及战略。本节主要阐述团队目标管理的发展、团队目标和任务的制定、团队目标和任务的监控。

3.3.1 团队目标管理的发展

团队目标管理指的是一种参与式的、协同化的、以团队为中心的目标管理办法。这种方法弥补了传统团队目标管理的缺陷。团队目标管理的研究最早源于学者和企业家对绩效管理的探索。德鲁克于 20 世纪 50 年代系统开发了一种辅助管理者制定具体目标并衡量其是否实现的方法，并将其命名为“目标管理法”（management by objectives, MBO）。目标管理是一个将组织目标转换为团队目标和个人目标的过程。[33] 在 MBO 中，关注的是个人对团队和组织目标所做的贡献。[34]

团队目标管理则继承了 MBO 的基本假设：（1）团队领导的行为比其特质更为重要。（2）团队成员的行为应由目标的结果来衡量。（3）团队目标管理的实施依赖于团队中员工之间的相互反馈、团队领导及高层管理者在引入并实施团队目标管理时的支持度、团队领导的目标导向。[35]

团队目标管理认为，团队目标的设置是团队领导和团队成员共同努力的结果，其最终目的是促进团队乃至组织的发展。团队目标管理不是一个瞬间，而是一个逐步实现的闭环过程。早期的团队目标管理包括四个步骤，即目标设定、行动计划、自我控制和定期审查。也有学者认为是三个步骤，即目标制定过程、目标执行过程和绩效反馈过程。团队目标管理被证实可以有效地提高员工工作效率和团队绩效。[36]

21 世纪初，团队目标管理包含的要素进一步细分，形成七要素模型：战略规划、目标层次、目标设定、行动计划、目标管理的实施、控制和评估、子团队和管理发展。在实施时，要求团队领导为每一个下属设立目标，设定预期标准，将实际目标与员工实现的目标进行比较，并为上一年未实现的目标建立新的方法和策略。[37]

2005 年，罗宾斯提出了团队目标管理的模型，认为典型的团队目标管理有以下几个阶段：（1）组织战略和组织目标的制定；（2）将组织目标分配给团队或部门；（3）团队管理者确定团队具体目标；（4）团队管理者与团队成员合作修正团队目标；（5）团队管理者和成员一起规划实现目标的方法；（6）编制任务计划表；（7）定期分析团队目标/员工目标的进展情况；（8）成功实现目标的员工获得正向物质/精神奖励。

实施团队目标管理的前提是团队领导有积极的目标管理态度，乐于引进并实施相关制度，其领导风格具有支持、包容、民主的特征。团队成员要帮助团队领导制定目标、分配任务和资源，充分参与个人目标的设置。团队领导和成员要时刻保持对结果的关注，定期编制包含目标进展和目标完成有效性等相关信息的报告。

3.3.2 团队目标和任务的制定

不论团队目标管理模型如何变化，其始终包含三个关键要素：目标计划（planning）、目标监控（monitoring）和目标评价（evaluating）。团队目标和任务的制定主要包含在目标计划中，具体步骤如下：

第一步，目标设定（setting objectives）。在诊断团队问题，明确组织和团队总体目标后，应当制定团队成员的具体目标。在这一阶段，团队管理者向团队成员提出具体的指示，设定目标质量标准和实现目标的时间点，并将之作为评估和比较员工实际工作结果的标准。团队目标设定的参考信息应该包含：向谁汇报（信息沟通渠道）、目标制定程序（员工参与度）、员工工作动机（员工是否有能力、有意愿实现目标）。

使用 SMART 管理工具辅助目标设定，解决目标理想化、不符合客观事实和目标无法落实等问题。SMART管理工具强调，目标必须是具体的（specific）、可衡量的（measurable）、可实现的（attainable）、相关的（relevant）以及具有时限性的（time-bound）。明确、具体的目标才能够衡量、执行和评判。数量、质量、成本、时间、上级和顾客等可作为衡量目标的具体要素。同时，目标设定基于现实团队条件和内外部资源，要求内容可实现且具有一定的挑战性。个人目标与团队目标相关。目标的达成需有时间限制，依据任务性质的不同拟定时间节点。[38]张伯伦（Chamberlin）认为，“设定目标的真正目的是要让员工确切地知道自己必须做什么、什么时候做、是否有能力做以及为什么要做（为谁做）的问题。目标让员工清晰地认识到自己本职工作的内涵，思考如何在工作中成长”[39]。

第二步，目标沟通（communicating objectives）。设定目标后，团队管理者和成员应就目标的实现路径和目标标准达成明确的协议。目标和计划一般由组织的高层管理者制定，然后逐步分解到团队和个人层面。[40]负责实现目标、实施团队目标管理的人（一般是团队管理者）有相对全面的、有价值的信息，在目标的制定过程中拥有更大的发言权。团队成员辅助团队管理者制定团队目标。

第三步，定义目标结果（defining objective results）。团队管理者思考具体任务和员工的匹配度，选择合适的员工完成特定的任务。[41]麦格拉思以认知-行为、冲突-合作的视角将团队任务分为四大类：生成型（generate）、选择型（choose）、协商型（negotiate）、执行型（execute），并衍生出八种特定的任务类型（见图3-3）。[42]团队管理者和员工制订任务计划，就完成下一阶段目标所需的时间和任务验收标准达成一致。在这一环节中，要求管理者和员工之间进行细致的讨论、提供双方已有的信息。

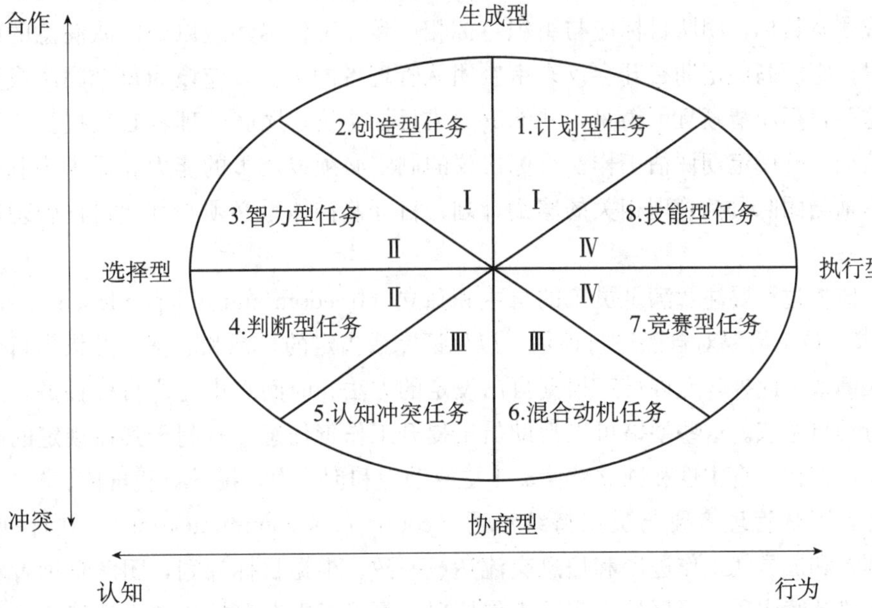

图3-3　麦格拉思团队任务环

第四步，设定时间节点（setting controlling points）。设置目标的时间节点很重要，因为管理者必须准确告知员工工作的评估方式和评估标准，阐述团队总体目标的实施阶段以及员工的各阶段性目标的完成时间，确保工作在依照整体规划的进度和预算范围内开展。在这个阶段，要保障团队员工知道目标结果的衡量指标、评价方式或计算标准，以及目标完成或未完成时员工的奖罚机制。罗森（Rosen）认为只有当员工获得清晰、公正、公开的信息反馈时，才能实现其个体的最大绩效。团队管理者定期召开“阶段目标讨论会”，讨论团队成员过去的业绩、现状、奖励方案、发展或晋升前景以及对于未来工作的期望。将会议内容记录并汇总到团队或组织信息系统，供下次“阶段目标讨论会”使用。

第五步，提升员工的目标承诺（improving commitment of employees in setting objectives）。团队目标管理需要团队全员参与讨论和分析，以便团队管理者和成员达成互信的协议，分配团队任务和责任。成员参与的积极性越高，对制定的目标认可度越高，则认为该成员的目标承诺度越高。马塞（Macey）认为成员对目标或任务的专注度体现在其对工作的主动性、适应性、努力程度和持之以恒的精神上。[43]

3.3.3 团队目标和任务的监控

在制定团队目标和任务后，还需要时刻监控目标与目标的实施进度，并及时把评价和相关信息反馈给团队成员。实施计划（implementing the plan）指的是当员工承担责任并开始工作时，团队管理者开始评估和比较他们是否达成了预期的目标。实施阶段的重点是如何实现战略。[40]库特洛夫奇（Kutllovci）根据莱维兹（Levitz）关于实施目标计划的指示，引用了其对目标评估的一些建议：团队管理者和成员应承诺并支持目标管理计划；参与该过程的每一个人都必须理解计划的整体目的和具体目标；团队管理者和成员共同达成团队目标；团队目标应与组织目标相一致；工作描述应以令团队满意的绩效标准来衡量；组织高层定期召开会议来审查团队管理者的工作；应该为每个团队成员设定目标，这些目标应清晰且可衡量，并能够达成目标协议；团队管理者必须接受团队目标管理的培训，开展定期评估工作；目标协议的制定必须以成员的能力和需求为基础；成员必须明晰与团队目标管理相关的奖励计划；目标监控体系必须与其他目标管理功能相关联。

目标监控过程要注意满足员工的自主和独立（freedom and independence of employees）需求。员工需要对自己进行评估，以保证完成指定的目标和职责，并依靠目标协议衡量个人绩效。此外，允许员工根据自己设定的方法和时间自由完成目标任务，给予员工更多行动自主权。这些举措可以帮助员工提升工作责任感，有利于其在规定的时间和标准内完成工作。自主性和独立性使员工更有动力和创造力，提升自我价值。

此外，团队管理者要与员工持续沟通（continuous communication）。在计划阶段，团队管理者和成员就工作进展和信息交流达成一致。根据目标计划，团队管理者和成员在实施阶段持续沟通。根据员工实际工作情况，可以考虑对目标协议进行修正。莱瑟姆和洛克提出的目标设定理论表明，当个体设定了具体的、有挑战性的、被接受的目标，并存在及时的信息反馈时，个体的工作动机和工作绩效就会提高。持续沟通也可以向团队成员传达做好工作的意义和要求。[20]

本章小结及管理启示

本章主要介绍了目标设定理论的内涵与发展、目标设定的分类与测量，阐述了团队愿景、使命的概念、制定和实施作用。同时，本章分析了团队目标管理方法并展示了团队目标管理过程。这些内容指导团队如何基于愿景、使命和战略实施有效的目标管理，帮助团队集结全员的智慧和努力，最大化地激发团队的绩效和创造力，以一种“润物细无声”的内部能量，使团队从同质性、模仿性的竞争模式蜕变为异质性、独创性的竞争生态。

关键术语

团队愿景（the vision of team）
团队使命（the mission of team）
核心竞争力（core competitive advantage）
愿景突显度（vision salience）
目标设定理论（goal-setting theory）
目标承诺（goal commitment）
学习目标（learning goal）
绩效目标（performance goal）
目标接受度（goal acceptance）
目标导向（goal orientation）
自我设定目标（self-set goals）
自我效能感（self-efficacy）
不道德行为（unethical behaviour）
目标管理法（management by objectives）
参与性目标（participative goals）
指定性目标（assigned goals）

思考题

1. 目标设定受到哪些因素的影响？其结果一定是好的吗？
2. 目标设定可以分为哪几类？划分依据是什么？
3. 团队愿景和团队使命有什么区别？
4. 团队愿景、使命和战略与目标之间是什么关系？
5. 团队目标管理可以划分为几个关键阶段？每个阶段需要注意什么？
6. 结合本章内容，谈一谈当前背景下团队目标管理应当如何实施。

参考文献

[1] Locke E A，Latham G P. The development of goal setting theory：a half century retrospective [J]. Motivation Science，2019，5（2）：93－105.

[2] Locke E A，Latham G P. Building a practically useful theory of goal setting and task motivation：a 35-year odyssey [J]. American Psychologist，2002，57（9）：705－717.

[3] Locke E A，Latham G P. Goal setting theory，1990 [M]. New York：Routledge，2013.

[4] Cianci A M, Schaubroeck J M, Mcgill G A. Achievement goals, feedback, and task performance [J]. Human Performance, 2010, 23 (2): 131-154.

[5] Seijts G H, Latham G P. Knowing when to set learning versus performance goals [J]. Organizational Dynamics, 2012, 41 (1): 1-6.

[6] Latham G P, Locke E A. Enhancing the benefits and overcoming the pitfalls of goal setting [J]. Organizational Dynamics, 2006, 35 (4): 332-340.

[7] Erez M, Kanfer F H. The role of goal acceptance in goal setting and task performance [J]. Academy of Management Review, 1983, 8 (3): 454-463.

[8] Klein H J, Wesson M J, Hollenbeck J R, et al. Goal commitment and the goal-setting process: conceptual clarification and empirical synthesis [J]. Journal of Applied Psychology, 1999, 84 (6): 885-896.

[9] Hollenbeck J R, Klein H J, O'Leary A M, et al. Investigation of the construct validity of a self-report measure of goal commitment [J]. Journal of Applied Psychology, 1989, 74 (6): 951-956.

[10] Lee C, Bobko P, Christopher E P, et al. An empirical analysis of a goal setting questionnaire [J]. Journal of Organizational Behavior, 1991, 12 (6): 467-482.

[11] Mawritz M B, Folger R, Latham G P. Supervisors' exceedingly difficult goals and abusive supervision: the mediating effects of hindrance stress, anger, and anxiety [J]. Journal of Organizational Behavior, 2014, 35 (3): 358-372.

[12] Mento A J, Locke E A, Klein H J. Relationship of goal level to valence and instrumentality [J]. Journal of Applied Psychology, 1992, 77 (4): 395-405.

[13] Strecher V J, Seijts G H, Kok G J, et al. Goal setting as a strategy for health behavior change [J]. Health Education Quarterly, 1995, 22 (2): 190-200.

[14] Lynch R L. Corporate strategy [M]. Aldersgate: FT/Prentice Hall, 2006.

[15] Larwood L, Falbe C M, Kriger M P, et al. Structure and meaning of organizational vision [J]. Academy of Management Journal, 1995, 38 (3): 740-769.

[16] Bowen S A. Clarifying ethics terms in public relations from A to V, authenticity to virtue: bledcom special issue of PR review sleeping (with the) media: media relations [J]. Public Relations Review, 2016, 42 (4): 564-572.

[17] Papulova Z. The significance of vision and mission development for enterprises in Slovak Republic [J]. Journal of Economics, Business and Management, 2014, 2 (1): 12-16.

[18] Taiwo A A, Lawal F A. Vision and mission in organization: myth or heuristic device? [J]. The International Journal of Business & Management, 2016, 4 (3): 127-134.

[19] Talbot M. Make your mission statement work: how to identify and promote the values of your organisation [M]. Oxford: How To Books, 2000.

[20] Kirkpatrick S A. Understanding the role of vision, mission, and values in the HPT model [J]. Performance Improvement, 2017, 56 (3): 6-14.

[21] Oswald S L, Mossholder K W, Harris S G. Vision salience and strategic involvement: implications for psychological attachment to organization and job [J]. Strategic Management Journal, 1994, 15 (6): 477-489.

[22] Cornelissen J P. Corporate communications: a guide to theory and practice [M]. London: SAGE Publications, 2020.

[23] Darbi W P K. Of mission and vision statements and their potential impact on employee behaviour and attitudes: the case of a public but profit-oriented tertiary institution [J]. International Journal of Business and Social Science, 2012, 3 (14): 95-105.

[24] Mullane J V. The mission statement is a strategic tool: when used properly [J]. Management Decision, 2002, 40 (5): 448-455.

[25] Ozdem G. An analysis of the mission and vision statements on the strategic plans of higher education institutions [J]. Educational Sciences: Theory and Practice, 2011, 11 (4): 1887-1894.

[26] Drucker P. Management [M]. New York: Harper & Row, 1973.

[27] Pearce Ii J A. The company mission as a strategic tool [J]. Sloan Management Review (Pre—1986), 1982, 23 (3): 15-16.

[28] Bowen S A. Exploring the role of the dominant coalition in creating an ethical culture for internal stakeholders [J]. Public Relations Journal, 2015, 9 (1): 1-23.

[29] Atrill P, Omran M, Pointon J. Company mission statements and financial performance [J]. Corporate Ownership and Control, 2005, 2 (3): 28-35.

[30] David M E, David F R, David F R. Mission statement theory and practice: a content analysis and new direction [J]. International Journal of Business, Marketing, & Decision Science, 2014, 7 (1): 95-109.

[31] Bowen S A. Mission and vision [M]. Hoboken, NJ: Wiley, 2018.

[32] Ozden D. Fama-french üç faktörlü varlık fiyatlama modeli: hisse senedi getirileri odakli bist örneği [D]. Sosyal Bilimler Enstitüsü, 2014.

[33] Jafari M, Bourouni A, Amiri R H. A new framework for selection of the best performance appraisal method [J]. European Journal of Social Sciences, 2009, 7 (3): 92-100.

[34] Weihrich H. Strategic career management: a missing link in management by objectives [J]. Human Resource Management, 1982, 21 (2-3): 58-66.

[35] Ross C P, Cole D M. A comparison of popular neural network facies-classification schemes [J]. The Leading Edge, 2017, 36 (4): 340-349.

[36] Rodgers R, Hunter J E. Impact of management by objectives on organizational productivity [J]. Journal of Applied Psychology, 1991, 76 (2): 322-336.

[37] Dagar A. Review of performance appraisal techniques [J]. International Research Journal of Commerce Arts and Science, 2014, 5 (10): 16-23.

[38] Kralev T. Management by objectives: management philosophy for prosperous

tourism organizations [J]. UTMS Journal of Economics，2011，2 (1)：83－87.

[39] Chamberlin J. Who put the "art" in smart goals [J]. Management Services，2011，55 (3)：22－27.

[40] Griffin R W. Management [M]. Mason，OH：Cengage Learning，2012.

[41] Harrison D A，Mohammed S，McGrath J E，et al. Time matters in team performance：effects of member familiarity，entrainment，and task discontinuity on speed and quality [J]. Personnel Psychology，2003，56 (3)：633－669.

[42] McGrath J E. Groups：interaction and performance [M]. Englewood Cliffs，NJ：Prentice-Hall 1984.

[43] Macey W H，Schneider B，Barbera K M，et al. Employee engagement：tools for analysis，practice，and competitive advantage [M]. West Sussex：John Wiley & Sons，2011.

案例分析

运营团队的目标管理困境

小刘是某科技公司运营团队的负责人。今年公司引入了最新的OKR信息管理系统，团队成员打开电脑登入云端系统就可以设定自己的季度目标、月目标和周目标。一开始大家都干劲十足，可一段时间以后，小刘发现，大家兴致满满地制定并对齐OKR指标之后，仅仅停留于喊喊口号，没有发挥OKR应有的价值。

为了保证OKR落地，小刘决定开周会。首先周会负责人在共享文档中以OKR为主线搭建整个会议讨论框架，并在会议开始前通过设定好的日历一键生成会议讨论群，将共享文档发送至会议讨论群中，并提醒参会人在会前及时更新OKR周报。关于更新的内容，参会人会在月初已填写的OKR下继续更新本周工作的进展、达成了什么目标、完成了什么任务以及遇到了何种问题。

会议开始时，由小刘发起视频会议，并共享在线文档，其他参会者进行默读。这样会议时间就不会浪费在个体的单独汇报上，默读时间通常为15分钟左右。默读时，参会者启用自由浏览模式，按照各自进度阅读文档，并将阅读过程中存在的疑问和提出的建议以评论的形式标注在文档右侧。当默读完毕后，小刘根据会议文档按次序对每个议题或目标进行讨论，并记录相关要点，在讨论时重点关注文档中参会者的评论。在讨论过程中，参会者可通过跟随模式，随时关注当前讨论点，跟上讨论节奏。在各项议题讨论完毕之后，主持人将总结会议，并在文档末尾记录待办事项，如个体还需要围绕目标做哪些任务、有什么资源需要调整、遇到哪些问题需要提前报备以及需要什么支持、如何做出更多判断等。会后完善待办事项，依据讨论内容设定完成日期，并联系相关负责人。这样各相关负责人可以清晰地得知具体工作量和任务截止时间，并在后续工作中继续推进。

但是，小刘发现，这种公开透明的方式会无形中给员工施加一定的压力，使得员工在接到任务时率先思考该任务是否真的能在预期时间内完成，甚至有的员工出现了焦虑的症状和离职的倾向。因此，小刘不得已只能暂停了周会。

［讨论题］

1. 请依据本章所学的理论，根据相关理论解释案例中问题出现的原因。

2. 请从目标管理的角度论述小刘应该如何做才能继续推动团队 OKR 计划的实施。

菲灵团队的使命

菲灵团队创始人周总年轻时在国外学习了网络、数据处理及专业化检索技术，研究了各类数据库。凭借专业和英语能力，周总想要留在国外工作并不难。然而，周总想要解决中国数据库建设中存在的难题，在国内建立具有自主知识产权和国际先进水平的深加工专利数据库和多数据库联机检索平台，所以周总和几个好朋友合作创建了菲灵团队。

可是由于深加工专利数据库和多数据库联机检索平台开发技术性强、难度大，在国内属于首创，需要高端人才和大量资金的投入，但当时的项目经费和社会服务的利润不足以覆盖数据库的开发。各种困难让周总和团队成员开始怀疑自己的工作是否有前途。在遭遇各种困难的情况下，周总带领团队参加访问革命老区、重走长征路的活动，从中汲取战胜困难的勇气和力量。周总说："说实在的，办这个团队，我自己认为并不是很成功。但我有一个使命，就是要开发具有专业化检索功能的深加工专利数据库和多数据库联机检索平台，我要去完成它。别人都说干不成的，我看准了方向，就非要去做！"

［讨论题］

1. 请依据本章所学的内容，分析菲灵团队的使命中所包含的要素。

2. 请分析案例中团队使命的作用。

第4章

团队构成

只有靠“众人拾柴”和“三个臭皮匠”之力，靠大家帮衬，工作才能做好。

——习近平，《之江新语》

学习目标

1. 掌握团队构成的表现形式与分类
2. 掌握团队多元化的界定、分类与结果
3. 掌握团队断层与子群体的界定、团队断层的分类与结果
4. 能够区分团队多元化与团队断层
5. 理解“过犹不及”效应在团队构成中的作用

引导案例

如何配置高管团队，避免派系之争

三年前，刘晨带领自己的下属跳槽至宇新公司，担任副总裁一职。初来乍到的他雄心勃勃，准备一显身手，大干一场。他希望能够帮助公司打败竞争对手，使公司成为行业的领头羊。

宇新公司是一个电机制造企业，生产磁瓦、轴承、驱动轴等。刘晨进入公司后才发现，公司另外一位副总裁王哲浩掌控其中两项主要业务——磁瓦与轴承。虽然分配给自己的有四项业务，但都是一些盈利模式还不清晰的业务。

王哲浩是宇新公司总裁王炼的亲戚，在公司中地位稳固，深得总裁的信任。自从刘晨带领下属来到宇新，公司自然而然就形成了两大派系：一派以王哲浩为首，另一派以刘晨为首。两大派系的员工表面上和平相处，暗地里都在较着劲。

年初，公司新成立了芯片产品部，由刘晨负责。芯片是公司非常看重的一项业务，刘晨深知自己责任重大。5月份，芯片正式进入市场。直到8月，芯片的销售情况一直良好。在这种情况下，公司认为芯片的市场潜力很大，于是推出了第二代芯片产品。第二代芯片产品的销售量并没有预料中的那么好，上市后芯片的销量一直下滑，原因是客户在使用第二代芯片产品时，发现该产品有一些小问题。因为技术部门是由王哲浩负责，所以刘晨找到王哲浩，希望他们能尽快解决这些问题。

但是王哲浩认为，影响销售量的并不是质量问题，而是芯片产品部的销售工作没有做到位，质量问题只是他们为销量下滑找的借口。第二代芯片产品已经比第一代芯片产品要先进得多，这些小问题并不会对芯片产品的使用产生很大的影响，而且客户既然可以接受第一代芯片产品，又怎会不接受改良后的第二代芯片产品呢？改进技术并不是一件容易的事情，技术部门还要研发其他的新产品，根本没有多余的人员和时间来专门做这个事情。

王哲浩答应刘晨会尽快改进技术方案。刘晨走后，王哲浩把这件事情告诉了技术部门的主管，要求他们以新产品的研发为主，有时间就改进芯片的质量问题。所以技术部门的主管也没有把它当作紧急事情来处理。

刘晨一直催促技术部门尽快解决问题，但得到的答复却是“技术部门最近正在研发新产品，非常忙，芯片的改进还需要一段时间”。

两个月后，客户对芯片产品质量问题的投诉越来越多，产品的销售量继续下滑。无奈之下，刘晨向总裁王炼反映了这个情况，王炼当即要求技术部门立刻解决这个问题。一周后，新的技术方案出来了，产品质量稳定了很多。但是此时客户已经对新产品产生了怀疑，即使刘晨使出浑身解数，做了很多促销活动，销量却一直处于低迷状态。

王炼原本对芯片产品寄予了很大的期望，现在因为两大派系之间的竞争，新业务一蹶不振。王哲浩和刘晨都是公司的主力干将，两虎相争，不论谁胜谁负，最后的输家都是公司。

资料来源：如何应对公司内部的派系之争?. 管理@人，2010（Z1），148-149.

为了应对组织运营过程中的各种不确定性，管理者需要不断优化各个层级团队成员的构成，通过合理的团队配置来保证组织战略的有效实施，从而在激烈的市场竞争中立于不败之地。

4.1 团队构成的内涵

4.1.1 团队成员构成的界定

团队成员构成（composition）通常是指团队成员各种属性特征的配置[1]，这些属性特征通常包括表层特征和深层特征两大类。[2]表层特征是指团队成员的性别、年龄、种族、学历、职能背景、出生地、毕业院校等可见的人口统计特征；而深层特征则通常涵盖团队成员的态度、人格和价值观等不可见的深层心理因素。[3-4]团队成员这些表层和深层属性特征往往会存在一定的差异性。[5-6]比如，在一个团队内部，我们很难找到两个能力或性格完全相同的团队成员。因此，团队成员构成的异质性问题受到了众多团队构成研究者的关注。[7]

4.1.2 团队构成的表现形式

异质的团队构成研究主要分为两个流派。第一个流派主要关注团队成员在某个单一属性特征上的差异（比如年龄上的差异），研究者将这种差异称为多元化（diversity）。[8-9]常见的团队多元化包括性别多元化、年龄多元化、种族多元化、教育背景多元化、任期多元化、职能背景多元化等。[10]第二个流派则是多元化研究的拓展，认为团队成员在考虑个体差异的时候，不能仅考虑某个属性特征的差异，还要综合考虑多个属性特征的差异。[11]那些在多个属性特征上具有相似性的团队成员（如两位同一学校毕业的年长男性高管）更有可能结盟，而那些在多个属性上不相似的团队成员更有可能相互排斥，最终造成团队内部出现若干个子群体。[12]子群体内部高度同质化，而子群体之间高度异质化。[13]研究者将这种团队被划分为若干个同质子群体的现象称为断层（faultlines），并通过断层强度来衡量团队形成若干个子群体的可能性。从以上的界定可以看到，团队多元化侧重于体现团队成员在特定特征上的个体差异性，而团队断层则更加强调团队成员基于多个属性特征形成潜在子群体的可能性。

4.1.3 团队构成的分类

不同的团队构成对团队管理过程和结果的影响不同。目前，学者们主要从任务属性、统计属性、可见属性和感知属性四个方面构建了团队构成的不同分类维度，如表 4-1 所示。

表 4-1 团队构成的分类

分类维度	具体类别	示例
任务属性	关系取向的团队构成	团队的性别构成：两位男职工、三位女职工
	任务取向的团队构成	团队的从业经历构成：两位金融背景、三位制造背景
统计属性	分离型团队构成	团队的种族构成：两名白人、三名黑人
	多样型团队构成	团队的学科构成：两位文科生、三位理工生
	不平等型团队构成	团队的权力构成：一位权力高、四位权力低
可见属性	表层团队构成	团队的年龄构成：两名年轻人、三名中年人
	深层团队构成	团队的性格构成：两名外向、三名内向
感知属性	休眠的团队构成	团队地缘分布：五位东北员工（未感知到差异）
	激活的团队构成	团队地缘分布：两名黑龙江、三名辽宁（感知到有差异）

首先，从团队构成特征与团队任务是否相关来看，团队构成可以划分为关系取向的团队构成和任务取向的团队构成。[14-15]关系取向的团队构成往往是基于易于观察的关系型人口统计特征而形成的，如性别、年龄和种族的多元化，或者基于这些关系型人口统计特征而形成的关系取向的断层。[14]这类团队构成往往会导致团队成员产生情绪冲突和不利于组织的行为，进而损害团队协作。[15]任务取向的团队构成则是与知识（knowledge）、技能（skill）和能力（ability）相关的团队构成，如任期、专业背景和职能背景的多元化，或者基于这些任务型人口统计特征而形成的任务取向的断层。[16]这类团队构成往往能够促进团队成员的知识和能力的互补，从而促进团队协作。[13]

其次，从团队构成特征的统计属性来看，团队构成可以划分为分离型（separation）团队构成、多样型（variety）团队构成和不平等型（disparity）团队构成。[7,17]分离型团队构成关注的是团队成员的信念、态度和价值观的差异[7]，往往表现为分离型多元化和分离型断层。[2,18]当分离最大化的时候，将会产生两个极端的派系[19]，如高管团队内一半成员反对某个观点，而另外一半成员支持该观点。多样型团队构成关注的是团队成员种类和分类上的差异[7]，往往表现为多样型多元化和多样型断层。多样型团队构成意味着团队成员可以分享他们独有的信息、知识和经历。当多样最大化的时候，由于每个团队成员的类型不同，彼此之间不能形成联盟，反而会促进团队内信息共享和优势互补。[20]不平等型团队构成关注的是团队成员在社会资产或资源上的差异[7]，通常表现为不平等型多元化和不平等型断层。当不平等最大化的时候，往往是团队中一人独大，而其他成员均处于最底层。

再次，从团队成员属性特征的可见度视角来看，团队构成可以划分为表层的团队构成和深层的团队构成。[3]具体而言，表层的团队构成通常是基于可见的人口统计特征而形成的团队构成，如年龄、性别等[21]；而深层的团队构成则往往是基于不可见的心理特征而形成的团队构成，如价值观、人格特质等[4,22]。

最后，从团队构成是否被成员感知到的视角来看，研究者将团队构成分为休眠的（dormant）团队构成和激活的（activated）团队构成。[11,23]休眠的团队构成通常是基于特定的数学公式来计算团队多元化或者断层强度的客观取值[7,24]，这种客观存在的团队构成特征不一定能被团队成员感知到[11]；而激活的团队构成则通常是直接询问团队成员对团队多元化与断层的主观感知程度。[23,25]

4.1.4 团队构成的理论视角

团队多元化和断层都是团队构成的重要特征。[1,17]在团队的“输入—过程—输出”的范式下，这些构成特征往往被看作团队的“输入”[26]，会对团队的认知、情感和行为过程产生影响，进而影响团队和组织的产出。[6,27]然而，研究者对于团队多元化和断层与团队过程和结果的关系尚未达成一致。团队构成特征研究通常采用社会分类理论（social categorization theory）和信息加工理论来解释团队多元化和断层的形成过程和作用结果。

社会分类理论认为团队成员倾向于依据个体特征的相似性来进行社会分类，从而形成内群体和外群体。[28-29]团队成员可以迅速辨别哪些成员是与自己较为相似的内群体成员，哪些成员是与自己有较大差异的外群体成员。[13]社会分类过程不仅可能导致内群体成员与外群体成员之间产生隔阂，更可能会进一步限制团队内部的信息共享，进而不利于团队合作和创新。[7]与社会分类理论不同，信息加工理论则认为团队成员的差异越大或者子群体之间的差异越大，团队越可能从这种异质性中获得更多有价值的信息，从而有助于团队做出更具有创新性的决策和成果，提升绩效和创新水平。这两种理论的解释都有一定的现实依据和研究支持。

4.2 团队多元化

4.2.1 团队多元化的界定

团队多元化（team diversity）强调团队成员特征的不同（differences）会影响他们彼此之间的感知，进而影响他们的交互过程。[30]早期多元化研究的界定较为模糊，除了沿用多元化一词外，还有异质性（heterogeneity）、差异性（dissimilarity）和离散性（dispersion）等类似概念。为了避免这些混淆，哈里森（Harrison）等学者对多元化概念进行了重新界定，团队多元化指的是团队成员在个体属性上的差异。[7-8]这些个体属性既可以是显性的人口统计特征，如性别、年龄、种族、任期、学历、教育背景和职能背景等；也可以是隐性的心理特征，包括认知、价值观和个性等。由于团队成员隐性心理特征很难进行有效测量，因而一些研究者通过人口统计特征来近似代替这些隐性的心理特征。[6]在此基础上，研究者对团队多元化展开了广泛的研究。

4.2.2 团队多元化的分类

不同类型的团队多元化会对团队结果产生不同的影响。团队多元化可以依据任务属性划分为任务取向多元化和关系取向多元化；依据可见属性划分为表层多元化和深层多元化；依据感知属性划分为静态多元化和激活多元化。哈里森和克莱因依据团队成员特定特征的统计分布属性，将团队多元化分为分离型多元化（diversity as separation）、多样型多元化（diversity as variety）和不平等型多元化（diversity as disparity）。[7]

分离型多元化指的是团队成员在立场和观点上的差异程度，通常是信念、价值观或态度上的对立或者不一致。[7]例如，当团队内年轻成员支持改革，而年长成员由于保守而反对改革时，就会形成年龄分离型多元化。从表 4-2 中可以看到，当团队内所有成员拥有相同的观点时，分离型多元化程度最低；当团队内形成两个势均力敌的极端派系时，分离型多元化程度最高。[19]分离型多元化往往会对团队交互产生负面影响，比如产生更低的凝聚力、更高的冲突、退缩行为以及更差的绩效。[30]

表 4-2　团队分离型、多样型和不平等型多元化[7]

多元化类型	最低	适中	最高
分离型	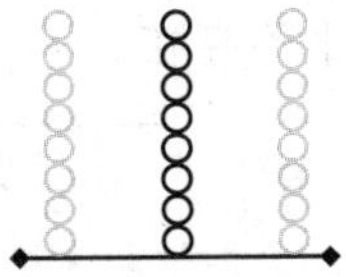	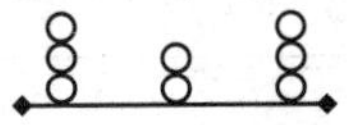	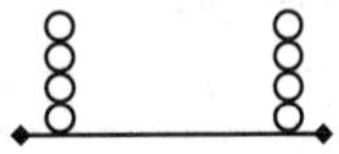
多样型	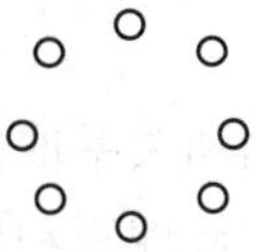	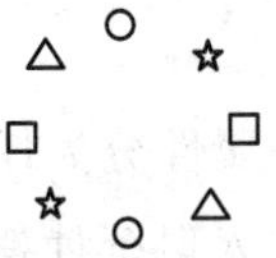	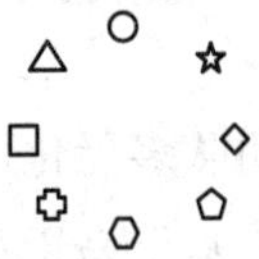
不平等型	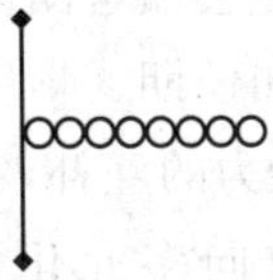	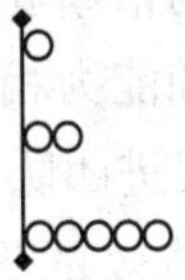	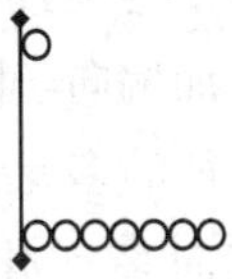

多样型多元化通常指的是与知识和经历相关的种类上的差异，如专长、职能背景和行业经历方面的多元化。[7]从表 4-2 中可以看到，当团队内所有成员处于同一分类时，多样型多元化程度最低[21,31]；当团队内所有成员所处的分类都不同的时候，多样型多元化程度最高。[19,32]多样型多元化往往会产生积极的结果，如创造良好的沟通和交互氛围，提高创造性和决策质量[33-34]，增加团队成员的工作满意度。[21,31]

不平等型多元化通常指的是团队成员在有价值的资源或社会资产方面的差异。[7,35]例如，任期较长的成员在占有组织的各项资源上具有明显的优势，进而会形成团队任期不平等型多元化。[2,36]从表 4-2 中可以看到，当团队内所有成员拥有相同资源时，不平等型多元化程度最低；当团队所有资源被一个人所占有时，其他成员均处于最底层，没有任何资源的时候，不平等型多元化程度最高。[32]不平等型多元化往往会带来消极后果，这种森严的等级制度不利于沟通和合作，容易造成团队成员之间产生更多的冲突。[7]

扩展阅读

亚太地区董事会团队迫切需要多元化

光辉国际针对首届董事会性别多元化开展了一项名为“多元化计分卡：衡量亚太地区董事会性别组成”的研究。结果显示，亚太地区董事会女性代表比例较低。

作为亚太地区首个针对性别多元化的研究，此项研究涵盖了中国、印度、马来西亚、新西兰、澳大利亚和新加坡等国家或地区的百强企业。该研究不仅对比了男性董事和女性董事在董事会内担任重要领导职务的比例，还比较了这些国家和地区中男性董事和女性董事的概况。此项研究共包括了这些公司的 6 538 个董事，他们共担任了 5 793 个管理职位。

此项研究结果显示，亚太地区董事会迫切需要招募更多女性董事，尤其是在如此多的企业处于全球经济转折点的现在。有两个或两个以上女性董事的董事会比较罕见，而有三个或更多女性独立董事的董事会则几乎不存在。

4.2.3 团队多元化的结果

团队多元化可以通过任务属性分为任务取向多元化和关系取向多元化。关系取向多元化是基于易于观察的关系型人口统计特征而产生的，如性别和年龄的多元化。这类多元化往往会导致员工产生不良的情绪和政治行为，可能会损害团队协作。任务取向多元化则更加偏向于同知识、技能和能力相关的多元化，如任期、学历、职能背景和教育背景等特征的多元化。它们能够促进团队成员的知识和能力的互补，促进团队协作。因此，关系取向多元化不利于团队绩效的提升，而任务取向多元化则有利于团队绩效的提升。[15]

团队多元化可以通过可见属性分为表层多元化和深层多元化。一般而言，表层多元化并不会增加团队冲突。这是由于在表层多元化中，因为团队成员间的差异性所产生的意见不一致和隔阂会在时间的磨合下逐渐减少，因而不会加剧团队冲突。而深层多元化带来的差异和冲突则不易消除，这是导致团队的任务冲突和关系冲突的重要因素。

团队多元化可以通过统计属性分为多样型、分离型和不平等型多元化。多样型多元化能够有效提高团队绩效，而分离型多元化和不平等型多元化则对提高绩效的作用不强。团队多元化对不同类型的绩效作用不同，相比于一般任务绩效，多样型多元化对创新绩效的提升更大，这是因为多样型多元化有利于促进团队新想法的产生，但在转化为最终团队输出的时候其效力有所下降。而不平等型多元化虽然能够提升团队的创新绩效，但对任务绩效并无促进作用。这是因为社会等级虽然能够带来沟通效率的提升[35]，提高团队创新绩效，但团队内的不平等会对团队成员的工作态度造成消极影响[7]，进而削弱了创新向任务结果的转化。

在团队中运用多元化策略时，还应“因地制宜”、充分考虑地域文化的影响。在集体主义社会，多样型多元化能够较好地促进团队的知识整合，有效地提高组织绩效。[37]而在个体主义和低权力距离价值观取向的社会，团队成员彼此之间的相互依赖程度较低，他们更加注重公平，团队资源的不平等配置往往不利于组织的发展。[38]

4.3 团队断层与子群体

在团队中，具有相似人口统计特征的成员往往会结盟而形成潜在的子群体。[7,17,39]为了探究并解释这些现象，研究者开始对团队断层和子群体相关理论进行研究。[36,40-42]

4.3.1　团队断层与子群体的界定

团队断层又称团队断裂带、断层线，是以团队成员特征为基础将团队划分为若干个同质子群体的分界线。[11,24,27] 团队断层是团队多元化的延伸。多元化通常只考虑团队成员某一属性的构成，如性别多元化；而断层则是考察团队成员多重属性相互作用的结果。[7,11,17] 如果团队成员在多个属性上保持一致，比如两位年轻男士既是老乡又是校友，那么他们更可能相互吸引，进而形成同质子群体。

团队断层强度（faultline strength）是团队断层中的核心概念，反映了团队子群体形成的可能性[11,24]，它是断层研究中最常用的操作化测量形式。断层强度越高，团队形成若干同质子群体的可能性就越大。研究者既可以通过公式和算法（如聚类算法）来客观地评价团队的断层强度，也可以通过量表主观地测量团队断层强度。[23-24]

卡顿（Carton）和卡明斯（Cummings）在拓展多元化和断层理论的基础上提出了团队子群体理论（subgroup theory）。[17] 他们认为相互依赖的子群体成员必须是来自同一个团队，且该团队必须是组织正式识别的团队。依据子群体形成基础的不同，胡茨琴特鲁特（Hutzschenreuter）和霍斯特科特（Horstkotte）将团队子群体划分为基于传记型特征而形成的关系型子群体和基于任务背景而形成的任务型子群体。[13] 关系型子群体成员往往拥有相似的传记型人口统计特征，如性别、年龄和种族特征，这些特征与任务绩效之间的关联度不强；而任务型子群体成员往往拥有相似的任务背景，如学历、任期、职能背景等，这些特征与任务绩效之间拥有很强的关联度。[43]

4.3.2　团队断层的分类

团队断层主要有三种分类方式。[44] 首先，根据劳（Lau）和穆尼根（Murnighan）所提出的人口统计断层理论，断层可以分为潜在断层（potential faultlines）和激活断层（activated faultlines）两类。[11] 潜在断层是静态的断层，通常是通过算法发现团队成员具有形成潜在子群体的客观特征，但尚不知这些客观特征是否被团队成员所察觉。[24] 激活断层则是指团队子群体已经形成，而且已经被团队成员普遍感知到的团队分裂现象。[11,23] 潜在的团队断层与地质断层类似，在一定时期内，地质断层是相对静态和稳定的，如果没有外部驱动力的出现，地质断层是不会发生位移的，也不会出现剧烈的地质运动。与潜在断层相比，激活断层产生的结果将更加明显。[11]

其次，从断层形成基础的可见性来分，团队断层可以分为表层（surface-level）断层和深层（deep-level）断层。团队断层理论暗含一个同质性假设，即团队成员倾向于与团队中具有相似属性的成员结盟。[45] 这些属性既可以是一些易于观察到的显性特征，也可以是一些相对隐蔽的心理特征。[27] 与之对应，表层断层通常是指基于可见的人口统计特征而形成的断层，如性别、年龄、学历、任期；而深层断层通常是基于深层的心理特征而形成的断层，如态度、人格、价值观。[27,46]

最后，团队断层可以分为任务型断层和关系型断层。[47] 任务型断层通常是以职能背景、专业背景等任务型特征为基础而形成的团队断层。而关系型断层通常是以性别、种族等关系型特征为基础而形成的团队断层。[13,41]在现实中，团队断层可能既包含任务属性，也包含关系属性，如基于性别和职能背景形成的断层。

4.3.3 团队断层的结果

撒切尔（Thatcher）认为断层强度越大，越会加剧团队冲突，不利于提高团队凝聚力、团队绩效和团队满意度。[48]然而，近期学者通过对团队断层进行分类[13,49]，发现不同类型的断层对团队有着不同的影响。

例如，在日常工作过程中，在东方文化背景下的员工采取合作行为的可能性明显高于西方员工[37,50]，而较高的合作行为能够更好地促进信息整合和组织创新。[51]因此，同西方国家相比，任务型断层在东方文化背景下可能会发挥更为积极的作用。[52]

团队集权会导致断层强度增大，权力向少数人集中，团队内部结盟的意向增强。这可能是因为权力能够给团队成员带来诸多好处[53-55]，为了获取这些好处，团队成员不得不相互结盟，从而拥有与其他人竞争的资本。例如东汉末年，曹操的势力庞大，为了争夺权力，刘备、孙权结盟共同抗曹。最终，孙刘联盟在赤壁之战中击败曹操，得到了更多的领土和资源。

图 4-1 展示了团队断层的前因与后果，团队的规模、结构和领导特征都会影响团队断层的强度，进而影响团队过程和团队结果。

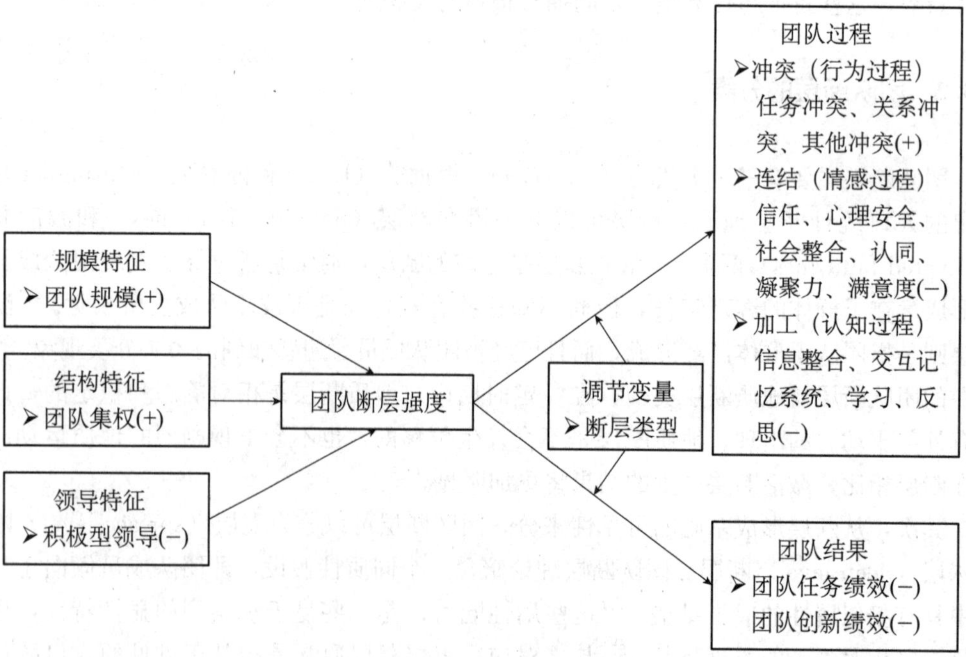

图 4-1 团队断层的前因与后果

不同类型的团队断层与团队过程与结果的关系也不同，激活断层对团队过程和结果的负面影响远远高于潜在断层；任务型断层对团队过程和结果的负面影响远远低于关系型断层；而表层断层和深层断层对团队过程和结果并无影响。

4.4 团队构成与“过犹不及”效应

“过犹不及”（too much of a good thing）效应是指那些一般被认为具有积极作用的因素，其积极作用存在临界点。在到达临界点时，该因素的积极作用就会消失，并在超过这一临界点后产生非期望结果。

“过犹不及”效应在团队构成、团队成员配置中有着重要的管理启示。俗语说，“厨子多了煮坏汤，木匠多了盖歪房，五个女儿帮倒忙”。对于一个团队而言，并不一定都要明星成员，因为明星成员之间可能会相互争斗，进而引发内耗。因此，在配置团队成员的时候，需要考虑“过犹不及”效应，防止出现“物极必反”的后果。

分离型多元化和多样型多元化可能会引起“过犹不及”效应。在分离型多元化中，分离的董事会构成有助于整合广泛的信息、拓展外部网络、提高决策质量，从而增进组织绩效；但当团队构成的分离水平较高，如男女性别比例或老少比例达到1∶1时，董事会内部就会形成内群体偏好和外群体偏见，进而对组织绩效产生消极影响。在项目团队中，成员曾经的职业经历能够提高团队的创新能力，但过高的多样型多元化则会成为成员技能转化的阻碍。

本章小结及管理启示

本章主要展示了团队多元化、断层、子群体等团队构成特征的界定及分类，并展示了这些团队成员构成特征的结果。同时，结合“过犹不及”效应展示了团队构成中需要注意的一些问题。这些内容展示了团队构成作为一种重要的团队输入变量，能够对团队交互过程和结果产生深远的影响。因此，组织管理者需要重视团队构成这一输入变量，从源头上做好团队成员配置工作，提高团队成员构成的合理性。

关键术语

构成（composition）
社会分类理论（social categorization theory）
团队多元化（team diversity）
分离型多元化（diversity as separation）
多样型多元化（diversity as variety）
不平等型多元化（diversity as disparity）
子群体理论（subgroup theory）
断层强度（faultline strength）
过犹不及（too much of a good thing）

思考题

1. 团队多元化与团队断层之间有什么区别？

2. 团队多元化一定有益于团队吗?
3. 团队断层一定对团队有害吗?
4. 团队构成的分类包括哪些?
5. “过犹不及”效应在团队构成中有什么作用?
6. 结合本章内容,谈一谈团队成员构成的重要性。

参考文献

［1］Bell S T，Brown S G，Colaneri A，et al. Team composition and the ABCs of teamwork［J］. American Psychologist，2018，73（4）：349.

［2］卫旭华，刘咏梅，陈思璇. 团队人口统计特征多元化与绩效关系的元分析［J］. 心理学报，2015，47（9）：1172－1187.

［3］Harrison D A，Price K H，Bell M P. Beyond relational demography：time and the effects of surface-and deep-level diversity on work group cohesion［J］. Academy of Management Journal，1998，41（1）：96－107.

［4］Harrison D A，Price K H，Gavin J H，et al. Time，teams，and task performance：changing effects of surface-and deep-level diversity on group functioning［J］. Academy of Management Journal，2002，45（5）：1029－1045.

［5］Hambrick D C，Mason P A. Upper echelons：the organization as a reflection of its top managers［J］. Academy of Management Review，1984，9（2）：193－206.

［6］Hambrick D C. Upper echelons theory：an update［J］. Academy of Management Review，2007，32（2）：334－343.

［7］Harrison D A，Klein K J. What's the difference? diversity constructs as separation，variety，or disparity in organizations［J］. Academy of Management Review，2007，32（4）：1199－1228.

［8］Van Knippenberg D，Schippers M C. Work group diversity［J］. Annual Review of Psychology，2007，58：515－541.

［9］Bunderson J S，Vegt G S V D. Diversity and inequality in management teams：a review and integration of research on vertical and horizontal member differences［J］. Annual Review of Organizational Psychology and Organizational Behavior，2018，5（1）：47－73.

［10］Nielsen S. Top management team diversity：a review of theories and methodologies［J］. International Journal of Management Reviews，2010，12（3）：301－316.

［11］Lau D C，Murnighan J K. Demographic diversity and faultlines：the compositional dynamics of organizational groups［J］. Academy of Management Review，1998，23（2）：325－340.

［12］Thatcher S M B，Jehn K A，Zanutto E. Cracks in diversity research：the effects of diversity faultlines on conflict and performance［J］. Group Decision and Negotiation，2003，12（3）：217－241.

［13］Hutzschenreuter T，Horstkotte J. Performance effects of top management team demographic faultlines in the process of product diversification［J］. Strategic Management Journal，2013，34（6）：704－726.

［14］Jackson S E，May K E，Whitney K，et al. Understanding the dynamics of diversity in decision-making teams［M］. San Fancisco：Jossey-Bass，1995.

［15］Joshi A，Roh H. The role of context in work team diversity research：a meta-analytic review［J］. Academy of Management Journal，2009，52（3）：599－627.

［16］Kaczmarek S，Kimino S，Pye A. Board task-related faultlines and firm performance：a decade of evidence［J］. Corporate Governance，2012，20（4）：337－351.

［17］Carton A M，Cummings J N. A theory of subgroups in work teams［J］. Academy of Management Review，2012，37（3）：441－470.

［18］Wei X，Yang H，Han S. A meta-analysis of top management team compositional characteristics and corporate innovation in China［J］. Asia Pacific Business Review，2021，27（1）：53－76.

［19］Solanas A，Selvam R M，Navarro J，et al. Some common indices of group diversity：upper boundaries［J］. Psychological Reports，2012，111（3）：777－796.

［20］Curşeu P L，Schruijer S，Boroş S. The effects of groups' variety and disparity on groups' cognitive complexity［J］. Group Dynamics：Theory，Research，and Practice，2007，11（3）：187－206.

［21］韩立丰，王重鸣，许智文. 群体多样性研究的理论述评：基于群体断层理论的反思［J］. 心理科学进展，2010，18（2）：374－384.

［22］Post C. Deep-level team composition and innovation：the mediating roles of psychological safety and cooperative learning［J］. Group & Organization Management，2012，37（5）：555－588.

［23］Jehn K A，Bezrukova K. The faultline activation process and the effects of activated faultlines on coalition formation，conflict，and group outcomes［J］. Organizational Behavior and Human Decision Processes，2010，112（1）：24－42.

［24］Meyer B，Glenz A. Team faultline measures：a computational comparison and a new approach to multiple subgroups［J］. Organizational Research Methods，2013，16（3）：393－424.

［25］Shemla M，Wegge J. Managing diverse teams by enhancing team identification：the mediating role of perceived diversity［J］. Human Relations，2019，72（4）：755－777.

［26］Ilgen D R，Hollenbeck J R，Johnson M，et al. Teams in organizations：from input-process-output models to IMOI models［J］. Annual Review of Psychology，2005，56：517－543.

［27］Thatcher S M B，Patel P C. Group faultlines：a review，integration，and guide to future research [J]. Journal of Management，2012，38 (4)：969 - 1009.

[28] Ndofor H A，Sirmon D G，He X. Utilizing the firm's resources：how TMT heterogeneity and resulting faultlines affect TMT tasks [J]. Strategic Management Journal，2015，36 (11)：1656 - 1674.

[29] Guillaume Y R，Dawson J F，Otaye-Ebede L，et al. Harnessing demographic differences in organizations：what moderates the effects of workplace diversity? [J]. Journal of Organizational Behavior，2017，38 (2)：276 - 303.

[30] Williams K Y，O'Reilly C A. Demography and diversity in organizations：a review of 40 years of research [J]. Research in Organizational Behavior，1998，20：77 - 140.

[31] 张景焕，刘欣，任菲菲，等. 团队多样性与组织支持对团队创造力的影响 [J]. 心理学报，2016，48 (12)：1551 - 1560.

[32] Harrison D A，Sin H. What is diversity and how should it be measured [M]. Newbury Park，CA：Sage，2006：191 - 216.

[33] Barrick M R，Bradley B H，Kristof-Brown A L，et al. The moderating role of top management team interdependence：implications for real teams and working groups [J]. Academy of Management Journal，2007，50 (3)：544 - 557.

[34] Dahlin K B，Weingart L R，Hinds P J. Team diversity and information use [J]. Academy of Management Journal，2005，48 (6)：1107 - 1123.

[35] Magee J C，Galinsky A D. Social hierarchy：the self-reinforcing nature of power and status [J]. The Academy of Management Annals，2008，2 (1)：351 - 398.

[36] 卫旭华，刘咏梅，岳柳青. 高管团队权力不平等对企业创新强度的影响：有调节的中介效应 [J]. 南开管理评论，2015，18 (3)：24 - 33.

[37] Wang G，Jing R，Klossek A. Antecedents and management of conflict：resolution styles of Chinese top managers in multiple rounds of cognitive and affective conflict [J]. International Journal of Conflict Management，2007，18 (1)：74 - 97.

[38] Halevy N，Chou E Y，Galinsky A D. A functional model of hierarchy：why，how，and when vertical differentiation enhances group performance [J]. Organizational Psychology Review，2011，1 (1)：32 - 52.

[39] Cooper D，Patel P C，Thatcher S M B. It depends：environmental context and the effects of faultlines on top management team performance [J]. Organization Science，2014，25 (2)：633 - 652.

[40] 芦慧，陈红，周肖肖，等. 基于扎根理论的工作群体断层：群体绩效关系概念模型的本土化研究 [J]. 管理工程学报，2013，27 (3)：45 - 52.

[41] 屈晓倩，刘新梅. 信息型团队断裂影响团队创造力的作用机理研究 [J]. 管理科学，2016，29 (2)：18 - 28.

[42] 宋迪，杨超. 高管团队断层与企业创新能力：基于创业板上市公司的经验证据 [J]. 商业研究，2017，59 (6)：24 - 33.

[43] Bell S T，Villado A J，Lukasik M A，et al. Getting specific about demo-

graphic diversity variable and team performance relationships：a meta-analysis [J]. Journal of Management，2011，37 (3)：709-743.

[44] 卫旭华，王傲晨，江楠．团队断层前因及其对团队过程与结果影响的元分析 [J]. 南开管理评论，2018，21 (5)：139-149，187.

[45] Ren H，Gray B，Harrison D A. Triggering faultline effects in teams：the importance of bridging friendship ties and breaching animosity ties [J]. Organization Science，2015，26 (2)：390-404.

[46] Ren H. Surface and deep level faultlines and network ties in multicultural teams [J]. Unpublished Doctoral Dissertation，2008.

[47] 屈晓倩，刘新梅．信息型团队断裂与团队创造力关系的实证研究：交互记忆系统的中介作用 [J]. 研究与发展管理，2016，28 (1)：52-61.

[48] Thatcher S M B，Patel P C. Demographic faultlines：a meta-analysis of the literature [J]. Journal of Applied Psychology，2011，96 (6)：1119-1139.

[49] Carton A M，Cummings J N. The impact of subgroup type and subgroup configurational properties on work team performance [J]. Journal of Applied Psychology，2013，98 (5)：732-758.

[50] Kim T Y，Wang C，Kondo M，et al. Conflict management styles：the differences among the Chinese，Japanese，and Koreans [J]. International Journal of Conflict Management，2007，18 (1)：23-41.

[51] Chen X H，Zhao K，Liu X，et al. Improve employees' job satisfaction and innovation performance using conflict management [J]. International Journal of Conflict Management，2012，23 (2)：151-172.

[52] 魏钧，董玉杰．团队断裂带对员工绩效的影响：一项跨层次研究 [J]. 管理工程学报，2017，31 (3)：11-18.

[53] Anderson C，Brion S. Perspectives on power in organizations [J]. Annual Review of Organizational Psychology and Organizational Behavior，2014，1 (1)：67-97.

[54] Fleming P，Spicer A. Power in management and organization science [J]. The Academy of Management Annals，2014，8 (1)：237-298.

[55] Smith P K，Magee J C. The interpersonal nature of power and status [J]. Current Opinion in Behavioral Sciences，2015 (3)：152-156.

案例分析

这个明星团队怎么了

四年前，当张锋接管“活力”护肤产品部时，该业务部正处于困境之中。该部门生产的化妆品、香皂和护肤乳液系列无人问津，而且几年来都未能实现盈亏平衡。为了使这个品牌起死回生，张锋建立了一支被称为“三剑客”的团队。

除张锋外，团队成员之一周迪多年来一直担任“活力”的营销总监。另一位成员是

30岁的乔希，他曾是一个成功的创业者。后来，他把自己的企业卖给了“活力”的母公司，而人则留在了“活力”。他经常来往于公司的各个实验室，他个性天真、独立，充满叛逆精神。

一直以来，乔希都在尝试开发一种全天然、无刺激，并富含维生素E和UVA防晒成分的新型产品系列，他已经把名字都取好了，叫作“活力岁月无痕系列”。张锋决定依靠乔希的新产品，让该业务部焕发新生。

在“活力岁月无痕系列”发展的初期，三个成员就像一个创业团队一样，亲密无间，同舟共济。周迪能够准确预测总部的发展动向。而乔希不管什么时候都显得热情洋溢，而且满脑子都是新点子。团队没有被繁重的任务压垮，很大程度上要归功于乔希总能让大家在紧张之余轻松快活一阵。

总之，这个“三剑客”团队似乎产生了某种神奇的化学反应，在这个过程中，每个人都超常发挥出了自己的能力，每个人都最大限度地利用了手中的资源来努力达成目标。

然而，随着该业务部成功地扭亏为盈，这个明星团队的星光似乎也开始黯淡下来。该业务部过去两个月的业绩处于下滑状态，最畅销的“活力岁月无痕系列”保湿霜已经断货三个星期了，生产成本也成为困扰他们的问题。此外，预计第二阶段“活力岁月无痕系列”产品的推出会花费更多的成本和时间，而其余的新产品则由于供应商和质量控制方面的问题，研发一直处于停滞的状态。

当处理日常的经营问题时，周迪和乔希似乎只对“空想”感兴趣，只醉心于为未来构思一些创新性的想法。

在过去一个月里，乔希好几次在电话上留言，告诉张锋和周迪他无法如往常一样同他们会面。他好像在忙着帮公司另一个业务部的高管出谋划策。可是，本部门的工作还没有完成，如果张锋想留住乔希，他恐怕要和总部“干一仗”了。

同时周迪也出了问题，可能是过去四年快节奏、高强度的工作快要把她拖垮了。周迪现在开会常常迟到，回电话或电子邮件时也不像以前那么及时。要是周迪能恢复以往的热情，或许这支团队还能安然无恙。

张锋率领的团队——“活力”护肤产品部将在晚上的庆功会上获得公司颁发的最佳业绩奖。但是，张锋将不得不面对这样一个问题：他是否应当尽一切努力把“活力”护肤产品部的三个人重新凝聚在一起呢？

资料来源：这支明星团队怎么了[EB/OL].（2022－01－23）. https：//www.renrendoc.com/ paper/188251038. html.

[讨论题]

1. 谈一谈案例中的问题及其成因。

2. 从团队成员构成的角度，谈一谈解决案例问题的思路和对策。

该不该开除小李

小李是某公司能力很强的员工，一个人几乎可以做团队一半的活，但是他从不遵守公司的规章制度，多次迟到早退，提醒了好几次，都没有效果。该公司是一个由30人组成的小团队企业，很多人都被他带了节奏，影响很不好，现在老板很烦恼。对于这样的员工，是该开除还是该留下？

［讨论题］

1. 案例中的团队出现了什么问题？
2. 应当如何解决案例中团队的人员配置问题？

第5章

团队层级结构

把权力关进制度的笼子里，就是要依法设定权力、规范权力、制约权力、监督权力。

——习近平在省部级主要领导干部学习贯彻党的十八届四中全会精神全面推进依法治国专题研讨班开班式上的讲话（2015年2月2日）

学习目标

1. 理解团队层级的界定和维度
2. 掌握团队层级的多个维度及其功能
3. 理解团队权力、地位和薪酬层级结构的异同
4. 掌握团队权力、地位和薪酬层级的相关理论
5. 能够使用相关理论分析团队层级结构设计中存在的问题

引导案例

"去层级化"还是"去扁平化"

作为中国互联网企业与创新型科技企业的典型代表，小米从成立之初就强调扁平化的管理理念。然而，随着公司规模的不断扩大，扁平化管理模式带来的弊端日益突出，比如扁平化导致组织内部沟通效率降低、明星员工未得到应有的职级排序而选择离职，这些都给小米的业务增长带来了极大的挑战。为了解决这些问题，小米从2016年初开始在MIUI部门和电视部门推行层级制，并在2019年将层级制推广至全公司。与近年来实践者和研究者所提倡的"去层级化"不同，小米在实践过程中选择了"去扁平化"策略，并取得了不错的效果。小米手机销量已经从2016年的全球第九位升至

2021年第二季度的全球第二位。小米公司“去扁平化”策略的成功不禁让人深思：“去层级化”策略一定会给组织带来好的结果吗？

资料来源：卫旭华，张超，杜玉娇．团队层级差距的影响机制：述评与展望［J］．中国人力资源开发，2021，38（8）：37-51.

事实上，组织内部的管理架构不可能做到完全扁平化的状态。在组织内部，由于团队成员对有价值的社会和物质资源的掌控程度不同，他们在团队内的排序也会存在较大的差异[1]，进而形成团队内部的层级结构。管理实践和实证研究均证明了团队内部权力和地位层级差距（hierarchical dispersion）的合理设置是团队运作过程中不容忽视的一环。[2-3]然而，团队层级（team hierarchy）是一把双刃剑，一方面，它会导致团队高权者的过度自信[4]，增加低权者的不公平感[5]，并诱发团队成员之间争权夺利[6-7]；另一方面，团队层级有助于建立团队秩序，提升沟通效率，并对团队成员产生一定的激励作用[8-9]。团队层级的两面性导致了“层级悖论”（hierarchical paradox）现象的产生，也为组织与团队层级的设计与管理带来了诸多挑战。

5.1 团队层级的界定与分类

从社会进化论的观点来看，层级是一个被人类社会所验证和筛选的赖以生存的“秘方”。[8]现代组织也不例外，层级是组织自我适应的产物，层级赋予了团队内个体的层级高低排序，而团队成员往往倾向于争取团队内更高的位置排序。

5.1.1 团队层级的界定

马吉（Magee）等学者认为组织层级是指组织成员在有价值的组织维度上的排序[10]，这种排序既可以是正式的、明确的组织结构排序（如行政级别），也可以是含蓄的、非正式的排序（如个人威望）。因此，组织成员的层级高低排序是组织层级最基本的特征，进而造成组织成员之间资源的不平等分布。

团队层级通常是组织层级在团队内部的体现，团队层级是团队成员在一个或多个有价值的团队维度上明确或含蓄的排序。[10]如图5-1所示，团队层级高低的排序是层级最鲜明的特征，这种排序造成团队内部资源的不均衡分布，使资源向少数人集中[11]，资源的不均衡分布是团队层级的具体表现形式[12]。

在团队中，由于掌握大量资源的个体占少数，多数个体占有的资源非常有限，进而形成了典型的金字塔式层级结构，如图5-1（a）和（b）所示。这一结构通常反映了资源向少数个体集中的程度，正是因为少数人拥有了大量的资源，才能够在团队中获取较高的层级排序。在图5-1（a）中，团队中一位成员占有了大多数资源，而其他成员几乎一无所有，则团队成员的层级差距愈发明显[11]；在图5-1（c）中，团队中所有个体拥有的资源相同，这意味着团队成员的层级差距几乎不存在；图5-1（b）中的层级差距水

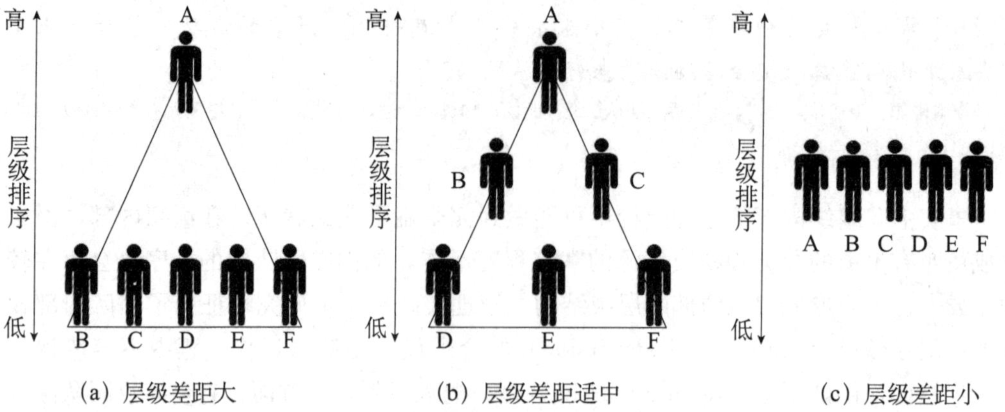

图 5-1 团队层级排序

平介于图 5-1（a）与（c）之间。

5.1.2 团队层级的维度及其分类

在团队中，权力高低排序、地位高低排序和薪酬高低排序是团队层级的基础。在此基础上，团队层级派生出权力层级、地位层级和薪酬层级等多个维度。[5,10,13]

1. 权力层级的概念及分类

团队层级的第一个维度是权力层级（power hierarchy），即团队内部权力资源的分布情况。权力是指个体对社会关系中有价值资源的不对称控制。[10,14]有价值的资源既可以是商品和服务等有形资源，也可以是信息和情感等无形资源。[13]由于有价值的资源具有不同的维度，所以作为其载体的权力并不是一个单维构念。

在社会心理学领域，社会权力通常被划分为奖赏权（reward power）、强制权（coercive power）、合法权（legitimate power）、参照权（referent power）和专家权（expert power）五类。[15]其中，奖赏权指的是个体通过奖赏影响他人的能力，比如领导者可以通过物质或者精神上的奖励让下属追随自己；强制权指的是个体通过惩罚影响他人的能力，比如高权者可以通过公开指责、扣发奖金等强制手段让下属服从自己；合法权指的是由组织法定系统所赋予的、其他人应当服从的个人合法权力，比如财务总监拥有处理公司财务相关问题的权力，这通常是由财务总监的这个职位所赋予的；参照权指的是个人受他人认同的程度，拥有参照权的个体通常是凭借其人格或者个人魅力获得他人的认同和追随；专家权指的是个体在特定领域内所拥有的知识，拥有专家权的个体通常是凭借自己的专长获得他人的认同和追随。

在高管团队研究领域，芬克尔斯坦（Finkelstein）将高管成员的权力划分为四类：结构权（structural power）、所有权（ownership power）、专家权和声望权（prestige power）。[16]其中，结构权是基于正式的公司层级结构而形成的权力，所有权是基于控股比例而形成的权力，专家权是高管处理环境突发事件并促成组织成功的能力，而声望权则是指个人的声誉或者社会地位。[17]

国内团队管理领域关注较多的是合法权、结构权和所有权[18-19]，这与中国的文化观念有关。中国典型的家族企业治理模式导致企业管理者集合法权、结构权、所有权等多种权力于一身。此外，中国是典型的集体主义国家，且权力距离（power distance）较高[20]，组织成员对组织中权力分配不平等的情况接受程度较高，这使得组织成员潜意识里就遵从这种文化范式——维持集体和谐、遵循组织层级而不去挑战权威[21]，这种行为规范也降低了研究者对其他权力维度的关注。

2. 地位层级的概念及分类

团队层级的第二个维度是地位层级（status hierarchy），即团队内部地位资源的分布情况。地位指的是个体或群体受他人尊重或者钦佩的程度，是由其他行为人赋予的属性。[10,22]虽然地位是非正式的层级结构，但团队成员往往会对团队内部个体的地位达成高度一致性。[23]

地位特征理论（status characteristics theory）认为地位是胜任力的标志，高地位个体往往拥有客观胜任力或者拥有与胜任力相关的特征，分别对应基于专长的地位（expertise-based status）和基于特征的地位（attribute-based status）。[24]基于专长的地位也称为自致地位（achieved status），是指通过个人努力而获得的社会地位；基于特征的地位也称为先赋地位（ascribed status），是指通过性别、年龄和种族等关系型人口统计特征被赋予的社会地位。

不同类型的地位对组织和团队的作用也不相同，对地位进行分类是有必要的。如与先赋地位相关的关系取向的不平等对团队绩效并无益处，团队中的一名成员由于年龄较大而争取到了比年轻人更高的地位，这种不平等不但不会提升团队绩效，反而会对团队绩效有害。而与自致地位相关的任务专长取向的不平等则有利于提高团队绩效[25]，比如团队中的一名成员由于资历较高而比团队新人更有地位，这种不平等就能提升团队绩效。

3. 薪酬层级的概念及分类

团队层级的第三个维度是薪酬层级（pay hierarchy），即团队内部薪酬资源的分布情况。薪酬层级是正式的层级结构，除了具有排序效应外，还具有激励效应。[26]研究者通常依据薪酬层级的方向性对其进行分类，即水平薪酬层级（horizontal pay hierarchy）和垂直薪酬层级（vertical pay hierarchy）[27]，其概念模型如图5-2所示。水平薪酬层级指的是同种工作性质的团队成员的薪酬分布情况，如某公司销售部门员工的薪酬分布；而垂直薪酬层级则是指不同种类工作的团队成员的薪酬分布情况，如高管团队与基层团队之间的薪酬层级。[27-29]

4. 层级维度的异同点比较

表5-1中展示了三个团队层级维度的异同点。从相同点来看，首先，这些不同维度均具有零和属性，一个人层级排序的提升，意味着其他人相对层级排序的下降。[23,30]其次，它们都是辨识团队层级的基础，对团队内部成员产生排序效应。最后，这三个维度是高度相关且互为因果的构念，如地位、权力较高的人往往拥有较高的薪酬。

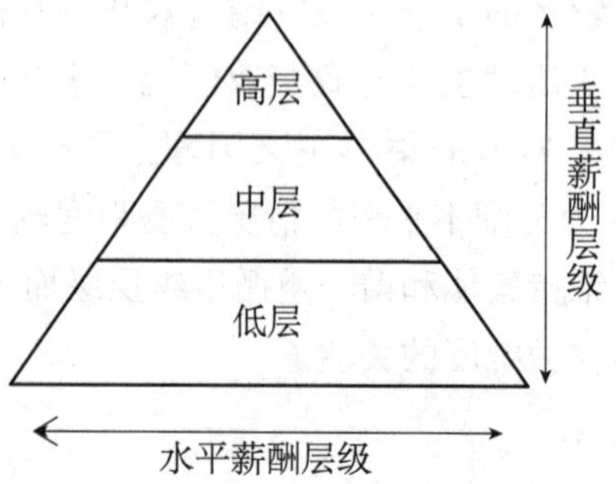

图 5-2 薪酬层级的概念模型

表 5-1 团队层级维度的异同点比较

层级维度	相同点	不同点		
		属性特征	属性来源	层级结构
权力层级	零和性、都是辨别团队层级的基础、高度相关、互为因果	有价值的社会和物质资源	行为人	正式
地位层级		受他人尊重的社会资源	他人赋予	非正式
薪酬层级		有价值的物质资源	行为人	正式

然而，这些构念在属性特征、属性来源、层级结构等方面存在一定的差异性。从属性特征来看，地位层级侧重于社会资源，薪酬层级侧重于物质资源，而权力层级则涵盖了社会和物质资源。[13,29]从属性来源来看，权力层级和薪酬层级是行为人所拥有的，而地位层级是由其他成员所赋予的。[22]从层级结构来看，权力层级和薪酬层级是正式的层级结构，而地位是非正式的层级结构。[22]

5.1.3 团队层级的功能

当团队成员形成不同的层级排序之后，他们的权力和地位出现了分化，团队内部权力差距和地位差距也随之产生。[31]这种层级差距不仅会对团队成员造成影响，也会对整个团队内部的交互过程和结果产生影响。[3,32]

团队层级究竟是好是坏，不同理论的观点并不一致。层级功能理论通常认为团队层级有助于辨识每位团队成员在组织中所扮演的角色，促进团队内部的分工和协作，进而改善团队的绩效产出。[5,8]与之相反，层级冲突理论则认为团队层级会增加团队成员的政治行为，导致团队成员彼此之间产生竞争和冲突，进而削弱团队的绩效。[1-2]

1. *层级功能理论*

层级功能理论（functional theory of hierarchy）主要从理性功能视角（rational-functional perspective）、关系共生视角（relational-communal perspective）和经济激励视角（economic-incentive perspective）来阐述团队内部层级差距功能性的一面（见表 5-2）。[33]

表5-2 层级功能理论的三种视角

分析层面	理论视角	内在逻辑	交互过程	核心要点	结果表现
任务层面	理性功能视角	依靠信任形成 劳动分工与协调	不言而信	通过贡献 定秩序	团队效率提升 团队绩效改善
关系层面	关系共生视角	依靠关系需求 形成责任与义务	和衷共济		
结构层面	经济激励视角	依靠经济激励 获取排序与资源	功成名就		

其中，理性功能视角从任务层面阐述了团队内部不同层级成员“不言而信”的过程；关系共生视角从关系层面阐述了团队内部不同层级成员“和衷共济”的过程；经济激励视角从结构层面阐述了团队内部高层级成员“功成名就”的过程。这三个视角均强调了团队层级差距代表了团队成员贡献的差距，并据此逻辑来确定团队内部的秩序。

(1) 理性功能视角。理性功能视角的研究者假定团队成员是理性的，团队成员依赖理性的信任和承诺形成层级差距。在理性的团队中，团队成员会赋予高胜任力成员更高的层级排序，他们相信高层级成员会优先考虑团队整体的利益。[33]作为回报，高层级成员会将团队利益置于个人利益之上，并持续为团队做贡献。因此，从理性功能视角来看，层级差距有助于产生清晰的劳动分工和行为规范，明确每位团队成员在组织中所扮演的角色，促进团队内部的协调、合作。[2,8]

与理性功能视角“不言而信”的分工与协调逻辑类似，权力层级差距会促使团队成员目标更加明确，更加专注于手头上的任务[34]，这不但能够提升任务完成效率，也能够降低他们在任务处理过程中犯错的可能性[35]，进而提升团队的创新和绩效水平[36]。地位层级差距也具有类似的功能，比如董事会成员之间的地位差距会影响董事会会议的频率，进而对组织绩效产生积极影响。[37]

(2) 关系共生视角。关系共生视角的研究者认为团队成员会依据彼此的关系需求形成层级差距。团队成员会将有价值的资源和决策权委托给胜任力较高的同事。[33]作为回报，高层级成员在决策时有责任和义务考虑低层级成员的观点和利益，并以更加公平的方式行事。

在关系共生的团队中，决策是充分沟通的结果，高层级成员尊重低层级成员的观点，低层级成员授予高层级成员合理的层级排序，每个人的价值都得到了体现，这满足了团队成员“和衷共济”的关系需求。因此，从关系共生视角来看，层级差距能够较好地满足团队成员的关系需求，进而提升团队成员的工作满意度和幸福感。团队权力差距有助于减少团队成员的内斗与冲突[34,38]，有助于培育团队内部的信息共享氛围、心理安全氛围和团队学习氛围[38]，进而提升团队的绩效[34]。

(3) 经济激励视角。经济激励视角的研究者认为层级差距除了具有排序功能之外，还具有很强的激励作用。[5,39]研究者指出不同的层级排序就像体育锦标赛中的决赛、半决赛一样，团队成员赢得锦标赛的冠军并获得“晋级”名额之后，就可以获得更多的资源和更高的劳动报酬[39]，进而实现“功成名就”的目标。

经济激励视角将更高的层级排序看作是对团队成员的晋升奖励，这种潜在的奖励会使团队成员的目标更加一致，更愿意付出个人的努力来达成团队的目标，并减少个人的逃避行为。因此，经济激励视角提倡设置层级差距，并认为层级差距会激发团队成员付出努力以换取更高的层级排序。在获取更高经济激励需求的驱动下，权力差距能够提升团队成员对团队任务的关注度以及团队的创新决策水平。[36]

2. 层级冲突理论

层级冲突理论（conflict theory of hierarchy）主要从微观政治视角（micropolitics perspective）、社会分类视角（social categorization perspective）和社会支配视角（social dominance perspective）来阐释团队内部层级差距的“阴暗面”。[6]

如表 5-3 所示，微观政治视角从任务层面阐述了团队高层级成员“华而不实”的过程；社会分类视角从关系层面阐述了团队内部不同层级成员“标同伐异”的过程；社会支配视角从结构层面阐述了团队内部高层级成员“强人所难”的过程。这三个视角均强调了团队成员对团队现有的层级排序存在争议，进而需要通过竞争来重新确定赢家和输家。

表 5-3 层级冲突理论的三种视角

分析层面	理论视角	内在逻辑	交互过程	核心要点	结果表现
任务层面	微观政治视角	通过伪装 获取层级排序	华而不实	通过竞争 定输赢	团队内耗增加 团队绩效降低
关系层面	社会分类视角	通过排斥子群体 巩固层级排序	标同伐异		
结构层面	社会支配视角	依靠较高支配力 迫使他人服从	强人所难		

（1）微观政治视角。权力和地位层级能够给团队成员带来稀缺资源和独特的竞争优势，因此团队中的部分成员可能会通过政治手段来提升个人的层级排序。微观政治视角认为团队成员可能会为了获得更高的层级排序而去伪装自己，使自己变成明星成员。[6]即便他们没有足够的胜任力，他们也可以通过各种政治行为和伪装手段使自己看起来具有很强的胜任力，以获得相应的层级排序和资源。

然而，从长期来看，通过伪装获得高层级排序的成员，由于缺乏必要的胜任力，他们很难带领团队创造较高的任务绩效。[32]随着时间的推移，“华而不实”的伪装可能会被其他团队成员识破。当他们的真实胜任力被低层级成员发现之后，他们可能会面临其他团队成员的竞争和挑战，进而被他人所取代。[40]因此，微观政治视角认为层级差距并不会带来更优的绩效，随着时间的推移反而会给团队带来内耗和冲突，并会威胁到团队的稳定发展和良性的运作。

（2）社会分类视角。社会分类视角认为团队会基于表层人口统计特征和深层心理特征形成子群体。[41]子群体内部往往是来自同一社会分类的成员，其背景特征往往较为类似，而不同子群体之间的成员特征则存在较大的差异。[11]

在团队中，不同子群体占有的物质或者社会资源并不均等，进而导致其所拥有的权力和地位层级排序也存在较大的差距。[42]因此，层级差距可能会产生“标同伐异”的现象，低排序子群体可能会对高排序子群体发起竞争和挑战，进而引发不同子群体之间的冲突和争斗[43]，并给团队交互过程和结果带来消极影响。比如，张仁江和田莉的案例研究结果表明，团队内部不同子群体之间可能会为了争夺更高的权力、资源和利益而产生冲突，这会降低子群体彼此之间的认同，并对团队绩效产生负面影响。[44]海因兹（Hinds）等人的研究发现，子群体间的权力竞争会激活子群体间的相互排斥，进而不利于团队的整体发展。[45]

（3）社会支配视角。社会支配视角的研究者认为团队层级差距会带来高度竞争的组织环境。[6,46]在这种环境中，团队成员获取高层级排序的动机是支配其他成员，甚至是“强人所难”，进而帮助其“夺取”更高的层级排序。该视角强调层级的不平等性和高低次序属性，高层级成员可以通过强制和支配行为使其他成员顺从和服从，而低层级成员往往是由于内心的恐惧而不得不服从高层级成员。

当团队中有太多明星成员的时候，他们可能会因为谁应当获得更高的层级排序而产生分歧，这可能会引发团队成员之间的冲突和竞争，给团队创新和绩效带来负面影响。[47]与权力层级差距类似，团队地位层级差距会导致团队成员之间的争斗和社会阻抑[48]，使团队内部政治行为和非理性行为增加[49]，降低团队交互过程中的协作、信息加工和知识转移的能力[38,49]，降低心理安全感和集体效能感[35]，进而削弱团队学习和团队创新的效果[50]。

层级功能理论与层级冲突理论的整合模型如图5-3所示。

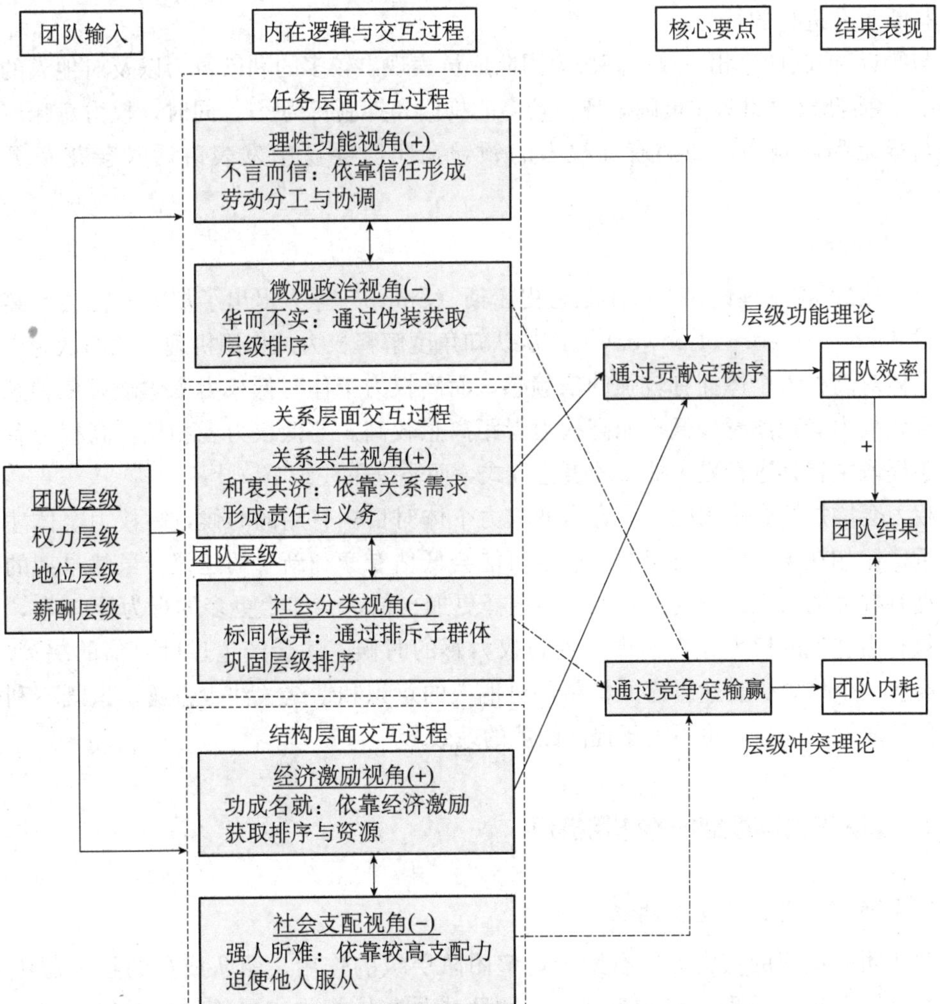

图5-3 层级功能理论与层级冲突理论的整合模型

5.2 团队权力层级结构的理论与作用机理

5.2.1 团队权力层级结构的相关理论

1. 接近-抑制理论

神经生物学研究者凯尔特纳（Keltner）等人提出的接近-抑制理论（approach-inhibition theory）为权力对团队成员行为的作用机理提供了研究基础。[51]他们认为团队成员的权力行为是由两种神经生物系统支配的，即行为接近系统（behavioral approach system，BAS）和行为抑制系统（behavioral inhibition system，BIS）。当团队成员权力增加时，会激活BAS系统，它会使个体关注潜在的奖励，采取使他们与目标更接近的行为。当团队成员权力减少时，会激活BIS系统，它能识别新的刺激（包括威胁）、识别目标冲突、打断正在进行的行为。

与接近-抑制理论相一致，高权力团队成员表现出较多的利己行为以及对他人的贬损行为[52]，而低权力团队成员则表现出较多的拘谨和抑制行为[53]。同时，权力意味着更多的参与行为和影响力，如拥有高权力的领导在团队会议中发表讲话时会花费更多的时间。[54]

2. 社会距离理论

鉴于接近-抑制理论存在的不足，史密斯（Smith）等人提出了权力的社会距离理论（social distance theory of power）[14]，从认知角度解释权力的作用机理。他们认为由于低权力个体对高权力个体拥有较强的依赖感，而高权力个体对低权力个体缺乏依赖感，这会导致低权力者距离感较低，而高权力者距离感较高。与低权力者相比，高权力者更加倾向于提取主旨，进行更多抽象的表达方式，而不去关注细节。[8,13]

权力会增加社会距离感，只有当低权力个体对目标有用的时候，高权力个体才会主动接近，比如在现实中，公司的掌权者可能会低估专家和新手的建议。虽然早期的研究认为拥有权力的人更加乐观，对他们的选择更加自信，会产生更多的行为导向[10]，但实际上只有当客观的权力让人们产生主观权力感的时候，才会产生过度自信的决策。[4]同时，高权力个体更少表达自己的情绪，对他人的意识和情绪关注也不够，这既不利于团队内部开放性的沟通，也不利于提高团队的绩效。[54]

5.2.2 团队权力层级结构的作用机理

1. 权力层级与团队交互过程

关注团队层面的权力分布有助于理解团队层级的作用。团队成员的权力层级不平等会影响团队成员处理冲突的方式。当团队成员整体权力水平较低的时候，权力不平等（power inequality）有助于团队内部冲突的解决；当团队成员整体权力水平较高的时候，权力不平等不利于团队内部冲突的解决，此时权力的平等是更优的团队配置策略。[7]

2. *权力层级与团队交互结果*

权力层级与团队交互结果之间的关系存在诸多不一致，如一些研究发现高管团队权力不平等有利于提高团队的绩效[9]，而另外一些研究则发现与权力平等的团队相比，权力不平等并不能显著改善团队绩效[55]。这说明这些关系可能会受到程序依赖程度，权力的合法性、稳定性，权力与其他层级维度的一致性等因素的影响。[5,8]对于权力距离较高的东方国家，权力层级差距有助于确立团队秩序，提升团队绩效；而对于权力距离较低的西方国家，权力层级差距则往往会对团队绩效产生消极的结果。

在集体主义文化背景的国家中，团队成员的相互依赖程度更高，更需要借助权力层级来促进沟通和协调。[8]此外，团队中的权力距离较高，下属为了维持良好的关系，往往倾向于服从上级，遵循团队正式的权力层级结构。[20-21]这种界限分明的权力层级有助于促进团队成员的分工和协作，提升沟通和工作效率。[5,23]

5.3　团队地位层级结构的理论与作用机理

扩展阅读

高管团队成员的权力会转化为地位吗

吴某是某公司的创始人，曾担任公司董事长和总裁。然而，他屡次无视公司制度，随意越过董事会做出决策，并将公司资产用于个人用途。这些违反公司制度和规则的行为导致他在公司中逐渐不得人心，其在公司中的地位也屡遭挑战。吴某的大权独揽并没有换来其他人的尊重和敬佩，反而引发了公司内部层级结构的多次调整。

资料来源：卫旭华．领导权力何时转化为地位？德性管理行为的调节作用［J］．商业经济与管理，2018，38（12）：32-42.

5.3.1　团队地位层级与其他类似概念的比较

在团队中，虽然地位层级与权力、阶层及面子等概念具有一定的相似之处，但它们之间存在着明显的界限。首先，地位与权力不同。权力通常是指团队成员对团队内部有价值的资源的不对称控制。[10,22,40,56]在组织中，地位通常是非正式的团队层级，是其他成员赋予的层级排序；而权力是团队赋予的正式层级，相对更加稳定。[6,23]地位来自其他团队成员的评价，在团队内部具有高度的一致性，如果得不到其他成员的尊重和认可，也就得不到地位，而权力是行为人所拥有的，不论其他成员是否认可，高权力个体都可以对团队中有价值的资源进行不对称控制。[22,56]

其次，地位与阶层（class）不同。阶层通常是指基于客观物质条件（收入、教育和职业声望）而形成的一种自我维度，人们可以基于这种自我维度对团队成员进行排序。[57]阶层通常可以分为上层阶层、中层阶层和下层阶层[24]，个人的地位会受到其所处阶层的影响。阶层与地位的区别在于，阶层的稳定性很高，比如一位知名企业家在很多场合都会被界定为是高阶层人士；而地位是特定情境的产物，脱离情境之后，地位可能就不复存在[24,57]，比如一个受人尊重的子公司团队领导，到集团总部进行管理层集训时，不一定能够获得他人的尊重和敬佩，反而会丧失他在原团队中的地位。

最后，地位与面子不同。面子通常是地位的函数，即地位高低决定了一个人面子的多少，但地位和面子是有着不同内涵的两个概念。面子通常是指通过立身处世、个人成功或者个人炫耀而获得的声誉，这种声誉通常是行为人的自我感知。然而，地位并不是行为人的自我感知，而是他人对行为人评价的集合。[10]

5.3.2 团队地位层级结构的相关理论

1. 地位特征理论

地位特征理论认为外部可获取的、与地位相关的线索会影响团队成员对人们胜任力的感知以及随后的人际交互关系。换言之，外部地位特征可以影响人们对团队成员胜任力的预期判断，进而影响团队成员的地位，哪怕这些地位特征与现实的胜任力没有任何关系。以往研究主要关注外在显性因素（形体特征、人口统计特征）、内在心理因素（人格、认知、情绪、行为）以及神经生理因素（睾酮激素、皮质醇激素）对团队成员地位的影响。这些因素在地位形成初期能够发挥重要的作用。

2. 品行德性理论

品行德性理论（moral virtue theory）是关于德性特征是否、如何以及何时能够提升个人地位的理论。[46]团队成员的地位通常来自团队其他成员的主观评价，且大多数团队成员能够对同事的地位做出正确且一致的评判。[10]传统的地位研究者通常将支配力和胜任力特征视为地位最重要的来源。[58]在团队内部，谁的支配力和胜任力越高，谁对团队的潜在贡献就越大，谁就越能够获得大家的尊重和钦佩。[58]

品行德性理论认为除了团队成员胜任力特征之外，德性特征也是团队成员地位的重要来源。德性通常是指一个人具有品行和道德上值得称赞的特征[46]，比如利他、慷慨、谦卑等。虽然团队成员的德性行动并不一定会提高集体绩效，但领导的德性行动意味着牺牲自己的利益，让他人和集体受益。[46]这种利他主义行为将会得到团队成员积极的评价，进而增加团队成员对领导的尊重和钦佩程度。反之，如果领导采取侵害他人利益的行动，团队成员对该领导就会产生消极的评价，对他的尊重和钦佩程度也会随之下降。

此外，品行德性理论认为德性特征往往是镶嵌于特定的文化情境中的，不同国家和地区的人们对于德性特征的认识会存在一定的差异。[46]比如，有些国家和公司严格规定工作时间，超过法定工作时间可能会被视为不道德的，曾有媒体报道，法国一名员工因为每周平均工作时长超过 40 小时而被人事经理约谈，要求其减少工作时间；但在另外一些国家，加班可能被视为正常的工作需求。因此，识别不同文化背景下团队成员的特定文化来源，有助于更好地指导员工通过恰当的德性行动来获取地位。

3. 期望状态理论

期望状态理论（expectation states theory）认为地位来自众望所归[58]，该理论认为高地位者倾向于维持自己的地位，这需要他们采取能够维持众望所归的方式来行事，因此，地位会对个人的认知、情绪、行为和绩效产生影响。比如，员工一般都会期望高地位者表现出帮助他人、公平对待他人的行为特征，因此高地位者也会满足大家的这种期望，表现出类似的行为特征。

5.3.3 团队地位层级结构的作用机理

1. 地位层级与团队交互过程

地位冲突（status conflict）理论与微观政治理论（micropolitics theory）关注地位层级对组织和团队交互过程的影响。地位冲突理论认为地位冲突是一个关键的群体过程，它涉及人们在群体社会层级中相对地位的争论。[59]地位冲突能够限制信息共享，影响团队成员之间的沟通协作。[59]

与地位冲突理论不同，微观政治理论关注的是团队成员地位的变化过程。在团队形成初期，个体成员会通过各种手段来获取尽可能高的职位，通过群体的信任，他们会拥有相应的技能和能力，从而获得地位。[6]这一过程就像政治候选人必须使选举人员相信他们是这个工作的最佳人选一样。一旦资质平庸的个体的现实绩效与初始预期不相符，那么他的地位就可能会发生改变。[58]

2. 地位层级与团队交互结果

团队和组织层面的地位层级研究并不多见，有待进一步深入研究。与团队任务冲突、关系冲突和过程冲突相比，团队内部成员之间的地位冲突会产生长期的效果，对其他团队成员的负面影响更大，更不利于提升团队的绩效。[59]克里斯蒂（Christie）和巴林（Barling）基于NBA职业篮球队数据，考察了球队球员的地位不平等对个人绩效和伤病的影响，发现当球队合作水平较高的时候，地位不平等对个体的消极作用会被削弱。这说明地位层级与团队交互结果的关系也会受到一些团队因素的影响。[60]

5.4 团队薪酬层级结构的理论与作用机理

薪酬层级是团队成员行为的重要驱动因素，影响团队的运营过程和结果。因此，薪酬层级被视为是团队激励员工的重要手段之一，备受研究者和企业管理者的关注。同时，与薪酬相关的研究正在推动金钱心理学（the psychology of money）这一新兴学科的产生。[61]

扩展阅读

国有企业高管团队的限薪令

2002年，政府开始推行国企高管年薪制，规定高管年薪不得超过职工平均工资的12倍。但随着经济发展和国企利润的增长，这一规定已被打破，2009年央企负责人平均年薪达68万元。

人力资源社会保障部等六部门于2009年联合出台《关于进一步规范中央企业负责人薪酬管理的指导意见》，对中央企业发出高管“限薪令”，进一步严格落实国有企业、金融机构经营管理人员的薪酬管理。

2009年，财政部办公厅向各家金融类国企派发的《金融类国有及国有控股企业负责人薪酬管理办法（征求意见稿）》提出，负责人基本年薪取决于两个因素：第一，公司的职位等级（企业资产、业务范围、业务领域广度等决定）；第二，所在企业、所在行业、所在地区的在职职工工资水平加权平均后乘以五。

2014年8月29日，中共中央政治局召开会议，对不合理的偏高、过高收入进行调整，形成中央管理企业负责人与企业职工之间的合理工资收入分配关系，合理调节不同行业企业负责人之间的薪酬差距，促进社会公平正义。

2015年1月1日起，国有银行董事长、行长、监事长以及其他副职负责人的薪酬，按照国家关于中央管理企业负责人薪酬制度改革的意见执行。

资料来源：24家中央金融企业高管薪酬曝光，“限薪令”下薪酬高低看过来［EB/OL］.（2018-03-09）. https://www.163.com/dy/article/DCGAKBJV0519JFL1.html.

5.4.1 团队薪酬层级结构的相关理论

团队薪酬层级通常从经济视角或者行为视角来解释薪酬层级的作用机理。[62-63]

1. 经济视角与锦标赛理论

锦标赛理论（tournament theory）可以从经济视角解释薪酬层级对团队运营结果的作用机理。锦标赛理论起源于劳动经济学领域[64]，该理论强调通过薪酬等级排序，取得较好的激励效果。从市场层面来看，企业之间的竞争就像是体育锦标赛中的比赛。企业若想赢得比赛，就必须提供比其他企业更具竞争力的整体薪酬水平，这样才能够对内部员工形成足够的激励。从企业或者团队层面来看，管理者需要对内部员工进行层级划分，并设置不同的激励和薪酬水平，让他们彼此自由竞争。[29,39]当低层级的员工通过自身努力赢得锦标赛中比赛的冠军的时候，其可以获得晋升到更高层级的机会，并得到更高的薪酬。因此，锦标赛理论认为企业之间的薪酬层级或者企业内部的薪酬层级能够产生积极的激励效果，可以提升员工的努力程度，进而改善企业的创新过程和绩效水平，并降低员工的离职意愿。

2. 行为视角与公平理论

公平理论（equity theory）可以从行为视角解释薪酬层级的作用机理。[65-66]与经济视角的积极观点相反，公平理论认为薪酬层级会对团队运营产生消极的影响。公平理论认为员工对于薪酬的公平感取决于投入与回报的比例。[29,52]团队内的个体往往倾向于与那些排序略高于自己的员工进行比较。[62,63,66]当员工认为自己的努力和投入在企业的薪酬体系中没有得到应有回报的时候，他们可能会产生不满意感和不公平感，进而产生消极怠工、较低的组织承诺、较低的合作意愿等负面反应[62]，从而损害团队的创新过程和绩效水平。

3. 团队薪酬层级的整合模型

从经济视角来看，薪酬水平和薪酬差距能够起到积极效果，从行为视角来看，薪酬差距会起到消极效果。在表面上来看，经济和行为视角中关于薪酬差距的作用机理的基本假设是相互对立的，但实际上二者关注的是不同类型的薪酬差距，图 5 - 4 通过一个整合模型将经济和行为视角相结合。

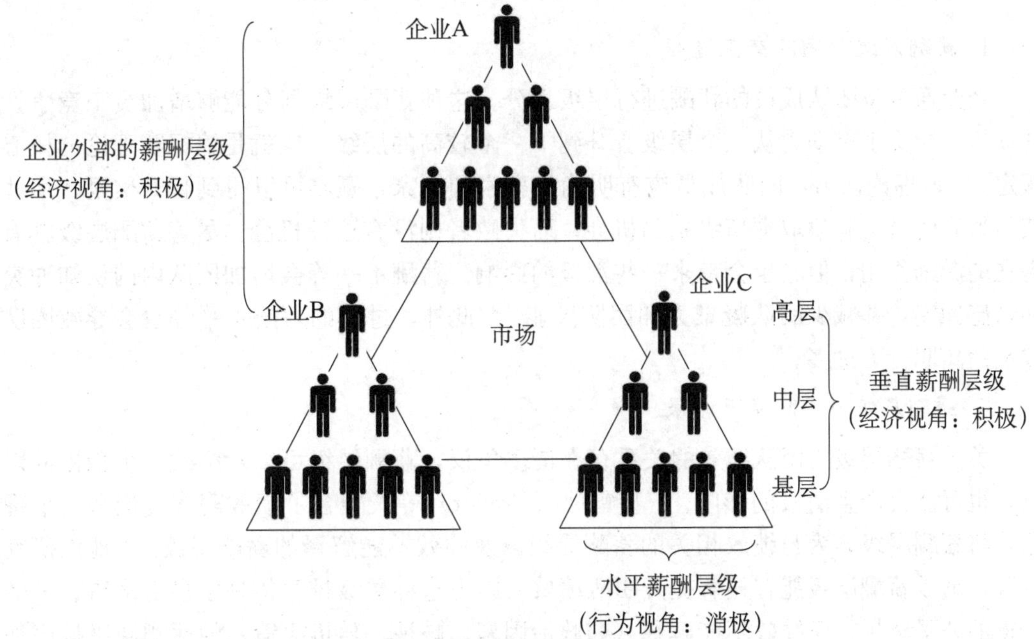

图 5 - 4　基于经济和行为视角的企业薪酬层级的整合模型

企业的薪酬层级分为企业外部的薪酬层级（市场层面）和企业内部的薪酬层级（企业层面）。首先，在图 5 - 4 中，从市场层面来看，A 企业与 B 企业的薪酬水平存在明显差异，A 企业处于整个市场薪酬金字塔层级的顶端，其保持较高的薪酬水平，目的往往是为了吸引企业外部优秀人才的加盟，并保留企业内部的骨干，从而使企业在竞争中立于不败之地[65]，这与基于经济视角的锦标赛理论的激励思想是一致的。因此，就整个市场而言，企业保持较高的薪酬水平可以起到较好的激励作用。

其次，从企业层面来看，基于经济视角的锦标赛理论强调的是不同层级之间的薪酬差距[29,39]，企业 C 的高层与中层或者高层与基层之间的薪酬差距强调的是多劳多得，如果为企业做出了更大的贡献，就应该获得更高的薪酬和职位。[39]因此，垂直薪酬差距能够对团队运营结果产生积极的促进作用。

然而，与锦标赛理论的层级划分思想不同，行为视角的公平理论强调的是薪酬的公平性[65-66]，这就需要进行薪酬的比较。在行为视角中暗含了“相似性假定”这一前提，人们在选择薪酬比较对象的时候，往往会选择那些薪酬高于自己，但背景跟自己相似的员工[63,67]。这些被纳入比对的参考对象往往隶属于同一部门或者从事相近的工作，企业C中的基层员工之间的薪酬差异，就是典型的水平薪酬差距的范畴。[27,65]由于从事相近的工作，对团队的贡献也是类似的，如果此时薪酬差距过大，必然会导致员工产生较强的不公平感，进而降低员工的努力意愿。[29]

从图5-4中的薪酬层级的整合模型来看，经济视角更适合用来解释企业之间以及企业内部不同团队之间垂直薪酬层级的效应，而行为视角更适合用来解释团队内部水平薪酬层级的效应。

5.4.2 团队薪酬层级结构的作用机理

1. *薪酬层级与团队交互过程*

企业通常将团队成员的薪酬进行层级划分，这种薪酬层级划分能够增加员工竞争性的动机，让员工有动力从一个层级晋升到下一个较高的层级，这就是锦标赛理论的核心假定。[64]该理论认为，团队成员应有明确的赢家和输家，赢家可以得到晋升奖励。那些获得晋升的员工有争取更高级别的机会，而失败者则没有这种机会。尽管薪酬层级具有潜在的激励作用，但它也会带来一些消极的影响。薪酬不平等会增加团队内的认知冲突和情感冲突，并减少团队凝聚力和团队潜能。[68]此外，过高的薪酬不平等也会导致团队成员的离职行为过多。[67]

2. *薪酬层级与团队交互结果*

关于薪酬层级与团队绩效的关系存在诸多争议，薪酬层级可以对绩效产生积极的影响，也可能会产生消极的影响。[27]特雷弗（Trevor）等人融合了绩效薪酬理论和公平理论，将薪酬层级分为与绩效相关的薪酬层级以及绩效不能解释的薪酬层级。[69]他们研究发现，绩效薪酬层级能够显著提升团队绩效，因为这种层级排序体现了多劳多得、少劳少得的公平思想；而绩效不能解释（如政治因素、歧视、随机决策）的薪酬层级排序往往被认为是不合理的，因而会对团队绩效造成消极的影响。

在他们研究的基础上，唐斯（Downes）和乔伊（Choi）考虑了组织层级的方向性维度和与绩效的相关性维度，将公平理论、期望理论和锦标赛理论整合到一个框架体系中[29]（见图5-5）。可以看到，公平理论的应用范围最广，薪酬层级的消极结果主要是由绩效不能解释的薪酬层级理论来解释的，锦标赛理论侧重于解释基于绩效的垂直薪酬层级，而期望理论则侧重于解释基于绩效的水平薪酬层级。

除了对薪酬层级进行细分之外，也有研究者考虑了薪酬层级的时间效应，对薪酬层级的二维分类进行了补充和修正。康奈利（Connelly）等人指出锦标赛理论关注的是薪酬的短期效应，侧重于薪酬层级的动机和激励机制，而公平理论关注的是薪酬层级的长

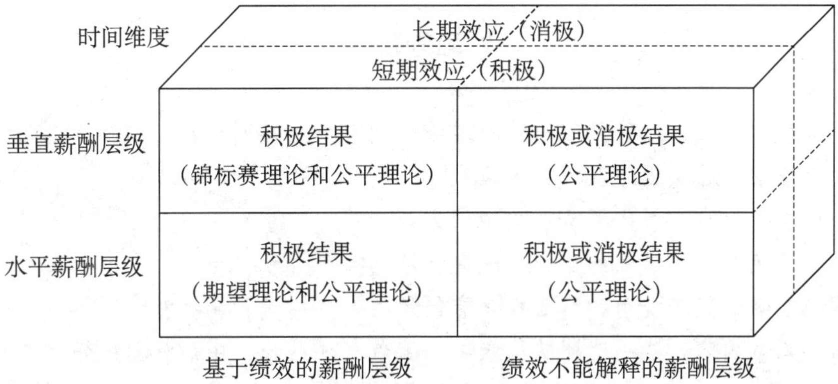

图5-5 薪酬层级效应的整合框架图

期效应，侧重于个体公平感知和社会比较机制。[30]基于这一时间框架，他们发现高管团队与员工的垂直薪酬差距和企业短期绩效呈正相关关系，而与企业长期绩效呈负相关关系，这一发现与行为代理理论（behavioral agency theory）的时间贴现效应的假定也是一致的。行为代理理论假定代理人根据双曲线贴现函数对时间进行贴现，这就意味着未来的薪酬激励效应严重打折，因而导致薪酬层级的短期积极效应更高，而长期消极效应更高。[70]

本章小结及管理启示

本章主要介绍了团队权力层级、地位层级、薪酬层级等层级结构特征的概念及分类，以及这些团队层级结构特征的作用机理。这些内容展示了团队层级结构在团队运作过程中扮演的重要角色。组织管理者需要合理配置团队的层级结构，扬长避短，发挥团队层级功能性的一面，并通过合理的、权变的管理手段避免团队层级产生不好的作用。

关键术语

团队层级（team hierarchy）
层级差距（hierarchical dispersion）
权力层级（power hierarchy）
权力不平等（power inequality）
权力距离（power distance）
地位层级（status hierarchy）
薪酬层级（pay hierarchy）
垂直薪酬层级（vertical pay hierarchy）
水平薪酬层级（horizontal pay hierarchy）
层级悖论（hierarchical paradox）
层级功能理论（functional theory of hierarchy）
层级冲突理论（conflict theory of hierarchy）
接近抑制理论（approach-inhibition theory）
权力的社会距离理论（social distance theory of power）
地位特征理论（status characteristics theory）
品行德性理论（moral virtue theory）
期望状态理论（expectation states theory）
锦标赛理论（tournament theory）
公平理论（equity theory）

思考题

1. 团队权力层级、地位层级与薪酬层级之间有什么异同点?
2. 如何理解团队层级的双刃剑效应?
3. 如何看待权力层级作用机理的中西方差异?
4. 地位层级与权力层级的作用机理有何不同?
5. 薪酬层级的经济视角和行为视角有何矛盾?如何进行调和?
6. 结合本章内容,谈一谈团队层级结构配置在团队输入中所扮演的角色。

参考文献

[1] Greer L L, De Jong B D, Schouten M, et al. Why and when hierarchy impacts team effectiveness: a meta-analytic integration [J]. Journal of Applied Psychology, 2018, 103 (6): 591-613.

[2] Tarakci M, Greer L L, Groenen P J. When does power disparity help or hurt group performance? [J]. Journal of Applied Psychology, 2016, 101 (3): 415-429.

[3] Rucker D D, Galinsky A D, Magee J C. The agentic-communal model of advantage and disadvantage: how inequality produces similarities in the psychology of power, social class, gender, and race [J]. Advances in Experimental Social Psychology, 2018, 58: 71-125.

[4] Fast N J, Sivanathan N, Mayer N D, et al. Power and overconfident decision-making [J]. Organizational Behavior and Human Decision Processes, 2012, 117 (2): 249-260.

[5] Anderson C, Brown C E. The functions and dysfunctions of hierarchy [J]. Research in Organizational Behavior, 2010, 30: 55-89.

[6] Anderson C, Kennedy J A. Micropolitics: a new model of status hierarchies in teams [J]. Research on Managing Groups and Teams, 2012, 15: 49-80.

[7] Greer L L, Van Kleef G A. Equality versus differentiation: the effects of power dispersion on group interaction [J]. Journal of Applied Psychology, 2010, 95 (6): 1032-1044.

[8] Halevy N, Chou E Y, Galinsky A D. A functional model of hierarchy: why, how, and when vertical differentiation enhances group performance [J]. Organizational Psychology Review, 2011, 1 (1): 32-52.

[9] Ronay R, Greenaway K, Anicich E M, et al. The path to glory is paved with hierarchy: when hierarchical differentiation increases group effectiveness [J]. Psychological Science, 2012, 23 (6): 669-677.

[10] Magee J C, Galinsky A D. Social hierarchy: the self-reinforcing nature of

power and status [J]. The Academy of Management Annals，2008，2 (1)：351 - 398.

[11] Harrison D A，Klein K J. What's the difference? diversity constructs as separation，variety，or disparity in organizations [J]. Academy of Management Review，2007，32 (4)：1199 - 1228.

[12] Overbeck J R，Correll J，Park B. Internal status sorting in groups：the problem of too many stars [J]. Research on Managing Groups and Teams，2005，7：169 - 199.

[13] Galinsky A D，Chou E Y，Halevy N，et al. The far-reaching effects of power：at the individual，dyadic，and group levels [J]. Research on Managing Groups and Teams，2012，15：81 - 113.

[14] Magee J C，Smith P K. The social distance theory of power [J]. Personality and Social Psychology Review，2013，17 (2)：158 - 186.

[15] French J R，Raven B. The bases of social power [J]. Modern Classics of leadership，2004，2：309 - 326.

[16] Finkelstein S. Power in top management teams：dimensions，measurement，and validation [J]. Academy of Management Journal，1992，35 (3)：505 - 538.

[17] Smith A，Houghton S M，Hood J N，et al. Power relationships among top managers：does top management team power distribution matter for organizational performance? [J]. Journal of Business Research，2006，59 (5)：622 - 629.

[18] 王雄元，何捷．行政垄断，公司规模与 CEO 权力薪酬 [J]. 会计研究，2012 (11)：33 - 38.

[19] 李永奎，乐云，张兵，等．权力和行为特征对工程腐败严重程度的影响：基于148个典型案例的实证 [J]. 管理评论，2013，25 (8)：21 - 31.

[20] 段锦云，黄彩云．个人权力感对进谏行为的影响机制：权力认知的视角 [J]. 心理学报，2013，45 (2)：217 - 230.

[21] 魏昕，张志学．组织中为什么缺乏抑制性进言? [J]. 管理世界，2010 (10)：99 - 109.

[22] Blader S L，Chen Y R. Differentiating the effects of status and power：a justice perspective [J]. Journal of Personality and Social Psychology，2012，102 (5)：994 - 1014.

[23] Van Dijk H，Van Engen M L. A status perspective on the consequences of work group diversity [J]. Journal of Occupational and Organizational Psychology，2013，86 (2)：223 - 241.

[24] Gray B，Kish-Gephart J J. Encountering social class differences at work：how "class work" perpetuates inequality [J]. Academy of Management Review，2013，38 (4)：670 - 699.

[25] Bell S T，Villado A J，Lukasik M A，et al. Getting specific about demographic diversity variable and team performance relationships：a meta-analysis [J]. Journal of Management，2011，37 (3)：709 - 743.

[26] Gerhart B，Rynes S L，Fulmer I S. Pay and performance：individuals，

groups，and executives [J]. The Academy of Management Annals，2009，3 (1)：251-315.

[27] Siegel P A，Hambrick D C. Pay disparities within top management groups：evidence of harmful effects on performance of high-technology firms [J]. Organization Science，2005，16 (3)：259-274.

[28] Gupta N，Conroy S A，Delery J E. The many faces of pay variation [J]. Human Resource Management Review，2012，22 (2)：100-115.

[29] Downes P E，Choi D. Employee reactions to pay dispersion：a typology of existing research [J]. Human Resource Management Review，2014，24 (1)：53-66.

[30] Connelly B L，Haynes K T，Tihanyi L，et al. Minding the gap：antecedents and consequences of top management-to-worker pay dispersion [J]. Journal of Management，2016，42 (4)：862-885.

[31] Bunderson J S，Van Der Vegt G S. Diversity and inequality in management teams：a review and integration of research on vertical and horizontal member differences [J]. Annual Review of Organizational Psychology and Organizational Behavior，2018，5 (1)：47-73.

[32] Bunderson J S，Van Der Vegt G S，Cantimur Y，et al. Different views of hierarchy and why they matter：hierarchy as inequality or as cascading influence [J]. Academy of Management Journal，2016，59 (4)：1265-1289.

[33] Reit E S，Halevy N. Managing hierarchy's functions and dysfunctions：a relational perspective on leadership and followership [J]. Current Opinion in Psychology，2020，33：126-130.

[34] Frauendorfer D，Schmid Mast M，Sanchez-Cortes D，et al. Emergent power hierarchies and group performance [J]. International Journal of Psychology，2015，50 (5)：392-396.

[35] Perry J L. Power and status in groups [D]. Rutgers：The State University of New Jersey，2014.

[36] 卫旭华，刘咏梅，岳柳青．高管团队权力不平等对企业创新强度的影响：有调节的中介效应 [J]. 南开管理评论，2015，18 (3)：24-33.

[37] 谢永珍，张雅萌，吴龙吟，等．董事地位差异、决策行为强度对民营上市公司财务绩效的影响研究 [J]. 管理学报，2017，14 (12)：1767-1776.

[38] Bunderson J S，Boumgarden P. Structure and learning in self-managed teams：why "bureaucratic" teams can be better learners [J]. Organization Science，2010，21 (3)：609-624.

[39] Connelly B L，Tihanyi L，Crook T R，et al. Tournament theory：thirty years of contests and competitions [J]. Journal of Management，2014，40 (1)：16-47.

[40] Hays N A，Bendersky C. Not all inequality is created equal：effects of status versus power hierarchies on competition for upward mobility [J]. Journal of Personality

and Social Psychology，2015，108（6）：867－882.

［41］卫旭华，王傲晨，江楠．团队断层前因及其对团队过程与结果影响的元分析［J］. 南开管理评论，2018，21（5）：139－149，187.

［42］Carton A M，Cummings J N. A theory of subgroups in work teams［J］. Academy of Management Review，2012，37（3）：441－470.

［43］Antino M，Rico R，Thatcher S M B. Structuring reality through the faultlines lens：the effects of structure，fairness，and status conflict on the activated faultlines-performance relationship［J］. Academy of Management Journal，2019，62（5）：1444－1470.

［44］张仁江，田莉．高管团队派系冲突的诱发前提、演化机理及其对组织绩效的影响：基于HB公司的纵向跟踪研究［J］. 财贸研究，2013，24（1）：123－130.

［45］Hinds P J，Neeley T B，Cramton C D. Language as a lightning rod：power contests，emotion regulation，and subgroup dynamics in global teams［J］. Journal of International Business Studies，2014，45（5）：536－561.

［46］Bai F. Beyond dominance and competence：a moral virtue theory of status attainment［J］. Personality and Social Psychology Review，2017，21（3）：203－227.

［47］Swaab R I，Schaerer M，Anicich E M，et al. The too-much-talent effect：team interdependence determines when more talent is too much or not enough［J］. Psychological Science，2014，25（8）：1581－1591.

［48］Kim H Y，Wiesenfeld B M. Who represents our group? the effects of prototype content on perceived status dispersion and social undermining［J］. Personality and Social Psychology Bulletin，2017，43（6）：814－827.

［49］武立东，薛坤坤，王凯．非正式层级对董事会决策过程的影响：政治行为还是程序理性［J］. 管理世界，2018，34（11）：80－92.

［50］Tzabbar D，Vestal A. Bridging the social chasm in geographically distributed R&D teams：the moderating effects of relational strength and status asymmetry on the novelty of team innovation［J］. Organization Science，2015，26（3）：811－829.

［51］Keltner D，Gruenfeld D H，Anderson C. Power，approach，and inhibition［J］. Psychological Review，2003，110（2）：265－284.

［52］Shin T. Fair pay or power play? pay equity，managerial power，and compensation adjustments for CEOs［J］. Journal of Management，2016，42（2）：419－448.

［53］Fast N J，Halevy N，Galinsky A D. The destructive nature of power without status［J］. Journal of Experimental Social Psychology，2012，48（1）：391－394.

［54］Tost L P，Gino F，Larrick R P. When power makes others speechless：the negative impact of leader power on team performance［J］. Academy of Management Journal，2013，56（5）：1465－1486.

［55］Blinder A S，Morgan J. Do monetary policy committees need leaders? a report on an experiment［J］. The American Economic Review，2008，98（2）：224－229.

［56］Smith P K，Magee J C. The interpersonal nature of power and status［J］.

Current Opinion in Behavioral Sciences, 2015, 3: 152 - 156.

[57] Côté S. How social class shapes thoughts and actions in organizations [J]. Research in Organizational Behavior, 2011, 31: 43 - 71.

[58] Bendersky C, Shah N P. The downfall of extraverts and rise of neurotics: the dynamic process of status allocation in task groups [J]. Academy of Management Journal, 2013, 56 (2): 387 - 406.

[59] Bendersky C, Hays N A. Status conflict in groups [J]. Organization Science, 2012, 21 (2): 323 - 340.

[60] Christie A M, Barling J. Beyond status: relating status inequality to performance and health in teams [J]. Journal of Applied Psychology, 2010, 95 (5): 920 - 934.

[61] Leana C R, Meuris J. Living to work and working to live: income as a driver of organizational behavior [J]. The Academy of Management Annals, 2015, 9 (1): 55 - 95.

[62] Henderson A D, Fredrickson J W. Top management team coordination needs and the CEO pay gap: a competitive test of economic and behavioral views [J]. Academy of Management Journal, 2001, 44 (1): 96 - 117.

[63] Ridge J W, Aime F, White M A. When much more of a difference makes a difference: social comparison and tournaments in the CEO's top team [J]. Strategic Management Journal, 2015, 36 (4): 618 - 636.

[64] Lazear E P, Rosen S. Rank-order tournaments as optimum labor contracts [J]. Journal of Political Economy, 1981, 89 (5): 841 - 864.

[65] Shaw J D. Pay dispersion [J]. Annual Review of Organizational Psychology and Organizational Behavior, 2014, 1: 521 - 544.

[66] Cowherd D M, Levine D I. Product quality and pay equity between lower-level employees and top management: an investigation of distributive justice theory [J]. Administrative Science Quarterly, 1992, 37 (2): 302 - 320.

[67] Carnahan S, Agarwal R, Campbell B A. Heterogeneity in turnover: the effect of relative compensation dispersion of firms on the mobility and entrepreneurship of extreme performers [J]. Strategic Management Journal, 2012, 33 (12): 1411 - 1430.

[68] Ensley M D, Pearson A W, Sardeshmukh S R. The negative consequences of pay dispersion in family and non-family top management teams: an exploratory analysis of new venture, high-growth firms [J]. Journal of Business Research, 2007, 60 (10): 1039 - 1047.

[69] Trevor C O, Reilly G, Gerhart B. Reconsidering pay dispersion's effect on the performance of interdependent work: reconciling sorting and pay inequality [J]. Academy of Management Journal, 2012, 55 (3): 585 - 610.

[70] Pepper A, Gore J. Behavioral agency theory: new foundations for theorizing about executive compensation [J]. Journal of Management, 2015, 41 (4): 1045 - 1068.

案例分析

谁比谁更重要

某公司专门生产袜子，发展相当迅速，经过10年的发展，已经由一个家族式的小企业成长为年销售额15亿元的大公司。

为了适应外界瞬息万变的竞争环境，公司已经认识到管理逐渐要向规范化、精细化的方向发展。近几年公司连续导入ISO 9001：2000质量管理体系、SA8000标准、规范化管理体系和基于战略的人力资源管理体系，公司呈现出了良好的发展态势。

为了让员工在公司内部合理流动，公司决定对一些岗位进行内部招聘。其中有一个是销售管理部的销售管理员岗位，很多部门的人都来应聘。经过了若干轮的面试，一名采购部的员工脱颖而出，最终获得了该岗位。这样一来，采购部又缺员了，人力资源部又决定内部招聘，结果一名技术部的技术员去了采购部。

但是麻烦也随之而来，采购部经理和技术部经理找到了人力资源部经理诉苦。

"我们部门培养一个人很不容易，因为我们公司使用的原材料很多，熟悉每种原材料需要很长的时间，而且有很多种混合材料。为了技术保密，混合材料是在外协厂家完成的，一个新手要熟悉整个过程，一般需要花半年到一年的时间。另外，采购员这个岗位对人员的职业素养要求非常之高，所以，我不希望她去销售管理部。但是销售管理部的工资比我们这里高，我又不能挡别人的路，这就难办了。其实大家都知道，销售管理部的岗位工资高，工作又轻松，是公司最好的岗位之一。但采购员的工作量很大，责任又重，而工资比销售管理员低得多。我觉得这是因为公司的工资政策不合理，才会出现这样的问题。这已经是第三个人离开我们部门了，从你们搞内部流动开始，我早就预料到这样的问题迟早会发生。现在倒好，到我们部门来的技术员什么都不懂，害得我现在工作都很难开展！"

技术部经理接着说："我们也是，培养一个技术员可比培养一个采购员和销售管理员困难得多了，需要熟悉生产流程、设备性能、研发知识。但不知道你们是怎么搞的，采购员、销售管理员的薪水比我们技术员还高，我也不好留他，看来只能自己再慢慢培养其他人了。"

销售管理部经理听到传闻后也去找人力资源部经理："有人说我们部门不重要，工作的重要性是不能光拿工作环境来评判的，我们是不用出去跑，但是你知道的，我们部门负责客户联络和客户的信用管理，如果我们部门出了问题，公司的销售就会受到很大的影响，所以我们的责任也不轻。我们部门的工资水平高是应该的。我们需要一流的人才到我们的部门工作。既然搞了内部招聘，就该让他们自己来选择。"

人力资源部经理被这件事情弄得非常烦恼。因为这个问题已经不是简单的一个内部人才流动的问题，而是公司的政策导向、薪酬政策的问题。为此，公司专门召开了好几次会议来解决这个问题。在会上，大家公说公有理、婆说婆有理，都认为自己部门的工作量大、自己的部门最重要。

[讨论题]

1. 从本案例中可以看到团队层级结构起到了什么样的作用？

2. 如何优化案例中企业层级结构配置的问题?

团队内部管理应当倡导何种薪酬原则

在企业的经营管理中，薪酬是特别敏感的一件事，管理者在制定薪酬政策的时候，生怕一碗水端不平，会让员工关系紧张，甚至导致有人离职。但是，谷歌公司的首席人才官拉斯洛·博克（Laszlo Bock）说，企业的薪酬激励应该就是“不公平”的。谷歌公司认为顶尖人才创造的价值要远远超过平均水平，大概10%的产出都是来自最顶尖的1%的员工。

拉斯洛认为，所谓的内部公平的薪酬设计是非常糟糕的。在一个讲究内部公平的薪酬体系里，加薪的时候会出现这样的情况：如果你是表现得非常好的员工，第一年加薪10%，第二年可能只有7%了，第三年就只有5%了，因为你越接近薪酬空间的上限，涨幅就被控制得越小。这样的薪酬体系最大的副作用是什么呢？就是逼迫最优秀的和最有潜力的员工离职。在这样一种薪酬体系之下，优秀的员工如果希望自己的收入和创造的价值是匹配的，那么他只有一个选择，就是离开这种垄断的内部市场，进入自由市场，也就是找一份新工作。

所以，谷歌就是要打破传统的薪酬公平观念，使在同样岗位上工作的不同员工获得的回报可能会相差很多倍。只有这样巨大的差异才能充分地激发员工的工作积极性。谷歌打破传统的公平观念，提供给员工的报酬跟员工的贡献度相匹配。

当然，这种极端激励政策实施起来需要特别小心。拉斯洛提醒，要有效实施这种极端的激励政策，组织需要具备两种能力：第一，尽可能准确地评估员工的绩效贡献，尤其是要非常清晰地界定哪些业绩是由员工带来的，哪些业绩来自外部因素。第二，公司内部要有认同并且充分理解这一奖励体系的管理者，他们能够在员工有疑问的时候给予有效的、明确的解释，帮助员工理解这一体系。

这就是谷歌薪酬激励当中最核心的原则。

[讨论题]

1. 什么是团队薪酬公平？什么是团队薪酬平等？本案例中是否进行了区分?

2. 谷歌的团队薪酬层级设计有什么优缺点?

03

第三部分

团队情感过程建设与管理

第 6 章

团队情绪管理

对群众出现的一些情绪宣泄，我们要多理解、多宽容、多包容，更要做深入细致的工作，包括心理疏导、解决实际困难。

——习近平总书记在武汉东湖新城社区考察时的讲话（2020 年 3 月 10 日）

学习目标

1. 掌握团队情绪管理的界定、过程以及结果
2. 掌握团队情绪智力的界定、测量、作用机制
3. 掌握团队情绪感染的界定、测量、作用机制
4. 掌握团队情绪氛围的界定、结构与结果

引导案例

识别团队成员的情绪

团队内部的互动和沟通很重要，但团队领导和团队成员不可能时时刻刻都在沟通，他们也需要独立完成一些细分的任务。在这个过程中，及时识别团队成员的情绪就成了一个较为棘手的问题，尤其是一些客服类的工作，当顾客语气不好时，往往会给服务人员带来很大的心理压力和情绪问题。如果没有及时帮助他们舒缓压力，员工可能就会选择离职或者产生消极怠工的情绪。因此，有的团队领导就设计了一套表情墙制度，在一块白板上，每个团队成员都可以及时展示自己当前的情绪状态，比如在白板上贴一个哭脸或者笑脸。这样团队领导就能够及时察觉团队成员的情绪状态，并进行干预。

资料来源：东庞矿创“表情墙”疏缓职工心理压力保安全生产［EB/OL］.（2014-02-24）. http://zhuanti.hebnews.cn/2013/2014-02/24/content_3797895.htm.

在每个组织中一定都存在着各种类型的团队，而每个团队都是由不同的个体组成的，这就意味着团队中难免会产生冲突和不满。团队作为以实现特定的目标而形成的共同体，要想达到“1+1>2”的效果，就必须重视对团队成员的情绪管理，只有这样才能实现团队内部的通力合作，实现团队目标，为组织带来经济效益。

一个团队包含着团队领导者以及各不相同的团队成员。要使性情、经历等方面各异的个体齐心协力、实现团队目标，就必须进行团队情绪管理。团队情绪管理（team emotion management）往往涵盖能力管理、过程管理以及氛围管理这三个方面。首先，从能力上来看，领导者、团队成员、团队整体的情绪智力都会影响一个团队的情绪，进而影响团队成员之间的信任和协作。其次，过程管理意味着要注重团队情绪传播的途径。在团队中，传播特定情绪状态的主要机制是情绪感染，包括领导者将情绪传递给团队成员以及团队成员之间的互相感染。最后，氛围管理在团队情绪管理中也至关重要，团队需要营造一个积极的团队情绪氛围。

6.1 团队情绪管理的内涵

6.1.1 团队情绪的界定

团队作为组织中的一个重要组成部分，团队情绪（team emotion）也是组织情绪中的关键一环。组织情绪包含了五个层次，分别为个体内部的情绪、个体间的情绪、人际互动中的情绪、团队情绪和组织的情绪文化与氛围这五个层次（见图 6-1）。[1]其中，团

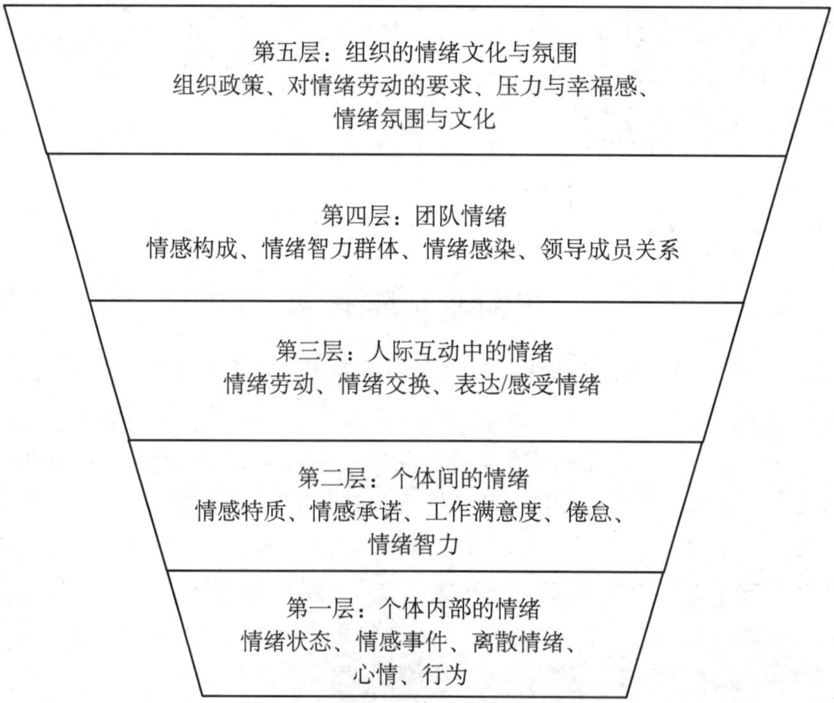

图 6-1 组织情绪的五个层次

队情绪就是不同团队成员情感成分的整合。[2-3]

具体来说，第一层指向个体内部，它涵盖了情绪和行为的时间变化，在人的内在层面上考虑情绪，承认个体每天经历的情绪的差异。主要包括情绪状态（emotion state）、情感事件（affective events）、离散情绪（discrete emotions）、心情（mood）、行为（behaviors）。在一天中，我们会经历一系列的情绪，从积极的到消极的，以及不同强度的情绪。情绪之所以成为组织行为中一个独特且具有挑战性的变量，原因是其具有动态性。与性格、态度这些传统的组织行为研究的变量不同，情绪每天都在快速变化，甚至每时每刻都在变化。基于此，情绪便可以从个体内部层面或者时间层面来进行考虑。根据情感事件理论（affective events theory，AET），稳定的工作环境特征会导致积极或者消极工作事件的发生，对这些工作事件的体验会引发个体的情感反应。[4]接下来，情感反应又会影响个体的态度与行为，比如工作满意度、情感承诺、离职行为等。

情绪不仅是动态的、短暂的，情绪还在个体体验、反应方式上存在差异。所以，组织情绪中的第二层指向个体间的层面，主要包括情感特质（affective trait）、情感承诺（affective commitment）、工作满意度（job satisfaction）、倦怠（burnout）、情绪智力（emotional intelligence）。情感特质不同于情绪状态，是一种处于长期积极或消极情感状态的个人倾向，它是稳定的、典型的。不同的个体有着不同的情感特质，即便是面对同一事件时他们也可能在工作满意度、情感承诺等态度上不尽相同，进而对个体迟到、离职和缺勤等行为产生影响。[5-6]除了情感特质之外，情绪智力也会影响情绪结果，其被定义为精确地知觉、评估和表达情绪的能力，接近或产生促进思维的情感能力，理解情绪和情绪知识的能力，调节情绪、促进情绪和智力发展的能力。例如，有研究发现情绪智力会对工作满意度产生积极影响[7-8]，也会对倦怠产生负向影响[9-10]。

第三层是人际互动的层面，涉及对情绪的感知和交流，处理情绪在人际关系中的作用，包括情绪劳动（emotional labor）、情绪交换（emotional exchange）、表达/感受情绪（displayed/felt emotion），连接了第一、二层和第四、五层团队和组织层面。这一层作为中心层面，不单单只考虑个体内以及个体间的情绪差异，而是关注人与人之间的交流互动。人际层面的情绪表现为个体感受并表达自己的情绪，以及与他人之间进行情绪交换。比如，通过情绪劳动来展现组织所要求的情绪。在工作场所，情绪劳动是人际交往的情绪表达和管理的缩影，被看作是为了报酬，员工管理自己的情绪，并按照组织对面部表情或身体语言的要求来进行表演，其方式主要包括表层表演（surface acting）和深层表演（deep acting）。表层表演通过调节面部表情、声调、手势和身体姿态等外显行为来满足工作要求，但内心的感受并未发生改变；深层表演则通过调节内在感受、改变认知，使情绪表达和内心想法发生改变，以满足对工作角色的需求。[11-12]许多关于情绪劳动的研究发现，其会对员工的情绪和在工作场所中的行为产生消极影响[13]，进而阻碍组织的工作开展。因此，情绪的表达与交换是个人与团队或组织结果间的重要连接。

到了第四层，分析转向包括团队领导在内的群体现象。团队情绪包含情感构成、情绪智力群体、情绪感染（emotional contagion）、领导成员关系。[14]团队情绪是一个成员间外显和内隐分享的过程，在分享的过程中，成员之间会相互感受对方的情绪体验，从而使得整个团队的情绪受到影响并发生潜移默化的改变与传递，达到情绪的有机整合状态，进而形成团队情绪。[15]根据 IPO 模型，从输入—过程—结果来对第四层进行分析。在团队或组织中，每个团队或组织成员的情感构成（affective composition）是输入环节的重要因素。整个团队是否拥有较高的团队情绪智力会对团队的输出结果产生极大的影响。关于情绪智力群体的产生，有学者指出，通过适当的训练可以创建这样一个情绪智力群体。[16]在成员之间交流展示的过程中，他们往往无意识地传递情感体验，产生情绪感染。这个时候，如果是拥有高团队情绪智力的群体，往往能促进成员的情绪交流，使情绪感染向更有利的方向发展，从而促进目标和效率的达成。在团队或组织层面，领导成员之间的关系至关重要。领导成员交换（leader-member exchange，LMX）模型提供了一个有用的参考框架。只有当领导和成员能准确理解对方传达的情绪信息时，他们才能更好地完成自己的工作。因此，当二者交流质量提高时，成员会得到更好的工作分配、更多的自由和与领导合作的机会；当交流质量较低时，成员与领导的互动和执行更好的工作任务的机会就会较少。

最后，在第五层，将组织作为一个整体，探讨组织领域的组织政策（organizational policies）、对情绪劳动的要求（requirement for emotional labor）、压力与幸福感（stress and well-being）、情绪氛围与文化（emotional climate and culture）。个体层面的情绪、情绪分享和群体情感都可以被群体所处的氛围和文化所改变。情绪氛围与情绪文化（emotional culture）是两个较为相似的概念。情绪氛围是一种可以明显感知的客观群体现象，比如当一个人进入一个聚会或一个城市时，感觉到一种快乐或沮丧、开放或恐惧的情绪。而情绪文化更稳定，植根于信念、价值观和内在假设。纵观这五个层级，第五层情绪的产生是由于第一层的情感事件和第二层员工的情绪智力的积累，反过来又会影响第三层员工与同事、下属、主管和客户的交流互动，也会影响第四层的团队情绪和领导力。因此，这五个层级是相互联系、相互作用的。

6.1.2 团队情绪管理的界定及结果

情绪管理的概念，最早是由霍赫希尔德（Hochschild）正式提出的，她认为情绪管理就是一种需要遵循情感规则的工作，是个人试图去改变情绪或感觉的程度或质量所采取的行动，并且情绪可以根据环境的要求来进行管理。[17]在霍赫希尔德研究的基础上，波顿（Bolton）和博伊德（Boyd）提出，情绪管理是工作场所中个体在多重规则管辖下，出于不同目的使用不同情绪技能的过程，并且根据情绪表达的三种规则，即商业、专业或社会的情感规则，将情绪管理分为利益化情绪管理、规范化情绪管理、表象的情绪管理和慈善的情绪管理[18]，具体内容见表 6－1。根据组织的目标，组织情绪管理是组织对于组织内的员工的情绪进行引导及管理，以便员工能够以合理的情绪状态达成组织的目标。[19]因为团队是组织中非常重要的一种子群体，所以团队中的情绪管理就是基于团队整体的目标，对团队成员的情绪进行引导及管理，使团队成员凭借合理的情绪规范来稳定自己的情绪状态，从而达成团队的共同目标的过程。

表 6-1 情绪管理的类型

	利益化情绪管理	规范化情绪管理	表象的情绪管理	慈善的情绪管理
含义	与情绪劳动和情绪工作的概念相似，它指的是在组织中情绪的商业用途。根据组织的利益目标，员工的情绪管理表现为“利益化”	组织试图以商业化和职业化的情感规则，强加“规范化”的情绪表现	个体在自身所处的社会关系中具有一定的自我认知。对于刚进入新组织的员工而言，虽然他们不了解该组织的特殊规定，但是员工仍然知道最基础的规则	同事之间的相互支持和友谊、对同事真挚的同情等超越规范和利益之外的情绪表现
情感规则	商业规则	专业规则	社会规则	社会规则
关联动机	工具性	利他性、工具性、地位	本体论、安全性、一致性	礼物

在团队管理中，情绪管理需要团队管理者对团队成员进行引导，以团队氛围为精神保障，以团队支持为物质保证，提供一种个性化的管理模式来达到成员和团队目标协调发展的宗旨，最终实现个人的自我管理和团队的共同发展。若不能对团队的员工进行合理有效的情绪管理，则对员工个人发展和团队发展都会产生重要影响。在组织行为领域中，情绪管理的一个典型示例就是组织中的员工帮助计划（employee assistance program，EAP）。EAP是科学管理员工情绪的工具，是“企业的情绪按摩剂”[20]，它可以为员工提供心理咨询服务，进行压力疏导来缓解员工的消极情绪等。越来越多的团队重视员工的情绪管理，通过对团队成员的情绪管理，可以帮助成员缓解工作压力、改善工作情绪。同时，以往许多研究都验证了情绪管理的重要性。员工在工作场所中的消极情绪会带来多方面的负面影响，如员工的工作态度和情绪可以用来预测和管理员工的退缩行为。[21]另外，研究者发现，积极情绪的降低更容易导致员工的缺席行为，消极情绪的增加更容易导致员工的跳槽行为，并且会限制信息处理环节，导致员工思维僵化。因此，就团队而言，团队成员的情绪管理有利于提升团队成员的工作积极性，形成良好的团队文化氛围，促进团队内部团结协作，激发创新能力，提高团队的工作效率。最终为团队和组织带来更多的经济效益，进一步促进社会的经济发展。

6.1.3 团队情绪管理的过程

团队情绪管理是一个循环往复的过程，如图 6-2 所示。团队根据自己的目标明确自己需要何种团队情绪。每个团队只有通过对自己团队情绪的目标进行合理的定位，才能清楚自己需要形成怎样的团队情绪，并且为之制订相应的实施计划，从而促进团队内部的和谐稳定，促进团队目标的实现。

进行情绪管理的一个重要前提就是对团队现如今的情绪现状进行合理又准确的评估。团队是由各类不同背景的成员组成的，他们之间的情绪状态会互相影响，最终形成团队

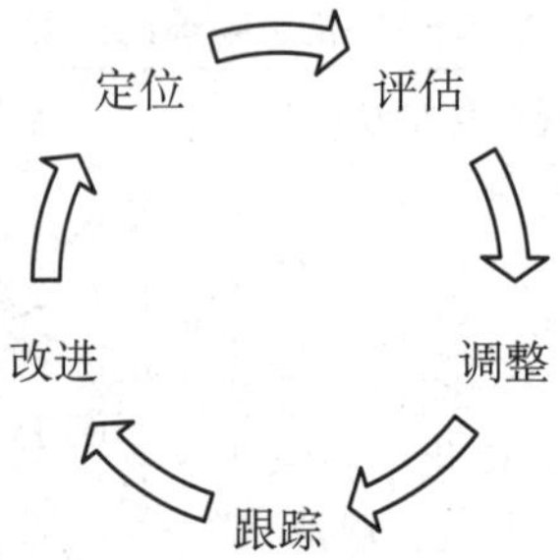

图 6-2　团队情绪管理过程

整体的情绪。评估这些情绪状况是了解团队情绪现状的关键。只有合理地评估情绪现状才能明白目标现实的差距，更好地为情绪管理工作提供依据。

在清楚团队情绪状态目标与现实的差距后，就需要针对差距进行调整。如果在团队内部，有少数团队成员产生情绪波动，则需要了解这部分团队成员的真实情况，疏导消极情绪，为其提供合理的解决方案。如果团队内部的大多数成员的情绪处于失常状态，团队领导者则应认真反思其产生负面情绪的原因，如团队工作在何处产生问题、自己的领导方式是否有效合理等。最终的目标是让团队成员的个人情绪表达同团队整体情绪表达相一致，从而助力团队目标的实现。

情绪的调整是一个漫长的过程。在这一过程中，需要做到对团队成员情绪状态的跟踪，关注情绪调整的效果，以便对出现的情况及时反应，对于良好的经验也能加以利用，保证团队情绪处于积极、健康的状态。

根据团队情绪调整的结果，管理者需要总结经验并提出改进措施，这意味着下一阶段的情绪管理的开始。在这之后，团队内的工作并非一蹴而就，而是需要不断地总结经验。面对不同的团队目标，只有懂得改进，才是使目标适应各种环境。随着时间的推移，团队的发展，团队的情绪也在不断变化，因此在不同的阶段，团队情绪目标要重新进行定位，这也就意味着团队情绪管理始终处于循环往复的状态。

扩展阅读

团队的情绪规范

在惠普公司，有一个团队为其成员提供了交叉培训。该团队认为，如果每个成员都能在紧要关头替代别人完成工作，那么一旦遇到特别重大的任务时，团队每个成员都能贡献自己的力量。但是，其中有一位成员似乎很不愿意学习新技能，因为他已经习惯了在本职工作上做个高产者，不想做自己无法做得尽善尽美的新工作。幸运的是，他的队友们意识到了他的这种不快，他们非但没有生气，还加倍支持他，这要归功于该团队长期以来鼓励成员之间互相理解的规范。该团队建立这样的规范使大家认识到，成员们努力倾听和了解彼此的感受和烦恼，能够提升大家的士气与合作意愿。

6.2 团队情绪智力

6.2.1 情绪智力的界定与测量

情绪智力（即情商）最早由梅耶（Meyer）和沙洛维（Salovey）提出，他们认为情绪智力是一种认识情绪意义及其关系的能力，利用知识推理和解决问题的能力，以及使用情绪促进认知活动的能力，并且他们认为情绪智力通常以整体的方式横跨认知系统和情绪系统进行操作。[22]

关于情绪智力，梅耶等人首先开发了多因素情绪智力量表（multifactor emotional intelligence scale，MEIS）。在这之后，梅耶等人又对MEIS进行了简化，重新编制了情绪智力测验（Mayer-Salovey-Caruso emotional intelligence test，MSCEIT）。[23]

在中国使用较为广泛的是中国香港学者黄炽森和罗胜强编制的情绪智力量表（Wong and Law's emotional intelligence scale，WLEIS）。[24]在该量表中，情绪智力涉及个体在四个方面的具体能力：（1）自我情绪的评估与表达能力。这种能力使个体能够理解深层次的情绪表现，并能够自然地进行表达。具有这种能力的人在大多数人面前都可以感知到自己的情绪。（2）自我情绪管理能力。这种能力是指个体管理自己情绪的能力，可以使自己从心理失态的状况下快速恢复。（3）情绪运用能力。这种能力是指个体调整自己的情绪，使之向有利于建设型行为和个体绩效方向发展。（4）对他人情绪的识别和评估能力。这种能力是个体理解其他人的情绪能力。具备这种能力的人对他人的情绪较为敏感。

6.2.2 团队情绪智力的界定与测量

随着研究的深入，情绪智力从个人层面延伸到了团队层面，团队情绪智力被定义为：团队创造共享的规范来管理情绪，以建立信任、团体认同和团队有效性的能力，是团队管理和影响在团队互动中发生的情感过程的能力。[16]团队情绪智力是由情绪意识和情绪调节两种机制共同组成的，并且通过团队中多层次的互动而形成[16]，其中情绪意识机制是指情绪的理解和感知的能力，情绪调节机制是群体成员对群体情绪做出解释和行为反应的能力。

国内的学者在团队情绪智力方面也做了一些研究，王通讯于1998年首次明确提出了团队情商的概念。[25]他认为，团队情商是指一个团体的综合情绪控制调节能力，指出了团队情商的三个重要方面——团队成员个人情商的平均水平、团队领导的情商水平和团队成员交互后的整体水平。在借鉴国内外学者研究的基础上，也有学者将群体情绪智力界定为群体成员对群体情绪的知觉、调节和使用的能力，它包括四个维度：群体情绪自我意识、群体情绪人际理解、群体情绪调节和群体情绪使用（见表6－2）。[26]从上述研究看来，团队情绪智力机制包含三个方面：团队平均情绪智力水平、团队整体情绪智力水平、团队领导情绪智力水平（见图6－3）。

表 6-2 团队情绪智力的四个维度

维度	内涵
群体情绪自我意识	群体成员理解自己深层次情绪以及能够自然地表达他们自己情绪的能力
群体情绪人际理解	群体成员对其周围人情绪感知和理解的能力
群体情绪调节	群体成员调节自己情绪的能力
群体情绪使用	群体成员使用自己的情绪引导群体建设性的活动和团队绩效的能力

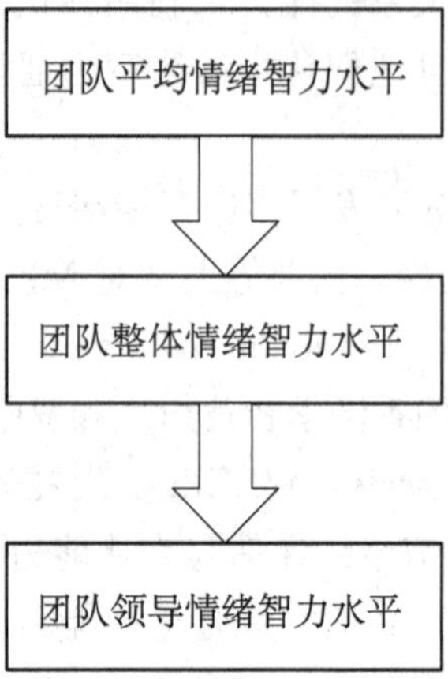

图 6-3 团队情绪智力机制

关于团队情绪智力的测量，哈姆（Hamme）制定了团队情绪智力量表（emotional competence group norms，ECGN）。[27]哈姆的团队情绪智力量表是现今使用较为广泛的问卷，该问卷强调了团队中的互动，将团队情绪智力看作是在成员互动基础上形成的一种情绪规范与范式，而不是某个团队成员自身的情绪智力。在北美国家，该量表信效度结果良好。国内学者郑晓明等人修订了该量表，在中国情境下对领导团队进行了实证研究。但学者刘咏梅提出，该量表不适用于中国本土情境。在以往国内外研究的基础上，国内学者也编制了本土的团队情绪智力量表，包含团队情绪认知能力、团队情绪互动和分享能力、团队情绪评估和协调能力、团队情绪规范能力四个维度。[28]

6.2.3 团队情绪智力的作用机制

德鲁斯卡特（Druskat）和沃尔夫（Wolff）在提出团队情绪智力概念的同时，也提出了团队情绪智力在团队活动中的作用机制[16]，如图 6-4 所示。团队情绪智力通过创造共享的情绪规范来影响团队的社会资本，让团队成员形成相互信任感，产生团队归属感，使每一位成员都认为自己属于一个独特且有价值的群体，成员产生团队效能感，相信团队能够表现得很好，并且团队成员在一起工作比分开工作更有效，从而促进团队成员积极参与各类团队任务、协同合作、互帮互助，从而有助于产生更好的决策、更有创意的方案以及更高的生产率。研究表明，团队情绪智力会促使团队成员之间更好地进行信息交换，并且有利于促进决策的高效合理。[29]除此之外，关于团队情绪智力与创意方案关系

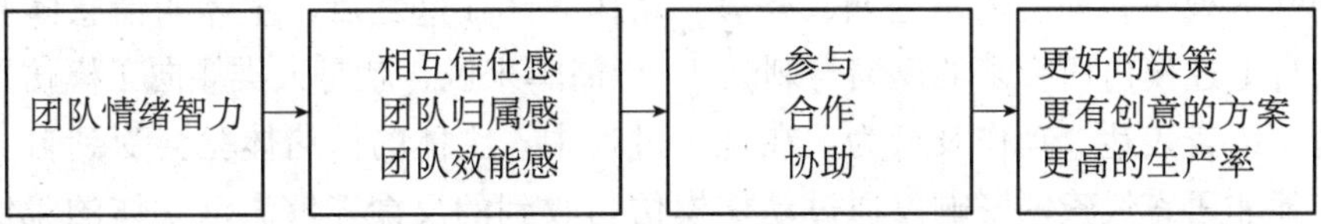

图6-4 团队情绪智力的作用机制

的研究发现团队情绪智力可以通过增强团队的认知和信任来构建团队的集体文化，同时激发团队创造力，从而有助于方案的优化创新。此外，团队情绪智力在提高生产率方面也有着较大的帮助，生产率的提高在一定程度上预示着绩效水平的提升。[30]许多学者进行实证研究都验证了团队情绪智力与团队绩效之间的关系，结果发现团队情绪智力对团队绩效具有显著的正向影响。[31-32]总的来说，在参与、合作、协助行为发生之前，需要具备三个基本条件：成员之间的相互信任感、团队归属感和团队效能感，这三个条件的核心是情绪。信任感、归属感和效能感在情绪处理良好的环境中产生。因此，团队可以通过建立团队情绪智力来产生更好的团队决策、更有创意的方案、更高的生产率。

团队情绪智力的价值除了表现在决策、创新与生产率方面，在工作场所中也可能会直接或间接地带来一系列其他结果。研究发现，团队情绪智力正向影响着成员的满意度。[33]也有研究表明，团队情绪智力可以改变人的认知，提升使用和管理情绪的能力，并且能够提高团队效能，构建和谐良好的团队关系，在团队决策方面起着举足轻重的作用。[34-35]此外，团队情绪智力对团队情绪氛围也有着积极的影响。[36]

6.3 团队情绪感染

6.3.1 团队情绪感染的界定

早期研究者主要探索个体的情绪感染机制，近十年来，学者们的研究视角转向了群体内部成员间的情绪感染交互过程。研究者将人们通过捕捉他人的情绪来感知周边人的情感变化的这一交互过程称为情绪感染。情绪感染不仅仅在少数个体间存在，在较大规模的群体或组织中也同样存在[37-38]，并能在情绪输出者与群体成员间形成交互作用的“情绪循环”。情绪循环作为一个持续循环的过程，会使群体内某一成员的正面或负面情绪感染到群体内其他成员，并在成员间形成情绪的多次反复加强，推动群体中的成员形成同质化的情绪状态和社会认知。[39-41]因此，团队情绪感染就是通过将团队内某一成员的正面或负面情绪感染到其他团队成员的这一情绪循环过程，来促进团队成员间情绪状态和社会认知的同质化。

6.3.2 情绪感染的机制

1. 模仿-回馈机制

学者史密斯观察到当人们把他们自己想象成在另一种环境状态下时，他们会呈现出一种主动性的模仿，如表情、语调、姿势、动作等。在这之后，主体的情感体验时刻都会受到来自上述模仿所带来的反馈与刺激。[42-43]简单来说，就是人类倾向于模仿周围人的面部表情、语言表达、动作及行为，在这一过程中，主体的情绪体验会受到自身面部表情以及其他非语言线索的影响。通过动作模仿与收到的反馈能够激活主体的镜像神经系统，这也是情绪感染效应的生物学基础。

2. 联想-学习机制

在同一场合下，通过他人的情绪诱发，观察者会基于联想-学习机制展现出与他人相似的情绪。此时观察者的情绪感受与他人的情绪表达线索相一致，这一情绪线索将进一步直接诱使观察者感受相似的经历，或者间接通过激发观察者回忆过去相似的经历而产生与周边他人相似的情绪状态。[44]

3. 语音调节联想机制

语音调节联想机制通过对某一特定环境的语言或文字描述，激发观察者想象与所描述情景相似的环境。这一想象将使观察者产生与描述者相一致的情绪感受。[44]

4. 认知机制

认知机制的核心思想是换位思考，观察者将自己想象为处于某一场景下的另一个人，并想象在该情景下与该人相似的情绪体验。[43-44]

5. 直接诱导机制

在情绪感染过程中存在一种直接诱导的过程，称为直接诱导机制，即当对某一个体的情绪表现行为产生认知后，观察者原有的情绪状态就会被刺激并发生改变。此时，情绪感染的直接诱导机制就会发生作用，该机制将完全独立于其他情绪感染机制，不受其他机制的影响。[45]

6.3.3 团队情绪感染的作用机制

巴萨德（Barsade）提出团队情绪感染机制[46]（见图 6-5）。该机制中有两个因素可能影响情绪感染的过程，包括情绪效价（emotional valence）和情绪能量（emotional energy）。情绪效价指的是积极情绪或消极情绪。研究表明，消极事件往往比中性或积极事件更易引发更强和更快的情绪、行为和认知反应，因此消极的情绪往往比积极的情绪更可能引起情绪感染。情绪能量指的是情绪在一个人与另一个人之间表达和交流的强度。它包括一个人说话时的音高水平、音高范围、声音响度和节奏，以及手势和面部等非语言行为。相同效价的情绪，当以更高的能量传达出来时，往往更易于引起情绪感染。其原因是那些有力地表达自己情绪的人或表现力更强的人受到的关注更多，从而获得更高的曝光度，就能更好地将自己的情绪传递给他人。[47]此外，情绪的生理学研究表明，能量会强化情绪体验。在情绪效价与情绪能量的作用下，人们会在潜意识或有意识中发生情绪感染。潜意识的原始感染是自主性的，通过模仿和反馈进行传递，如人们自发地模仿对方的面部表情、肢体语言、言语模式和声调；而有意识的情绪比较称为意识性情绪感染，需要更多的认知努力来对情绪性信息进行判断并做出适当的反应，通常会使用共情和观点采择这两种策略。通过这两类情绪感染方式，最终对个人或团队的合作性、冲突、任务绩效等产生影响。

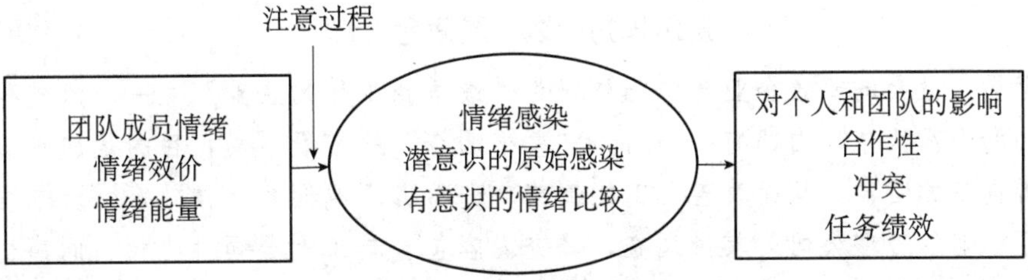

图6-5 团队情绪感染机制

除此之外，情绪感染还会对个人和团体带来其他的影响。研究发现，情绪感染显著影响群体成员的行为，进而影响他们的社会交互关系。[48]一些学者指出在群体成员中，当情绪感染表现为正面情绪时，团队成员通常展现出更好的合作精神和更高的工作效率，并对团队内部成员起到吸引和激励的作用，同时更少出现冲突和摩擦。比如巴萨德对团队情绪感染进行了研究，他发现情绪会在团队成员中扩散，积极的情绪感染与团队内部合作、减少冲突和团队任务表现有显著的相关性。[46]对于经常感受到负面情绪的团队成员，整个团队会表现得很糟糕，并且还会使负面情绪危害到团队内部的团结和协作精神。已有的研究结果表明，领导者情绪无论是正面还是负面的都会感染到团队成员。那些更多展示正面情绪的领导者所带领的团队通常表现出更强的团队精神和更高的工作效率。[49-50]因此，领导者需要控制情绪，以免失控，更多地向团队成员展现出正面的情绪。阿什肯纳齐（Ashkanasy）和汉弗莱（Humphrey）认为领导者应当把实践"情绪劳动领导"作为调节自己情绪感受的一种手段。[51]有效的领导者需要塑造适合特定情况的情绪，进而通过情绪感染，帮助整个团队采用合适的情绪。[52-53]

6.3.4 团队情绪感染的测量

多尔蒂（Doherty）和他的同事设计了情绪感染量表。该量表经过两次修改，最终成为现在通常使用的15个测量项。[54]量表的内容基于人类五种基本的情绪状态——愤怒、恐惧、悲伤、高兴与爱。该量表主要用于测量在跨文化的背景下情绪感染的个体差异性。

还有一种具有影响力的测量研究方法是维度法，其认为情绪的最佳表述方式是通过一系列的维度来表达。维度的选择来源于情绪概念本身所包含的信息[55-56]，因而能够还原情绪的实际结构[57-58]，具体分为两极，分别是不同效价（从高兴到不高兴）与激励程度（或称为参与程度）。每种情绪都将在这一机制中被充分调动起来。

此外，也有学者结合了维度法的相关研究，并根据自身情况对多尔蒂的模型作了适应性调整，并建立了一个多维度情绪测量模型。[59]该模型具有良好的效度，同时能够很好地解决单一维度模型的检验缺陷。在测量情绪感染的个体差异时，多维度模型比单一维度模型更具有代表性。与此同时，还能更好地满足多元化的研究需求。

扩展阅读

沃尔玛为什么"最适合工作"

世界上最大的零售企业沃尔玛被评为"最适合工作的企业"之一。沃尔玛是如何做到的呢？沃尔玛内部有一个名为"草根调查"的常设活动，目的是通过该调查去聆听员工的心声，从而改善员工的情绪，进而提高他们的工作效率。沃尔玛专门聘请了知名的管理公司为其做调查，调查内容包含员工对公司、上司、同事、工作环境、福利等各方面的态度，所有调查活动都是匿名进行的，员工完成问卷后直接寄到这家管理公司。通过这样一个调查过程，沃尔玛可以时刻关注员工的情绪变化，然后通过对内部员工的情绪管理，向外部市场传递其价值观，最后形成强有力的品牌优势。

6.4 团队情绪氛围

6.4.1 团队情绪氛围的界定

团队情绪可以分为团队情绪基调和团队情绪氛围（emotional climate）。团队情绪基调是指团队内部情绪的一致性，也可以说是团队共享的积极或消极的情绪。[60]在团队中，团队情绪并不等同于个体情绪，也不等同于个体情绪的简单加总。情绪具有感染性，它能从组织中的某个个体出发，感染他人，进而形成一种群体的情绪氛围。[46,50,61]团队情绪氛围是指团队成员对团队情绪以及团队中情绪交换的共享感知。这一共享感知能代表团队的特征，并对团队和团队成员具有重要的影响。[62]

6.4.2 团队情绪氛围的结构及结果

情绪氛围是一种二维模型，可以通过情绪效价（消极情绪或积极情绪）与指向（指向自我或指向他人）两个维度来分析（见图 6 - 6）。不同的组合会引起不同的情绪反应。当情绪指向自我时，可能出现消极情绪，如绝望、沮丧、苦闷；也可能出现积极情绪，如自豪、快乐、兴高采烈。这些情绪以个人的内在属性（个人的需求、目标、愿望或能力）为参照物。当情绪指向他人时，消极情绪则为害怕、嫉妒、痛恨，积极情绪则为同情、喜欢、爱。这时，会以他人而不是自己的情绪为参照物，并且将人们的注意力集中在社会价值和对自我与他人关系的归属感上。[63-64]

团队情绪氛围会对团队成员以及整个团队产生重要影响。当团队情绪氛围积极时，积极情绪会使团队内部出现更多的开拓性互动，此类互动会影响团队的创造力、促进成员的学习以及提高成员对团队的满意度。学者研究显示，拥有积极情绪的团队相较于消

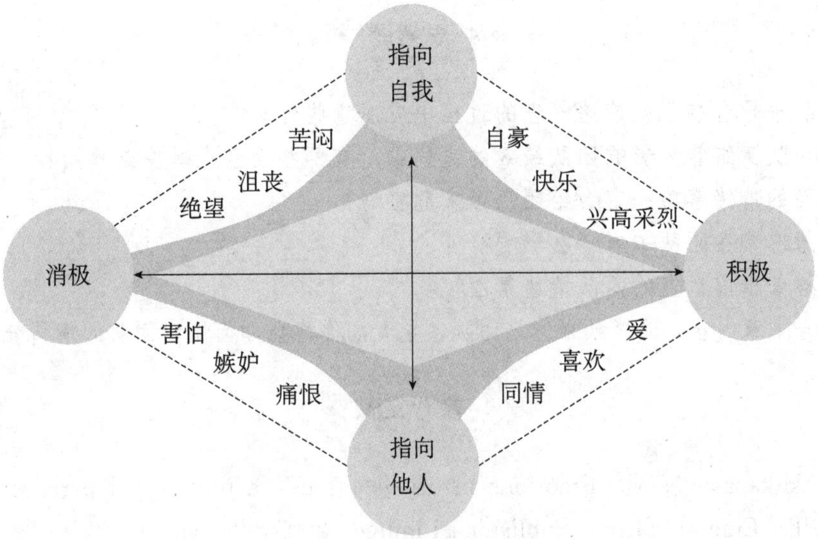

图 6－6　情绪氛围的二维模型

极情绪的团队更具有创造力，团队绩效也会更高。[65] 也有研究发现，团队的积极情绪氛围会促进团队成员的组织公民行为，进而可能影响团队的知识共享和人际沟通。此外，团队的积极情绪氛围还可以增强团队的效能感。[62] 如果一个团队遇到了重大挫折，或受到团队内部人际纷争的影响，可能会带来团队的消极情绪氛围。当团队的情绪氛围消极时，会影响团队内部的合作与沟通、妨碍团队成员的行为。团队的消极情绪氛围也会对团队成员的任务绩效和团队满意度产生显著的负面影响。

本章小结及管理启示

本章首先介绍了团队情绪管理的界定、过程以及结果。然后讲述了团队情绪智力、团队情绪感染的界定、测量、作用机制以及它们的在团队中的重要性。最后，本章就团队情绪氛围进行了探讨。团队情绪管理对整个团队而言尤为重要。故而，团队管理者应重视团队情绪管理工作，促进团队内部的交流共享、团结协作，从而促进团队做出更好的决策并提高团队的绩效。

关键术语

团队情绪（team emotion）
团队情绪管理（team emotion management）
情感特质（affective trait）
情感承诺（affective commitment）
情绪劳动（emotional labor）
情绪感染（emotional contagion）
情绪智力（emotional intelligence）
情绪文化（emotional culture）
情绪氛围（emotional climate）
情绪能量（emotional energy）
情绪效价（emotional valence）

思考题

1. 团队领导者在团队情绪管理的过程中应注意些什么？
2. 在团队情绪智力影响团队绩效的过程中，有哪些因素在其中起作用？
3. 负面的情绪感染一定会给团队带来危害吗？
4. 情绪感染在团队中有什么影响？
5. 怎样营造出适宜的团队情绪氛围？
6. 结合本章内容，谈谈如果你是团队领导者，你将会如何制定团队的情绪管理方案。

参考文献

[1] Ashkanasy N M. Emotions in organizations: a multi-level perspective [M]. Bingley, UK: Emerald Group Publishing Limited, 2003: 9-54.

[2] Barsade S G, Gibson D E. Why does affect matter in organizations? [J]. Academy of Management Perspectives, 2007, 21 (1): 36-59.

[3] 汤超颖，李贵杰，徐联仓．团队情绪研究述评及展望 [J]. 心理科学进展，2008，16 (6)：926-932.

[4] 段锦云，傅强，田晓明，等．情感事件理论的内容、应用及研究展望 [J]. 心理科学进展，2011，19 (4)：599-607.

[5] Mayer J D, Salovey P. The intelligence of emotional intelligence [J]. Intelligence, 1993, 17 (4): 433-442.

[6] Mayer J D, Salovey P. Emotional intelligence and the construction and regulation of feelings [J]. Applied and Preventive Psychology, 1995, 4 (3): 197-208.

[7] Brunetto Y, Teo S T, Shacklock K, et al. Emotional intelligence, job satisfaction, well-being and engagement: explaining organisational commitment and turnover intentions in policing [J]. Human Resource Management Journal, 2012, 22 (4): 428-441.

[8] Sy T, Tram S, O'Hara L A. Relation of employee and manager emotional intelligence to job satisfaction and performance [J]. Journal of Vocational Behavior, 2006, 68 (3): 461-473.

[9] Mérida-López S, Extremera N. Emotional intelligence and teacher burnout: a systematic review [J]. International Journal of Educational Research, 2017, 85: 121-130.

[10] Weng H C, Hung C M, Liu Y T, et al. Associations between emotional intelligence and doctor burnout, job satisfaction and patient satisfaction [J]. Medical Education, 2011, 45 (8): 835-842.

[11] 阿莉·拉塞尔·霍克希尔德．心灵的整饰 [M]. 上海：上海三联书店，2020.

[12] 刘芳儒．情感劳动（affective labor）的理论来源及国外研究进展 [J]. 新闻界，2019 (12)：72-84.

[13] 廖化化，颜爱民．情绪劳动的效应、影响因素及作用机制 [J]. 心理科学进展，

2014，22 (9)：1504-1512.

[14] Ashkanasy N M，Daus C S. Emotion in the workplace：the new challenge for managers [J]. Academy of Management Perspectives，2002，16 (1)：76-86.

[15] Kelly J R，Barsade S G. Mood and emotions in small groups and work teams [J]. Organizational Behavior and Human Decision Processes，2001，86 (1)：99-130.

[16] Druskat V U，Wolff S B. Building the emotional intelligence of groups [J]. Harvard Business Review，2001，79 (3)：80-91.

[17] Hochschild A R. Emotion work，feeling rules，and social structure [J]. American Journal of Sociology，1979，85 (3)：551-575.

[18] Bolton S C，Boyd C. Trolley dolly or skilled emotion manager? moving on from Hochschild's managed heart [J]. Work，Employment and Society，2003，17 (2)：289-308.

[19] 吕毅辉．情绪影响因素及情绪管理研究 [D]. 泉州：华侨大学，2011.

[20] 马向真，王章莹．论情绪管理的概念界定 [J]. 东南大学学报（哲学社会科学版)，2012，14 (4)：58-61.

[21] Pelled L H，Xin K R. Down and out：an investigation of the relationship between mood and employee withdrawal behavior [J]. Journal of Management，1999，25 (6)：875-895.

[22] Mayer J D，Salovey P，Caruso D. Models of emotional intelligence [J]. Handbook of intelligence，2000，2：396-420.

[23] Mayer J D，Salovey P，Caruso D R，et al. Measuring emotional intelligence with the MSCEIT V2.0 [J]. Emotion，2003，3 (1)：97-105.

[24] Law K S，Wong C S，Song L J. The construct and criterion validity of emotional intelligence and its potential utility for management studies [J]. Journal of Applied Psychology，2004，89 (3)：483-496.

[25] 王通讯．团队情商与企业发展 [J]. 中外管理，1998 (10)：14-15.

[26] 刘咏梅，卫旭华，陈晓红．群体情绪智力对群决策行为和结果的影响研究 [J]. 管理科学学报，2011，14 (10)：11-27.

[27] Hamme C L. Group emotional intelligence：the research and development of an assessment instrument [M]. New Jersey：The State University of New Jersey，2003.

[28] 陈权，施国洪．团队情绪智力量表编制与实证研究：基于企业高管团队的调查与分析 [J]. 软科学，2014，28 (7)：99-104.

[29] Jordan P J，Troth A C. Managing emotions during team problem solving：emotional intelligence and conflict resolution [J]. Human Performance，2004，17 (2)：195-218.

[30] Barczak G，Lassk F，Mulki J. Antecedents of team creativity：an examination of team emotional intelligence，team trust and collaborative culture [J]. Creativity and Innovation Management，2010，19 (4)：332-345.

[31] Wolff S B, Pescosolido A T, Druskat V U. Emotional intelligence as the basis of leadership emergence in self-managing teams [J]. The Leadership Quarterly, 2002, 13 (5): 505-522.

[32] Koman E S, Wolff S B. Emotional intelligence competencies in the team and team leader: a multi-level examination of the impact of emotional intelligence on team performance [J]. Journal of Management Development, 2008, 27 (1): 55-75.

[33] Jacobs S L. An exploration of group emotional intelligence affect on group member satisfaction [M]. State of Alabama: University of South Alabama, 2003.

[34] Joseph D L, Newman D A. Emotional intelligence: an integrative meta-analysis and cascading model [J]. Journal of Applied Psychology, 2010, 95 (1): 54-78.

[35] Bay D, Mckeage K. Emotional intelligence in undergraduate accounting students: preliminary assessment [J]. Accounting Education, 2006, 15 (4): 439-454.

[36] 张茜. 领导行为，团队情绪对团队有效性的影响机制研究 [D]. 杭州：浙江大学，2013.

[37] Felps W, Mitchell T R, Byington E. How, when, and why bad apples spoil the barrel: negative group members and dysfunctional groups [J]. Research in Organizational Behavior, 2006, 27: 175-222.

[38] Barsade S G, Ward A J, Turner J D, et al. To your heart's content: a model of affective diversity in top management teams [J]. Administrative Science Quarterly, 2000, 45 (4): 802-836.

[39] Smith E R, Conrey F R. Agent-based modeling: a new approach for theory building in social psychology [J]. Personality and Social Psychology Review, 2007, 11 (1): 87-104.

[40] Garrido S, Macritchie J. Audience engagement with community music performances: emotional contagion in audiences of a "pro-am" orchestra in Suburban Sydney [J]. Musicae Scientiae, 2020, 24 (2): 155-167.

[41] 刘春晓，刘立志，王丹，等. 集体仪式促进群体情绪感染的机制 [J]. 心理科学进展，2022, 30 (8): 1870-1882.

[42] Smith A. The theory of moral sentiments [M]. Cambridge: Cambridege University Press, 2010.

[43] 王潇，李文忠，杜建刚. 情绪感染理论研究述评 [J]. 心理科学进展，2010, 18 (8): 1236-1245.

[44] Hoffman G A, Garrison T R, Dohlman H G. Analysis of RGS proteins in saccharomyces cerevisiae [J]. Methods in Enzymology, 2002, 344: 617-631.

[45] Preston S D, De Waal F B. Empathy: its ultimate and proximate bases [J]. Behavioral and Brain Sciences, 2002, 25 (1): 1-20.

[46] Barsade S G. The ripple effect: emotional contagion and its influence on group behavior [J]. Administrative Science Quarterly, 2002, 47 (4): 644-675.

[47] Sullins E S. Emotional contagion revisited: effects of social comparison and expressive style on mood convergence [J]. Personality and Social Psychology Bulletin, 1991, 17 (2): 166-174.

[48] Totterdell P, Kellett S, Teuchmann K, et al. Evidence of mood linkage in work groups [J]. Journal of Personality and Social Psychology, 1998, 74 (6): 1504-1515.

[49] Bono J E, Ilies R. Charisma, positive emotions and mood contagion [J]. The Leadership Quarterly, 2006, 17 (4): 317-334.

[50] Sy T, Côté S, Saavedra R. The contagious leader: impact of the leader's mood on the mood of group members, group affective tone, and group processes [J]. Journal of Applied Psychology, 2005, 90 (2): 295-305.

[51] Ashkanasy N M, Humphrey R H. Current emotion research in organizational behavior [J]. Emotion Review, 2011, 3 (2): 214-224.

[52] Dasborough M T, Ashkanasy N M, Tee E Y, et al. What goes around comes around: how meso-level negative emotional contagion can ultimately determine organizational attitudes toward leaders [J]. The Leadership Quarterly, 2009, 20 (4): 571-585.

[53] Tee E Y, Paulsen N, Ashkanasy N M. Revisiting followership through a social identity perspective: the role of collective follower emotion and action [J]. The Leadership Quarterly, 2013, 24 (6): 902-918.

[54] Doherty R W. The emotional contagion scale: a measure of individual differences [J]. Journal of Nonverbal Behavior, 1997, 21 (2): 131-154.

[55] Moore C C, Romney A K, Hsia T L, et al. The universality of the semantic structure of emotion terms: methods for the study of inter-and intra-cultural variability [J]. American Anthropologist, 1999, 101 (3): 529-546.

[56] Romney A K, Moore C C, Rusch C D. Cultural universals: measuring the semantic structure of emotion terms in English and Japanese [J]. Proceedings of the National Academy of Sciences, 1997, 94 (10): 5489-5494.

[57] Lane R D, Ahern G L, Schwartz G E, et al. Is alexithymia the emotional equivalent of blindsight? [J]. Biological Psychiatry, 1997, 42 (9): 834-844.

[58] Russell J A. Core affect and the psychological construction of emotion [J]. Psychological Review, 2003, 110 (1): 145-172.

[59] Lundqvist L O. A Swedish adaptation of the emotional contagion scale: factor structure and psychometric properties [J]. Scandinavian Journal of Psychology, 2006, 47 (4): 263-272.

[60] 李鹏勇．团队情绪氛围和团队绩效：交互记忆系统的中介作用研究 [D]. 西安：西安电子科技大学，2014.

[61] Bartel C A, Saavedra R. The collective construction of work group moods [J]. Administrative Science Quarterly, 2000, 45 (2): 197-231.

[62] 刘小禹，刘军．团队情绪氛围对团队创新绩效的影响机制 [J]. 心理学报，

2012，44 (4)：546-557.

[63] Liu X Y，Hartel C E J，Sun J J M. The workgroup emotional climate scale：theoretical development，empirical validation，and relationship with workgroup effectiveness [J]. Group & Organization Management，2014，39 (6)：626-663.

[64] Markus H R，Kitayama S. Culture and the self-implications for cognition，emotion，and motivation [J]. Psychological Review，1991，98 (2)：224-253.

[65] Grawitch M J，Munz D C，Kramer T J. Effects of member mood states on creative performance in temporary workgroups [J]. Group dynamics：Theory，Research，and Practice，2003，7 (1)：41-54.

案例分析

小团体的负面情绪带来了什么

S公司是一家以生产和销售智能手机、智能硬件为核心的智能制造公司。其专注于智能硬件、电子产品、智能电动汽车 、通信等业务。S公司为了满足客户需求，提升公司的客户满意度和核心竞争力，现需采购一个运作系统。杨平是公司采购部的经理，根据本次采购需要，建立了物料专家团，每个成员各自负责采购某一类的物料满足业务部门、地区市场的需要。

鉴于本次采购对公司战略的重要性，采购部就供应商选择召开了会议，基于公开、公平、诚信的原则，制定了完善的供应商选择、公平价值判断流程，以确保S公司选择最符合公司利益的供应商。在杨平的鼓励下，员工们打起精神，大家共同商讨采购流程的方法，都希望为公司创造更多的价值。

可是随着采购的进行，这些跨部门的专家团成员在合作时就供应商的评价与选择产生了矛盾，因为意见不齐、进度拖延，使大家对本次采购的实施过程产生了抱怨的情绪。首先发表不满意见的小张，他在茶歇间与其他成员讨论到，这次采购照这个趋势发展下去小半年都完成不了，完不成将不会有年终奖。从采购开始至今，几乎每天都要加班到十一点，早上不到七点又要到岗，长期下去，谁也受不了。小张这一番话引来了众多人的附和，纷纷都开始埋怨了起来。这时小王也在茶歇间，在听到他们的抱怨之后，肯定了杨平在制订采购计划上的付出，并表示大家应该团结一致想办法来解决问题而不是在这抱怨。这一番话使得茶歇间的许多成员对小王产生了很多的不满。

事情发展到不可控是在接到上级领导的通知，要求提前完成采购计划的时候。这时，小张等人借机怒斥小王不分青红皂白地"做好人"，并且联合其他成员向杨平讨要说法。杨平再也忍不下去，指出小张整日行为懒散，散布负面情绪，平日里工作效率低下，让整个采购部人心惶惶，才酿成了现在这样的局面，并立刻将其停职。其他几个团体成员见小张被停职了，顿时没了主心骨，又见杨平身体如此不适还坚持工作，顿时心中有愧。杨平表示，这些人先记过一次，暂扣奖金。只要此次采购顺利完成，会向上级请示把年终奖追加回来，而且所有人增加年假，提高工作绩效的补偿标准。此次表现突出者，还会有获得公司年终荣誉称号的机会。杨平对员工负面情绪的分析以及人本主义的关怀激励了许多员工。在杨平的带领下，所有人克服了消极情绪，秉持着办法总比困难多的理念，部门团结一心、通力合作，终于顺利完成了此次采购的任务。

[讨论题]

1. 采购过程中出现了哪些争端？为什么会出现这些争端？
2. 在采购开展过程中，员工的情绪出现了什么变化？随之造成了什么影响？
3. 如果你是部门领导，遇到像小张这样的员工，你会怎么办？

李林的学习之路

M公司是以技术驱动的一站式人力资源解决方案供应商，致力于为客户提供核心人才招聘、人才测评、校园招聘、招聘流程外包、背景调查等全方位人力资源服务。该公司在创立初期，团队由五人组成，团队成员相处和睦、分工明确，团队有着较高的工作效率和客户满意度。总经理李林带头做表率，团队成员身兼数职，工作学习氛围浓厚。近年来，团队规模越来越大，团队分工也日益精细化，随之而来的是员工的情绪问题慢慢凸显：有的员工内向、不爱表达；有的员工情绪不稳定，总是输出负面情绪；还有的员工说话不管不顾，太强势，总是得罪人。员工工作效率低下甚至离职，都与这些原因有关。

公司里的这些问题给李林带来了许多困扰，他意识到要好好重视员工的情绪问题了。李林发现他的朋友张建把公司管理得很好，员工之间通力合作、其乐融融，于是向张建请教他的管理经验。当李林告知了本公司存在的问题后，张建表示："出现这些问题是因为员工情商较低，用专业术语来讲就是情绪智力低下。员工在工作中难免会遇到不如意的事情，当他们表达不满时，我一般不会立即找员工沟通，因为这些人的情绪不稳定，谈话不仅浪费时间，而且不会有任何效果，甚至起到反作用。同时也要注意，批评的时候要单独谈话，表扬的时候可视情况当众表扬。除此之外，在团队里，要从核心骨干和部门经理入手，让他们带动或者管理员工。我们只需要定期和他们交流各部门情况以及困难之处，帮助他们分析问题即可。如果有必要，还可以让这些核心骨干和部门经理去学习一些关于自我认知与情绪管理的MBA课程。"

在听完张建的建议之后，李林又与优秀员工小何沟通，小何认为，员工要学会察言观色，从语言、表情、肢体动作等方面来判断别人和你聊天谈话时的态度；话语说出前要思前想后，不能只顾口舌之快，要考虑这些话会不会给他人带来伤害；遇到问题沉着冷静，不要只想着推卸责任，吵架解决不了任何问题。

李林觉得虽然公司内还有一些情绪问题，但是他相信自己找到了核心问题，于是在心里草拟了管理计划。

[讨论题]

1. 你认为员工的情绪智力会给整个公司带来什么影响？
2. 通过这个案例，你觉得上级的情绪智力对下级的情绪智力有什么影响？
3. 针对上述分析的问题，如果你是李林，你将如何解决员工情绪智力问题，并且怎样设计与实施解决方案？

第 7 章

团队认同与凝聚力

团结是战胜一切艰难险阻的力量源泉，是凝聚人心、成就伟业的重要保证。

——习近平，二〇二三年新年贺词

学习目标

1. 掌握社会认同的概念与基本过程
2. 掌握团队认同的概念、影响因素、作用结果
3. 掌握团队凝聚力的概念、影响因素、作用结果

引导案例

建造企业“大家庭”

企业家们常常号召职工“以厂为家”“以公司为家”，试图以此来增强企业的凝聚力，为企业创造更好的效益。但真正能让职工感到企业是自己的“家”，却没有那么容易。这要求企业家真正在企业中营造出“大家庭”的氛围。

某证券有限公司成立于1988年，该公司在香港证券市场占有30%的份额，公司年盈利额达数千万元。

该公司之所以能创造出世界证券业少有的佳绩，主要得益于公司的“大家庭”式的经营管理哲学。公司有很强的凝聚力和向心力，有利于激发员工的创造力。

公司的“大家庭”式的经营管理哲学使公司的职工感到“大家庭”的温暖。该公司不以拥有巨额资产为荣，而以拥有一大批有知识、有能力、善于把握时机、敢于接受挑战的人才队伍为骄傲。

该公司十分强调团结的力量，全公司上下团结一致。公司在制定大政方针之前，总是广开言路，尤其重视反面意见，然后集中解决，再向全体员工解释宣传，使大家齐心协力推进工作。

为了使员工心情愉快，公司还刻意营造了一种“大家庭”式的生活氛围，如组织业余球赛，在周末用公司的游艇带员工观赏海景，领导亲自参加员工的各类培训等。

在2018年的全国宣传思想工作会议上，“建设具有强大凝聚力和引领力的社会主义意识形态”被作为新时代坚持和发展中国特色社会主义的重大命题，这充分体现了凝聚力对建设我国社会主义事业的重要性。这一重要指导思想同样适用于工作团队，团队凝聚力往往影响着团队的有效性，高团队凝聚力是团队成功的必要条件。当团队成员心往一处想、劲往一处使时，团队的作用才能最大限度地发挥出来。团队成员对所属团队的认同感是团队凝聚力产生的基础，团队认同感可以将个体的得失与团队的利益相连。团队认同感将多个不同身份背景的团队成员拧成一股绳，并促使团队成员为实现共同的目标而努力。

7.1 社会认同理论

在20世纪70年代，社会认同理论（social identity theory）由英国布里斯托大学的学者塔菲尔（Tajfel）和特纳（Turner）共同提出。在20世纪初，心理学界一直对个体与群体之间的关系争论不休，社会认同理论解释了群体间矛盾冲突的产生机制，回答了群际关系的相关问题。该理论丰富了心理学相关领域的研究，并被广泛应用于社会学、管理学、经济学、政治学等领域。

7.1.1 内群体偏好和外群体偏见

在20世纪中期，西方国家对黑人的歧视非常严重，歧视的原因有很多，包括个人种族主义倾向等，但有研究发现，从众心理是人们对黑人持歧视态度的决定性因素。在当时，仅六七岁的孩子就已经通过社会习得和从众心理对其他种族的个体形成了相当一致的共识。[1]

塔菲尔曾邀请两所不同学校的学生进行实验。他将受试者随机分成多个团队，要求每名受试者为其他人分配不同的点数，这些点数的高低决定了他人能拿到多少金钱奖励，拿到的点数越高，实验结束后所能获得的奖励越丰厚。受试者在分配点数时并不知道被分配者的身份信息，只知道这个人是否属于自己所属的团队。实验结果表明，受试者给自己的团队成员分配的点数显著高于给其他团队成员的点数。[1]

在这个实验中，受试者所属的团队是随机组成的，受试者之间不存在利益关系，受试者个人的利益完全不受所属团队成员和其他团队成员的影响。在没有任何先前存在的对外部群体的喜爱或厌恶的情况下，受试者既不存在任何歧视外来群体的理由，也不存在偏爱所属团队的理由。

在实验中，决定受试者为他人分配的点数高低的原因仅与自身所属的团队是否相同有关，个体倾向于为自己所属的团队在整体上分配更大的利益，哪怕最大利益与团队成员的个人利益无关。在能够相互交流的情境中，团队中个体仍会选择让团队整体利益最大化的策略，即使当某些个人利益与团队利益发生冲突时，这种策略仍然适用。此时，个体的内、外部群体分类在这一过程中起到了重要的作用，决定了个体的利益分配行为。

外部群体偏见是群际关系中一个非常普遍的特征。塔菲尔通过大量实验证明了仅仅是意识到某一外部群体的存在就足以引发有利于内部群体的群体间的歧视。[1-2]

扩展阅读

美国的有色人种仍遭歧视

据2019年《纽约时报》的报道，美国公立学校的种族隔离情况在部分地区仍十分严重。调查发现，芝加哥白人、黑人、拉丁裔学生分别占当地学生总数的25%、31%和37%，但高达96%的黑人学生就读于非白人为主的学校，67%的白人学生就读于白人为主的学校，而这一趋势正在底特律、明尼阿波利斯、纽约、费城等拥有大量有色人种的城市中扩大。

另外，美国的公共教育在资金分配方面也存在严重的种族歧视。以亚利桑那州为例，同样都来自贫困学区，非白人学生得到的财政资助要比白人学生少60%左右，资金投入上的差异进一步扩大了白人学生和非白人学生之间的教育差距。

资料来源："种族平等在美国是遥不可及的梦想"［EB/OL］.（2019-12-06）. http：//www. xinhuanet. com/ world/2019—12/06/c _ 1210383600. htm.

社会中各社会群体之间关系的性质和结构具有明显的阶层化特征，依附于一个较高社会层次的群体可以为个体带来地位与利益。为了摆脱令人不满的或被刻板印象污名化的群体成员身份，处于较低社会地位群体的成员可以通过社会流动、社会竞争和社会创造三种方式来改变自身的境遇，其中社会流动的可实现性最高。

《管子·小匡》中记载，士农工商四民者，国之石民也。四民制度贯穿于中国古代封建社会，在这一社会背景之下，士大夫歧视商贾之流，出现了"万般皆下品，唯有读书高"的现象，学子们十年寒窗苦读只为金榜题名，以实现阶级的飞跃。

在个体对自己所属的社会群体或社会类别强加给他们的群体身份感到不满时，虽然可以通过天赋、努力等方式进入一个他们更加向往的群体中，但如果个体行为与所属群体行为不符时，那么他们可能会被该群体抛弃。比如，北宋时期，王安石变法的一系列政策严重触动了地主阶级和官僚阶级的利益，在宋神宗死后，王安石被免去宰相的职位，退出官场。

当社会中占优势的群体或群体中的一部分人认为他们的优势是合法的，那么他们可能会以歧视的方式对从属群体中改变群体间关系的行为做出攻击性的回应。比如，在19

世纪的美国南部，白人受到他们曾经奴役的黑人的威胁，在发生黑人杀害白人事件后，他们选择公开敌视和贬损黑人，同时强化了地区主义，排斥反对奴隶制的人。

在存在阶层的社会中，如果社会群体的分类是基于对稀缺资源（权力、地位或财富等）的不平等分配，那么社会阶层之间就存在强烈的利益冲突。许多社会群体情境中都包含了与分层相关的因素，这会影响个体的社会行为和人际关系模式，处于“优势”地位的群体和处于“劣势”地位的群体中的个体都是如此。在此类情境下，个体通常以群体成员的身份与其他群体的成员建立关系，而非基于个体特征或人际关系与他人进行互动。

群体是个体的集合，个体会认为他们与同一群体的其他个体是同一社会类别的成员，对所在群体及其成员在评价上达成某种程度的共识，并进行情感投入。一个或多个行为者对一个或多个其他行为者表现出的任何行为，都是基于行为者对自己和他人是否属于同一社会类别的认知。[3]

7.1.2 社会认同的概念

社会认同（social identity）是指人们对社会身份的认同，个体认识到自己作为群体成员并隶属于某些特定的社会群体，同时也认识到作为群体成员而获得的情感意义和价值意义。[4]

社会认同考虑的不仅是人际关系，更关注群际关系背景。在心理学中，个体将自己作为一个对象，并以社会类别或其他特定方式对自己进行识别、分类，进而获得身份。当个体进入一个已经被构建好的社会时，通过对社会群体的分类和比较，人们以某种身份成为某一个或多个社会群体中的一员，并获得由群体成员身份带来的群体归属感和自我价值感，这一过程也是个体与社会建立深层联系的过程。

自我认同，又称为个人认同（personal identity），是对“自我”的发现，个体通过对自身生理特性、心理特性和社会特性的认识，将“自我”与他人进行区分。其中，年龄与性别是个体自我概念中最为重要的因素，如个体在自我介绍时，可能会出现“我今年 35 岁，性别女，喜欢跑步”这样的描述，这体现了个体对自身特点的认识。

自我认同与社会认同相互联系、相互依赖。一方面，个体通过自我认同，认识自身的特点并构建独特的自我参考标准；另一方面，通过社会认同，个体获得一个由社会群体成员共同构建的身份描述，满足了个体归属感和价值寻求的需要。社会认同的产生需要自我认同的指引，自我认同不能脱离社会认同而凭空构建。

7.1.3 社会认同的基本过程

在没有任何利益冲突的情况下，仅仅是简单的分组就会导致内群体偏好和外群体歧视的现象产生。[1]为了解释个体与群体之间建立社会联系的过程，社会认同理论从知觉的角度，将社会认同的心理机制分为社会分类（social categorization）、社会比较（social comparison）和积极区分（positive distinctiveness）三个基本过程（见图 7-1）。[5]

图 7-1 社会认同的基本过程

1. 社会分类

个体在面对社会中的各种信息时首先要进行分类处理，信息类别化是一种高效便捷的认识方式，可以帮助个体迅速处理信息和适应社会环境。信息类别化将相似性较高的因素分为同一个类别，将差异性较高的因素分为不同的类别。

曾有一项实验要求受试者判断一组长线段和一组短线段的长度差异，实验发现受试者在判断线段长度差异时倾向于夸大不同线段组间的长度差异，学者将这种现象称为“加重效应”（accentuation effect）。[6]个体对信息进行分类时，会受到类似“加重效应”的影响，倾向于夸大不同类别信息之间的差异和同一类别信息之间的相似性。

个体在对社会群体进行分类时也是如此，在社会分类这一过程中，个体在认知上会夸大内部群体成员之间的相似性和所处群体与外部群体的差异性。个体将包括自我在内的相关的人和事物进行分门别类，与其他相同特征的个体形成一个群体，将与自身特征不相似的个体依据其主要特征分为多个其他群体，最终区分为自身所属的内部群体和潜在的外部群体，并赋予自身所属群体一些重要特征。

2. 社会比较

在对社会群体进行分类后，个体将对不同类别的社会群体进行比较，如比较自身所属的内部群体在权力、地位和资源等方面与其他外部群体存在的差异。个体通过对自身所处群体的成员身份认识和与外部相关群体的比较、区分来获得积极的社会认同，塔菲尔认为以下三个因素会影响个体的社会比较过程[1]：

（1）个体是否感知到并主观认同其所在的群体；

（2）个体所处的群体是否可以与相关的外部群体进行比较、区分；

（3）群体是否处在高压力的社会情境下，当在高压力的社会情境下，群体间的可比性会增加。

社会认同依赖于群体间的社会比较，群体成员将各个群体间的各种信息进行比较，并在比较的过程中认识到内部群体与外部群体的特征差异。明确内部群体不同于外部群体的独特评价，有助于个体认识所属团队的基本特征，形成内部群体特有的团队心理特性，并以群体成员的身份思考行动。

3. 积极区分

个体在进行社会分类和社会比较后会形成具有特征差异的内部群体和外部群体概念。出于积极自尊的需要，个体会产生对其他群体的歧视、贬损的心理和行为，这一现象在处于较高或较低社会地位的群体成员身上都有体现。[7]

个体对内部群体产生归属感与认同感后，个体会为所属群体的特征感到认同和自豪，在行为、态度上偏好于所属的群体。比如倾向于对内部群体成员给予更积极的评价，在进行社会资源的分配时，也倾向于采取为所属群体中的成员分配更多更有利的资源的偏私行为。

积极区分为群体中的个体带来更高的自尊。当个体认为其所属的群体没有达到自身的期望与要求时，个体出于满足自尊、获得积极的自我评价的需要，会选择离开原有群体，寻求符合其标准要求的新群体。此外，个体也可以改变认知以提高自尊，如通过与拥有更低社会地位的社会群体进行比较来提升自身的自尊水平。但积极区分的过程容易引起内群体偏好和外群体偏见，导致群体间的排斥、冲突行为。

值得注意的是，积极区分也有可能发生在团队内部。当同一团队内的成员的属性特征差异较大时，这一特征属性的差异会驱动团队内部成员彼此分化，寻找与其相似的其他团队成员，并与之靠近，此时团队内部会通过不断分化与靠拢，最终形成两个或多个内部同质、彼此异质的子群体。子群体内部成员的特征相似，更容易对彼此产生认同和信任，从而进一步促进其交流和合作；而对于团队内不同子群体之间的差异更大的个体而言，彼此更容易产生偏见和隔阂，其沟通和合作也就变得更加困难。随着团队的子群体之间的差异逐步扩大，团队整体的凝聚力和团队内部成员对团队的归属感也会消退。

扩展阅读

文人缘何相轻

钱钟书的《围城》中曾经描述过这样一种现象：在大学里，理科生瞧不起文科生，外国语文系的学生瞧不起中国文学系的学生，中国文学系的学生瞧不起哲学系的学生，哲学系的学生瞧不起社会学系的学生，社会学系的学生瞧不起教育学系的学生，教育学系的学生没有谁可以给他们瞧不起了，只能瞧不起本系的老师……

资料来源：钱钟书．围城［M］．北京：人民文学出版社，2017.

7.2　团队认同

7.2.1　团队认同的概念

团队认同是社会认同理论在管理学领域的进一步应用。在“社会认同”这一概念的基础上，学者将目光从社会群体移向组织团队，提出了团队认同（team identification）这一概念，将团队认同定义为团队成员对团队身份的归属感，以及与团队身份的感知一致性。[8]团队认同使得团队内部的个体相互认同，关注团队的共同目标。在情感上，团队身份带来的归属感会使得个体与团队紧密相连；在行为上，与团队身份的感知一致性会通过认知指导其行为。[7]作为团队中的一员，个体的认知与行为不可避免地会受到团队成员这一身份的影响甚至指导，影响程度取决于个体在多大程度上认可“团队成员”这一身份。[7]

团队认同反映了个体对团队及团队身份的认可程度[9]，体现了个体对其团队成员身份所隐含价值意义的认知。麦尔（Mael）将团队认同分成团队感知共享体验（perceived shared experiences）和团队感知共享特征（perceived shared characteristics）两个维度，关注员工对团队的情感。[9]其中，团队感知共享体验被定义为个体共享团队的成功和失败的体验，个体会通过这些成功或失败的体验对自我进行反思。团队感知共享特征被定义为个体共享感知到的团队成员的属性特征。此外，团队认同也有其他不同维度的分类，如将团队认同分为认知维度（是否察觉到作为某一团队成员的身份）、情感维度（与所在团队的情感联系）和评价维度（是否认可所在团队的精神价值）[10]；或是分为认知维度、情感维度和行为维度等[11]。

与社会认同一致，发生在组织中的团队认同也是一种对个体身份的认知过程，同样遵循社会认同的基本过程。首先，在团队分类阶段，个体将自身与他人区分为内部团队和外部团队，将个体自我特征弱化并赋予自身内部团队的特征，强调内部团队的相似性，并倾向于夸大内部团队与外部团队的差异。其次，个体通过比较内部团队与外部团队在权力、资源等方面的差异，对所属团队产生归属感和感知一致性，进而在认知和行为上偏向于所在的团队及团队成员。最后，个体通过对自身与团队特征的分类、比较，将自身与内部团队联系起来。

7.2.2 团队认同的影响因素

近年来，学者们围绕团队认同的影响因素展开了广泛的探讨，主要包括团队的固有属性和运作过程（见图 7 - 2）。

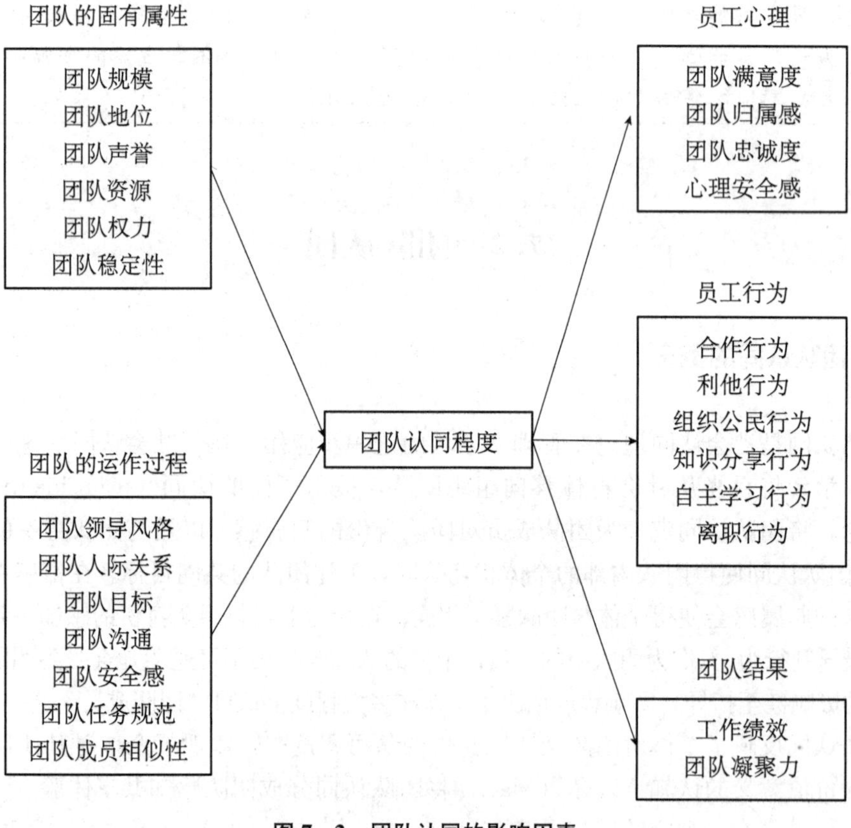

图 7 - 2 团队认同的影响因素

1. 团队的固有属性

团队的固有属性会影响团队成员的团队认同程度。比如，团队规模、团队地位、团队声誉、团队资源、团队权力和团队稳定性等因素都会对个体的团队认同程度产生影响。[10]

俗话说，人往高处走，水往低处流。个体会更倾向于加入权力地位较高、资源丰富以及人员稳定的团队，这是因为个体可以通过团队的资源和平台寻求更好的个人发展。

较高的团队声誉会给团队成员带来较高的社会地位和自尊水平，这种积极的体验会提高团队成员对团队的归属感和认同感。此外，当团队拥有积极的外部形象时，与普遍社会认知一致的正面评价也会提高成员的团队认同感。

2. 团队的运作过程

团队的运作过程会影响成员的团队认同程度。比如，团队领导风格、团队人际关系、团队目标、团队沟通、团队安全感、团队任务规范、团队成员相似性等因素都会对个体的团队认同程度产生影响。[10,12-14]

没有无用的士兵，只有无能的将军。在团队中，团队成员的行为很大程度上受到团队领导的影响，当团队成员认为团队领导风格与其个人特征相匹配、团队中的人际关系融洽或团队安全感较高时，团队成员对团队整体氛围的评价更为积极，团队认同感也会提高。

团队成员的相似性对团队认同的作用存在两种路径：一种是积极路径，当团队成员在民族、性别等方面相似性较高时，就会增加团队成员的认同感；另一种是消极路径，当团队成员在知识技能上过于相似时，会使得团队能力单一，这会对团队认同产生负面影响。

此外，个人目标与团队目标一致、团队任务规范以及团队沟通顺畅都有益于提高成员的团队认同感。

7.2.3 团队认同的作用结果

党的十八大以来，我国意识形态领域形势发生了全局性、根本性转变，全党全国各族人民文化自信明显增强，全社会凝聚力和向心力得到了极大提升，为新时代开创党和国家事业新局面提供了坚强思想保证和强大精神力量。其中，全党全国各族人民对中国特色社会主义道路、理论、制度、文化的自信和认同起到了关键性的作用。

团队认同会对个体的工作态度、工作行为以及团队结果产生积极的影响。根据社会认同理论，在团队利益与个人利益发生冲突时，对所属团队的认同感会使个体将团队的目标作为自身的目标，关注团队利益并将其内化。具体而言，团队认同的作用结果主要体现在以下几个方面（见图7-2）：

在员工心理层面，团队认同的过程依据自身和他人的特征分为内部团队和外部团队，强调内部团队的相似性，并夸大团队之间的差异性，这使得属于同一团队的个体之间的社会联系由于彼此特征的相似性而变得更加紧密，更容易产生积极的团队关系。[15]个体对团队的满意度、归属感、忠诚度及心理安全感也有所提高。

在员工行为层面，团队认同将个体的目标与团队的目标紧密结合，团队成员将团队利益作为追求的目标，使得个体更愿意为团队主动付出。为了提高团队绩效与价值，个体更愿意采取对团队有益的行为，如与其他团队成员分享工作知识、自主学习以提高工作能力，采取团队合作的方式完成工作任务，主动做出利他行为和组织公民行为来营造和谐的团队氛围等。随着个体对所在团队的认同程度的提高，离职行为也会减少。[16]

在团队结果层面，团队认同有利于提高团队的工作绩效。为了实现自身与团队一致的目标，团队成员更愿意采取积极的工作态度和行为，进而有利于团队整体绩效的提升。[15]随着个体的团队认同程度的提高，团队成员越来越将团队身份作为自我概念的重要组成部分，团队凝聚力也随之提高。[8]

7.3 团队凝聚力

7.3.1 团队凝聚力的概念

团队凝聚力（team cohesion）最早应用于体育运动的相关研究中，后应用于心理学、组织行为学等领域。团队凝聚力是维持团队正常运作的重要动力来源，在团队管理中起着关键的作用。20 世纪 50 年代，美国著名的社会心理学家费斯廷格（Festinger）首次提出团队凝聚力的定义，认为团队凝聚力是团队保留成员的作用合力，受到团队构成、团队目标、团队任务及团队关系等多种因素的影响，是所有影响因素共同作用的体现。[17]对于个人而言，团队凝聚力体现了个体希望维持团队成员身份的程度；对于团队而言，团队凝聚力体现了团队内部成员的联系紧密程度。

团队凝聚力是个体对自身与团队关系的整体感受与评价。学者们将团队凝聚力分为归属感（sense of belonging）和士气（feelings of morale）两个维度，归属感反映了个体对所处团队及团队成员的认知情感评价，士气体现了由团队归属感引发的积极情感反应。[18]

此外，团队中还存在关系凝聚力（relational cohesion）。关系凝聚力来自重复频繁的交流，高频率的交流会促使行动者将自己与他人的关系定义为一种力量，并对团队产生影响。[19]在这一概念中，个体认为自身与他人的关系是社会情境中的一种交换。

关系凝聚力理论关注个体何时以及如何为其人际关系努力，认为更高水平和更平等的权力都能提高团队内的交流频率，促进交换关系和群体概念的产生。关系凝聚力理论认为成功的交流会产生温和、积极的情绪，这是由于交流中的当事人会将这种情感部分归因于他们的关系，通过唤起积极情绪，使个体感知到更高水平的关系凝聚力，进而引发个体的承诺行为，如赠送礼物、维持关系和为组织做出贡献等（见图 7－3）。[19]

除了团队关系方面，凝聚力也可以被定义为对任务的承诺。[20]随着对团队凝聚力的进一步研究，学者对团队凝聚力的概念进一步细化，将团队凝聚力从动机的角度分为任务凝聚力（task cohesion）和社会凝聚力（social cohesion）。[21]任务凝聚力的核心动机是

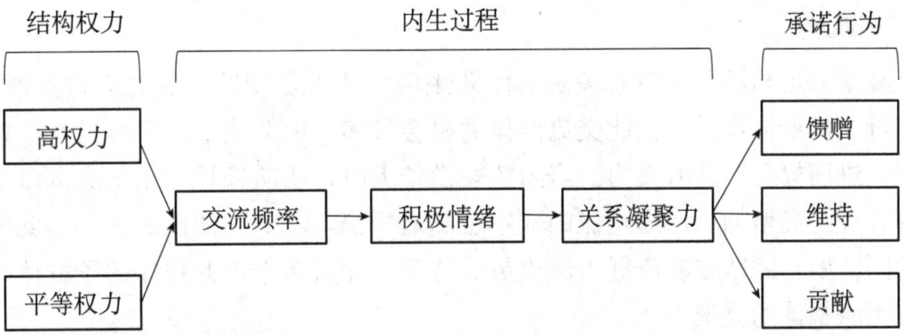

图7-3　关系凝聚力理论

出于与团队成员共同完成工作任务的需要，社会凝聚力的核心动机则是出于与团队成员和谐共处的需要。[22]

7.3.2　团队凝聚力的影响因素

国内外学者对可能影响团队凝聚力的因素进行了大量研究，团队内的许多因素会影响团队凝聚力（见图7-4）。

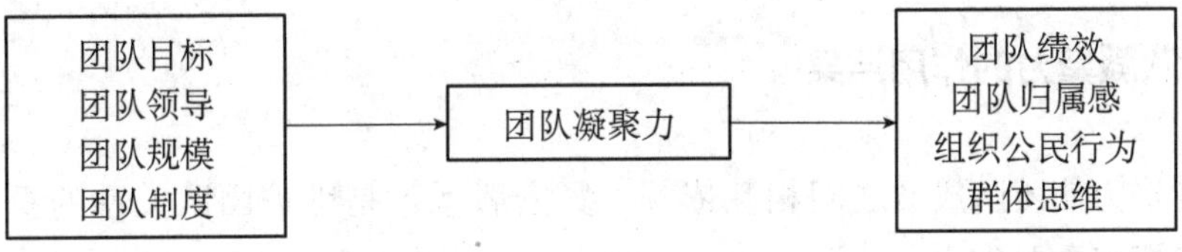

图7-4　团队凝聚力的影响因素

1. 团队目标

团队目标是团队发展运作的方向。明确、有一定难度且兼具可行性的团队目标能够显著提高团队凝聚力。在团队目标设定过程中，让团队成员参与目标制定，有助于提高团队成员对团队目标的认同感与使命感。当团队目标成为团队内部的共同目标时，该目标也激励着团队成员团结协作，并在实现共同目标的过程中提高团队的凝聚力。此外，分解团队目标并为团队成员分配任务的过程也能激发团队成员的责任感，有助于团队成员认识到团队工作的重要性和价值意义，并进一步提高团队凝聚力。[23-24]

2. 团队领导

团队领导的领导风格和领导行为会对团队凝聚力产生直接影响。团队领导作为团队的核心人物，其能力的强弱会直接影响整个团队。团队领导可以通过自身的个性、行为、价值观等方面对团队成员产生潜移默化的影响，团队成员也会下意识地对领导的行为方式进行模仿。当团队领导的领导能力受到团队成员的认可和拥护时，团队成员就会对领导产生积极的情感，此时，领导可以起到凝聚团队人心的作用。比如民主的领导风格可以使团队成员之间的关系更融洽，形成民主开放的团队氛围，加强团队成员间的沟通合作，有利于提高团队凝聚力。[14,23-25]

3. 团队规模

团队凝聚力也与团队规模有关。当团队规模较小时，团队成员之间彼此联系紧密、心理距离近、沟通成本低，彼此交流协作的机会较多，团队成员之间容易产生信任感和情感依赖，进而提高团队凝聚力。当团队规模较大时，团队领导与团队成员以及团队成员内部的心理距离增加，沟通交流的成本也随之提高，不利于团队的统一。此外，在较大规模的团队中，团队容易依据内部成员的特征分化成多个彼此排斥的子群体，这会进一步损害团队整体的凝聚力。[24]

4. 团队制度

团队制度主要指团队内部共同制定的各项规章制度，主要包括薪酬制度、绩效考核制度等显性制度。团队制定合理的、被团队成员认可的团队规范制度，有助于引导团队成员向共同目标努力，进而有效地提高团队凝聚力。团队实施科学合理的奖惩机制有利于建立公平的团队氛围、加强团队凝聚力。[23-24]

提高团队凝聚力使团队整体表现出团结统一的合力。除此之外，团队凝聚力还受到多方面因素的影响，包括团队成员相似性、团队信息沟通、团队合作、团队内外部环境等。[23,25]

7.3.3 团队凝聚力的作用结果

团队凝聚力使团队成员之间相互依赖、紧密联系，是维护团队关系的重要作用力，在团队中发挥着重要作用。

1. 团队绩效

团队凝聚力可以有效地提高团队的绩效水平。当团队内的凝聚力水平较高时，团队成员之间彼此认可、相互信任，团队成员会为共同的目标而努力，有益于团队合作。同时，在处理团队工作时，高团队凝聚力使得团队成员彼此能够进行及时的信息交流。团队中开放的知识共享和合理的任务分工节约了工作中的沟通成本，打破了团队内部的知识壁垒，提高了团队的运作效率，进而有益于团队整体绩效水平的提升。[26-28]

2. 团队归属感

团队凝聚力可以促使团队形成良好的团队内的人际关系和和谐的团队氛围。在高凝聚力的团队中，团队成员感受到彼此之间的情感联系，更容易产生深厚的友谊，进而对团队产生归属感。同时，高凝聚力团队中的团队成员对团队任务往往抱有更强的责任感，在与彼此信任的团队伙伴共同完成团队任务后，会产生强烈的满足感，从而表现出更高的工作满意度。[25-26]

3. 组织公民行为

在团队凝聚力带来的情感联系的基础上，团队成员更有可能做出有益于团队和团队其他成员的组织公民行为。当团队内部的凝聚力水平较高时，团队成员之间关系融洽、团结一心，以团队建设为共同目标。此时每一位团队成员都会认为自己是团队的主人，在主人翁精神的驱使下，团队成员更愿意为团队付出工作要求以外的精力，哪怕这些额外的工作并不会为团队成员带来收益，如在团队出现问题时积极建言，在其他团队成员遇见困难时提供帮助。[26,29-30]

4. 群体思维

团队凝聚力可以在团队中起到积极的作用，但过度的团队凝聚力可能会干扰团队的有效运作。当团队面对复杂多变的外部环境时，团队凝聚力带来的群体定式思维往往不利于团队做出创新性的决策。在团队面临某些不太合理的决策时，为了维护团队内部的和谐，团队成员也可能对这些不合理的决策保持沉默，通过集体将这些不良决策合理化，并最终导致群体思维和决策失败。[21,31]

本章小结及管理启示

本章主要介绍了内群体偏好和外群体偏见现象，展示了社会认同、团队认同以及团队凝聚力的概念、影响因素、作用结果。团队认同和团队凝聚力在团队中往往能起到积极的作用，对维持团队的高效运作十分重要，构建积极的团队共识与和谐的团队氛围，有利于增强团队认同程度和团队凝聚力。同时，团队也应提防过高的团队凝聚力带来的负面效应，谨防陷入群体思维等决策误区。

关键术语

社会认同（social identity）
社会认同理论（social identity theory）
自我认同（personal identity）
社会分类（social categorization）
社会比较（social comparison）
积极区分（positive distinctiveness）
团队认同（team identification）
团队凝聚力（team cohesion）
归属感（sense of belonging）
士气（feelings of morale）
任务凝聚力（task cohesion）
社会凝聚力（social cohesion）
关系凝聚力（relational cohesion）

思考题

1. 社会认同和团队认同之间有什么区别？
2. 社会认同的基本过程是什么？
3. 在实践中，如何最大限度地发挥团队认同的积极影响，规避其带来的负面效应？
4. 团队凝聚力如何影响组织？团队凝聚力对组织是有百利而无一害吗？
5. 结合本章内容，回想你在以往的团队任务中是否感受过团队认同带来的影响，谈谈团队认同在你的团队任务中起到了什么作用。

参考文献

[1] Tajfel H. Experiments in intergroup discrimination [J]. Scientific American, 1970, 223 (5): 96-103.

[2] Tajfel H, Billig M G, Bundy R P, et al. Social categorization and intergroup behaviour [J]. European Journal of Social Psychology, 1971, 1 (2): 149-178.

[3] Turner J C. Social categorization and social discrimination in the minimal group paradigm [M]. Differentiation Between Social Groups: Studies in the Social Psychology of Intergroup Relations, 1978.

[4] Stets J E, Burke P J. Identity theory and social identity theory [J]. Social Psychology Quarterly, 2000, 63 (3): 224-237.

[5] Hoggy M A, Terry D J. Social identity and self-categorization processes in organizational context [J]. Academy of Management Review, 2000, 25 (1): 121-140.

[6] Tajfel H, Wilkes A L. Classification and quantitative judgement [J]. British Journal of Psychology, 1963, 54 (2): 101-114.

[7] Abrams D, Hogg M A. Comments on the motivational status of self-esteem in social identity and intergroup discrimination [J]. European Journal of Social Psychology, 1988, 18 (4): 317-334.

[8] Ashforth B E, Mael F. Social identity theory and the organization [J]. Academy of Management Review, 1989, 14 (1): 20-39.

[9] Mael F A, Tetrick L E. Identifying organizational identification [J]. Educational and Psychological Measurement, 1992, 52 (4): 813-824.

[10] Ellemers N, Kortekaas P, Ouwerkerk J W. Self-categorisation, commitment to the group and group self-esteem as related but distinct aspects of social identity [J]. European Journal of Social Psychology, 1999, 29: 371-389.

[11] Van Der Vegt G S, Bunderson J S. Learning and performance in multidisciplinary teams: the importance of collective team identification [J]. Academy of management Journal, 2005, 48 (3): 532-547.

[12] Orbell J M, Van De Kragt A J, Dawes R M. Explaining discussion-induced cooperation [J]. Journal of Personality and Social Psychology, 1988, 54 (5): 811-819.

[13] Van Knippenberg D, Haslam S A, Platow M J. Unity through diversity: value-in-diversity beliefs, work group diversity, and group identification [J]. Group Dynamics: Theory, Research, and Practice, 2007, 11 (3): 207-222.

[14] Platow M J, Van Knippenberg D. A social identity analysis of leadership endorsement: the effects of leader ingroup prototypicality and distributive intergroup fairness [J]. Personality and Social Psychology Bulletin, 2001, 27 (11): 1508-1519.

[15] Van Dick R, Wagner U, Stellmacher J, et al. To be (long) or not to be

(long): social identification in organizational contexts [J]. Genetic, Social, and General Psychology Monographs, 2005, 131 (3): 189 - 218.

[16] Janssen O, Huang X. Us and me: team identification and individual differentiation as complementary drivers of team members' citizenship and creative behaviors [J]. Journal of Management, 2008, 34 (1): 69 - 88.

[17] Festinger L. Informal social communication [J]. Psychological Review, 1950, 57 (5): 271 - 282.

[18] Bollen K A, Hoyle R H. Perceived cohesion: a conceptual and empirical examination [J]. Social Forces, 1990, 69 (2): 479 - 504.

[19] Lawler E J, Yoon J. Commitment in exchange relations: test of a theory of relational cohesion [J]. American Sociological Review, 1996, 61 (1): 89 - 108.

[20] Zaccaro S J. Nonequivalent associations between forms of cohesiveness and group-related outcomes: evidence for multidimensionality [J]. The Journal of Social Psychology, 1991, 131 (3): 387 - 399.

[21] Bernthal P R, Insko C A. Cohesiveness without groupthink: the interactive effects of social and task cohesion [J]. Group & Organization Management, 1993, 18 (1): 66 - 87.

[22] Carron A V, Widmeyer W N, Brawley L R. The measurement of cohesion in sports teams: the group environment questionnaire [J]. Canadian Journal of Sport Sciences, 1989, 14 (1): 55 - 59.

[23] 徐建生，张志，吴保群，等．团队凝聚力的构成要素及形成过程 [J]. 武汉工程大学学报，2009，31 (4): 52 - 55.

[24] 刘电芝，疏德明．团队凝聚力的影响因素及其培育措施 [J]. 现代管理科学，2008 (5): 34 - 35.

[25] Mathieu J E, Zajac D M. A review and meta-analysis of the antecedents, correlates, and consequences of organizational commitment [J]. Psychological Bulletin, 1990, 108 (2): 171 - 194.

[26] 林美珍．团队凝聚力的研究述评 [J]. 科学与管理，2010，30 (1): 20 - 23.

[27] Keller R T. Predictors of the performance of project groups in R&D organizations [J]. Academy of Management Journal, 1986, 29 (4): 715 - 726.

[28] Mullen B, Copper C. The relation between group cohesiveness and performance: an integration [J]. Psychological Bulletin, 1994, 115 (2): 210 - 227.

[29] Organ D W. Organizational citizenship behavior: the good soldier syndrome [J]. Political Science & Administrative Science Quartercy, 1988 (6) .

[30] Van Dick R, Grojean M W, Christ O, et al. Identity and the extra mile: relationships between organizational identification and organizational citizenship behaviour [J]. British Journal of Management, 2006, 17 (4): 283 - 301.

[31] Hogg M A, Hains S C. Friendship and group identification: a new look at the

role of cohesiveness in groupthink [J]. European Journal of Social Psychology，1998，28 (3)：323 - 341.

案例分析

凝聚力的负效应

某公司老总想要对公司内部人员有一个全面的了解，于是邀请专家前往该公司展开调查。

调查工作从了解公司概况、参观公司全貌开始。前几天，专家感觉公司情况还不错。不管是老总，还是其他人员，大家都很随和，彼此相处融洽，好似一个温馨的大家庭。但随着调查的逐步深入，专家感觉到在融洽的表层下似乎还隐藏着什么东西，大家对此都不明示，都小心翼翼地维护着。

公司当时搞了一个“有奖征集建议及意见”的活动，奖励力度是到位的，活动声势也造起来了。但出人意料的是，员工普遍反应冷淡，响应者甚少，且提出的仅有的那几条意见也不过是无关痛痒的应付罢了。难道公司在各方面都尽善尽美吗？还是员工普遍缺乏提出问题的意识与能力呢？

对于第一个问题，答案当然是否定的，但专家还是做了调查。据观察，公司存在的问题还真不少，深层次的暂且不谈，仅表层的小毛病就很多，如上下班考勤制度、库房管理、车间作业等都存在不少有待改善的地方。

而为了回答第二个问题，专家与公司上下层广泛接触，甚至与一些人交上了朋友，最终得出否定的答案。在公司中，从老总到工人的年龄都不大，他们并不是一个僵化的群体。通过进一步的沟通，专家发现他们不时流露出对一些制度的不满，偶尔也会有自己的见解，并且这些见解都对问题的解决非常有利。但他们为什么不公开提出来呢？专家问了许多人，大都笑而不答。最终，一个新员工坦言道：“我也知道这个建议可能很好，但你想没想过，一旦被采用执行，其结果如何？”他顿了顿，接着说：“人，毕竟是群居动物！”

专家终于明白了，这就是问题的关键。公司员工都知道公司的问题可能因自己的建议而得到解决，但若因此而损害了多数人的利益，那自己作为“群居动物”中的一个，就会受到群体的“惩罚”。

紧接着，专家在车间里也发现了类似的情况：工人的工作效率大都保持在相近的水平，有更强生产能力的工人宁愿多休息、做慢点，也不愿意全力以赴。因为他若不如此，就可能会导致公司重新制定计件工资率，由此引起工友的不满，最终会给自己带来无尽的麻烦。

专家由此得出了结论，这个公司的确出了毛病。

病症：群体规范阻碍了公司的发展。

病因：凝聚力产生负效应。

处方：削弱凝聚力负效应，强化其正效应。

[讨论题]

1. 针对该公司的病症与病因，分析凝聚力的正负效应。
2. 如果你是这位专家，你会给该公司提出哪些建议？

小王变了吗

小王是一所二本学校的学生，由于学校并非名校，所以他从刚进大学开始就规划自己的未来求职方案。在大学期间，他多次去企业实习，学到了很多工作技能。大学毕业后，凭借丰富的实习经历和实用的工作技能，小王成功入职了一家全国五百强企业，小王对于自己能够找到这样一份工作十分满意。工作后，他发现，自己所在的工作团队的其他成员大多毕业于国内名校，所以他加倍努力工作、团结同事，与团队共同完成了许多艰难的项目，领导和同事都对小王赞不绝口。

在一次偶然的机会中，小王遇见了大学时期的好友小张，小张毕业后通过校招进入了一家中小企业担任文员。小张见到小王十分开心，但令他感到伤心的是，不知为何，小王在交谈中多次炫耀自己的工作，并对小张的工作进行贬损。

[讨论题]

1. 请分析小王工作后的心理变化过程。
2. 为何在团队中受欢迎的小王在面对小张时态度截然不同？请分析原因。

第 8 章

团队信任、成员交换与心理安全

平安是人民幸福安康的基本要求，是改革发展的基本前提。

——习近平在深化平安中国建设工作会议上的讲话（2013 年 5 月 31 日）

学习目标

1. 掌握团队信任的界定、维度与测量及结果
2. 掌握团队成员交换的界定、维度与测量及结果
3. 掌握团队心理安全的界定、维度与测量及结果
4. 熟悉团队信任的建立与管理
5. 了解团队成员交换的建立与管理
6. 了解团队心理安全的建立与管理

引导案例

创业，当真没有不散的筵席

雨夜，泰通化工公司总经理黄松柏难以入眠，因为第二天他将向另两位合作伙伴正式提出辞职。

五年前，获得 MBA 学位的黄松柏不想再为外国老板打工，遂辞去了工作，与 EMBA 同学伍跃进和化工专家严祖麟合伙创办了泰通化工公司，从事油品添加剂的生产工作。在黄松柏眼中，他们三人的组合堪称创业“梦之队”，他自己有丰富的生产运营管理经验，伍跃进则因为有个经营加油站业务的家族企业——旭升石化公司，所以有很多现成的市场关系，严祖麟发明的油品净化技术市场前景良好。三个人在股权和

分工方面顺利达成协议：黄松柏和伍跃进各出资 105 万元，每人占 35%的股份；严祖麟出资 90 万元，占 30%的股份。不过，严祖麟真正拿出来的钱只有 30 万元，另外 60 万元是由黄松柏和伍跃进代他出资，算是买技术。黄松柏担任总经理，负责公司日常工作和生产运营；伍跃进担任副总经理，负责市场开拓和关系疏通；严祖麟则负责技术工作。

创业后，黄松柏的工作环境和生活水准与他原来当高级白领时有了很大落差。不过，创业之初的黄松柏无怨无悔，因为他对泰通的未来信心十足。他还一再地安慰妻子："一切都会有的。"泰通起步的头两年可谓一帆风顺，销售额大幅增长，利润也很可观。虽然如此，三位创始人并不急于分享胜利的果实，而是只拿出少部分钱分红，其余全部用于扩大再生产和开拓市场。

但是，矛盾很快出现了。在一次迁厂房时，黄松柏为安装防火防爆电气设备一事与伍跃进发生了争执。黄松柏认为应该进行规范化安全作业，伍跃进则认为在原始积累阶段，在生产上多花一分钱都是浪费。而黄松柏对伍跃进不加节制地打点客户的做法一直耿耿于怀，他不明白为什么泰通的销售成本一年比一年高，产品价格一降再降，订货量反而越来越少。他甚至开始怀疑伍跃进会不会拿泰通的钱去铺垫旭升的关系网。此外，黄松柏还嫌伍跃进投到泰通的精力太少。

对此，伍跃进觉着很冤枉。他觉得黄松柏的一些做法不切实际。而且他认为自己对泰通是全力以赴的，要是没有他，泰通哪有今天的市场？伍跃进将泰通市场走下坡路的情况归咎于严祖麟，埋怨严祖麟没有保护好自己的知识产权，造成了技术泄露，使得竞争对手纷纷涌现。

严祖麟当然不同意伍跃进的看法，因为当初他不同意申请专利正是为了防止技术泄露，他也没想到技术会从其他渠道泄露出去。伍跃进的埋怨和误解令严祖麟非常不悦。其实，严祖麟对黄松柏也有意见。迫于竞争压力，第二代产品在前期工作准备不充分的情况下就投入了试验生产，因为试验结果总是不理想，所以不能进行规模生产。黄松柏对严祖麟的技术说了一些风凉话，伤了他的自尊心。严祖麟认为他没怪黄松柏解决问题的能力差就不错了。

三个人之间的矛盾越来越大，公司前景似乎非常暗淡，今年的业绩再次呈现下降趋势。恰好此时，一家全球著名的化学公司向黄松柏开出了极其诱人的条件。黄松柏的妻子也给他施加了巨大压力，希望他放弃创业，重回外企。

黄松柏该不该辞职？泰通果真前途渺茫吗？

资料来源：创业，天下当真没有不散的筵席［EB/OL］.（2004-07-28）. https://finance.sina.com.cn/careerstory/20040728/1917908572.shtml.

组织的成功离不开优秀的团队管理，而成员之间的相互信任是团队取得成功的关键因素之一，对于创业型公司而言，团队信任则显得更加重要。管理者需要在团队内部营造信任的氛围，提升团队成员的关系质量，培育团队成员的心理安全感，妥善处理团队成员之间的矛盾和分歧，确保团队的高效运作，为组织的发展扫清内部障碍。

8.1 团队信任

8.1.1 团队信任的界定

信任是指“不管行为主体对他人有无监督和控制能力，基于对他人意图或行为的积极期望，行为主体愿意接受他人行为所带来的伤害”[1]。这个定义有两个主要组成部分：积极的期望（认知驱动）和易受伤害的意愿（情感/态度驱动）。外推到团队层面，前者代表团队成员期望队友能够适当地执行任务[2]，而后者则与情感投入和关心队友有关[3]。当前，对团队信任（team trust）的定义普遍存在两种形式：第一种定义方式仍聚焦于人际信任，指的是团队内的某位成员对其他人的信任；第二种定义方式是指团队成员对团队整体的信任，团队成员认为团队值得信赖的程度以及对群体的专业知识所具备的信心。[4]事实上，第一种定义方式本质上仍是个体层面的信任。对于第二种定义方式，研究者进行了抽象概括，“团队成员之间的共享心理状态，包括基于对特定对象或其他人的积极期望而承担风险的意愿”[5]。总之，高水平的团队信任表明团队成员相信彼此的能力，并愿意承担将自身不足和劣势展示给其他成员所带来的风险。

8.1.2 团队信任的维度与测量

当前对团队信任的测量存在单维度和两维度两种形式。研究者在开发团队信任的测量量表时，广泛采取测量个体间信任的题项内容，且部分量表的最初版本是对个体间信任的测量，现在只是将参考点转换为团队而已。德容（De Jong）和埃尔夫林（Elfring）开发的单维度测量量表衡量了团队中每位成员所感受到的团队信任水平，然后通过聚合的方式将每位成员的评价上升到团队层面，典型题项为“我相信我的团队成员在做出相关工作决定时会考虑我的利益”[6]。西蒙斯（Simons）和彼得森（Peterson）开发的单维度测量量表反映了团队成员对团队信任的总体感知[7]，在该情形下，既可以把某位代表性成员的评价分数当作对团队水平的信任评分，也可以将不同成员的评价分数聚合上升到团队层面，典型题项为“我们都确信我们可以完全相信彼此”[7]。也有部分学者尝试开发单维度团队信任量表，如扎文帕（Jarvenpaa）等人[8]、库克（Cook）和沃尔（Wall）[9]、梅耶（Mayer）和加文（Gavin）[10]以及罗宾斯[11]等。

然而，除了单维度的测量方式之外，由于信任本身存在多维属性，当前文献中也存在较多的测量团队信任的多维度量表。在信任这一研究领域中，最典型的划分方式是将信任区分为情感信任和认知信任，情感信任指的是以关系为基础的信任，而认知信任则主要是以计算为基础的信任与以认同为基础的信任。根据上述分类，麦卡利斯特（McAllister）相应地开发了人际情感信任和认知信任量表，运用到团队层面时仅需将参照点从个体层面转换到团队层面，典型题项为“我可以自由地与团队成员讨论我在工作中遇到的困难，并知道他们会愿意倾听”“我可以相信团队成员不会因为在工作中粗心而给我的工作带来更多困难”。[12]程（Cheng）等人在考察虚拟团队的合作问题时开发出了基于可靠性和基于开放性的二维度团队信任量表，典型题项为“团队做了我们承诺本周要做的事情”“团队本周向我们公开了工作进展”。[13]

8.1.3 团队信任的前因

团队信任的前因（来源）可以分为以下四个层面：成员属性、团队结构、团队管理和人际关系。

从成员属性层面来看，文化距离和专业知识是影响团队信任的重要前因。通常而言，团队成员的文化背景越相似，团队成员之间越容易建立相互信任的关系。当团队成员具有不同文化背景时，团队成员会对如何接近其他团队成员、领导力、决策和许多其他因素有不同的期望，而文化理解和智力则有助于团队在这些环境中建立信任。[14]团队成员所具备的专业知识可以促使其相互之间建立信任。有关虚拟团队的研究表明，允许虚拟团队成员接触其他团队成员的技术活动，尤其是知识共享活动，是在虚拟环境中建立信任的有效方式。[15]

从团队结构层面来看，目标、角色、规模、层级和形式化是影响团队信任的重要因素。当团队成员具有高水平的一致性目标时，他们之间的信任水平往往会更高。[16]明确定义的角色对团队成员至关重要。当团队成员对自己和他人的角色有清晰的认知时，他们会正确地评估他人的角色表现，在此过程中团队信任会快速形成。[17]规模越大的团队，其信任的建立通常会越困难。[18]层级对团队信任的影响既可能是正向的，亦可能是负向的。[19]相对于非正式组织，在正式的组织中，员工会觉得他们可以对他人的技术和能力做出更好的初步判断，从而增加团队信任。[18]

从团队管理层面来看，领导行为和领导特征（leadership characteristics）是影响团队信任的关键因素。作为团队的代表以及管理者，领导的行为风格和特征往往对团队信任的形成发挥着至关重要的作用。研究表明，与团队成员建立更多关系的领导会促进团队信任的形成。[20]此外，授权型领导（empowering leadership）、交易型领导（transactional leadership）和变革型领导（transformational leadership）都会对团队信任的建立产生积极影响。[21-23]领导有无原则性是影响团队信任的另一个重要因素。显而易见，一个没有原则性的领导会损害团队信任。[18]团队成员通常将领导视为学习的榜样，因而领导的个人特征会在很大程度上影响团队成员的情感和认知过程。领导展示追随者预期的特征对于建立团队信任至关重要。然而，在当前的文献中，鲜有研究探讨人格特征或其他领导特征对团队信任的影响。

从人际关系层面来看，任何能够帮助团队成员预测其他团队成员的行为和行动（如熟悉）都会建立团队信任，而任何阻碍建立这些期望的行为（如冲突）都会破坏信任。熟悉其他团队成员对于信任的建立尤为重要。[24]对他人技术专长的了解、对他人动机和诚信的熟悉都会对团队信任的建立产生正向促进的作用。通过了解这些因素，团队成员能够更加准确地预测他人的行为，从而促进成员之间的相互信任。组织可以通过社会化实践和组织仪式等措施来培养团队成员的熟悉感。相反，团队中的冲突会对信任的建立形成阻碍。研究表明，与非虚拟环境相比，虚拟环境中的过程冲突和关系冲突对信任的建立更为不利。[25]

8.1.4 团队信任的结果

团队信任可以在很多方面给团队带来积极结果，集中体现在绩效、成员幸福感和成员支持三个层面。

从绩效层面来看，团队信任无论是对个人绩效、团队绩效，还是解决方案质量、克服技术失败和学习效率都会产生积极的影响。团队信任会带来高水平的团队绩效。[26]具有更高信任水平的团队会生产出更高质量的产品，并能够更具创造性地解决问题。[27]此外，对团队成员的信任亦有助于提高学习效率。[28]

从成员幸福感层面来看，团队信任会提高团队成员的满意度和士气[19,29]，进而提升团队合作伙伴的总体满意度和对任务贡献的满意度。

从成员支持层面来看，团队信任会影响团队成员的承诺（team member commitment)、团队认同、权力转移（power shift)、团队凝聚力和离职意愿（turnover intention)。不同于人际互动，团队的不同之处在于他们需要合作成果和实现集体目标。诸多研究表明，团队信任与团队内部的合作呈正相关性。[25]然而，相较于面对面的团队，虚拟团队中二者的相关关系更弱。[25]团队信任可以增强团队成员的凝聚力和集体认同感[30]，降低团队成员的离职意愿。研究指出，团队信任为群体成员提供了良好的关系氛围，群体成员在这种安全的环境中能够乐于向他人表达自己的观点和想法，从而加强团队成员的正式和非正式沟通。研究发现，团队信任可以减少团队中发生的冲突，从而增强团队的凝聚力。[30]

团队信任的前因及结果的法理网络如图 8-1 所示。

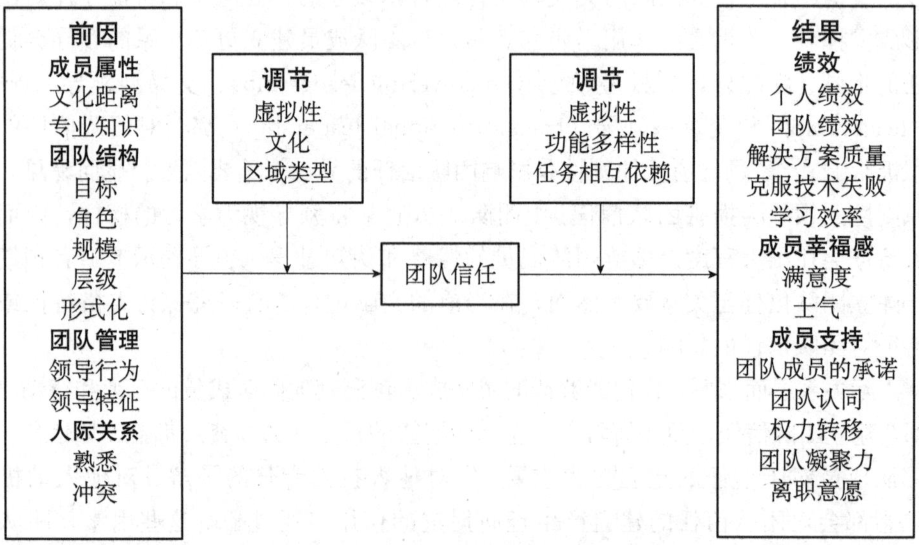

图 8-1 团队信任的前因及结果的法理网络[31]

8.1.5　团队信任的建立与管理

管理者在建立团队信任方面发挥着关键作用。管理者的性格特征、行事风格和管理决策等都会对团队信任氛围的建立产生影响。首先，管理者要以身作则。团队成员往往会观察领导的行为特征，并受到潜移默化的影响。若想在团队中培养信任氛围，管理者必须向他人展示自己对团队成员的信任。其次，管理者要在团队中营造开放、包容和公平公正的氛围。管理者应鼓励团队成员之间开诚布公地交流，如定期组织团建和部门例会，让大家敞开心扉地交谈。管理者可以让员工陈述他们在工作中遇到的种种问题，通过优势互补，使成员在合作过程中建立信任。在团建活动中，管理者可以让大家分享自己在工作中遇到的喜悦和烦恼的事情，或是日常生活中的兴趣爱好，以增进彼此之间的了解。对待在工作中出现差错的团队成员，管理者不能一味地进行指责，而应该帮助员工分析出现错误的原因，找到解决问题的方式和方法，从而避免此类问题的再次发生。当然，如果员工在某项工作任务上的确犯了严重错误，管理者应该根据公司的章程来处理，不能徇私偏袒。相反，对那些在工作上表现突出，为团队做出实际贡献的员工，管理者也应该按照相关规定对员工进行奖励。最后，管理者要避免团队内部形成不同的利益子群体。在团队内部，员工可能会因兴趣或者工作任务而抱团，由此形成子群体。子群体的形成可能使部分成员产生被孤立的感觉，进而对整个团队的信任构建带来冲击。管理者需要随时关注团队内部的动态变化，未雨绸缪，在子群体形成之前加强团队成员之间的交流与沟通，在源头上杜绝子群体的形成。习近平在十四届全国人大一次会议上曾说，“人民的信任，是我前进的最大动力”。同样，在一个追求成长和发展的组织中，团队信任也是团队发展的最大动力。团队信任模型如图 8－2 所示。

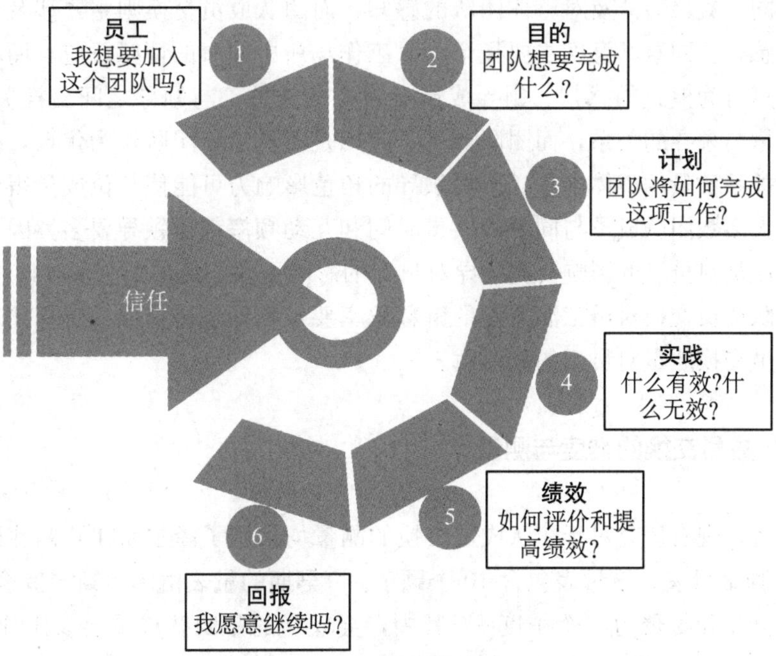

图 8－2　团队信任模型

扩展阅读

银行管理者如何建立信任

一家知名银行的管理者非常信任自己的员工，特意放权给自己的中层员工，让他们放心花钱去做营销。这会使有些人担心他们会乱花钱，可事实上，员工不仅没有乱花一分钱，反而维护了许多客户，其销售业绩直线上升，成为业内的一面旗帜。相反，有些管理者担心员工乱花钱，他们把资金攥在自己手里，好像防贼一样，但是他们自己却大手大脚，从来不想着节约，结果员工暗地里也想尽一切办法谋取私利。

8.2 团队成员交换

8.2.1 团队成员交换的界定

团队成员交换（team member exchange）指的是团队成员对自身与其他团队成员之间关系质量的整体感知。[32]团队成员交换衡量了某位成员协助其他成员分享想法和反馈意愿的看法，以及从其他成员那里获得信息、帮助和认可的容易程度。简而言之，团队成员交换实质上反映了团队成员与团队之间工作关系的有效性。团队成员交换与凝聚力、同事满意度和领导成员交换（leader member exchange）等变量间存在相关性，但又具有本质上的不同。凝聚力涉及对整体团队的感知，而团队成员交换则主要涉及对个人在团队中的角色感知。同事满意度主要指个人对工作场所中同事的情感反应，而不是对与同事相关的互惠行为模式的感知。领导成员交换指的是员工与领导之间交换关系的质量，其核心是衡量与领导的关系，而团队成员交换则是指员工将团队作为焦点，衡量其感知到的团队中关系质量的整体水平。虽然领导的角色影响力可能使某位成员得到职位资源和奖励，但大多数团队成员与同事的共事时间和互动频率都比领导要多。因而在某些情况下，团队成员对员工的影响要比领导对员工的影响更大。泽尔斯（Seers）的开创性研究表明，团队成员交换对员工满意度的解释比率要比领导成员交换的解释比率更大，突显了团队成员交换质量对员工的重要性。[32]

8.2.2 团队成员交换的维度与测量

普遍而言，现有研究对于团队成员交换的测量均采用了泽尔斯在开创性研究中开发出的单维度测量量表，该量表包含 10 个题项。[32]早期的量表由泽尔斯与其合作者开发，包含交换、会议和凝聚力三个维度。[33]其中，会议指的是团队成员会议工作的有效性。在此量表的基础上，泽尔斯又通过收集蓝领员工的数据，对初始阶段的三个维度 34 个题项的量表进行探索性因素分析和效标关联效度分析，最终仅保留了交换这一维度的 10 个题项，典型题项包括“我总是愿意向团队中的其他成员提供帮助”“我经常向团队提出优化工作流程的建议”。[32]

8.2.3　团队成员交换的前因

团队成员交换的前因变量主要来源于个体和群体两个层面。

从个体层面来看，情绪智力、职场友谊（workplace friendship）、公平感知和领导成员交换等是影响团队成员交换质量的关键因素。团队成员的情绪智力水平越高，团队成员交换水平就越高。[34]与之类似，当团队成员之间建立较高的职场友谊时，通常会对团队成员交换水平起到正向促进作用。[35]此外，员工所感知到的组织公平性和领导成员交换水平会对团队成员交换产生正向影响。[36-37]

从群体层面来看，团队成员交换的前因主要包括团队特征（team characteristics）、团队凝聚力和领导风格等。研究表明，团队成员交换水平会受到组织结构的影响，相较于传统型组织，能够进行自我管理的组织会拥有更高水平的团队成员交换质量。[32]组织内的信任，诸如团队信任、管理者信任和同事信任等与团队凝聚力相关的变量均会显著影响团队成员的交换水平。[38]而领导风格也会对团队成员交换质量产生影响，如变革型领导风格有助于提升团队成员的交换关系质量。[39]

8.2.4　团队成员交换的结果

在个体层面，团队成员交换带来的结果主要集中在组织承诺（organizational commitment）、工作满意度、角色外行为（extra-role behavior）、工作绩效（job performance）等方面。在组织中，当感知到和其他成员的交换关系满足自身对表扬和认可的需要时，员工便会将团队成员的身份和角色地位转化为自我认同，从而提升对组织的情感承诺水平。[40]团队成员交换水平越高，成员越能够对组织形成较高的依恋和忠诚度，提升自己对组织的情感承诺水平，而情感承诺水平的提升会促使员工参与更多的知识分享行为。[41]根据社会交换理论（social exchange theory），当员工感知到团队成员交换水平较高时，他们会认为团队成员之间的关系更加友好和可靠。在这种人际和谐的氛围下，员工会拥有更高的工作满意度。[42]当员工的工作满意度得到提升后，他们会参与更多的帮助行为[43]，降低离职倾向[42]。当员工感知到较高的团队成员交换水平后，他们会产生互惠的义务，进而通过向同事提供帮助和分享专业方面的知识对这种关系上的“恩惠”予以回报。除此之外，向组织提供有价值的建议也是员工回报组织的一种方式，因此，团队成员交换有利于增加成员的帮助行为和建言行为。[44]此外，团队成员交换有利于提升成员的创造力，当员工得到同事的支持、鼓励和帮助时，更有利于创新想法和创新行为的产生。[45]团队成员交换可通过两种方式提高成员的绩效。第一，高质量的团队成员交换可以使员工获得更好的物质和信息资源，从而使其能够更好地利用团队成员的知识、技能和能力来完成必要的任务。第二，高质量的团队成员交换会使员工获得团队更高的社会情感支持，这种社会情感方面的支持满足了员工的自尊感和归属感，提高了员工工作的积极性，有利于他们提升工作绩效。[46]

在群体层面，团队成员交换带来的结果主要集中在团队建言氛围、团队创新氛围、团队凝聚力和团队绩效等方面。团队建言氛围是所有团队成员对团队鼓励在工作中提出建设性建议程度的共同感知。当团队成员交换水平较高时，团队中的个人会分享信息、提供有价值的反馈，并认可所有团队成员的努力，从而在团队中履行互惠的义务。作为回报，团队中的成员更愿意相互尊重、相互信任和相互帮助。较高的团队成员交换水平有利于在团队中创造一种开放和灵活的氛围，使成员敢于表达自己的想法，而其他成员往往会对建议和想法持更加开放的态度，因而团队成员交换有利于团队建言氛围的提升。[47]当团队成员都踊跃表达自己的想法时，就会激发更多有创意的想法和观点，从而有利于实现团队创新（team innovation），因而团队成员交换亦有利于团队创新氛围的培养和提升。[47]团队凝聚力可以视作团队成员对团队的归属感，以及成员的感受和价值观与其他成员密切相关的程度。团队成员交换为团队凝聚力的塑造提供了关系基础[48]，这是因为团队成员交换使团队成员之间存在密切的沟通、交流和合作，使得成员之间密不可分。此外，由于团队成员交换促进了团队成员之间的交流和沟通，使得团队成员在处理工作任务上变得更加有效率，最终会提升团队的整体绩效水平。[49]

综上，团队成员交换的前因及结果如图 8-3 所示。

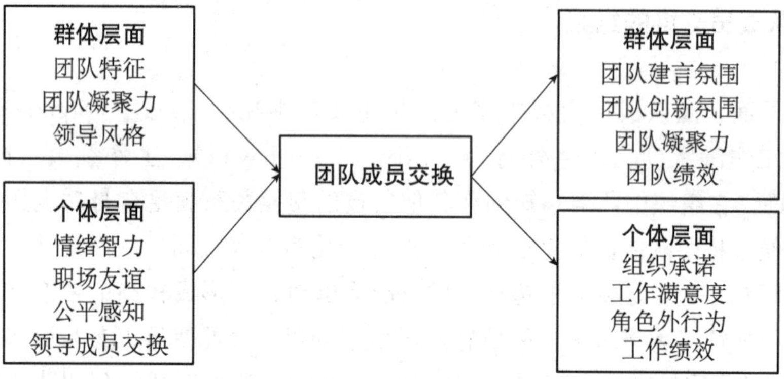

图 8-3 团队成员交换的前因及结果

8.2.5 团队成员交换的建立与管理

组织和管理者可以通过三种方式来提升团队成员交换水平。首先，在团队成员的甄选和招聘环节，要注重挑选那些乐于与人交流沟通，能够较好地融入集体的成员。其次，在团队成员的培训阶段，要注重培养员工的集体意识，既要鼓励员工之间开展互帮互助的资源交换和情感交流，又要给员工传授与他人交流沟通的技巧和方法。最后，组织要充分构建并完善团队成员交流沟通的渠道和平台，如定期组织团建活动，让团队成员进行分享和交流，促进团队成员之间职场友谊的良好发展，逐渐提升团队成员交换的水平。

8.3　团队心理安全

8.3.1　团队心理安全的界定

心理安全是指个体可以毫无顾忌地展示自己而无须担心这种做法对自己的形象、地位和事业造成负面的影响。团队心理安全（team psychological safety）的概念由埃德蒙森（Edmondson）在有关团队学习的研究中提出，是一个团队层面的构念。[50]团队心理安全是所有团队成员对于工作环境中相关风险的共同感知，是一种默许的氛围。团队心理安全水平高的团队，其团队成员会认为团队是具有包容性和民主性的，并且会包容那些勇于发表自己真实看法的成员，在团队内部承担人际风险是安全的。

8.3.2　团队心理安全的维度与测量

团队心理安全的测量主要存在单维度、两维度和四维度这三种形式。最为广泛使用的量表为埃德蒙森开发的单维度团队心理安全量表，包含七个题项，典型题项为“在团队中冒险是安全的”。[50]后来，有学者将团队心理安全划分为他人安全和自我安全两个维度，并根据该划分形式相应地开发了包含 12 个题项的两维度量表。[51]在国内，有学者对埃德蒙森开发的量表进行深入分析，发现其题项内容实质上具有两方面的特征，即互相信任和人际冒险。因此，在对原有量表进行深入剖析后，研究者根据中国文化情境的特殊性，补充添加了较多的题项，最终将团队心理安全划分为四个维度，即人际冒险、互敬互重、彼此信任和直抒己见。[52]在研究过程中，他们检验了该量表的结构效度，结果表明四维度量表具有较高的信度和效度。

8.3.3　团队心理安全的前因

团队心理安全的前因变量主要来源于团队层面、领导层面和组织层面。

从团队层面来看，团队心理安全的前因变量有团队主动性人格（team proactive personality）、团队断层（team faultlines）、团队学习目标导向（team learning goal orientation）、团队社会资本（team social capital）、团队任期（team tenure）和团队情绪智力（team emotional intelligence）等。董梅和井润田的研究表明，团队主动性人格的平均水平会对团队心理安全产生显著的正向影响，而团队主动性人格的多样性会对团队心理安全带来消极的影响。[53]团队断层会使团队内部形成众多的子群体，子群体的形成会加剧团队内部的矛盾和对立，从而使团队成员降低心理安全感。[54]团队学习目标导向能够激发团队成员进行主动学习和创新，在团队内部营造积极向上的氛围。在这种氛围下，团队成员敢于表达自己的想法和观点，不用担心自己会受到同事的嘲讽和领导的责备，因而团队学习目标导向有助于提升团队成员的心理安全感。[55-56]结构资本、认知资本和关系资本是团队社会资本的主要组成形式。团队社会资本越高，团队成员之间的互动和交流就越频繁，团队成员在合作过程中越容易建立相互信任的关系，从而有助于团队心理安全的形成。[57-58]库普曼（Koopmann）等人的研究表明，团队任期会对团队心理安全产生U型曲线的影响轨迹。[59]相较于中等任期的团队，新的和长期任期的团队的心理安全更高。新组建的团队由于具有共同的群体身份，团队成员之间拥有相对较高的初始信任感，这促进了彼此的吸引力，容易使成员之间产生相互信任感和尊重感。与新的团队相比，中等任期的团队面临更多的冲突和不确定性，这会对团队心理安全造成损害。根据团队形成理论，任期较长的团队有大量的时间来加深对彼此的理解，并学习如何与他人展开合作，因而任期较长的团队更有可能建立高水平的团队心理安全。团队情绪智力特指个体理解和调节自己情绪反应的能力，同时感知他人情绪反应的能力。将关注点聚焦到团队层面，高水平的团队情绪智力有助于促进团队内部持续的高质量的信息共享和决策。相反，较低的团队情绪智力会导致团队成员无法顺利完成任务和应对冲突，从而降低团队心理安全。并且，情绪智力较低的团队对团队成员的有害情绪感知和反应能力较弱，更容易降低团队成员的心理安全感。[60]此外，团队身份断层指的是团队基于身份属性形成的子群体，从属于团队断层的范畴，团队身份断层会对团队心理安全产生消极影响。[61]

从领导层面来看，团队心理安全的前因变量有幽默型创业者、谦卑型领导、自我牺牲型领导、授权型领导、真实型领导、变革型领导、创业型领导、服务型领导、专制型领导和领导者胜任力等。幽默型创业者以自身为榜样，给团队成员传递善意的信号，使团队成员相信诚实沟通和冒险行为是被组织所允许和接受的，有助于鼓励团队成员积极建言献策，不必担心他人的批评或指责，因而创业领导的幽默风格会提升团队成员的心理安全感。[62]谦卑型领导能够客观地审视自我，欣赏他人的优点和贡献以及对新观点和新想法持开放和包容的态度，这些特征有助于缩短领导和下属之间的心理距离，使下属敢于在团队中表现自己，从而提升团队成员的心理安全感。[63-65]自我牺牲型领导是下属学习的角色模范，这类领导倡导自我牺牲与冒险精神，鼓励团队间的信任、合作以及互惠行为。重要的是，在自我牺牲型领导的带领下，团队成员的犯错和风险行为是被接纳和允许的，他们不会因此受到领导的惩罚或报复，这有助于营造较好的团队心理安全氛围。[66]授权型领导充分信任团队成员并授予团队成员决策的权力，减少了团队成员对不确定性的焦虑。同时，授权型领导会给团队成员提供及时的指导，积极地进行知识分享和反馈，并尽力满足团队成员的需求，这不仅会使团队成员产生更多的安全感，也激发了团队成员承担风险的勇气。因而，授权型领导能够有效提升团队成员的心理安全感。真实型领导在工作中展示真实的自我，这类领导鼓励团队成员按照自己的内在价值观行事，使得团队成员减少了对承担人际风险的担忧，所以真实型领导会对团队的心理安全感产生正向影响。[67-68]变革型领导对不同的观点和想法持开放的态度，他们会给员工提供参与决策的机会，这些行为有助于为团队成员营造团队心理安全氛围。[69]创业型领导具备创造力，他们鼓励员工参与机会识别和利用过程，这为员工提供了可以自由讨论想法的工作环境。重要的是，创业型领导会公开地与员工展开沟通和交流，这类领导通常会主动承担责任，减轻了员工面对任务失败的压力，提升了团队成员的心理安全感。[70]服务型领导通过向团队成员表达支持，减少负面的关系冲突，来培养团队成员的集体意识。服务型领导能够增加成员对团队的情感信任，这种信任有助于团队成员心理安全感的提升。[71]与上述积极的领导风格相反，专制型领导会限制下属参与团队决策，团队成员可能会感到被低估和受到不公平的待遇，从而损害团队心理安全。[72]此外，较高的领导者胜任力可以消除团队成员的焦虑，并给团队成员提供安慰，这会增强团队成员的心理安全感。相反，如果领导的能力不足，团队成员势必会承受更加艰巨的挑战，在执行具体任务时也会面临更多的困难，这会降低团队成员的心理安全感。[73]

从组织层面来看，集体主义人力资源实践会对团队心理安全起到促进作用。集体主义人力资源实践强调培养集体主义思想，符合这种思想的团队会使成员对团队产生心理依恋，并增强他们的归属感。在这种情况下，集体主义人力资源实践通过创造一个团结的内部环境来帮助团队成员建立心理安全感，让成员相互信任并共享资源。[74]

8.3.4　团队心理安全的结果

团队心理安全产生的结果主要集中在团队和个体两个层面。从团队层面来看，团队心理安全影响的结果变量有团队绩效、团队创新、团队情感承诺、团队创业激情、团队建言行为、团队跨界行为、团队科学创造力、团队知识共享、团队学习行为和团队反思等。团队心理安全有利于提升团队的绩效水平。当团队成员感知到较好的心理安全氛围时，他们不再担忧在团队中工作的风险，转而将更多的时间和精力放在工作任务上，提升对工作的投入程度和积极性，最终实现团队绩效的提升。当团队成员拥有较高的心理安全感时，他们对工作中风险性的感知会降低，敢于大胆地表达自己的观点和想法，并乐于向其他成员分享知识，因而团队心理安全可以为团队带来诸多积极结果，如增强团队成员的创新行为和创造力、促进团队成员的建言行为和跨界行为、提升团队成员的知识分享和学习行为。团队心理安全能够为团队构建积极、开放的氛围，在这种氛围下，团队成员会彼此关心、相互鼓励，进而产生积极的情感体验；同时，团队成员会拥有较大的自主权以满足自身的需要，并得到更多的支持。对于创业型团队而言，团队心理安全能够对团队情感承诺和团队创业激情产生正向促进作用。[62]此外，团队心理安全会提升团队成员对自我的反思。[74]具体而言，当团队成员敢于公开表达自己的想法并愿意为团队做出贡献时，他们会给同事提供更多的灵感，让同事们能够接受自己的想法，详细阐述这些想法，并增加其独创性。通过这样的方式，团队成员可以更加深刻地反思自我。

从个体层面来看，团队心理安全影响的结果变量有工作卷入、创新行为、工作投入、反馈寻求行为、知识共享、员工创造力、员工建言行为、组织公民行为以及个人学习行为。从本质上来讲，团队层面的变量是个体层面通过某类方式聚合得到的，因而团队心理安全对团队层面产生的结果大多可以作用在个体层面上，如团队心理安全会正向影响员工的创新行为、反馈寻求行为、知识共享、员工建言行为、组织公民行为以及个人学习行为。此外，处在积极的团队心理安全氛围之下，员工会提升工作积极性志，最终会

提高对工作的投入程度。[66,75]

综上，团队心理安全的前因及结果如图 8-4 所示。

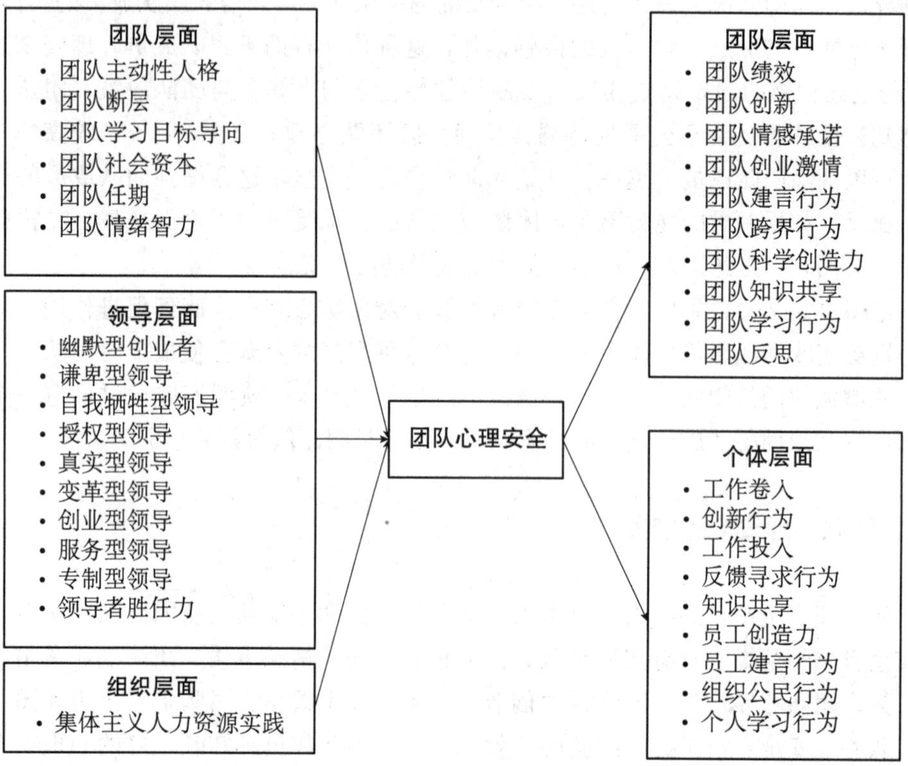

图 8-4 团队心理安全的前因及结果

8.3.5 团队心理安全的建立与管理

团队信任是影响团队心理安全的重要因素之一，团队心理安全的本质就是团队信任。事实上，拥有较高心理安全感的团队会鼓励适度的冒险行为，鼓励团队成员勇敢地表达自己的想法和观点。因此，管理者需要向团队成员释放安全的信号，鼓励团队成员积极参与团队的建设工作中，增强团队成员的安全感、归属感和参与感。同时，管理者需要向团队成员强调换位思考和体谅他人的重要性，促进团队成员之间的坦诚沟通。管理者要以身作则，相信团队成员都在为实现团队目标而共同奋斗。总而言之，只有在团队中营造充分的信任氛围，才能提升团队成员的心理安全感。团队心理安全和危险的示意图见图 8-5。

本章小结及管理启示

本章主要介绍了团队信任、团队成员交换和团队心理安全的界定、维度与测量、前因、结果。同时，结合相关的研究成果对如何建立和管理团队信任、团队成员交换以及团

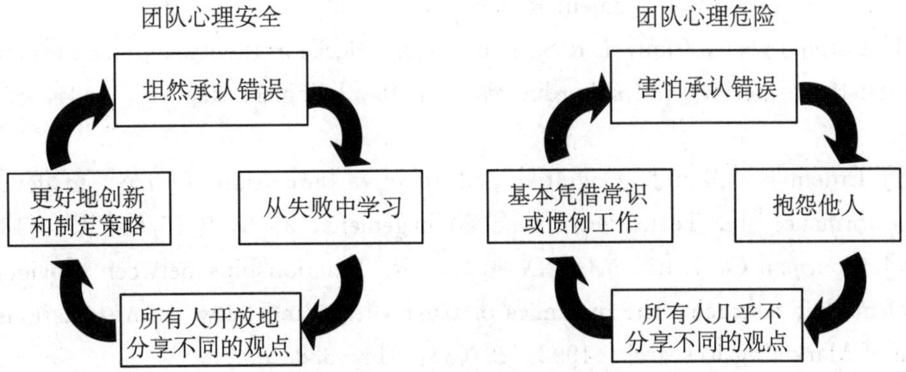

图 8－5 团队心理安全和危险的示意图

队心理安全提出了一些具体措施和方法。管理者可借鉴这些方法，逐步有效地提升团队信任水平，培养良好的团队心理安全和团队成员交换氛围。

关键术语

团队信任（team trust）
领导特征（leadership characteristics）
授权型领导（empowering leadership）
交易型领导（transactional leadership）
变革型领导（transformational leadership）
团队成员交换（team member exchange）
离职意愿（turnover intention）
职场友谊（workplace friendship）
领导成员交换（leader member exchange）
组织承诺（organizational commitment）
团队特征（team characteristics）
角色外行为（extra-role behavior）
团队创新（team innovation）
社会交换理论（social exchange theory）
团队断层（team faultlines）
团队任期（team tenure）
团队社会资本（team social capital）
团队心理安全（team psychological safety）
团队主动性人格（team proactive personality）
团队学习目标导向（team learning goal orientation）

思考题

1. 团队信任与团队心理安全有什么关系？
2. 在什么情况下，团队成员交换会给团队带来负面影响？
3. 如何修复团队中已经出现的信任危机？
4. 结合本章内容，谈一谈如何在虚拟团队中建立信任。

参考文献

[1] Mayer R C，Davis J H，Schoorman F D. An integrative model of organizational

trust [J]. Academy of Management Review, 1995, 20 (3): 709-734.

[2] Butler Jr K J, Cantrell R S. A behavioral decision theory approach to modeling dyadic trust in superiors and subordinates [J]. Psychological Reports, 1984, 55 (1): 19-28.

[3] Erdem F, Ozen J. Cognitive and affective dimensions of trust in developing team performance [J]. Team Performance Management, 2003, 9 (5/6): 131-135.

[4] Moorman C, Zaltman G, Deshpande R. Relationships between providers and users of market research: the dynamics of trust within and between organizations [J]. Journal of Marketing Research, 1992, 29 (3): 314-328.

[5] Fulmer C A, Gelfand M J. At what level (and in whom) we trust: trust across multiple organizational levels [J]. Journal of Management, 2012, 38 (4): 1167-1230.

[6] De Jong B A, Elfring T. How does trust affect the performance of ongoing teams? the mediating role of reflexivity, monitoring, and effort [J]. Academy of Management Journal, 2010, 53 (3): 535-549.

[7] Simons T L, Peterson R S. Task conflict and relationship conflict in top management teams: the pivotal role of intragroup trust [J]. Journal of applied psychology, 2000, 85 (1): 102-111.

[8] Jarvenpaa S L, Knoll K, Leidner D E. Is anybody out there? antecedents of trust in global virtual teams [J]. Journal of Management Information Systems, 1998, 14 (4): 29-64.

[9] Cook J, Wall T. New work attitude measures of trust, organizational commitment and personal need non-fulfilment [J]. Journal of Occupational Psychology, 1980, 53 (1): 39-52.

[10] Mayer R C, Gavin M B. Trust in management and performance: who minds the shop while the employees watch the boss? [J]. Academy of Management Journal, 2005, 48 (5): 874-888.

[11] Robinson S L. Trust and breach of the psychological contract [J]. Administrative Science Quarterly, 1996, 41 (4): 574-599.

[12] McAllister D J. Affect-and cognition-based trust as foundations for interpersonal cooperation in organizations [J]. Academy of Management Journal, 1995, 38 (1): 24-59.

[13] Cheng X, Yin G, Azadegan A, et al. Trust evolvement in hybrid team collaboration: a longitudinal case study [J]. Group Decision and Negotiation, 2016, 25 (2): 267-288.

[14] Scott M E. "Communicate through the roof": a case study analysis of the communicative rules and resources of an effective global virtual team [J]. Communication Quarterly, 2013, 61 (3): 301-318.

[15] Dorairaj S, Noble J. Agile software development with distributed teams: agility, distribution and trust [C]. (2013-08-15). IEEE Xplore.

[16] Verburg R M, Bosch-Sijtsema P, Vartiainen M. Getting it done: critical success factors for project managers in virtual work settings [J]. International Journal of Project Management, 2013, 31 (1): 68-79.

[17] Al-Ani B, Bietz M J, Wang Y, et al. Globally distributed system developers: their trust expectations and processes [M]. New York: ACM Press, 2013.

[18] Al-Ani B, Marczak S, Prikladnicki R, et al. Revisiting the factors that engender trust of global systems engineers [C]. 2013 IEEE 8th International Conference on Global Software Engineering, 2013 (31-40).

[19] Liu X, Magjuka R J, Lee S H. An examination of the relationship among structure, trust, and conflict management styles in virtual teams [J]. Performance Improvement Quarterly, 2008, 21 (1): 77-93.

[20] Hambley L A, O'Neill T A, Kline T J B. Virtual team leadership: perspectives from the field [J]. International Journal of E-Collaboration, 2007, 3 (1): 40-64.

[21] Henttonen K, Blomqvist K. Managing distance in a global virtual team: the evolution of trust through technology-mediated relational communication [J]. Strategic Change, 2005, 14 (2): 107-119.

[22] Joshi A, Lazarova M B, Liao H. Getting everyone on board: the role of inspirational leadership in geographically dispersed teams [J]. Organization Science, 2009, 20 (1): 240-252.

[23] Muganda N, Pillay K. Forms of power, politics and leadership in asynchronous virtual project environment: an exploratory analysis in South Africa [J]. International Journal of Managing Projects in Business, 2013, 6 (3): 457-484.

[24] Skjerve A B, Rindahl G. Promoting trust between members of distributed teams [C]. 2010 IEEE International Conference on Systems, Man and Cybernetics, 2010 (1650-1658).

[25] Bierly Ⅲ P E, Stark E M, Kessler E H. The moderating effects of virtuality on the antecedents and outcome of npd team trust [J]. Journal of Product Innovation Management, 2009, 26 (5): 551-565.

[26] Chen W, Zhang J H, Zhang Y L. How shared leadership affects team performance: examining sequential mediation model using masem [J]. Journal of Managerial Psychology, 2022, 37 (7): 669-682.

[27] Murthy D, Rodriguez A, Lewis J. Examining the formation of swift trust within a scientific global virtual team [C]. 2013 46th Annual Hawaii International Conference on System Sciences, 2013 (353-362).

[28] Edwards H K Sridhar V. Analysis of software requirements engineering exercises in a global virtual team setup [J]. Journal of Global Information Management, 2005, 13 (2): 21-41.

[29] Li Y, Li H, Mädche A, et al. Are you a trustworthy partner in a cross-cul-

tural virtual environment? behavioral cultural intelligence and receptivity-based trust in virtual collaboration [C]. Proceedings of the Proceedings of the 4th International Conference on Intercultural Collaboration，2012 (87-96).

[30] Kao S F，Tsai C Y，Schinke R，et al. A cross-level moderating effect of team trust on the relationship between transformational leadership and cohesion [J]. Journal of Sports Sciences，2019，37 (24)：2844-2852.

[31] Hacker J V，Johnson M，Saunders C，et al. Trust in virtual teams：a multidisciplinary review and integration [J]. Australas Journal of Information Systems，2019，23：1-36.

[32] Seers A. Team-member exchange quality：a new construct for role-making research [J]. Organizational Behavior and Human Decision Processes，1989，43 (1)：118-135.

[33] Seers A，Graen G B. The dual attachment concept：a longitudinal investigation of the combination of task characteristics and leader：member exchange [J]. Organizational Behavior and Human Performance，1984，33 (3)：283-306.

[34] Schmidt L L. Self-reported emotional intelligence as an indicator of social exchange quality at work [D]. Houston：University of Houston，2006.

[35] 尹奎，孙健敏，张凯丽，等．职场友谊对建言行为的影响：一个有调节的中介模型 [J]. 管理评论，2018，30 (4)：132-141.

[36] Guh W Y，Lin S P，Fan C J，et al. Effects of organizational justice on organizational citizenship behaviors：mediating effects of institutional trust and affective commitment [J]. Psychological Reports，2013，112 (3)：818-834.

[37] Chen X，Wei S. The impact of social media use for communication and social exchange relationship on employee performance [J]. Journal of Knowledge Management，2020，24 (6)：1289-1314.

[38] Lau R S，Cheung G W，Cooper-Thomas H D. The influence of dispositions and shared leadership on team-member exchange [J]. Journal of Managerial Psychology，2021，36 (3)：258-271.

[39] Ko J. Impact of leadership and team members' individualism-collectivism on team processes and outcomes：a leader-member exchange perspective [D]. New York：The University of Arizona，2005.

[40] Ohana M，Stinglhamber F. Co-workers' voice climate and affective commitment towards the team：a test of mediation and moderation [J]. Human Resource Management Journal，2019，29 (3)：395-412.

[41] Liu Y，Keller R T，Shih H A. The impact of team-member exchange，differentiation，team commitment，and knowledge sharing on R&D project team performance [J]. R&D Management，2011，41 (3)：274-287.

[42] Chung M，Jeon A. Social exchange approach，job satisfaction，and turnover intention in the airline industry [J]. Service Business，2020，14 (2)：241-261.

[43] Zheng J，Gu Y，Wang Y，et al. Exchange relationships and helping behavior：an empirical analysis of data from CGSS2015 [J]. Psychology Research and Behavior Management，2022，15：2011-2025.

[44] Lai F Y，Lin C C，Lu S C，et al. The role of team-member exchange in proactive personality and employees' proactive behaviors：the moderating effect of transformational leadership [J]. Journal of Leadership & Organizational Studies，2021，28 (4)：429-443.

[45] Chae S，Seo Y，Lee K C. Effects of task complexity on individual creativity through knowledge interaction：a comparison of temporary and permanent teams [J]. Computers in Human Behavior，2015，42：138-148.

[46] Kim K Y，Atwater L，Jolly P，et al. Supportive leadership and job performance：contributions of supportive climate，team-member exchange (TMX)，and group-mean TMX [J]. Journal of Business Research，2021，134：661-674.

[47] Duan J，Xu Y，Frazier M L. Voice climate，TMX，and task interdependence：a team-level study [J]. Small Group Research，2019，50 (2)：199-226.

[48] Abu Bakar H，Sheer V C. The mediating role of perceived cooperative communication in the relationship between interpersonal exchange relationships and perceived group cohesion [J]. Management Communication Quarterly，2013，27 (3)：443-465.

[49] Jordan M H，Feild H S，Armenakis A A. The relationship of group process variables and team performance：a team-level analysis in a field setting [J]. Small Group Research，2002，33 (1)：121-150.

[50] Edmondson A. Psychological safety and learning behavior in work teams [J]. Administrative Science Quarterly，1999，44 (2)：350-383.

[51] Tynan R. The effects of threat sensitivity and face giving on dyadic psychological safety and upward communication [J]. Journal of Applied Social Psychology，2005，35 (2)：223-247.

[52] 吴志平，陈福添．中国文化情境下团队心理安全气氛的量表开发 [J]. 管理学报，2011，8 (1)：73-80.

[53] 董梅，井润田．协力方得同心：团队主动性人格对团队绩效的影响研究 [J]. 中国人力资源开发，2020，37 (2)：77-89.

[54] 陈慧，梁巧转，张悦．团队断裂影响团队建言行为的双元作用机制 [J]. 工业工程与管理，2018，23 (6)：188-194.

[55] 徐振亭，杨相玉，孙效敏．学习目标取向对知识共享影响的跨层次研究 [J]. 科学学与科学技术管理，2017，38 (8)：3-16.

[56] Harvey J F，Johnson K J，Roloff K S，et al. From orientation to behavior：the interplay between learning orientation，open-mindedness，and psychological safety in team learning [J]. Human Relations，2019，72 (11)：1726-1751.

[57] 顾琴轩，王莉红．研发团队社会资本对创新绩效作用路径：心理安全和学习行

为整合视角 [J]. 管理科学学报，2015，18 (5)：68－78.

[58] Huang C C，Jiang P C. Exploring the psychological safety of R&D teams：an empirical analysis in Taiwan [J]. Journal of Management & Organization，2012，18 (2)：175－192.

[59] Koopmann J，Lanaj K，Wang M，et al. Nonlinear effects of team tenure on team psychological safety climate and climate strength：implications for average team member performance [J]. Journal of Applied Psychology，2016，101 (7)：940－957.

[60] Zhou W，Zhu Z，Vredenburgh D. Emotional intelligence，psychological safety，and team decision making [J]. Team Performance Management，2020，26 (1/2)：123－141.

[61] Spoelma T M，Ellis A P J. Fuse or fracture? threat as a moderator of the effects of diversity faultlines in teams [J]. Journal of Applied Psychology，2017，102 (9)：1344－1359.

[62] 朱秀梅，王天东．创业者幽默如何激发团队创业激情?：团队心理安全和团队情感承诺的多重中介作用 [J]. 经济管理，2019，41 (6)：75－90.

[63] 邓志华，肖小虹．谦卑型领导对团队跨界行为的影响：团队过程与团队氛围的不同作用 [J]. 预测，2018，37 (4)：46－52.

[64] Rego A，Melo A I，Bluhm D J，et al. Leader-expressed humility predicting team psychological safety：a personality dynamics lens [J]. Journal of Business Ethics，2021，174 (3)：669－686.

[65] Hu J，Erdogan B，Jiang K，et al. Leader humility and team creativity：the role of team information sharing，psychological safety，and power distance [J]. Journal of Applied Psychology，2018，103 (3)：313－323.

[66] 徐振亭，曲怡颖，罗瑾琏．自我牺牲型领导对员工工作投入的跨层次影响研究 [J]. 科学学与科学技术管理，2018，39 (11)：142－157.

[67] 郝萌，程志超．真实型领导、积极氛围与下属创造力 [J]. 科研管理，2015，36 (12)：103－109.

[68] Liu S-M，Liao J Q，Wei H. Authentic leadership and whistleblowing：mediating roles of psychological safety and personal identification [J]. Journal of Business Ethics，2015，131 (1)：107－119.

[69] Raes E，Decuyper S，Lismont B，et al. Facilitating team learning through transformational leadership [J]. Instructional Science，2013，41 (2)：287－305.

[70] Mehmood M S，Jian Z，Akram U，et al. Entrepreneurial leadership and team creativity：the roles of team psychological safety and knowledge sharing [J]. Personnel Review，2022，51 (9)：2404－2425.

[71] Schaubroeck J，Lam S S K，Peng A C. Cognition-based and affect-based trust as mediators of leader behavior influences on team performance [J]. Journal of Applied Psychology，2011，96 (4)：863－871.

[72] De Hoogh A H B, Greer L L, Den Hartog D N. Diabolical dictators or capable commanders? an investigation of the differential effects of autocratic leadership on team performance [J]. Leadership Quarterly, 2015, 26 (5): 687-701.

[73] Mao J Y, Chiang J T J, Chen L, et al. Feeling safe? a conservation of resources perspective examining the interactive effect of leader competence and leader self-serving behaviour on team performance [J]. Journal of Occupational and Organizational Psychology, 2019, 92 (1): 52-73.

[74] Chen S, Zhang G, Zhang A, et al. Collectivism-oriented human resource management and innovation performance: an examination of team reflexivity and team psychological safety [J]. Journal of Management & Organization, 2016, 22 (4): 535-548.

[75] Chughtai A A, Buckley F. Exploring the impact of trust on research scientists' work engagement evidence from Irish science research centres [J]. Personnel Review, 2013, 42 (4): 396-421.

案例分析

ZD公司的信任危机

ZD公司是一家专注于电子设备研究开发及生产销售的高新技术企业，主营业务包括电脑、手机、平板与打印机等。董事长路德望是公司的创始人。公司成立之初，路德望深感市场拓展的紧迫性，所以高薪挖来了具有10年医疗器械销售经验的陈天乐担任运营总监，赋予其很大的销售自主权。自陈天乐加入公司以来，他竭力开拓市场，使公司业务迅速增长，业绩稳步提升。可以说，公司能做出今天的成绩，陈天乐的贡献是没有人能够替代的。

公司成立之初，由路德望担任董事长兼总经理，负责公司的技术研发、财务管理与行政工作，陈天乐担任运营总监，全权负责公司经营活动并处理公司日常事务，包括但不限于市场开发、产品销售以及电子元器件和办公用品的采购工作。

近年来，公司市场份额逐步提升，积累了一大批忠实客户，使公司在整个行业中处于领先地位。尽管陈天乐为公司立下了汗马功劳，但毕竟是外面请来的高管，这让路德望感到担忧和顾虑。为强化内部监管，路德望对公司组织架构进行了一系列调整。首先，路德望让长期从事财务工作的堂姐章淑英担任公司财务总监，负责公司财务工作。其次，他聘请了自己在大学时最好的兄弟杨成伟担任公司总经理，全面负责公司日常管理以及公司研发工作。路德望嘱托杨成伟监督陈天乐的日常管理活动，同时又让章淑英监督杨成伟的工作。在组织架构调整之前，采购部的工作由陈天乐一人负责，由于路德望对其不信任，所以让总经理杨成伟同时负责采购部的相关工作，使采购部形成了双重领导的格局。路德望还要求章淑英监督陈天乐在采购方面的支出。与此同时，路德望又告诉陈天乐若有业务方面的问题，可以自行处理或直接找他商量。至此，由路德望担任董事长，杨成伟担任总经理，章淑英担任财务总监，陈天乐担任运营总监的高管团队正式形成。

陈天乐作为最先进入公司的高管，为公司立下汗马功劳，却受到董事长的不断削权与监督。虽然路德望在口头上给予陈天乐高度自主权，但在实际管理中却总是瞻前顾后。杨成伟虽然作为路德望最好的兄弟被请来，但因陈天乐与路德望的关系较为密切，且陈天乐在公司中发挥着举足轻重的作用，不由得使杨成伟对陈天乐心存芥蒂。

不久之后，公司进行例行的办公用品采购。杨成伟首先确定了办公用品的种类与数量，并交由物流部运送，而物流部以及采购部的部分工作由陈天乐负责，因此其详细查看了此次例行采购的办公用品。陈天乐发现此次例行采购中部分用品的数量较往年增加了不少，而且采购的成本比往年更高，因此陈天乐向杨成伟询问。杨成伟以公司规模扩大为由继续执行此次采购。陈天乐直接向路德望进行汇报，但路德望对此事的处理却是含糊其词，并未给出实质性的解决方案。经历此次事件后，陈天乐遭到了重大打击，而杨成伟则视陈天乐为最大的威胁。此外，章淑英的介入让高管之间的关系也变得更加复杂。

为了应对竞争与提高公司利润，杨成伟与章淑英决定通过将部分非高新技术产品搭高新技术产品的顺风车的方式来进行出售，以此享受税收优惠政策。这个决定遭到陈天乐的强烈反对。但杨、章二个人认为少量出售并不会造成太大的影响，因此陈天乐立即联系此刻正在国外出差的路德望，并向他汇报情况。路德望对此事采取默许态度，陈天乐想到自己如今在公司举步维艰，只好作罢。然而此事被人举报，受到税务部门的审查，陈天乐希望路德望赶快回公司处理，但路德望授权章淑英全权处理此事，自己并不急着赶回来。章淑英一再拖延处理此事，又与杨成伟一同责备陈天乐当初没有坚持观点，并且绕过他们直接联系董事长。几年来不断积累的矛盾终于被这样一个导火索点燃了，三位高管在这一次争执中不欢而散。

公司为此事件缴纳了数额不小的罚款，且信誉大受影响。陈天乐面对高管之间错综复杂的关系和路德望对自己的态度，身心俱疲，心灰意冷，毅然决定向路德望递交辞呈。虽经路德望一再挽留，并承诺赋予陈天乐更高的权力以及提供更好的待遇，但陈天乐最终还是婉拒了路德望的挽留。

陈天乐离开后，路德望被公司当下面临的种种问题所困扰。公司的当务之急是什么？运营总监的职务该由谁来承担？到底是什么原因促使陈天乐如此坚决地离开公司？

[讨论题]

1. 陈天乐坚决离开公司的原因有哪些？
2. 如何在高管团队中营造信任的氛围？

在成员都很优秀的情况下，如何培养团队信任

某大型集团有一支海外营销团队，团队成员都是在世界各地长大的华人。团队成立了半年，表面看上去一片和谐气氛，但绩效始终达不到集团的期望。虽然这个团队的每位成员都有着非常优秀的背景，但谁也不愿意让别人看到自己的不足，谁也不愿意给别人提供建议，加上不同的文化背景，团队成员很难开展高效坦诚的沟通。

[讨论题]

1. 案例中团队面临的核心问题是什么？
2. 如何解决案例中团队面临的问题？

第9章

团队激励与满意度

温室里长不出参天大树，懈怠者干不成宏图伟业。

——习近平在“不忘初心，牢记使命”主题教育总结大会上的讲话

（2020年1月8日）

学习目标

1. 掌握团队激励的内涵
2. 掌握常见的团队激励理论
3. 掌握团队满意度的内涵
4. 了解影响团队激励与团队满意度的因素
5. 了解激励提升团队满意度的方式

引导案例

放权，激发团队活力

团队的发展壮大不能光靠一个人或者几个人将所有的工作大包大揽，而是要依靠团队成员的共同努力，借助他们的智慧和才能，群策群力。

迈克是纽约一家公司的经理，他除了要与客户电话联络外，还要处理公司大大小小的事情，他需要处理桌子上一大堆的公文，每天都忙得不可开交。每次到加州出差，哈默都约迈克早上六点三十分见面，迈克需要提前三个小时起床，处理公司传来的传真，处理完后，再将传真传回公司。哈默曾经与迈克沟通，觉得迈克做得太多，而他的员工只做了简单的工作，甚至不必动脑筋去思考他们的工作，也不必承担任何责任与风险。

按照迈克的做法，好的人才不可能留下。迈克说，员工没有办法像他一样做到面面俱到。对此哈默向他说明两点："第一，如果你的员工像你这么聪明，做得和你一样好的话，那他就不必当你的员工，早就当老板了。第二，你从不给他们机会去尝试，怎么知道他们做得不好呢?"哈默又说："身为领导者必须明白，请别人为你做事，你才可能从他们中发现有才能的人。给他们机会，为你完成更多的工作，训练他们承担额外的工作。"

管理者不可能什么事情都自己做，必须学会利用团队的力量，将权力分给员工，让他们自己去完成工作。这事实上也是对员工的一种激励，管理者表达了对员工的信任，员工从中感受到了被重视以及自身的价值，从而达到激励的目的。另外，适时放手让团队成员承担责任，还需要考核他们的表现，根据他们的表现再次对他们进行激励。

在哈默的劝说下，迈克改变了自己的工作方法，学会了放权，让有能力的员工去处理事情，使公司效益大增。

优秀的员工可以在某方面做得很好，但是一个人的才能和精力往往有限，因此，一个组织要想发展得更好就必须借助团队的力量。随着组织的不断扩张，个人的精力将无法支撑组织的发展，只有调动团队的力量才能让整个组织走得更远。如何调动整个团队的活力，让大家劲往一处使，这就是团队激励的相关内容。激励在现实生活中是常见的，同时发挥着巨大的作用。2019 年 1 月 17 日，习近平总书记在天津考察期间，来到天津滨海-中关村科技园，与当地的工人进行了亲切谈话，赞扬了他们所做出的贡献。工人们得到总书记的肯定后，心情十分激动，创新让他们实现了自己的价值，也找到了人生奋斗的方向。天津滨海-中关村科技园的员工们都一致认为总书记的激励让他们创新的劲头更足了。

9.1 团队激励的内涵

团队激励（team motivation）的思想最早是由斯坎伦（Scanlon）在 1938 年针对薪酬计划提出的，其核心思想是建议以计划和生产委员会为主体，寻求节省劳动成本的方法和手段，不提倡对个人进行激励，而是以团体目标为首要目标。在这个计划中，强调协作与合作而不是竞争，任何个人的成果都能使团体得到好处。随着社会生产力和科学技术的发展，工作任务的复杂性逐渐增加，社会分工越来越细，组织目标的实现单纯依靠个体的力量往往难以完成，因此需要依靠与他人的协作。在解决复杂问题的时候能够从团队的共同努力中获得高于个人的成果。但是，如果仅有团队激励，又会挫伤个人工作积极性，从而影响组织的业绩。因此，作为一个优秀的管理者，需要对激励有一定的了解。

9.1.1 激励的定义

激励一直是管理领域探讨的重要话题，但是对激励却难有一个明确的定义，不同的学者有着不一样的看法。麦格雷戈（McGregor）认为激励是为了引导有各自需要和个性的个人或群体，为实现组织的目标而工作，同时又要达到个人的目标[1]；琼斯（Jones）认为激励与行为的产生过程有关；阿特金森（Atkinson）认为激励就是此时此刻对行动的方向、强度与持续性的（直接）影响[2]；弗鲁姆（Vroom）认为激励是一个会影响人的选择的过程；坎贝尔（Campbell）和普利特查德（Pritchard）认为激励与个体行为的方向、幅度和持续性相关[3]。

尽管这些定义看起来各不相同，但基本都包含着三个方面，分别是激励的出发点、参与激励的主体和激励的过程。具体而言，激励的出发点是为了满足需要。罗宾斯认为"激励是指去做某事的意愿，并以行为能力满足个人的某些需要的条件"。参与激励的主体主要分为激励者和被激励者，在早期，与激励相关的研究主要强调激励者的主导作用，忽视了被激励者的能动反作用。在行为科学主义兴起后，人们认识到了被激励者的重要性，激励是一种导致行为的力量，激励的目的在于引导行为的重复与强化。激励的过程实际上是一种循环过程，需求被满足然后产生新的需求，在这个过程中不断影响人的行为，一旦这个过程中的某一环节出现问题，激励的作用就会发生改变。整个激励的过程如图 9-1 所示。

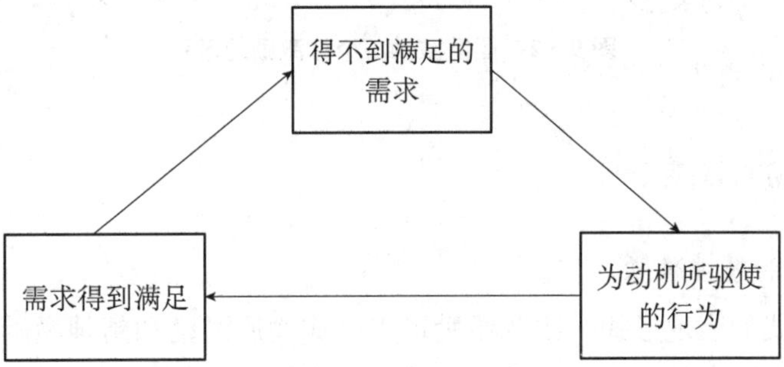

图 9-1　激励的过程

9.1.2　团队激励与个体激励

随着经济的进一步发展，当今许多的生产管理活动仅仅依靠个体已经难以完成，越来越多的组织开始采取团队来进行生产运作。尽管"众人拾柴火焰高"，但是想要真正达到"火焰高"，除了重视对个体的激励，还需要关注团队的激励。目前对于激励的研究主要集中在个体层面。团队激励与个体激励存在联系，同时又存在着差异。[4]团队是由个体构成的，因而团队激励实际上是以个体激励为基础的，要达到激励一个团队的效果，团队中的每个成员都应当得到激励。[5]团队激励在很多方面与个体激励是相似的，在激励过程中，都是为了满足成员的需要；在激励方法上都可以采取目标激励（target motivation）、薪酬激励（compensation incentive）和工作激励等方法。

团队激励与个体激励（individual motivation）也存在差异，这是由团队工作与个体工作的差异性所导致的。与个体工作相比，团队工作不是个体工作简单相加的结果，而是多个个体工作互相影响的结果，在团队中一个成员的行为会依赖并影响其他成员的行为。正因为团队工作的特殊性，团队激励也存在着个体激励所不具有的一些问题。团队激励需要站在团队的角度上，对个体进行激励。在这个过程中，不同的个体受到团队的激励可能不同，个体之间可能存在相互比较和竞争的情况，甚至个体之间也会相互影响，从而导致团队目标受到损害。因此，团队激励不仅要关注对团队成员的个体激励，还要重视激励在个体间的影响。团队激励与个体激励最大的差别就是，团队激励需要关注多个个体激励之间的相互关系，团队激励与个体激励的区别如图 9-2 所示。当团队成员之间进行比较后，认为自己的贡献没有得到应有的奖励时，团队内部会出现低贡献团队成员“搭便车”和高贡献团队成员降低对工作的投入的现象。团队中的每个成员都选择偷懒，会导致团队整体工作效率降低，从而造成团队不稳定的现象产生。

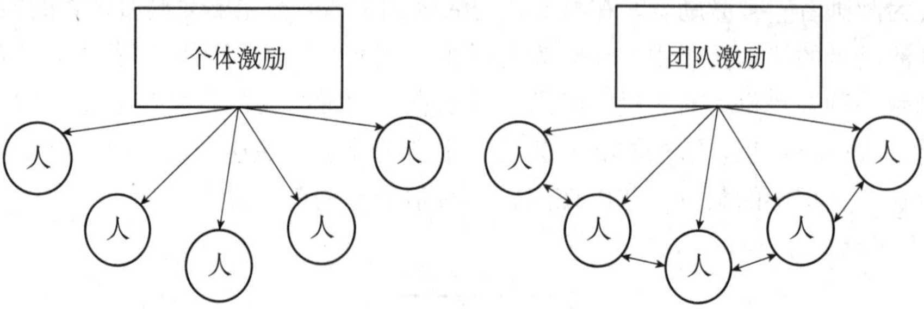

图 9-2　团队激励与个体激励的区别

9.1.3　团队激励的分类

1. 物质激励和精神激励

根据激励方式的表现形式，团队激励可以分成物质激励和精神激励。物质激励是指用物质来满足被激励者的需要，物质激励通常包括资金、奖品等。[6]精神激励是一种内在激励，用情感来满足被激励者的需要，精神激励常见的形式包括对员工授权、对员工进行鼓励等。物质激励和精神激励各有优劣，物质激励能够快速地调动员工的积极性，但却给团队长期发展埋下了隐患，员工容易形成唯利是图的价值导向。另外，不适当的物质激励往往会扼杀员工工作的内驱力，例如著名的“德西效应”。精神激励虽然难以迅速地调动员工的积极性，但是有助于塑造良好的团队氛围，在潜移默化中提高员工的满意度。因而，在实践过程中要将物质激励与精神激励相结合。

扩展阅读

德西效应

心理学家爱德华·德西（Edward Deci）曾进行过一次著名的实验，他随机抽取了一些学生去单独解一组非常有趣的智力难题。第一阶段，抽取的全部学生在解题时都没有得到奖励；第二阶段，所有实验组的学生每完成一个难题后，就可以得到1美元的奖励，而无奖励组的学生仍像原来那样解题；第三阶段，研究人员不做干涉，学生们自行选择是否在休息时间解题。结果发现，无奖励组的学生比实验组的学生会花更多的休息时间去解题。这说明当一个人进行一项愉快的活动时，给他提供奖励反而会减少这项活动对他的内在吸引力。这就是所谓的“德西效应”。

资料来源：Deci E L，Vallerand R J，Pelletier L G，et al. Motivation and education：the self-determination perspective [J]. Educational Psychologist，1991，26（3-4）：325-346.

2. 持续性激励和间歇性激励

根据激励的时间频率，团队激励可以分为持续性激励和间歇性激励。持续性激励这一词语来源于控制学科，是指在一段时间内连续施加某一激励条件。在管理学领域，持续性激励是指在一段时间内，不间断地对员工进行激励；间歇性激励就是有间断地对员工进行激励。持续性激励会在激励的开始阶段产生良好的效果，员工的积极性会得到极大的提高，但是随着时间的推移，容易产生激励疲劳。此时，再想调动员工的积极性就要付出更多的成本，因此持续性激励这种方式会加重团队的成本负担，不能长期使用。间歇性激励是指激励存在节点，只有达到了某一节点，才会产生激励。这种激励方式要关注节点的选择，避免让员工觉得获得激励是遥不可及的，从而丧失积极性。因此，持续性激励和间歇性激励要根据团队发展的具体情况来进行选择和转换。

3. 正激励和负激励

根据激励的方向，团队激励可以分成正激励和负激励。正激励指的是用某种正面的结果（比如认可、赞赏、增加工资、晋升或者创造一种满意的环境等）表示对员工行为的肯定。负激励指的是针对员工不良的行为或业绩，采用某种负面的结果（比如批评、扣发工资、降级等）来表示对员工行为的否定。

9.2 团队激励理论

9.2.1 团队激励与个体激励的通用理论

团队激励与个体激励在某些方面具有相似性，团队激励是以个体激励为基础的，团队激励的最终目标是使团队中的每个个体都能得到最大程度的激励，从而使团队获得最佳绩效。个体激励的起点是个体动机，产生动机后，个体会做出相关行为来满足自身的需要。根据个体激励发生的过程，结合团队激励与个体激励的关系，我们将组织行为学中关于团队的激励理论进行分类归纳，可分为与团队期望相关的激励理论、与团队绩效相关的激励理论以及与团队成果分配相关的激励理论。

团队由个体组成，团队期望是个体之间动机博弈的结果，每个个体的动机相互平衡，最终形成共同的团队期望。[7]只有团队期望体现了每位团队成员的动机，才能最大限度地激励团队成员。在形成团队期望时，团队领导需要了解团队中每位成员的需求，有针对性地对团队成员进行激励。如果团队成员的个人需求无法在团队期望中体现，那么团队中的个人就会缺乏奋斗动机，团队激励将不能发挥作用。因此，形成共同的团队期望是团队激励的起点。其中，团队领导起到关键性的作用，其需要调和每位团队成员个性化的需求，使团队期望对团队的激励达到效果最大化。与团队期望相关的激励理论主要包括马斯洛（Maslow）的需求层次理论（needs hierarchy theory）、赫茨伯格（Herzberg）的双因素理论（two-factor theory）等。

团队激励的过程是从形成团队期望开始的，团队有了团队期望后，需要努力达成期望，即产生团队绩效。团队绩效需要依靠团队中每个人的努力，也需要依靠团队个体的相互协作。因此想要获得良好的团队绩效，团队中的每个人都需要发挥个人能力，提升个人绩效。[8]同时个体绩效相加并不能代表团队绩效，因此为了实现团队期望，还要考虑个体之间的绩效平衡，注意个体绩效的协同效应。与团队绩效相关的激励理论主要包括弗鲁姆的期望理论（expectancy theory）、哈肯（Harken）的协同理论（synergetics theory）等。

获得团队绩效后，将对团队成果进行分配。本次的成果分配是本次激励的最后结果，无法对本次激励过程产生影响，但是成果的分配将直接影响到下一次激励的作用。因此团队成果分配的有效性对激励的持续性具有重要影响，属于团队激励过程中的重要环节。团队成果分配能否满足团队内个体的需要直接影响个体付出努力的程度，与团队成果分配相关的激励理论主要包括亚当斯（Adams）的公平理论（justice theory）、斯金纳（Skinner）的强化理论（reinforcement theory）等。团队激励与个体激励的关系如图 9－3 所示。

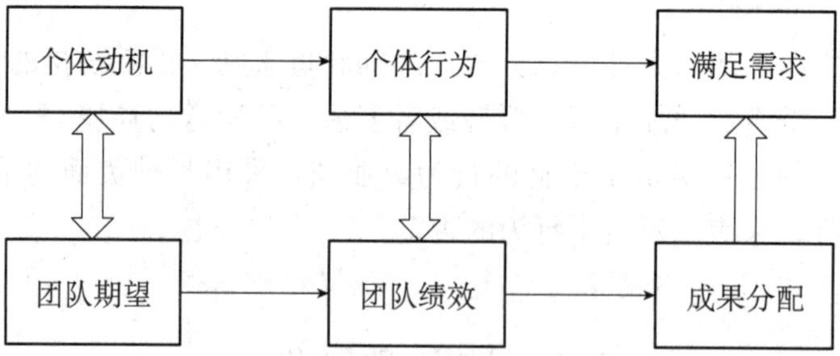

图 9－3 团队激励与个体激励的关系

1. 与团队期望相关的激励理论

（1）需求层次理论。

需求层次理论是由美国心理学家马斯洛在 1943 年出版的《人类激励理论》中首次提出的。需求层次理论是针对个体层面提出的，这提醒管理者在进行团队激励时，尤其是在制定团队目标时，应该充分考虑团队成员的个体需求，团队成员是出于哪种需求产生的动机。团队目标的设定只有充分表达了成员的需求，才能够最大限度地调动员工的积极性。马斯洛认为，人类有各种各样的需求，不同个体的需求不同，但是可以对这些需求进行分类。人类的需求大致可以分为生理需求、安全需求、社交需求、尊重需求和自我实现的需求等，它们是由低级到高级逐级形成和发展的，如图 9－4 所示。

1）生理需求。生理需求是指人类满足自身生存的一种最原始、最基本的需求。它主要指人们需要获得衣食住行等方面的基本满足。只有当生理需求得到基本满足，其他需求才能称为激励的因素，人们才会把需求的目标指向更高一级。

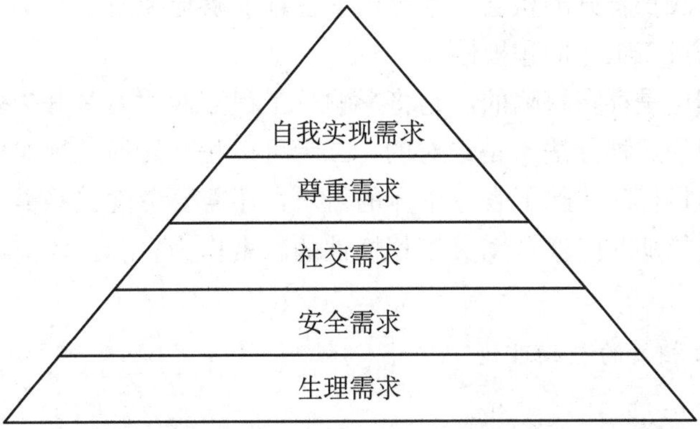

图 9-4　马斯洛需求层次理论

2）安全需求。当一个人的生理需求得到满足后，就会产生对自身安全，如劳动安全、职业安全、环境安全、生命安全、财产安全和心理安全等方面的需求。

3）社交需求。社交需求也称归属与爱的需求，或社会需求。当前两种需求有了一定的保障之后，人们便产生了社交需求，即需要进行社会交往，与朋友保持友谊，与家人共享天伦之乐等。

4）尊重需求。一个人在满足前面三种需求后，就会产生尊重需求。尊重需求是个人因为获得他人的承认、信赖、尊敬而产生的一种自信、自立、自重、自爱的思想感情。这种需求一般表现为尊重自己，不向别人卑躬屈膝，也不允许别人歧视、侮辱自己，并且得到领导和社会的重视、同事的信赖和高度评价。

5）自我实现需求。这是人的一种最高的需求，人们在满足上述需求后，会产生实现自己的理想、成就一番事业的需求。这种需求与人的价值观和文化素养有极大的关系。

需求层次理论认为这五种需求是逐层递升的，但是在实际生活中，这种次序不是完全固定的，而是存在变化的。各层次的需求相互依赖和重叠，当高层次的需求得到满足时，低层次的需求仍然存在，只是影响程度降低了。

（2）双因素理论。

双因素理论是由美国心理学家赫茨伯格在 1959 年提出的，又称为激励-保健理论。不同于马斯洛需求层次理论从满足需求出发去调动人的积极性，双因素理论是从外在需求、内在需求的区分以及两者在调动人的积极性方面起到不同作用的角度，来探讨如何更有效地激发员工的工作积极性。传统理论认为，满意的对立面是不满意，而根据双因素理论，满意的对立面是没有满意，不满意的对立面是没有不满意。因此，影响员工工作积极性的因素可分为两类，包括保健因素和激励因素。

保健因素是指那些与人们不满情绪有关的因素，例如企业政策、工资水平、工作环境、劳动保护等。这类因素处理得不好会引发员工工作不满情绪，处理得好可以预防和消除这种不满，但是不会起到激励的作用，只能保持人的积极性，维持现状。换句话说，保健因素只能让员工不发牢骚，而无法让员工满怀热情地投入工作。

激励因素是指能够促使人们产生工作满意感的因素。激励因素主要包括工作上的成就感、工作中得到的认可和赞赏、工作本身的挑战和乐趣、工作职务上的责任感、工作的发展前景、个人成长晋升的机会。这类因素往往能够促使员工行为的产生，激发员工工作的热情，调动员工工作的积极性。

但是双因素理论是存在缺陷的，它将影响员工积极性的因素分为保健因素与激励因素是欠考虑的，因为这种分法不是绝对的，二者可以相互转换。针对团队激励，双因素理论认为，在设定目标时，除了表达个体的需求，还需要考虑这些需求是否能够起到激励员工的作用，选择那些能够调动员工积极性的因素作为目标，才能够最大限度地调动员工积极性。

2. 与团队绩效相关的激励理论

(1) 期望理论。

期望理论是由美国心理学家弗鲁姆在1964年出版的《工作与激发》中提出来的。期望理论认为，个体行为倾向的强度取决于个体对这种行为可能带来结果的一种期望度，以及这种结果对行为的个体所具有的吸引力。弗鲁姆早期将期望理论用公式来表示：

激励力量（M）＝效价（V）×期望值（E）

激励力量（motivation）是指产生行为动机的强度，也就是调动人的积极性、激发个体潜力的强度。当激励强度达到一定的程度后，才能使个体将愿望转为动机，从而产生行为。从上述公式可以看出激励力量与效价和期望值相关，企业管理者可以从这两个角度出发去思考如何提高员工的积极性。

效价（valence）也称为目标价值，是指个体对某种结果的效用价值的判断，即某种目标的达成对个体的满足程度。效价越大，吸引力就会越大，个体的积极性就会越高。

期望值（expectancy）是指个体对自己通过努力有多大程度能够达成目标的判断，是个体主观上估计达到目标的可能性。一般来说，实现目标的可能性越大，越能够调动员工的积极性。在实际管理工作中，管理者可以适当地塑造员工的期望，让员工的期望起到最大的激励效果。

扩展阅读

善用期望等待期

A公司要提拔甲，领导提前半年开始给甲周围的同事们放风，告诉他们甲要被提拔了，但就是不明确和本人讲。甲周围所有的人都向他表示了祝贺。甲很惊讶，心里开始暗想："我是不是要被提拔了？"于是，甲得到了极大的激励，工作特别积极。果然，在努力工作半年以后，甲被提拔了。

在正式宣布提拔时，甲得知还有一个奖励要给他，但他不知道这个奖励是什么，因为要两个月以后去人力资源部领取才知道。于是，甲更加卖力地工作。两个月后，他来到人力资源部，拿到了一个很大的信封，打开后发现里面有两张当地最好的五星级酒店的烛光晚餐券，但是两个月以后才能使用，于是甲又高高兴兴地努力工作了两个月。

小小的激励机制，把甲的短期干劲延长了10个月，甚至更长。

期望理论提出了在激励时要处理好三方面的关系，这也是调动员工工作积极性的三个条件。第一，努力与绩效的关系。人们是否能够通过努力达到所定的目标。第二，绩效与奖励的关系。人们是否能够在达成目标后获得应得的奖励。第三，奖励与满足个人需求的关系。所得到的奖励是否能够满足个人的需求。团队的绩效体现了成员共同的期望，也是团队成员共同努力的结果。

（2）协同理论。

协同理论是系统科学的重要分支，是由物理学家哈肯在 1971 年创立的，近十几年来获得了长足的发展，并广泛应用于管理学领域。协同理论认为，在整个环境中，各个系统间存在着相互影响而又相互合作的关系。团队是由多个团队成员组成的，团队成员之间相互作用和协作，每个个体都是一个独立的系统，拥有自己的动机与行为方式。团队目标靠单个个体难以完成，需要通过多个个体的通力合作。因此，为了实现共同的团队期望，团队成员需要对个人的动机和行为方式进行调整，配合其他个体。如果个人只关注自己的利益，而不管团队其他人的利益，那么会影响团队成员之间的合作，不利于团队整体的发展。简单来说，协同理论关注个体激励的平衡，让团队中每个个体的利益维持平衡，使团队整体的激励效果最大化，从而实现团队的期望。

扩展阅读

各扫门前雪，只对个人绩效负责

企业大了，人多了，混工作和混日子就容易了，人的自我驱动力就会变得越来越弱，再加上受到绩效考核的边界所限与利益趋避，驱使大家“各扫门前雪”，凡是有考核的，大家都积极去做，想方设法拿高分，即使一件事情对团队长远利益有伤害也在所不惜，最终导致团队整体利益损害。

要理解协同理论，还需要理解两个核心概念，一是序参量，二是自组织。序参量是指在团队合作过程中，影响个体共同由一种状态转变为另一种状态的集体协同行为，并暗含新结构形成的因素。在团队系统中的序参量有很多，需要找出起决定性作用的序参量才能够发挥出个体间的协同作用。自组织是团队自我完善的根本途径，是团队从无序向有序演化的过程，实质上就是系统内部进行自组织的过程，协同是自组织的形式和手段。

3. 与团队成果分配相关的激励理论

（1）公平理论。

公平理论又称为社会比较理论，是由美国行为科学家亚当斯提出的。公平理论的基本观点是：当一个人做出了成绩并取得报酬后，他不仅关心自己所得报酬的绝对量，还会关心自己所得报酬的相对量。因此他会进行种种比较来确定自己的报酬是否合理，比较的结果将直接影响他今后工作的积极性。当团队成员共同努力取得一定的团队成果时，如何分配这些成果会影响下一次员工工作的积极性，若团队成员认为团队成果分配不公平，就会影响下一次团队激励的效果。

1）横向比较。

横向比较是指将自己获得的报酬与自己投入的比值和组织内的其他人做社会比较，只有二者相等时，他才会认为是公平的。公式为：

$$\frac{O_p}{I_p}=\frac{O_c}{I_c} \qquad (9-1)$$

式中，O_p＝自己对所获报酬的感觉；

O_c＝自己对他人所获报酬的感觉；

I_p＝自己对个人所投入的感觉；

I_c＝自己对他人所投入的感觉。

当式（9－1）为不等式时，可能会出现以下两种情况：

当$\frac{O_p}{I_p}<\frac{O_c}{I_c}$时，员工会通过两种办法来解决这种不平衡：一是员工可能会要求组织增加自己的收入或降低自己今后的努力程度；二是员工可能会要求组织减少比较对象的收入或者让其今后增强努力程度。当$\frac{O_p}{I_p}>\frac{O_c}{I_c}$时，员工可能要求减少自己的报酬或在开始时主动多做一些工作，但时间一长，员工就会重新评估自己的技术和工作情况，最终会认为他确实应该得到这么高的待遇，于是工作量又会回到过去的水平。

2）纵向比较。

除了横向比较之外，人们也经常做纵向比较，也就是说把自己目前投入的努力与目前所获得的报酬的比值与自己过去的情况进行比较。只有二者相等时，他才认为是公平的。公式为：

$$\frac{O_p}{I_p}=\frac{O_h}{I_h} \qquad (9-2)$$

式中，O_p＝自己对现在所获报酬的感觉；

O_h＝自己对过去所获报酬的感觉；

I_p＝自己对个人现在投入的感觉；

I_h＝自己对个人过去投入的感觉。

当式（9－2）为不等式时，可能会出现以下两种情况：

当$\frac{O_p}{I_p}<\frac{O_h}{I_h}$时，员工会有不公平的感觉，这可能会导致员工工作积极性下降；当$\frac{O_p}{I_p}>\frac{O_h}{I_h}$时，员工不会产生不公平的感觉，但也不会觉得自己多拿了报酬，从而主动地多做些工作。

（2）强化理论。

美国哈佛大学教授斯金纳在巴甫洛夫（Pavlov）的条件反射理论的基础上，提出了“操作条件反射理论”，也叫强化理论。他认为人类（或动物）为了达到某种目标，本身就会采取行为作用于环境。当个体做出这种行为会获得有利的结果时，这种行为就会重复出现；当个体做出这种行为会获得不利的结果时，这种行为就会减弱或消失。人们可以运用正强化或负强化的办法，来影响行为的效果，从而引导、控制、改造其行为，更好地为组织目标服务。强化手段一般有四种方式，包括：

1）正强化。正强化是指在期望的行为发生后，对该行为进行激励，即对期望的行为进行奖励，以期望这种行为能更多地发生。

2）负强化。当某种不符合要求的行为发生改变时，减少或消除施加于其身的某种不愉快的刺激（批评、惩罚等），从而使其改变后的行为再现和增加。

3）消退。消退有两种方式：一是对某种行为不进行任何评价，以表示对该行为的轻视或否定，使其自然消退；二是对原来提倡的行为，由于管理者自身的疏忽或发展情况的改变，不再给予正强化，使其出现的可能性下降，最终完全消失。

4）惩罚。惩罚是指在一些行为发生后，增加一个令人不愉快或不如意的事件，来使这种行为在以后尽可能少发生。

在团队激励中，强化理论可以运用在团队成果分配上，对绩效高的员工给予较多的奖励，实现成果利益的有差别分配。这种有差别的分配方式比无差别的分配更能提高员工的工作积极性，达到更好的激励效果。强化的类型如表 9-1 所示。

表 9-1　强化的类型

	令人愉快或所希望发生的事件	令人不愉快或不希望发生的事件
事件的出现	正强化 （行为变得更加可能发生）	惩罚 （行为变得更加不可能发生）
事件的消失	消退 （行为变得更加不可能发生）	负强化 （行为变得更加可能发生）

扩展阅读

斯金纳的实验

斯金纳把一只饥饿的白鼠放入斯金纳箱中，白鼠在饥饿的刺激下不停地活动，产生一系列的行为反应，其中偶然出现的按压杠杆的行为会为它带来少量的食物。

白鼠吃完食物后继续活动，偶尔按压杠杆得到食物的“反应-刺激”会继续发生，这种在行为之后出现的刺激对白鼠的行为起到强化的作用。

白鼠在一次次获得食物刺激的奖励后，逐渐学会主动地反复按压杠杆来获取食物。

资料来源：Skinner B F. Science and human behavior [M]. New York：Simon and Schuster，1965.

9.2.2　团队激励的特定理论

在进行团队激励的过程中，除了上述传统的激励理论，还存在团队激励的特定理论，这与团队的产生相关，有的团队是由委托人的委托而产生的，因而是存在由委托人选取的代理人，代理人完成自己工作的同时还要监督其他人，委托人会根据代理人的意见来进行团队激励。有的团队是自发形成的，不存在委托人，团队成员各自分工，对产生的共同成果按照相应的方式进行团队激励。

1. 有委托人的团队激励

委托人不在团队内部，因而难以观察到团队成员的努力程度，但在一定条件下，团队成员可以以较低的成本观测到其他成员的努力程度，通过成员之间的相互监督，可以防止团队中出现“搭便车”的情况[9]，从而实现委托人自身利益最大化。因此，委托人可以通过团队激励来均衡团队成员的生产性工作和监督性工作。[10]委托人可以选取代理人，让代理人代替委托人实行监督的职责。事实上，在代理人存在的团队中是有层级之分的，这种监督本质上更倾向于一种纵向监督。在组织的生产领域中，这种团队的模式最为常见，几乎都是通过委托而产生的团队，在团队中都会存在领导，大部分员工的绩效考核和奖金分配都是由领导决定的。

2. 无委托人的团队激励

在无委托人团队中，团队成员通过共同生产经营来分配收益。当成员之间的技能水平差异较大时，平均分配会降低高技能者的积极性[11]，使得团队成员存在偷懒的动机，缺乏工作的积极性，形成典型的“囚徒困境”，影响团队效率。为了提高团队效率，在无委托人的团队中可以采取内部监督的方式来规范团队成员的行为，防止“搭便车”的情况出现，但是与有委托人团队的监督不同，在无委托人团队中的监督是一种横向监督。这种监督主要靠团队成员之间互相监督，需要每位团队成员都对团队目标保持热情。横向监督在组织管理实践领域中非常常见[12]，例如美国纽柯钢铁的团队管理中，任何不努力的员工都会受到同事的排斥，甚至发生过一群员工将一个懒惰的同事赶出工厂的事情。在我国，海尔集团也非常强调团队内部的相互约束和监督，例如海尔集团著名的“赛马规则”。

9.3 通过激励提升团队满意度

9.3.1 团队满意度的内涵

团队激励的目标是提高团队满意度，但是人们对团队满意度的理解在很多情况下是比较模糊的。梅森（Mason）和格里芬（Griffin）认为团队满意度是指团队成员对团队工作任务和工作环境的认可程度。根据对相关文献的梳理，团队满意感的形成与四个方面相关。一是共同的工作环境，在同一个团队中，团队成员共享同样的工作环境，工作任务联系紧密；二是对大量社交信息的处理，由于工作环境的接近，团队成员之间的社交信息沟通会更多，这些工作以外的社交信息，不仅有助于他们理解复杂的工作环境，而且也让他们对团队的行为准则更加了解；三是成员相似性，个人会更愿意选择加入自己能够融洽相处的团队；四是团队气氛，团队成员的情绪会互相感染，因而团队的整体氛围会影响团队满意度。

对于团队满意度的测量方法主要有直接共识法和变换参照对象法，把个人层面的数据聚合为评估团队层面概念的指标。直接共识法是指根据个人层面的反应聚合成团队的得分，采用直接共识法来测量团队满意度时，是通过在调查问卷中使用“我对我从事的工作非常满意”这样的测量题项先评估员工个人的工作满意度，然后直接把员工的个人满意度聚合为团队满意度。变换参照对象法是指在聚合团队概念之前先改变个人层面的参照对象。[13]具体来说，就是不要求团队成员对自己的工作进行评价，而是让他们评价团队的工作，然后再把研究对象变换后的个人层面概念聚合成团队层面概念。在调查问卷中使用“本团队成员对团队工作非常满意”这样的测量题项，使团队成员对团队工作进行评价，然后再把他们的评分聚合成团队得分，最后得到团队工作满意度。

9.3.2　影响团队激励与团队满意度的因素

团队激励与团队满意度的关系在实际运行过程中难以区分前因后果，对团队进行激励会提高团队的满意度，团队满意度的提高又会在下一次的团队激励中发挥积极作用。因此，在实际工作中，这两者相辅相成，但事实上团队激励要先于团队满意度而产生，团队激励是团队满意度的前因变量。影响团队激励与团队满意度的因素如图 9－5 所示。

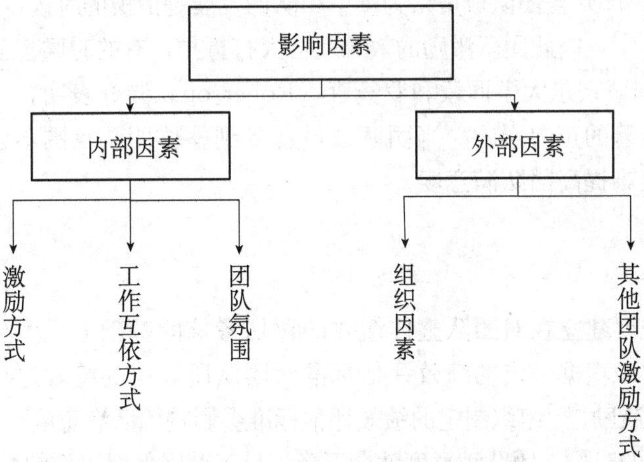

图 9－5　影响团队激励与团队满意度的因素

1. 内部因素

(1) 激励方式。

在大多数情况下，团队激励都能够提高团队满意度，但是在某些情况下可能会出现偏差。团队内部的激励可以分成两种方式，一种是对团队成员实施无差异的激励；另一种是对团队成员实施差异化的激励。[9]

在进行激励的过程中要注意保持这两种方式的平衡。在团队中，每个成员都有自己个性化的需求，如果仅实施无差异的激励，将无法满足成员的个人需求[14]，也就无法达到激励员工的作用，从而影响到团队整体的满意度，进而影响团队的有效性。管理者应当重视优秀员工的个性化需求，优秀员工是整个团队的灵魂，可以为团队做出巨大的贡献。一旦优秀员工的需求没有得到满足，优秀员工将会减少工作的投入，影响团队整体的绩效，进而降低团队整体激励效果，降低团队满意度。但是如果过度关注员工的个性化需求[15]，推崇绝对差异化的激励，可能会阻碍团队协作，产生过度竞争。如果员工在进行工作时只关注自己的目标，忽略了团队的整体目标，那么那些只能由团队才能完成的工作将很难完成[16]，进而导致整个团队没有凝聚力，团队合作受到损害，团队满意度下降。

（2）工作互依方式。

团队的绩效是每个成员互相依赖地工作而联合形成的绩效，团队的显著特点就是强烈性和互赖性。[17]每个人的工作都与其他人密切相关，团队中的一个成员不出成果，其他人可能也出不了成果，那么整个团体也就不能获得奖励。[18]根据社会互依理论，工作互依方式可以分为积极互依、消极互依和无互依三种方式。[19]积极互依方式不仅会产生高绩效，还会满足团队成员的需求，在个体间创造出人际吸引力，从而提升团队有效性。当一个团队的分工是积极互依方式，这个团队会产生较高的绩效和较大的满足感，从而提高团队满意度。

（3）团队氛围（team atmosphere）。

团队氛围是指团队成员对工作环境的共同看法。团队成员会根据团队的运行情况以及自身在团队中工作的体验感，来形成他们自身对工作环境的看法，这种看法会影响团队成员对激励的认知。[20]当团队成员认为整个团队的发展是消极的时候，其会本能地对团队激励产生一种偏见[21]，因此团队激励的效果就会大打折扣，有的时候甚至起到反作用。

2003 年，美国康奈尔大学西蒙和罗宾森（Roberson）调查表明，团队的公平氛围对团队满意感产生显著的正向影响。当团队成员感受到整体团队氛围不公平时，那么即使通过高薪激励也很难提高团队满意度。

2. 外部因素

（1）组织因素。

团队激励首先要建立在对团队整体绩效的评估考核的基础上，团队成员共同努力来取得团队绩效，组织根据一定的绩效评估标准对团队所取得的绩效进行合理评估，然后对团队进行一定的激励。[22]组织制定的绩效评估标准会影响团队满意度，当团队认为组织的激励标准是不公平的时候，团队满意度就会下降，员工就降低对工作的投入、工作效率。

（2）其他团队激励方式。

团队激励是团队根据恰当的分配标准把组织对团队的激励在团队成员之间进行二次分配，使得团队成员个人满意度提高。[22]在进行二次分配激励时，团队内部需要考虑的因素有很多，此部分在前文中已经进行了详细的阐述。除内部因素外，外部因素中的其他团队的二次分配激励方式也会影响团队满意度。当团队成员认为其他团队的激励方式比自己所处团队的激励方式更为合理时，就会产生不满意感，从而影响他们的工作效率。

9.3.3 激励提升团队满意度的方式

1. 目标激励

制定标准不仅仅是团队发展和管理本身的需要，而且也是激励员工的需要。俗话说，

“有志者，事竟成”，可见目标对个人发展是具有激励作用的。员工参与团队目标的制定，将个人目标与团队目标相结合，看到自己在团队中的价值和责任，感受工作中的乐趣，从实现目标中获得满足感。只有团队中每位成员的满意度都得到了提高，团队满意度才会提升。

2. 行政激励

行政激励（administrative incentive）是指团队为了激励团队成员的工作积极性、创造性，增强其责任心和荣誉感，提高工作效率和质量，根据有关规章制度，运用行政手段，对表现突出或有突出贡献者给予的物质或精神奖励。但在进行行政激励之前，必须对组织成员进行绩效考核，包括工作态度，工作能力，工作成绩的考察、审核和评价。

3. 薪酬激励

薪酬激励是团队中最常见的激励方式。团队将员工的工作表现与薪酬挂钩，从而激发员工的工作热情。[23]薪酬对员工而言，不仅仅是工作的报酬，也是衡量自身价值的标准，代表了团队对其认同程度，有的时候薪酬还可以作为权力的代理变量。当采用薪酬激励的方式时，必须保证薪酬制度设计得公平合理，能够满足员工的期望。[24]

薪酬主要是基于职位、能力、绩效和市场进行支付的。其中，基于职位的薪酬体系主要依据职位对实现团队目标的贡献度、处于该职位的人所具备的素质等。基于能力的薪酬体系主要依据任职者胜任力的高低，包括员工所具有的知识、技术和能力的广度、深度以及类型等。基于绩效的薪酬体系主要根据任职者在特定岗位上所产生的业绩水平和对团队贡献的大小来确定薪酬水平。基于市场的薪酬体系则根据劳动力市场的供求状况和行业标来准确定薪酬水平。

本章小节及管理启示

本章主要展示了与团队激励的概念、分类、重要理论，并且详细说明了团队激励与个体激励的区别以及团队激励所面临的问题，团队激励重点在于如何调动团队中的每一个人的积极性。团队工作的特点在于协作，在协作这一背景之下，如何对团队成果进行分配、如何对成员进行激励成了重要的问题。在不同的情形下，团队激励会对团队满意度产生不同的影响，管理者在采用激励方式时要注意考虑特定情形。

关键术语

团队激励（team motivation）
个体激励（individual motivation）
目标激励（target motivation）
需求层次理论（needs hierarchy theory）
薪酬激励（compensation incentive）
协同理论（synergetics theory）
团队氛围（team atmosphere）
双因素理论（two-factor theory）
公平理论（justice theory）
强化理论（reinforcement theory）
行政激励（administrative incentive）
期望理论（expectancy theory）

思考题

1. 团队激励与个体激励有什么区别?
2. 与团队激励相关的理论有哪些?
3. 什么是团队满意度?
4. 影响团队激励与团队满意度的因素包括哪些?
5. 激励提升团队满意度的方式有哪些?

参考文献

[1] McGregor D. The human side of enterprise [M]. McGraw-Hill: New York, 1960.

[2] Atkinson J W. Motives in fantasy, action, and society: a method of assessment and study [M]. Oxford, England: Van Nostrand, 1958.

[3] Pritchard R D, Campbell K M, Campbell D J. Effects of extrinsic financial rewards on intrinsic motivation [J]. Journal of applied psychology, 1977, 62 (1): 9.

[4] Garners Y, Konradt U. The effect of financial incentives on performance: a quantitative review of individual and team-based financial incentives [J]. Journal of Occupational and Organizational Psychology, 2014, 87 (1): 102-137.

[5] 侯晓辉. 科研团队政策中的激励措施思考 [J]. 科研管理, 2008, 29 (S1): 85-88.

[6] DeMatteo J S, Eby L T, Sundstrom E. Team-based rewards: current empirical evidence [J]. Research in Organizational Behavior, 1998, 20: 141-183.

[7] Chen G, Kanfer R. Toward a systems theory of motivated behavior in work teams [J]. Research in Organizational Behavior, 2006, 27: 223-267.

[8] Park G, Spitzmuller M, DeShon R P. Advancing our understanding of team motivation: integrating conceptual approaches and content areas [J]. Journal of Management, 2013, 39 (5): 1339-1379.

[9] 杨帆. 知识型员工心理契约违背与组织报复行为关系的实证研究 [D]. 成都: 电子科技大学, 2017.

[10] 田盈, 蒲勇健. 团队协作激励机制博弈分析 [J]. 管理工程学报, 2005 (2): 133-135.

[11] Honeywell-Johnson J A, Dickinson A M. Small group incentives: a review of the literature [J]. Journal of Organizational Behavior Management, 1999, 19 (2): 89-120.

[12] 易定红, 彭鹏. 经济学中团队激励理论述评 [J]. 教学与研究, 2006 (11): 80-86.

[13] Chan D. Functional relations among constructs in the same content domain at different levels of analysis: a typology of composition models [J]. Journal of Applied Psychology, 1998, 83 (2): 234-246.

[14] George J M. Personality, affect, and behavior in groups [J]. Journal of Applied Psychology, 1990, 75 (2): 107-116.

[15] Honeywell-Johnson J A, McGee H M, Culig K M, et al. Different effects of individual and small group monetary incentives on high performance [J]. The Behavior Analyst Today, 2002, 3 (1): 88.

[16] Park H S, Smith S W. Distinctiveness and influence of subjective norms, personal descriptive and injunctive norms, and societal descriptive and injunctive norms on behavioral intent: a case of two behaviors critical to organ donation [J]. Human Communication Research, 2007, 33 (2): 194-218.

[17] Allen B C, Sargent L D, Bradley L M. Differential effects of task and reward interdependence on perceived helping behavior, effort, and group performance [J]. Small Group Research, 2003, 34 (6): 716-740.

[18] Mason C M. Exploring the processes underlying within-group homogeneity [J]. Small Group Research, 2006, 37 (3): 233-270.

[19] Tjosvold D, Johnson D. Deutsch's theory of cooperation and competition: an enduring contribution to teams [M] //Michael M B. Work teams: past, present and future. Dordrecht: Springer Netherlands, 2000: 131-155.

[20] Mason C M, Griffin M A. Group task satisfaction: the group's shared attitude to its task and work environment [J]. Group & Organization Management, 2005, 30 (6): 625-652.

[21] Salancik G R, Pfeffer J. A social information processing approach to job attitudes and task design [J]. Administrative Science Quarterly, 1978, 23 (2): 224-253.

[22] Cohen S G, Bailey D E. What makes teams work: group effectiveness research from the shop floor to the executive suite [J]. Journal of Management, 1997, 23 (3): 239-290.

[23] Thurkow N M, Bailey J S, Stamper M R. The effects of group and individual monetary incentives on productivity of telephone interviewers [J]. Journal of Organizational Behavior Management, 2000, 20 (2): 3-25.

[24] 刘颖，张正堂，王亚蓓．团队薪酬分配过程、任务互依性对成员合作影响的实验研究 [J]. 经济科学，2012 (5)：92-103.

案例分析

“家电王国”的激励之法

松下电器通过总结自己的经验，提出了激励员工的方法。其中包括让每个人都了解自己的位置，定期讨论他们的工作表现；给予与成就相当的奖赏；给予员工充分的信任；实地接触员工，了解他们的兴趣、习惯和喜爱的食物；把握每一次表扬员工的机会。正是由于松下对员工创造性的充分尊重和肯定，才激发了松下员工积极的工作热情。

在海尔集团，员工都以自己作为海尔的一员而感到骄傲。海尔对员工的工作给予充分的肯定，其中一种方式是用员工的名字来命名他们改进的工作方式。根据《海尔的激励模式》一书介绍，在海尔，以员工命名的操作法有两百多个。

[讨论题]

1. 松下和海尔在激励员工时采取的是哪一种激励方式？

2. 这种激励方式有哪些优点和缺点？

三大将猜疑年终奖，总经理犹豫失人才

今年4月份发生了一件让某民营科技公司的吴总经理很头疼的事：高管团队的重要成员——研发部孟经理、工程部胡经理、销售部李经理先后提出离职。

以前每年春节前发完年终奖，总有员工过完春节就离职不回来了。今年吴总经理听朋友说，很多国企的年终奖都在4月份发，吴总经理为了留人，年终奖就一直拖着没发。因为年前年后工作特别多，又因为频繁出差，吴总经理一直没来得及与员工沟通年终奖的事。转眼到了4月中旬，吴总经理收到了研发部孟经理的辞职邮件。虽然公司一再挽留，并说明了年终奖4月底就会发放，但孟经理还是去意已决。在孟经理办理工作交接的过程中，吴总经理在外地又收到了销售部李经理要求加薪的邮件，并且要求一次性加薪40%。吴总经理感觉非常恼火，觉得李经理这是乘人之危。还没来得及回公司找李经理沟通，吴总经理又收到了工程部胡经理的辞职邮件。吴总经理回到公司后，马上找胡经理和李经理沟通，这些昔日合作很愉快的下属像变了个人一样，虽然好话说尽，但胡经理坚决要求辞职，李经理对涨薪的要求也寸步不让，否则就辞职。吴总经理非常生气，但又非常无奈，只能接受胡经理和李经理的辞呈。

眼看三员大将相继离职，吴总经理一开始以为是竞争对手挖人，所以他安排人力资源部了解了这三个人的去向。令吴总经理吃惊的是，这三人都是裸辞，先各自去旅游，然后再慢慢找工作。吴总经理百思不得其解，如果他们想换工作，为什么不找好了工作再辞职呢？为什么他们宁愿待在家里，也不愿意在自己的公司再干一段时间呢？

后来经过人力资源部刘经理深入调查后才得知，离职的三位高管在年底都互相揣测别人拿到了年终奖而自己没拿到。4月底，公司给员工发放年终奖，但此时年终奖不仅没起到应有的激励效果，反而赶走了最想留住的人。

[讨论题]

1. 在案例中，为什么激励没有起到作用？

2. 团队激励在什么情况下可以提升团队满意度？

3. 除了案例中的年终奖，你还能想出其他的激励方式吗？

04

第四部分

团队行为过程建设与管理

第 10 章

团队冲突与冲突管理

我们要坚持协商合作，不搞冲突对抗。

——习近平在世界经济论坛“达沃斯议程”对话会上的讲话（2021 年 1 月 25 日）

学习目标

1. 掌握团队冲突的内涵与分类
2. 了解团队冲突可能产生的结果
3. 掌握团队冲突管理的内涵
4. 掌握团队冲突管理的方法策略

引导案例

团队冲突如何解决

L 公司目前处于项目交付的高峰期，因此派林锐去支持其中一个很重要的项目。林锐是 L 公司一名十分资深的员工，入职已有 15 年，此前在其他项目组中，他表现得一直十分出色。因此，林锐认为自己完全有机会担任该项目的领头人。然而，在项目启动会议上，公司却请来了一位专业能力很强的业界专家——汪恒来担任项目领头人。对这样的安排，林锐感到十分失望。

在项目开始以后，林锐发现汪恒对公司的业务要求和流程均不太熟悉，因此两人时常会产生意见分歧和矛盾，有时甚至会公然争吵。林锐时常不服从汪恒的工作安排，而汪恒也经常在团队内和公司领导面前抱怨林锐的工作能力不行，会直接影响团队的氛围与合作，甚至认为林锐不配待在这个项目中。

林锐多次找到领导，表达对汪恒的不满，而领导却让他多多配合汪恒。但是，林锐对此并不认可，也不服从汪恒的工作安排，还经常给汪恒出难题，这使得项目进程受到了严重影响。而汪恒多次与上级进行沟通，希望帮助他解决和林锐之间的问题，但上级领导每次都没有给出明确的解决方案。

由于问题迟迟未得到解决，汪恒最终只能离开了团队。于是，上级领导将林锐提拔为该项目的领头人，但是不到三个月，该项目的其他成员便纷纷离开了这个团队。

团队冲突是任何组织或团队都无法避免的重要问题，在一定程度上会影响组织或团队的存亡。因此，认识团队冲突、理解团队冲突、管理团队冲突，具有十分重要的意义。

10.1 团队冲突

10.1.1 团队冲突的内涵

冲突（conflict）作为一种广泛的社会现象，以多种多样的形式存在于人类社会活动的各个层面、各种领域以及各种行为主体当中，受到社会学、政治学、管理学等许多学科的广泛关注。社会学认为冲突是“两个或两个以上的个体或团体之间直接或公开的斗争，彼此表示敌对的态度和行为”；政治学认为冲突是“人类为了达到不同的目标和满足各自相对的利益而发生的某种形式的斗争”；管理学则认为冲突是“两个及以上的个体或团体，由于对问题的目标、看法或意见的不一致，而产生的一种矛盾、排斥和对抗的态势”。[1]

因此，根据管理学对冲突的看法，可以将团队冲突（team conflict）界定为团队成员之间、成员与团队之间、团队与团队之间，由于价值观、利益目标等差异，在完成某项任务的动态过程中，产生的对立或者不一致的情况。[2]

团队冲突一般具有以下几种表现形式：

（1）个人、团队、组织及其组成部分之间很少交流。

（2）团队之间不是在相互合作的基础上建立关系，而是基于对他人地位的羡慕、嫉妒和愤怒而产生恶劣关系。

（3）团队成员之间关系恶化，个性抵触增多。

（4）规章制度，尤其是牵涉到生产中细微领域的规章制度增多。

（5）各种秘密和传闻不胫而走，小事情成了大事情，小问题成了大危机。

（6）组织、部门、团队成员的绩效下降。

10.1.2 团队冲突的分类

当前，虽然许多学者从不同的视角和侧重点出发，对团队冲突进行了多种形式的分类，但许多不同形式的冲突的实质内容是存在重合或对应的。[2-3]因此，通过进一步整合，我们认为团队冲突可以按照冲突的层次、冲突的原因和冲突的内容进行分类（见表10－1）。

表10－1 团队冲突的分类

分类依据	具体类别	示例
冲突的层次	团队内冲突	销售A组当中，小张和小李的冲突
	团队间冲突	销售A组和销售B组的冲突
冲突的原因	意见冲突	一方认为应该采用A方案，另一方认为应该采用B方案
	利益冲突	争夺有限的资源，如地位、资金、人力、设备等资源
	目标冲突	销售部门希望产品多样化，生产部门希望控制成本
冲突的内容	任务冲突	对团队的年度绩效目标、发展战略等认知不一致
	过程冲突	对“谁应承担什么任务”“谁应对某个部分负责”“资源如何分配”等问题产生分歧
	关系冲突	对某个人本身产生敌意或其他负面情绪
	地位冲突	对“团队中谁应该享有更高的地位”这一问题存在分歧

1. 根据冲突的层次分类

（1）团队内冲突。团队内冲突既包括团队内的人际冲突，也包括个人与团队之间的冲突，这种冲突多来源于个人的顺从、团体影响的合法性、隐私权和规章制度等。

（2）团队间冲突。团队间冲突是指组织内部不同的团队之间所发生的对立冲突。

2. 根据冲突的原因分类[3]

（1）意见冲突。由于每个团队成员都有其自身独特的价值观、认知、意见及需求，当团队成员各持己见时，便形成了意见冲突。

（2）利益冲突。由于资源的有限性，无论是团队内部还是团队与团队之间，都会为了争夺稀缺资源而展开竞争，进而形成利益冲突。

（3）目标冲突。由于每个团队成员或者不同的团队都有各自的目标，当大家的目标存在不一致或不相容时，便会产生目标冲突。例如，销售部门要实现销售目标，需要产品多样化，但这不利于生产部门实现其时间和成本控制的目标。因此，销售部门与生产部门就可能产生目标冲突。

3. 根据冲突的内容分类[4-7]

（1）任务冲突（task conflict）。任务冲突通常是指由于对工作的目标、内容和决策等方面的认知或看法不一致而引发的冲突，也可以称作认知冲突。

（2）过程冲突（process conflict）。过程冲突通常是指由于对工作的程序、方式、责任归属以及资源分配等问题存在分歧而引发的冲突。

（3）关系冲突（relationship conflict）。关系冲突通常是指冲突主体由于价值观、个性等不同，导致人际关系的不协调，进而产生情感上的不一致，也称为情感冲突。

（4）地位冲突。地位冲突通常是指团队成员为了维护自身现有的地位或追求更高的地位而引发的不一致和摩擦。[8]

值得一提的是，在团队互动的过程中，任务冲突、过程冲突和关系冲突常常是相互转化的。[9]

10.1.3 团队冲突的过程与结果

1. 团队冲突的过程

托马斯（Thomas）的冲突过程模型将冲突过程划分为挫折期（frustration）、认知期（conceptualization）、行为期（behavior）和结果期（outcome）这四个阶段。[10] 庞迪（Pondy）则提出了冲突过程的五个阶段，认为冲突的发展首先是潜在的冲突，其次会变成知觉的冲突，接着会变成感觉的冲突，而后变成显现的冲突，最后则是冲突的结果。[11]在诸多冲突过程模型中，应用最广的是罗宾斯的五阶段冲突过程模型[12]，如图 10－1所示。

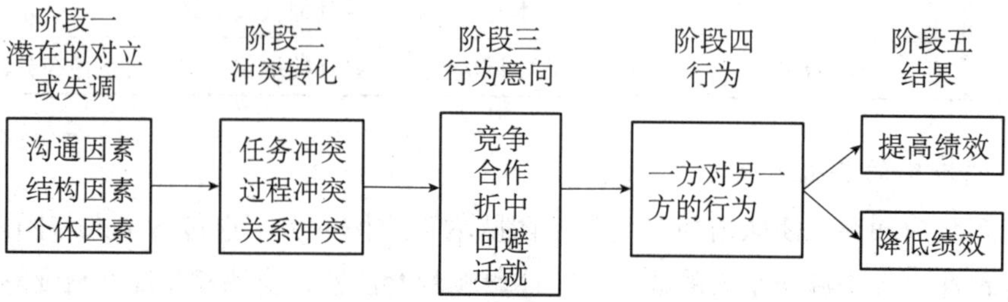

图 10－1　罗宾斯的五阶段冲突过程模型

罗宾斯认为冲突过程可以分为以下五个阶段。

阶段一：潜在的对立或失调。罗宾斯认为，冲突的前提是存在潜在的不一致或不协调，而这些不一致或不协调往往体现在沟通因素、结构因素和个体因素这三个方面。在沟通方面，沟通过少和沟通过多都可能引发冲突，语言不通、文化差异、表达方式不当和理解偏差等也可能引发冲突。在结构方面，群体规模、员工任务的专业化程度、管辖范围的清晰程度、员工与目标之间的匹配性、领导风格、薪酬体系以及不同群体间的依赖程度等因素都可能引发冲突。在个体层面，个体间不同的性格、情绪和价值观都可能成为冲突的根源。

阶段二：冲突转化。当阶段一中的因素对一方造成不利的影响并被感知时，潜在的对立或失调就会引发冲突，包括任务冲突、过程冲突和关系冲突。许多研究发现，在团队互动的过程中，这三种冲突可以互相转化。对于任何一个人来说，理性和非理性往往是共存的，将“事”和“人”的冲突完全区分是十分困难的。例如，当冲突双方对彼此就某件事情的看法存在质疑，进而由这种质疑产生对彼此的不满情绪时，就会导致任务冲突转化为关系冲突。相反地，当冲突双方对彼此产生反感、心存敌意时，则往往会关注对方观点上的错误，从而去挑剔、批判对方的观点，这就导致关系冲突转化为任务冲突。[13]

阶段三：行为意向。在发生冲突后，个体会产生一定的行为意向，如竞争、合作、折中、回避和迁就等。

阶段四：行为。在这一阶段，冲突往往已经变得显而易见了，成了一个动态的互动过程，双方会逐步展开声明、采取行动和应对冲突。冲突从轻度的意见分歧或误解变成公开的质问或怀疑，接着演变成言语攻击、威胁和下达最后通牒，严重的甚至会公然挑衅、进行身体攻击或试图毁灭对方。

阶段五：结果。冲突主体之间的行为互动会产生一系列的结果，既可能产生有利影响，从而提高组织绩效，也可能产生不利影响，从而阻碍组织绩效。

2. 团队冲突的结果

早期的组织理论学者通常认为，所有的冲突都具有破坏性。在他们的观点里，冲突代表着分歧与对抗，必定会导致组织或团队内部的不和，消耗组织或团队的资源，引发成员间的负面情绪，损害组织或团队的合作关系，进而降低组织或团队效率，阻碍组织或团队目标的实现，甚至威胁到组织或团队的生存。所以，必须将所有的冲突都限制在最小的范围内，尽可能地去减少和避免一切冲突。[14]

随着人们对冲突问题的不断研究与探索，现代的组织理论对冲突的看法已经发生了根本性的变化。组织理论学者开始辩证地看待冲突问题，逐渐认识到冲突的积极作用，发现并非所有的冲突都是破坏性的，有些冲突有利于组织或团队进行自我革新，能够激发组织或团队的活力、唤醒组织或团队的生命力，对于组织或团队的效率是有益的。[15]正如日本索尼公司创始人盛田昭夫所说："冲突给我们带来的不仅仅是苦难，它同时也给我们带来了机遇，带给我们新的和谐与平衡。员工的意见越多越好，因为他们带来的最后结论必然更为高明，会减少公司犯错误的风险，有益的冲突会给组织内部带来'清新的气氛'。"

目前学界普遍认为，对于组织、团队和个人，冲突既可能产生建设性、有益性的积极影响，也可能产生破坏性、有害性的消极影响。那些以前者为主要特征的冲突，通常被称为建设性冲突（constructive conflict）；以后者为主要特征的冲突，则通常被称为破坏性冲突（destructive conflict）。[16-17]当前，关于建设性冲突和破坏性冲突，主要有以下三种观点（见表 10－2）：

表 10－2　关于建设性冲突与破坏性冲突的三种观点

分类	核心观点	说明
类型观	冲突的结果取决于冲突的类型	关系冲突和过程冲突多为破坏性冲突，任务冲突多为建设性冲突
强度观	冲突的结果取决于冲突的强度	过低和过高的冲突均属于破坏性冲突，适当强度的冲突才是建设性冲突
情境观	冲突的结果取决于不同的情境	不同的冲突认知、不同的冲突管理策略会使冲突结果不同

（1）类型观。此类观点通常认为冲突的结果取决于冲突的类型。例如，关系冲突通常会降低团队认同和信任的程度，使团队不合；而过程冲突通常会使人变得高度个人化，从而对团队功能和结果产生消极影响。因此，关系冲突和过程冲突均属于破坏性冲突。

而任务冲突通常可以促使团队成员提出不同的观点和建议，使大家互相学习、取长补短，有利于提升团队整体的决策质量，从而对团队结果产生积极影响。因此，任务冲突属于建设性冲突。

（2）强度观。此类观点认为冲突的结果取决于冲突的强度，冲突强度与团队绩效呈现出一种倒U型的曲线关系（见图10－2）。具体来说，极小的冲突或完全零冲突可能会掩盖团队中的矛盾，会使组织缺乏创新和活力；而高强度的冲突则会导致团队之间产生排斥与对抗，使组织涣散、凝聚力降低，进而影响组织的运转，甚至威胁组织和团队的生存。因此，过低和过高的冲突均属于破坏性冲突，只有将冲突的强度控制在适当的范围，才会有利于提高团队绩效，使其成为建设性冲突。

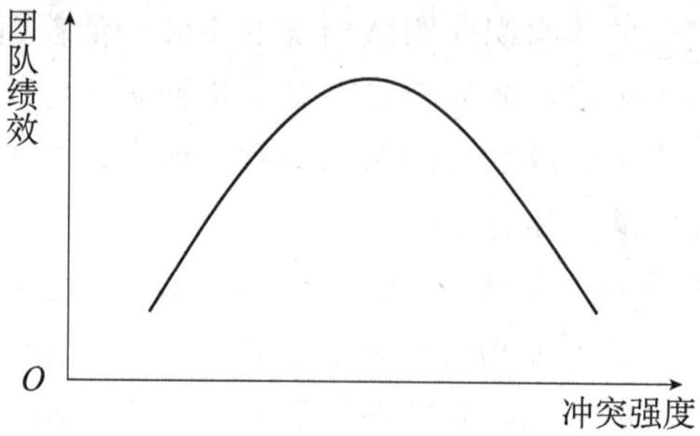

图10－2 冲突强度与团队绩效的关系

（3）情境观。此类观点通常认为冲突的结果取决于不同的情境。例如，尽管许多研究都发现，关系冲突和过程冲突会对团队结果产生负面影响，但是，当团队成员对冲突有不同的认知[18]，或选择不同的冲突管理策略时[19-20]，冲突对团队结果的负面影响可能就不复存在了，甚至还可能产生正面影响。在高管团队的研究中，当任务冲突和关系冲突的相关性较弱时，任务冲突对团队绩效的正向影响就会增强。[21]而地位冲突对团队创新的影响并不固定，其积极或消极的影响取决于具体的冲突过程和组织情境。[22-23]

10.2 团队冲突管理

10.2.1 团队冲突管理的内涵

冲突管理（conflict management）有广义和狭义之分。广义的冲突管理是从冲突的全过程着手，对其进行研究与管理，包含冲突管理者从发现、认识、分析、评估到管理冲突的全过程。而狭义的冲突管理则是将冲突的行为意向和冲突的行为这两个阶段作为研究对象，着重研究冲突在这两个阶段当中的规律、应对方法与策略，从而有效地管理冲突。

在如今这个竞争日益激烈、技术不断进步、外部环境日趋复杂、内部分工日益细化的时代，不同个体或团队之间的交互变得更加频繁，多领域、多层次、多类型的冲突层出不穷，变得十分普遍。冲突俨然已经成了一种广泛的组织和社会现象。因此，为了防止破坏性冲突对组织、团队或个体的不利影响，发挥建设性冲突的积极影响，我们必须及时有效地处理冲突，趋利避害地驾驭冲突，做好冲突管理。

做好冲突管理，要注意以下三个原则：

（1）鼓励建设性冲突，避免破坏性冲突，将冲突控制在适当水平。在冲突管理中，应正确处理和控制引发冲突的各种因素、冲突的过程以及冲突的行为，将冲突维持在适当的水平，对于已经显现的冲突，要努力将其引向建设性的方向，避免冲突的升级和破坏性冲突的发生，趋利避害地管理冲突。

（2）不要局限于事后的管控，要进行全面系统的冲突管理。那种将重点放在事后管控上的传统管理方式是十分被动的。冲突的产生、发展和结果是一个系统的过程，只有对它进行全过程、全要素和全系统的管理，才能最大限度地降低管理成本，最大化地使建设性冲突发挥积极影响，使破坏性冲突的消极影响最小化。

（3）具体问题具体分析，随机应变地处理冲突。由于冲突的多样性和复杂性，我们很难给出一种放之四海而皆准的冲突管理理论（conflict management theory）和方法。因此，当面临冲突时，应该具体问题具体分析，根据冲突的实际情况，针对性地进行分析，进而选择一种最合适的冲突管理策略或方法。

此外，还需要强调的是，冲突管理与冲突解决有着根本的区别（见表10-3）。[24]第一，在哲学理念上，冲突管理将冲突看作组织系统的正常部分，而冲突解决则认为冲突的产生代表着系统出现了问题；第二，在基本心态上，冲突管理认为冲突可能是为了达成某个一致的目标，而冲突解决则认为冲突双方必然要进行“你死我活”的斗争；第三，在处理方式上，冲突管理是以理性的态度来寻找处理冲突的最优方案，而冲突解决则是用各种手段来消灭冲突；第四，在处理态度上，冲突管理通常保持开放的心态，愿意改变自身立场，而冲突解决则是为了压制他人、自我防卫；第五，在忍耐程度上，冲突管理认为对组织有利的冲突是可以存在的，而冲突解决则无法忍受任何冲突的存在。

表10-3　冲突管理与冲突解决的区别

	冲突管理	冲突解决
哲学理念	冲突是组织系统的正常部分	冲突的产生代表着系统出现了问题
基本心态	冲突可能是为了达成某个一致的目标	冲突双方必然要进行“你死我活”的斗争
处理方式	以理性的态度来寻找处理冲突的最优方案	用各种手段来消灭冲突
处理态度	保持开放的心态，愿意改变自身立场	压制他人、自我防卫
忍耐程度	对组织有利的冲突是可以存在的	无法忍受任何冲突的存在

10.2.2　团队冲突管理的方法策略

本书中的团队冲突管理主要是从两个角度来进行探讨：一种是站在局外人的角度，如作为一个管理者，当面临团队冲突时，可以采取哪些方法策略来进行管理；另一种则是作为冲突的当事人，在面临冲突时，可以采取哪些策略来进行冲突管理。

1. 作为冲突的局外人

布莱克（Blake）和穆顿（Mouton）提出，可以从“关心员工”和“关心工作”这两个维度，来划分管理者在处理组织或团队冲突时所采取的不同策略。他们以“关心员工”为横坐标，以“关心工作”为纵坐标，设计了一张横轴和纵轴各九等分的方格图，并由此划分了五种不同的冲突管理策略，分别为回避、缓和、压制、妥协和正视（见图 10-3）。[25]

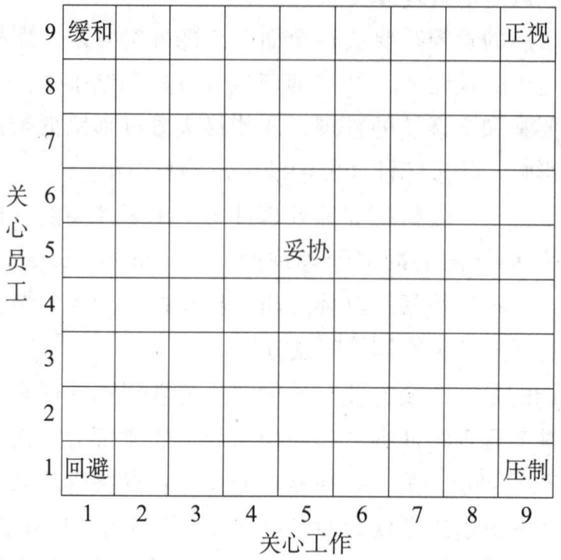

图 10-3 布莱克和穆顿的冲突方格图

(1，1）型——回避策略，对员工和工作的关心程度均较低。对于那些不喜欢任何冲突的管理者来说，实现工作目标或维护员工关系的和谐对他们来说是有难度的。因此，一般来说，采用回避策略的管理者大多会保持中立，用逃避或回避冲突的方式来缓解矛盾。但是，这种方法策略往往并不能从根源上解决问题。

(1，9）型——缓和策略，对员工高度关心，对工作低度关心。采用缓和策略的管理者通常认为可以通过缓和紧张的氛围或者维持表面的和谐来处理冲突双方的分歧，进而使他们和谐共处，因而会选择在冲突管理中较少强调工作目标。但是，与回避策略一样，缓和策略往往也无法从根本上解决问题。

(9，1）型——压制策略，对工作高度关心，对员工低度关心。采取这种策略的管理者关心的是工作目标的实现，甚至不惜以牺牲他人（关系）为代价来达到这些目标。因此，他们通常会通过权力来迫使冲突双方服从管理，进而解决冲突。例如，直接由领导者来判决谁赢谁输，用领导的权力来全面压制冲突行为。

(5，5）型——妥协策略，对员工和工作均给予中等程度的关心。采用此种策略的管理者为了解决冲突，通常会在一定程度上同时舍弃部分工作目标和员工关系。他们需要让冲突双方通过谈判来达成一致，让双方均做出一些让步和妥协，最终形成一种无赢也无输的局面。这种策略在大多情况下都不能算是最优解。但不可否认的是，妥协策略不失为一种较为切实可行的方式。

(9，9) 型——正视策略，对员工和工作均给予了高度关心。采用这种策略的管理者通常认为员工关系和工作目标同样重要，冲突的解决必须以积极面对为前提。例如，管理者与冲突各方进行深入交流，了解大家的诉求与意见，通过客观地分析与讨论之后，找出引发冲突的具体因素（如沟通因素、结构因素和个体因素），并针对具体情况提出解决方案。因此，正视策略作为一种积极的冲突管理方式，通常能够产生双赢的解决方案。

2. 作为冲突的当事人

1926年，福列特（Follett）提出了冲突管理的三种方式，包括支配（domination）、折中（compromise）与合作（collaboration）。之后，德驰（Deutsch）提出了合作竞争理论，将冲突管理分为合作与竞争这两种方式，他认为有些人倾向于竞争，有些人倾向于合作，还有些人则介于两者之间。合作性冲突管理中的冲突主体通常强调他们的合作目标要通过双方共同的努力来实现，将冲突看作双方共同面临的问题，需要通过双方有效、互益地共同商讨来解决；而竞争性冲突管理的双方通常认为他们的利益是需要竞争的，一方的成功通常要以另一方的失败为代价。因此，竞争性冲突管理方式往往会阻碍双方的交流，使双方陷入僵局，或者实力较强的一方进行强制性解决。

后来的许多研究表明，上述观点并不能全面地反映冲突管理行为。美国的行为科学家托马斯和基曼（Kimann）将冲突管理划分为坚持己见性（坚持使自己的关心点得到满足的程度）和合作（试图使他人的关心点得到满足的程度）两个维度，并依据这两个维度，提出了五种冲突管理的策略——竞争（competing）、回避（avoiding）、折中、迁就（acommodating）与合作，如图10-4所示。

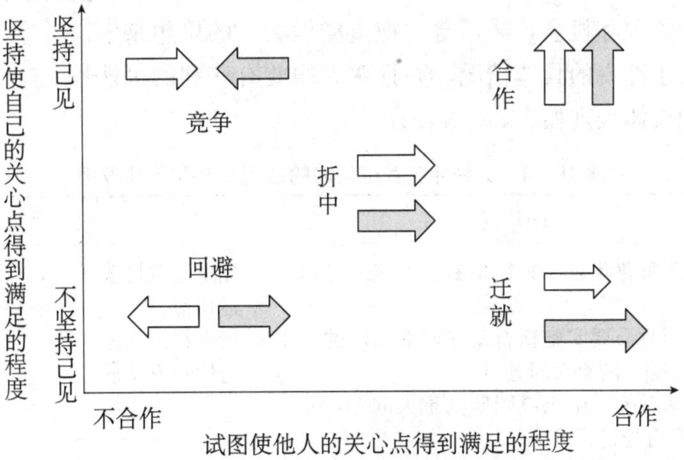

图10-4 五种冲突管理策略

(1) 竞争策略（坚持己见，不合作）。竞争策略通常被叫作强制策略，是一种“我赢你输”的策略，是指冲突一方为了满足自身利益而无视另一方的利益。双方都坚持自己的观点，并试图通过恐吓、惩罚等方式来给对方施压，迫使对方放弃。一般来说，采取这种策略很难使对方心悦诚服，但在应对危机或双方实力悬殊时会很有效。

(2) 回避策略（不坚持己见，不合作）。这是一种既不满足自身利益也不满足对方利益，试图置身事外，忽视分歧或保持中立，以退出、装糊涂等方式来应对冲突的方式。

例如，当团队中的两个人产生矛盾时，一个人离开团队，到其他团队工作，或者留在原团队，但刻意回避，不再与另一个人产生联系。一般来说，当冲突双方彼此的依赖性较低时，采取这种策略可以避免冲突，降低冲突带来的负面影响；但当双方彼此的依赖程度较高时，回避策略则可能会影响工作，降低绩效。

（3）折中策略（中等程度的坚持己见，中等程度的合作）。折中策略本质上是一种交易，是指通过一系列谈判和讨价还价使双方利益和要求得到部分满足的策略，因此也被称为谈判策略。一般来说，双方为了避免僵局都会在谈判的后期做出一定的让步（因为一开始就让步会给人一种实力不强的感觉，从而导致失去谈判的主动性）。折中策略在双方都希望达成一致时会比较有效，做出让步的前提是能够满足对方最小的期望，并且双方相互信任、有灵活应变的态度，但也可能存在为了满足短期利益而牺牲长期利益的弊端。

（4）迁就策略（不坚持己见，合作）。一般来说，采取迁就策略的当事人或团队，要么是为了长远利益考虑，希望与对方合作，要么是不得已而屈从于对方的势力或意愿，以对方的利益为主，牺牲或压制了自身的利益和意愿。因此，这种策略通常被称为克制策略或迎合策略。如果产生情绪冲突，这种策略能够避免冲突的升级，改善双方关系；若产生实质性的合作、资源共享、责任共担等方面的冲突，采取这种策略不仅不能解决问题，反而还可能被视为软弱。

（5）合作策略（坚持己见，合作）。采取这种策略的双方一般都认为：第一，冲突是双方共同的问题；第二，冲突双方是平等的，应有同等的待遇；第三，双方都应积极理解对方的需求，以找到令双方都满意的方案；第四，双方应充分沟通，了解冲突的具体情况。因此，采取这种策略的当事人或团队会为了满足双方的利益需求而进行合作与协商，以寻求新的资源和机会，秉承着“把蛋糕做大”的思想来解决冲突。不过，这种策略能否成功取决于冲突的具体情况，并且双方均要有获利的可能性。这五种冲突管理策略的适用场合和具体表现如表 10－4 所示。[26]

表 10－4　五种冲突管理策略的适用场合和具体表现

策略	适用场合	具体表现
竞争	1. 处于紧急状态，必须果断、迅速地做出反应 2. 当面对需要实施新行动（如推出新的规章制度等）的重大问题时 3. 当面对关乎组织或团队的重大问题，并且确定自身是正确时 4. 反对那些采用非竞争性行为的人时	1. 创造胜败局势 2. 运用对抗 3. 借助权力来达到目的 4. 迫使对方认输
回避	1. 当问题很普通，或面临更重要的其他问题时 2. 当认识到满足本方的愿望已经无望时 3. 当冲突解决后的弊大于利时 4. 为了使大家恢复理智和冷静时 5. 当搜集信息比立即决定更加重要时 6. 当其他人能够更好地解决冲突时 7. 当问题不相干或不总是出现时	1. 忽略冲突并希望冲突消失 2. 将问题束之高阁，暂不考虑 3. 要求放慢节奏以抑制冲突 4. 采取保密措施以避免发生正面冲突 5. 借助正式的规则，将其作为采用某种冲突解决方案的理由

续表

策略	适用场合	具体表现
折中	1. 面对那些虽然重要但不值得付出太多努力去达成的目标时，或者继续坚持己见且弊大于利时 2. 彼此势均力敌、难分上下时 3. 为了防止问题复杂化而需要暂时放下矛盾时 4. 由于时间紧迫而采取的权宜之计 5. 当合作或者竞争没有效果时	1. 谈判 2. 期望成交或者达成协议 3. 寻求令双方满意或可接受的解决方法
迁就	1. 发现自己错了，想要改变立场时 2. 为了维持长期合作时 3. 需要为之后的问题建立社会信誉时 4. 为了使损失最小化时 5. 当和谐与稳定特别重要时 6. 为了使对方"吃一堑，长一智"时	1. 做出让步 2. 屈服或顺从
合作	1. 当双方无法彼此妥协，想要寻找一种整合性的解决办法时 2. 当自身的目标十分明确时 3. 当希望听取不同意见者的高见时 4. 当终极目标一致时 5. 当感到冲突会有损于彼此的良好关系时	1. 做出解决问题的姿态 2. 正视分歧并积极交流 3. 寻求整合性的方法 4. 找到能够实现共赢的方式 5. 将问题和冲突视为挑战

但是，由于冲突不对称（conflict asymmetry）的存在，即使处于同一团队中的成员，在选择冲突管理策略时，其做出的选择也可能不一致。"冲突不对称"这一概念最早是由吉恩（Jehn）在2006年提出的，是指团队成员对团队冲突水平的不一致感知。[27]在之后的研究中，吉恩发现，具有高冲突感知的成员往往不愿与他人进行过多的交流，也难以接受他人的想法，不相信他人会与自身合作，也不会对其他成员的合作行为做出积极回应。并且，具有高冲突感知的成员通常会将更多的时间和精力用于探讨和解决感知到的冲突，而非将所有时间和精力专注于团队的工作任务。因此，对于具有高冲突感知的成员来说，他们可能更倾向于选择合作性较低的几种冲突管理策略。而那些具有低冲突感知的成员，往往会保持积极乐观的心态，同时也更容易得到满足，会去体谅他人，因而更倾向于选择合作策略。[28]

此外，很多学者研究文化因素在冲突管理中的影响，认为在个体主义文化背景下提出的理论框架也许并不适用于集体主义文化盛行的国家。[29]还有学者通过元分析的方法，基于布莱克和穆顿的冲突方格图，探究了不同的文化背景对冲突解决方式的影响，他们认为个体主义文化背景下的人们常常倾向于选择压制的冲突管理方式，而集体主义文化背景下的人们更倾向于选择回避、妥协和正视的冲突管理方式。[30]究其原因，是因为个体主义者通常更加独立，相较于关心他人，更加关心自己。因此，他们在解决冲突时往往会展现出其直接和自信的特征，选择压制策略。集体主义文化价值观则强调与他人合作，因而处于这种文化背景下的人们通常会更加在意他人的感受，并且注重人际关系的维持。在一些国家，人们不仅深受集体主义文化的影响，而且十分注重"面子"，盛行着所谓的“面子文化”。因此，在这样的情境下，采取诸如回避、折中、迁就等冲突策略，可能并不只是为了避免使他人难堪和维系人际关系，也有可能是为了维持自身的面子。不同文化背景下冲突策略选择的差异如表 10－5 所示。

表 10－5 不同文化背景下冲突策略选择的差异

	个体主义文化	集体主义文化
文化特点	个性独立、注重个体利益	相互依赖、注重集体利益
典型国家	美国、英国、澳大利亚等	中国、韩国、日本、泰国等
策略倾向	压制策略	回避策略、妥协策略、正视策略

当然，需要强调的一点是，无论是西方的个体主义文化，还是东方的集体主义文化，都有其自身的发展历史和存在的价值意义，都值得我们尊重。正如习近平在纪念孔子诞辰 2565 周年国际学术研讨会暨国际儒学联合会第五届会员大会开幕会上所说的那样，“不同国家、民族的思想文化各有千秋，只有姹紫嫣红之别，而无高低优劣之分。每个国家、每个民族不分强弱、不分大小，其思想文化都应该得到承认和尊重”。

近年来，越来越多的学者开始探讨更加适用于中国情境的冲突管理策略[31-33]，研究发现，对于中国人来说，回避与迁就、合作与折中、合作与回避这几个策略之间的区分度比较低[31,33]，并没有区分得非常细致。因此，相关学者便通过进一步的研究，将托马斯与基曼的五种冲突管理策略中的合作策略与折中策略整合为协作策略，将迁就策略与回避策略整合为忍让策略，将竞争策略命名为对抗策略，由此得到了更加适合于中国情境的三种冲突管理策略，即协作策略、忍让策略和对抗策略（见图 10－5）。[33]

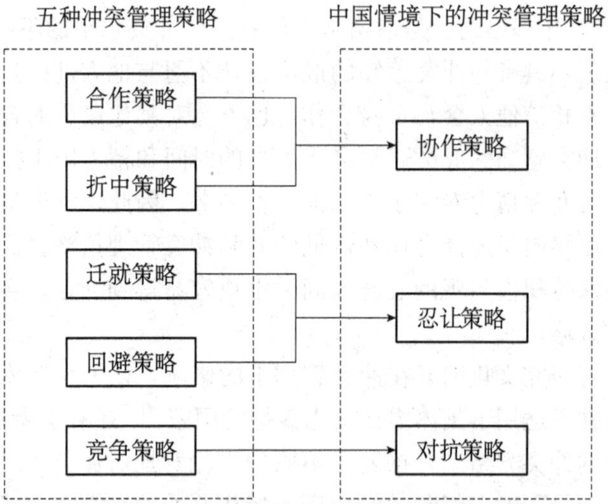

图 10－5 适用于中国情境的三种冲突管理策略

本章小结及管理启示

本章主要展示了团队冲突的内涵、分类、过程、结果以及对团队冲突的管理。对于组织、团队和个人，冲突既可能产生积极影响，也可能产生消极影响。因此，为了防止“破坏性冲突”对组织、团队和个体的不利影响，发挥建设性冲突的积极影响，我们必须及时有效地处理冲突，趋利避害地驾驭冲突，做好冲突管理。

关键术语

建设性冲突（constructive conflict）　团队冲突（team conflict）
破坏性冲突（destructive conflict）　冲突管理（conflict management）
任务冲突（task conflict）　冲突管理理论（conflict management theory）
过程冲突（process conflict）　关系冲突（relationship conflict）

思考题

1. 团队冲突过程分为哪几个阶段？
2. 团队冲突一定是有害的吗？团队冲突的结果是什么？
3. 冲突管理与冲突解决有什么区别？
4. 冲突管理有哪些方法策略？

参考文献

[1] Rahim M A. Toward a theory of managing organizational conflict [J]. International Journal of Conflict Management，2002，13 (3)：206 - 235.

[2] 吴铁钧，徐柏荣，段锦云．团队冲突：概念构思、影响因素和结果 [J]. 心理研究，2017，10 (2)：67 - 73.

[3] 廖琳，苏涛，陈春花．基于1996—2020年文献计量分析的团队冲突管理研究知识图谱与热点趋势研究 [J]. 管理学报，2021，18 (1)：148 - 158.

[4] Jehn K A，Weldon E. Managerial attitudes toward conflict：cross-cultural differences in resolution styles [J]. Journal of International Management，1997，3：291 - 322.

[5] Cosier R A，Rose G L. Cognitive conflict and goal conflict effects on task performance [J]. Organizational Behavior & Human Performance，1977，19 (2)：378 - 391.

[6] Pinkley R L. Dimensions of conflict frame：relation to disputant perceptions and expectations [J]. International Journal of Conflict Management，1992，3 (2)：95 - 113.

[7] Priem R L，Price K H. Process and outcome expectations for the dialectical inquiry，devil's advocacy，and consensus techniques of strategic decision making [J]. Group & Organization Management，1991，16 (2)：206 - 225.

[8] Bendersky C，Hays N A. Status conflict in groups [J]. Organization Science，2012，21 (2)：323 - 340.

[9] 刘璇，张向前．团队冲突理论分析与展望 [J]. 软科学，2016，30 (4)：80 - 84.

[10] Thomas K W. Conflict and conflict management: reflections and update [J]. Journal of Organizational Behavior, 1992, 13 (3): 265-274.

[11] Pondy L R. Organizational conflict: concepts and models [J]. Administrative Science Quarterly, 1967, 12 (2): 296-320.

[12] Robbins S P, Judge T. Organizational Behavior [M]. New Jersey: Pearson, 2009.

[13] Pelled L H, Eisenhardt K M, Xin K R. Exploring the black box: an analysis of work group diversity, conflict and performance [J]. Administrative Science Quarterly, 1999, 44 (1): 1-28.

[14] Medina F J, Munduate L, Dorado M A, et al. Types of intragroup conflict and affective reactions [J]. Journal of Managerial Psychology, 2005, 20 (3/4): 219-230.

[15] Schwenk C R. Effects of devil's advocacy and dialectical inquiry on decision making: a meta-analysis [J]. Organizational Behavior and Human Decision Processes, 1990, 47 (1): 161-176.

[16] 廖泉文，万希．中国人力资源管理的发展趋势 [J]. 中国人力资源开发，2004 (12)：4-8.

[17] 杨连生，王金萍．冲突及其在人力资源管理中的合理运用 [J]. 大连理工大学学报（社会科学版），2003 (3)：48-51.

[18] Greer L L, Jehn K A. The pivotal role of emotion in intragroup process conflict [J]. Research on Managing Groups and Teams, 2007, 10: 23-45.

[19] De Dreu C K, Van Vianen A E. Managing relationship conflict and the effectiveness of organizational teams [J]. Journal of Organizational Behavior, 2001, 22 (3): 309-328.

[20] Tekleab A G, Quigley N R, Tesluk P E. A longitudinal study of team conflict, conflict management, cohesion, and team effectiveness [J]. Group & Organization Management, 2009, 34 (2): 170-205.

[21] De Wit F R C, Greer L L, Jehn K A. The paradox of intragroup conflict: a meta-analysis [J]. The Journal of Applied Psychology, 2012, 97 (2): 360-390.

[22] 刘智强，卫利华，周空，等．地位冲突的"双面"特性与团队创新 [J]. 南开管理评论，2019，22 (4)：176-186.

[23] 王肖宇，程德俊．地位冲突对团队创新绩效的双重影响机制：地位竞争的中介作用 [J]. 经济管理，2022，44 (8)：135-151.

[24] 万涛．冲突管理 [M]. 北京：清华大学出版社，2012.

[25] Blake R R, Mouton J S, Bidwell A C. Managerial grid [J]. Advanced Management-Office Executive, 1962, 1 (9): 12-15.

[26] 彼德·康戴夫．冲突事务管理：理论与实践 [M]. 上海：上海世界图书出版公司，1998.

[27] Jehn K A, Rupert J, Nauta A. The effects of conflict asymmetry on mediation

outcomes：satisfaction，work motivation and absenteeism [J]. International Journal of Conflict Management，2006，17 (2)：96－109.

[28] Jehn K A，Rispens S，Thatcher S M B. The effects of conflict asymmetry on work group and individual outcomes [J]. Academy of Management Journal，2010，53 (3)：596－616.

[29] Hwang K K. Guanxi and mientze：conflict resolution in Chinese society [J]. Intercultural Communication Studies，1998，7 (1)：17－38.

[30] Holt J L，DeVore C J. Culture，gender，organizational role，and styles of conflict resolution：a meta-analysis [J]. International Journal of Intercultural Relations，2005，29 (2)：165－196.

[31] Yu C S，Sardessai R M，Lu J，et al. Relationship of emotional intelligence with conflict management styles：an empirical study in China [J]. International Journal of Management and Enterprise Development，2006，3 (1－2)：19－29.

[32] 陈晶，陈丽娜，张建新．上下级工作冲突处理方式量表研究 [J]. 心理科学，2006 (4)：926－928.

[33] 张勇，龙立荣，巩天雷，等．冲突处理风格量表 ROCI-Ⅱ在中国背景下的有效性研究 [J]. 管理评论，2012，24 (1)：108－115.

案例分析

团队为何会这样

马莉是CE咨询服务公司的一名初级开发人员，主要工作是根据客户需求为ERP准备和设计培训模块，在加入CE以前，她曾在同行业其他公司工作过四年，具有一定的工作经验和专业知识。

为客户开发培训材料是公司业务的一部分。为了完成这个业务，公司要组建一支团队，并由一个经验丰富的组长来领导。虽然大部分任务都是线上完成的，但有个别客户要求团队成员到现场完成任务，一个团队一般至少要花费半年的时间来完成一个项目。

一个团队通常由2～20名成员组成。到客户公司现场完成任务的团队需要经过精挑细选，通常要具备良好的沟通、写作和文书能力，并且要有与项目匹配的工作经验和专业技能。一个基本的项目团队包括项目经理、团队领导者、高级开发人员和初级开发人员。而团队成员的晋升、调薪、培训学习等则取决于项目经理的评估和反馈。

近期，CE公司新承接了一个来自新加坡的客户公司订单，需要为其开发一个培训材料。于是，马莉和苏瑞便凭借其之前在同类项目中的优异表现和出色的工作能力，被选派到了客户公司现场。同时，CE还安排了费杰作为此次项目的项目经理，来指导马莉和苏瑞。费杰是一位设计培训材料的专家，并且曾经参与并主持过许多大型项目，经验丰富。

但是，苏瑞说："在进行这个项目时，费杰工作松懈，总是一星期后才回复邮件，导致我们有时不得不提醒他要处理一些紧急的重要邮件。但费杰却说自己的邮件太多，根本来不及查看。这最终导致我们的培训材料未经过检查就交给了客户。不仅审批被延迟，团队成员还必须熬夜加班赶进度，大家都十分懊恼。还有好几次，费杰拒绝接听客户的重要电话，时常不回电话，总说自己太忙，于是惹恼了客户。”

一个月后，CE派来另外一些人加入了这个项目，团队成员增加至15个。马莉和苏瑞便为其他人介绍了关于客户的大致信息以及团队目前的工作进展。紧接着团队便被划分成不同的小组，每个模块都由不同的小组来分头完成，最后整合在一起形成最终方案。

但是，在这些小组中，其中一些成员曾经一起工作过，所以他们总是只顾自己小组的活动而不愿让其他成员加入。他们通常喜欢在茶余饭后聚在一起，还总让接送他们的大巴等着他们小组中的成员，直到他们的伙伴上车。甚至连作为团队领导者的李强，也不愿与他所负责小组之外的其他人交流。

在费杰主持的交流协商会上，团队成员们所提出的建议总是以他们自己的小组为中心。那些成员总爱用“我们已经决定”“我们已经得出”这样的句子来发表他们各自小组的想法。而这些小组在开会之前，团队内部提出的建议并未达成一致。

马莉说：“现在小组之间开始拒绝共享资源和重要信息。例如，我在找一个截止日期的信息，一个成员却拒绝和我共享这个信息，他说他花了两天时间才收集到这些资料，我也应该和他花费同样的时间去搜集。如果我实在找不到再去找他，可我却看到他和他小组中的另外一个成员共享这些信息。苏瑞和我向费杰报告了这件事，我们强调信息共享的问题必须尽快得到解决。我们还建议可以建立一个共享文件夹，以便团队成员之间可以分享这些文件资料。”

另外一个团队成员杜琳娜也说：“我们虽是一个团队，却都在独立地或在小组内工作。团队成员没有意识到项目的成功需要一个具有凝聚力的团体。大家似乎陷入了一种竞争状态，个别成员甚至不愿透露自己的任何工作细节。在整个项目过程中，我们一直在互相误解，产生冲突和分歧。”

而这个团队的领导者李强总是跟在项目经理费杰旁边，还时不时送他一些小礼物，并邀请他一起吃饭或喝茶。对于李强来说，这个项目对他的升职、加薪和未来的工作发展非常重要。他总是对费杰言听计从，并且很少对费杰的看法提出异议，李强还会在费杰拖延项目进程时，帮助费杰一起完成工作任务。费杰也因此慢慢开始依赖李强，甚至在一些很小的决定上都与李强商议。

李强还会经常和他的小组成员在旅馆大厅里聊天。一天晚上，当马莉在大厅等苏瑞时，她偶然听到李强和其他成员在讨论费杰，说费杰因为即将离婚而难以专心工作，并且十分失落郁闷，甚至依赖他来完成工作。

还有一次，杜琳娜听到李强说马莉没有足够的能力和才华去准备培训的相关内容。马莉知道后很吃惊，因为李强从未对她的工作表示出任何不满。马莉对李强的做法感到十分生气，认为李强应该当面和她说，而不是在背后议论。不过，马莉为了项目，还是决定暂时不理会这件事情，专心工作。

李强还经常打压团队中的初级开发人员，通过使他们自卑来展现自己的优越感，并且还试图恐吓马莉。马莉的自信和不屈为自己惹上了麻烦。

这件事过后，马莉发现，曾经对她很有礼貌的费杰，对她的态度开始发生转变。费杰开始冷落她并在会议中嘲笑她的建议。有一次，费杰让马莉提前一天上交有关工作的任务。马莉按照费杰的要求完成任务并交给了他。但让她吃惊的是，费杰在下一次的会议上指出，马莉没有按时提交他所交付的任务，并提醒其他人不要像她一样。马莉则立即进行了反驳，并告诉大家要求提交的最后期限和她交付的日期，包括电子邮件里的详细内容。

马莉觉得自己无缘无故被针对，于是便同李强讲了费杰对她的偏见，希望他作为团队的领导来帮助自己。李强不但没有与费杰讨论这件事，还建议马莉为了避免麻烦，按照费杰的要求完成任务。

马莉和苏瑞在完成了五个月的现场委派任务之后回到了总部。在总部，她们要根据与客户的交流来提供最终的培训材料。培训材料一般有三稿：第一稿是根据与客户的交流所准备的较为全面的教材，往往会有一些空白和语法错误，需要进一步改动。而这些空白则是需要与客户确认后再填写的。当这些步骤完成后，第二稿会给李强审阅，随后根据李强的建议，完成草案并提交给费杰做最后审阅。最后，将终稿发送给客户。

马莉完成第一稿后发给了李强，并在稿上标注了需要与客户进一步讨论的要点。但是第二天，马莉就接到了费杰的电话，说她提交的材料写得非常差劲，有很多格式错误和空白页，还说客户对她的设计感到很失望。马莉解释说这是她的第一稿，还需要与客户视频通话，以进一步理清一些模糊的地方，并且质问费杰为什么不按条例去做，还直接把这份初稿在没有经过最终审阅时就发给了客户，但费杰直接挂了电话。

当天晚上，马莉就接到了杜琳娜的电话。还继续留在客户那边工作的杜琳娜说，李强把马莉的初稿直接交给了费杰和客户，虽然这一稿里有许多常见的错误，但李强向客户保证会立即纠正这些错误。马莉感到震惊和无法理解，为什么李强会向客户展示这些初始的错误。

马莉觉得李强不仅让自己的职业生涯摇摇欲坠，还影响了公司的声誉。于是便将这些问题报告给了公司的人力资源总监齐伟。齐伟要求李强对自己的行为做出解释。同时，由于客户对他此次提交的报告十分不满意，并向总部进行了投诉，事件已经严重破坏了公司形象，需要后续付出很大的努力才能弥补。于是，为了控制局面，齐伟立马将李强调回，并让另一个经验丰富的团队领导取代李强的位置，继续完成该项目。费杰虽然也受到了责惩，但还是保留了他的职位直到这个项目结束。

［讨论题］

1. 为何这样一个成熟的项目团队会在内部产生这么多的冲突？
2. 新的团队领导者应该如何解决这个危机，才能确保团队最终顺利完成项目？

如何做好部门之间的冲突管理

赵晓是一名新上任的服装公司总经理，该公司由近千名员工组成，连锁门店众多、组织机构健全、岗位职责明确。赵晓原以为管理起来会得心应手，但让赵晓没想到的是，她才刚上任没多久，就发现公司各个部门之间存在着严重的冲突。

一天，采购部经理找到赵晓，说品牌旗下的服装店亟须增加新的服装款式，但是财务部不给他们批准进货资金。

于是，赵晓便找到财务部经理询问原因，而财务部经理给出的回答是：“不是我们不提供资金，主要是因为这段时间很多门店的销量都不好，如果我们囤货太多，就会严重影响公司的资金周转。”

没办法，赵晓又找来了销售部经理进行问询，但销售部经理说：“因为采购部上一季度采购失误，他们采购的服装样式没有得到市场的认可，所以造成部分服装滞销，很多门店的业绩才会大幅下滑。”

转了一个圈，问题竟又回到了采购部。不仅如此，公司各部门之间甚至还常常因为一点小事无法得到及时处理而互相指责、互相埋怨。

赵晓很困惑，究竟该如何进行各部门之间的冲突管理呢？

[讨论题]

1. 案例中各部门产生冲突的原因是什么？
2. 赵晓应该如何做好各部门之间的冲突管理？

第 11 章

团队合作与竞争

只有合作共赢才能办大事、办好事、办长久之事。

——习近平在博鳌亚洲论坛 2015 年年会上的讲话（2015 年 3 月 28 日）

学习目标

1. 掌握团队合作的界定、测量与分类
2. 掌握团队合作的作用机制
3. 掌握团队竞争的界定、测量与分类
4. 掌握团队竞争的作用机制
5. 掌握团队竞合关系的界定与测量
6. 掌握团队竞合关系的作用机制
7. 理解 VUCA 时代下团队合作与竞争的挑战

引导案例

创业合伙人闹掰了

郭静雯和赵琪是同窗多年的好友，一次同学会之后，她们一拍即合，决定共同创业。在确定以可食用口红作为创业起点后，她们广纳良才，组成创业团队。创业伊始，由相对熟悉美妆行业的赵琪担任董事长，主要负责营销和对外联络的工作，而擅长技术的郭静雯则担任总经理，负责产品研发及生产的工作，其他成员也各司其职。凭借着大家的分工合作与不懈努力，创业公司成长为一家注册资本 2 亿元、员工 2 000 多人、净利润达 2.3 亿元的美妆企业。

虽然公司发展蒸蒸日上，但赵琪和郭静雯对公司未来的发展却产生了分歧。郭静雯认为公司今后三年的发展重点应尽快敲定，为此，她约上赵琪和其他成员一起进行了头脑风暴。郭静雯认为公司未来的发展要坚持特色，稳中求进，依然主打可食用口红，凭借着市场领先的优势，进一步扩大国内市场的份额。赵琪则对郭静雯的保守态度表示不满，她认为今后公司的产品应该多元化和多样化，所以公司未来应重点发展其他美妆类产品。两人谁也说服不了谁，愈吵愈烈。最后，赵琪使出杀手锏：如果郭静雯能保证今后三年公司的净利润平均增长15%，那就听从郭静雯的想法，并将管理权交给郭静雯；如果郭静雯做不到，那就按照自己的思路，并且郭静雯要交出管理权。

此次会议之后，两人铆足了劲，想要一争高下。当郭静雯提出要通过网络直播的方式进一步提高品牌知名度时，赵琪一票否决；当郭静雯提出应与价低的供应商合作时，赵琪以该供应商以次充好的理由拒绝了该提议。当赵琪与其他美妆企业洽谈合作时，郭静雯又暗中破坏。久而久之，公司的利润非升反降。郭静雯突然觉得，两人像之前一样，平等合作、共担风险，不牵扯股权和职位变动，才是上上策。

合作和竞争往往被认为是矛盾对立的关系。然而已有研究显示，合作与竞争可以同时存在于不同主体间的互动关系之中。[1]换言之，在团队成员或各团队的互动过程中，合作与竞争可能共存。上述两种要素具有不同的演化形式，当竞争大于合作时，团队内、团队间会出现非良性竞争、非伦理行为等问题。[2-3]因此，企业应根据实际情况，帮助团队在合作与竞争之间寻求平衡，从而保证团队的合力最大化。

11.1 团队合作

11.1.1 团队合作的界定及测量

关于团队合作（team cooperation）的研究最早可以追溯至20世纪50年代[4]，特里斯特（Trist）和巴姆福德（Bamford）于1951年探讨了团队如何工作才能满足组织中的社交、心理和技术需要。[5]此后，研究者基于不同层次、不同概念视角展开了广泛的研究。从行为视角看，团队合作是指团队成员协调行动、共同解决问题的过程。[6]从过程视角看，团队合作是指团队成员既各尽其责，又相互依存，朝着共同目标努力的过程。[7]在团队间层面，团队合作是指团队之间的协作程度。[8]因此，基于前人研究，团队合作是各主体（团队成员、各团队）各司其职，又相互依存，为实现共同目标而努力的适应性、动态性过程。生活中，团队合作的例子比比皆是，例如在交响乐团中，演奏者们既各尽其职，又相互合作，创造出一首饱满且统一的旋律。再如中国共产党领导的多党合作和政治协商制度把各民主党派和无党派人士紧密团结起来，使其为共同目标而奋斗。

另外，团队合作的测量主要是通过量表的方式，目前存在团队内合作和团队间合作两种形式的量表。[9-10]

11.1.2　团队合作的分类

从当前的团队合作研究来看，团队合作有以下两种分类方式。

第一，从个体属性来看，团队合作可以划分为异质性群体合作与同质性群体合作。[11]异质性群体合作是指在个体属性上存在差异的团队成员通过协作来实现任务目标的过程，如在英美法系中，陪审团合作裁决案件。同质性群体合作是指在某些个体属性上相同的团队成员通过协作来实现任务目标的过程。其中，个体属性既可以是一些易于观察到的显性特征，如学历、性别，也可以是一些相对隐蔽的特征，如创造力等。团队成员属性的异质性越小，团队成员产生合作的概率就越高。

第二，从合作主体来看，团队合作可以划分为团队间合作和团队内合作。[12]团队间合作的代表方式之一是多团队合作。基于多团队合作的本质，研究者对其内涵进行了不同的界定。其中以马修和马克斯为代表的学者从系统观的视角将其界定为多团队系统(multi-team system，MTS)[13]：两个或多个团队直接接触并相互依赖地应对复杂的动态环境，以达成集体目标。团队内合作往往仅涉及单一的团队，强调的是个体层面，即团队成员间的合作，如球队。

11.1.3　团队合作的原因

在团队合作的研究中，研究者尝试运用理论来解释团队合作现象产生的原因，目前主要存在两种视角：理性视角和非理性视角（见表 11-1）。

表 11-1　团队合作的原因

视角		相关理论	具体内容
理性视角	经济理性	理性选择理论	个体在决策时会基于利己动机，按照实现自己利益最大化的评价标准来评估决策情境，当个体权衡后发现，合作的长期利益远大于不合作的长期利益时，个体就会选择合作
	社会理性	进化理论	个体基于利他动机，不仅会选择与帮助自己的人进行长期合作，也会以不期望得到他人回报的方式去帮助他人，还会付出代价去惩罚不履行群体规则的人，从而保证群体的生存、稳定与繁荣
	整合	社会互依理论	个体会根据对自己和他人结果的稳定偏好，将反映客观结果的支付矩阵转化为与行为紧密关联的主观结果的有效矩阵。对于稳定偏好，即社会价值取向，目标导向的理性原则认为亲社会者会将合作视为理性选择。社会价值取向交互作用模型认为，外部诱因会促使个体基于利己动机的经济理性，产生合作行为。个体若能根据社会线索将信任期望转化为互惠期望，就会基于利他动机的社会理性来选择合作行为
非理性视角		社会认同理论	个体对所在群体的认同感会转化成对内群体的偏好和对外群体的歧视，从而产生维护内群体利益的动机，倾向于与群体内其他成员合作
		社会网络理论	社会情境下的人由于彼此间的关系纽带而以相似的方式思考和行事，这为团队合作提供了重要的信息、资源以及行动的基础

理性视角存在两种观点，包括基于利己动机的经济理性和基于利他动机的社会理性。首先是经济理性，该观点以理性人假设为基础，认为个体会基于利己动机，理性权衡成本和收益，以实现自身利益的最大化。因此，在集体利益可以满足个人利益的情况下，个体会选择合作行为。“没有永恒的敌人，只有永恒的利益”，说的就是选择合作是一种经济理性行为。如理性选择理论（rational choice theory）指出一切经济及社会活动都以人的理性及自利原则为出发点，每个人在决策时会按照实现自己利益最大化的评价标准对决策情境进行评估，因此当个体权衡后发现，合作的长期利益远大于不合作的长期利益时，个体就会选择合作。[14]与经济理性相关的前因变量有社会群体规范[15]、合作的边际收益[16]等。其次是社会理性，该观点认为合作是基于利他动机，追求社会效益的结果。例如，蚂蚁在面对草原大火时，会卷成一团，向着火海毫不犹豫地滚动而去，外层蚁群虽然面临死亡的威胁，但仍选择合作来逃出火海的行为是基于社会理性，是为了族群的延续。如进化理论（evolutionary theory）认为在社会互动的过程中，个体不仅会选择与帮助自己的人进行长期合作[17]，也会为了获取好的名声而以不期望得到他人直接回报的方式去帮助他人[18]，还会付出代价去惩罚不履行群体规则的人，即使短期利益受损，也保证了群体的生存、稳定与繁荣[19]。与社会理性相关的前因变量有集体主义取向[20]、互惠偏好[16]等。

两种理性看似矛盾，但也有理论对其进行了整和，比如社会互依理论（social interdependence theory）。该理论假设，互依情形取决于三个要素：互依的结构、相互影响的主体和互动的动态性。个体在互动的过程中，会根据对自己和他人结果的稳定偏好，将反映客观结果的支付矩阵转化为与行为紧密关联的主观结果的有效矩阵。[21]对于稳定偏好，即社会价值取向，研究者各执己见。目标导向的理性原则认为亲社会者将合作视为理性选择。当个体主义者认为他与其他团队成员的目标进展呈正相关性时，那么他会基于经济理性选择合作。[22-25]社会价值取向交互作用模型认为，外部诱因会促使个体基于利己动机的经济理性，产生以获取奖励为目的、以贪婪为特征的合作行为。个体若能根据社会线索将信任期望转化为互惠期望，就会基于利他动机的社会理性来选择合作行为。[26]

非理性视角则从多个方面来探讨团队合作的原因。比如社会认同理论认为当个体认识到其属于特定社会群体，同时也认识到作为群体成员带来的情感和价值意义时，社会认同感随即产生。[27]个体对自己所在群体的认同感会转化成对内群体的偏好和对外群体的歧视，从而产生维护内群体利益的动机，倾向于与群体内其他成员合作。再如社会网络理论（social network theory），该理论的基本观点是社会情境下的人由于彼此间的关系纽带而以相似的方式思考和行事[28]，这为团队合作提供了重要的信息、资源以及行动的基础。与非理性视角相关的前因变量有服务型领导[29]、网络密度[30]等。虽然已有理论大多基于个体层面解释团队内的合作，但推广到团队间层面也同样适用。

扩展阅读

罗伯斯山洞实验

在 1954 年，美国心理学家谢里夫（Sherif）和他的同事在罗伯斯山洞进行了一个现场实验。该实验共分为三个阶段。

第一阶段：22 个家庭背景相似的 11 岁小男孩参加了一个在罗伯斯山洞州立公园举办的夏令营活动，他们被随机分成两组，分别在各自区域内自由活动，并通过组名、口号、共同任务等形式稳定孩子们之间的关系。

第二阶段：实验者让两组开展竞技游戏，胜利方不仅有精神性奖励，还有丰富的物质性奖励。在这一过程中，有的孩子尝试通过破坏对方组的物品来帮助自己的组赢得胜利，并且两组互起侮辱性的称号、互唱侮辱性的歌曲，甚至发展到拒绝同屋吃饭的地步。

第三阶段：两组之间的冲突被成功激化之后，实验者可以让两组人和好吗？首先，实验者尝试组织了一些两个组可以共同参与的活动，例如看一场电影，但没有起作用。然后，实验者制造了生存困境，即断掉了水和食物。这一措施虽然一开始并没有使得两组放下相互排斥的意识，但随着生存条件逐渐困难，两组不得不开始合作，隔阂也逐渐消失。

从这个实验中可以看出，第二阶段各组成员之所以合作，是因为活动区域、组名、口号、共同任务等强化了其对所属组的感知，从而产生了认同感。这种认同感将转化为对内群体的偏好和对外群体的歧视，从而导致破坏对方组物品、侮辱性行为的出现。

那为什么在第三阶段中，两个组又重新合作了呢？这是因为从经济理性视角来看，合作能给自己带来最大的收益，不合作将会面临生命的威胁。

资料来源：Sherif M, Harvey O J, White B J, et al. Intergroup cooperation and conflict: the robbers cave experiment [M]. Nerman: University of Oklahoma Book Exchange, 1961.

11.1.4 团队合作的结果

为了准确把握团队合作的前因和结果，本节整合了相关研究，绘制了作用机制框架图（见图 11-1）。团队合作是一把“双刃剑”，既有可能产生积极的结果，也有可能产生消极的结果。

团队合作的积极结果主要涵盖三个层面。首先是个体层面，团队合作可以充分地讨论与考察团队成员的想法，使其感受到尊重与信任，从而有效满足成员的成就感、归属感和权利需求，促进员工的心理成熟和能力的发展，比如促使团队成员产生效能感[31]，进而唤起其更高水平的内在动机，提升工作沉浸感等。[29]其次是团队层面，团队成员在合作过程中共享工作经验，发现彼此错误并互相纠正，这使得工作目标与执行方案能够在思维碰撞中不断完善，从而更好地整合集体诉求[32]，提升团队工作效率[33]，保证团队决策质量[34]，提高团队绩效[35]。最后是组织层面，当团队合作在组织内成为一种趋势，那么其将会使组织获益，比如促进组织健康[36]、推动企业技术变革[37]、增强企业突破性创新能力[38]、提高企业绩效[39]等。

团队合作的消极结果同样涵盖三个层面。首先是个体层面。由于难以监督团队中每

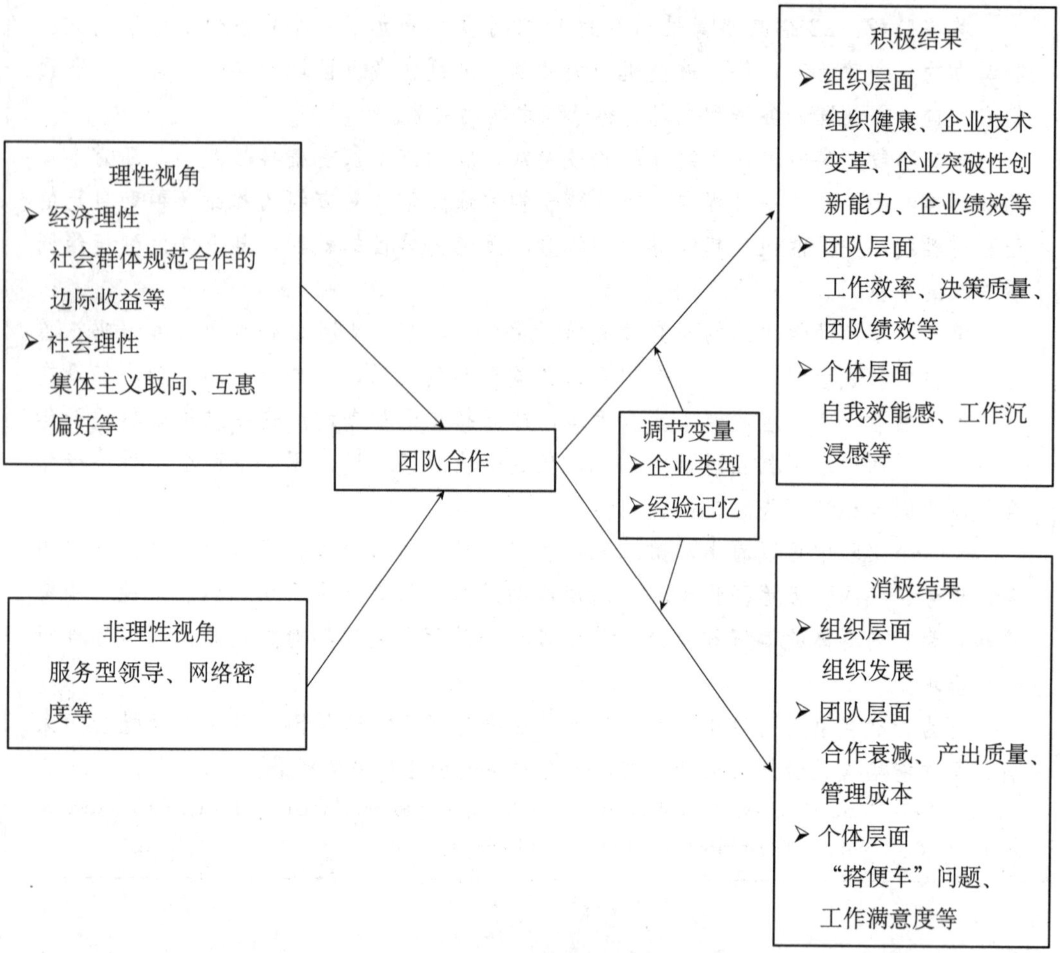

图 11－1 团队合作的作用机制框架图

一位成员的努力程度，所以团队合作存在"搭便车"的问题。[40]该行为会引起其他团队成员的不满，降低成员的工作满意度，挫伤他们的合作积极性。其次是团队层面。团队合作行为中可能存在厌旧效应，团队成员在长期合作后不仅会对合作任务的兴趣减退，产生合作衰减的趋势[41]，并且当团队成员共事时间过长时，他们会因为彼此过于熟悉而减少摩擦且避免争执，导致团队的产出质量会随着建设性冲突的减少而下降。[42]除此之外，团队成员决策过程中的相似误差会被累积放大。[43]正是由于上述问题的存在，团队管理成本会增加。最后是组织层面。正如团队层面的积极产出会使组织获益一样，团队层面的消极结果也会阻碍组织的发展。

团队合作会产生积极结果还是消极结果可能取决于以下两个方面：企业类型和经验记忆。一是企业类型。孙健敏和张明睿发现，在不同所有制的企业中，团队合作对员工工作满意度的影响存在差异[44]，可能是因为员工在国有企业中有更为融洽的人际关系。在团队中，和谐的人际关系能够减少冲突，增强凝聚力。因此，与民营企业相比，国有企业中的团队合作更容易提高员工的工作满意度。二是经验记忆。对于经历过合作衰减过程的团队来说，重新合作使其复制过去的路径，将会再次导致合作衰减[45]、绩效降低。而对于未经历过合作衰减过程的团队，重新合作会使其表现出与过去合作动态类似的趋势，从而进一步提高团队的绩效。需要注意的是，东方文化背景下的团队合作现象出现的概率明显高于西方文化背景。[46]中国企业亟待辩证地看待团队合作，通过维持适度的团队规模、营造良好的人际关系、明确角色分工等措施，发挥其积极作用，避免消极作用。

11.1.5　VUCA 时代团队合作的挑战

在 VUCA 时代，组织运营环境日趋复杂、工作范围不断扩大，传统的团队形式在响应速度和能力上显现出不足，虚拟团队、多团队系统等新型团队应运而生。新型团队如何实现高效协作是 VUCA 时代下团队合作面对的新挑战。

对于虚拟团队来说，其在合作过程中面对的新挑战主要有两个：地域分散和文化异质。虚拟团队是指利用网络信息技术将不同地域的人远程连接起来，从而完成指定任务的组织结构[47]，其成员往往来自不同的地理位置、组织和文化背景[48]，此时更容易出现群体分化的现象[49]，导致价值观高度差异化、信任缺乏和沟通障碍等问题的出现，对团队合作提出了挑战。

多团队系统在合作过程中面对的新挑战主要有两个：多团队成员身份（multiple team membership，MTM）和各团队目标差异性。一是多团队成员身份。多团队成员身份是指员工在一段时间内同时是两个及以上团队的正式成员。[50]与多团队系统不同，多团队成员身份是从系统视角关注团队之间过程与产出的相互依赖关系，是指两个或更多的团队直接接触并相互依赖地应对复杂动态环境以达成集体目标[13]，二者的差异如图 11－2所示。虽然具有多团队成员身份的个体不一定处于多团队系统之中，但多团队系统可能同时由参与多个团队的成员组成。当团队成员的身份发生冲突时，成员很可能感到自己被夹在不同的价值观中，因不能满足自己和他人的期望而产生压力和不安全感[51-52]，从而对其工作的投入度以及知识迁移产生负面影响。[51,53]二是各团队目标差异性。多团队系统是由两个或更多的团队组成的，各团队目标不仅存在差异，而且与总体

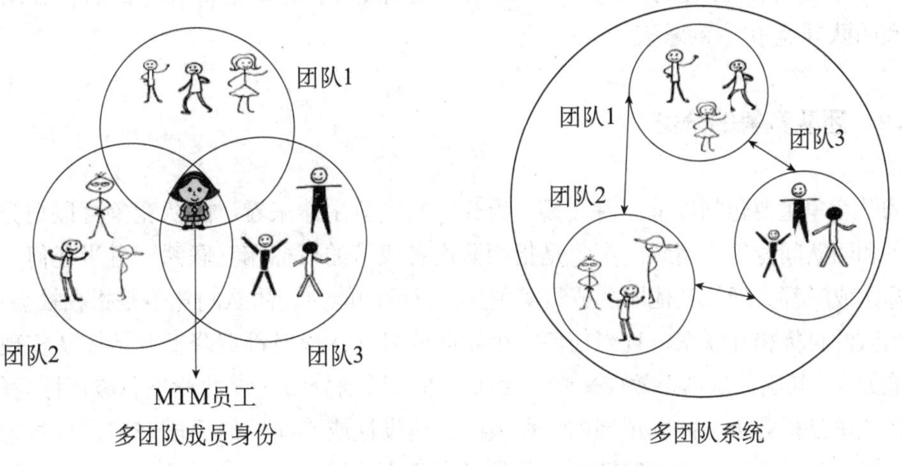

图 11－2　多团队成员身份和多团队系统的区别

目标可能会发生冲突，这意味着目标之间存在着资源竞争，可能会阻碍团队合作。综上所述，如何帮助团队成员协同多团队成员身份、整合各团队目标，是多团队系统在合作过程中面临的主要挑战。

11.2 团队竞争

11.2.1 团队竞争的界定及测量

竞争这一概念是由德国法学家罗伯（Rober）在1907年首次提出的。作为一种普遍的组织现象，竞争广泛存在于不同层次，主要包括人际竞争、组间竞争、组内竞争。[54]其中，团队内的人际竞争和组间竞争均属于团队竞争。因此，团队竞争（team competition）是指多个主体（团队成员、各团队）的目标相互联系，且当任何一方的目标达成时都会降低其他主体实现各自目标的能力。

值得注意的是，有必要区分三组概念。首先是团队竞争力与团队竞争，前者侧重于为主体带来可持续竞争优势的、有价值的、稀缺的、难以模仿的资源与能力；后者侧重于争取竞争优势。其次是团队冲突与团队竞争。团队冲突是指团队内部成员之间、不同团队之间、个人与团队之间由于在工作方式、利益、性格、文化价值等方面存在分歧而导致的彼此抵触、争执甚至攻击等行为。[55]主体在没有竞争的情况下也可能经历冲突，比如团队成员共同合作以研发新产品，但在产品开发方向、产品研发技术等方面存在分歧。同样，主体也可能在没有冲突的情况下相互竞争。比如在拔河比赛中，双方各执绳的一端进行角力竞争，两队之间没有关于比赛如何进行的分歧。最后是社会比较与团队竞争。社会比较是指个体出于认识或提升的需要而将他人与自己进行比较的一种普遍的社会现象。[56]其中，向上的社会比较是竞争发生的主要心理机制。[57]团队竞争在现实中随处可见，比如国乒在团体赛时团结协作，而在个人赛时会面临瑜亮之争。

有关团队竞争的研究主要采用了实验法和调查法。在实验法中，通过划分团队参加比赛的方式来实现对团队竞争的操纵。[58]针对团队竞争的测量量表，目前存在团队内竞争[9]和团队间竞争[59]的量表。

11.2.2 团队竞争的分类

团队竞争主要包括以下三种类型。首先，从竞争主体来看，团队竞争可以划分为团队内竞争和团队间竞争。团队内竞争是指团队内各成员的目标相互联系，且当任何一个个体的目标达成时都会降低其他团队成员实现各自目标的能力。团队间竞争是指在社会环境中，不同团队的目标相互联系，且当任何一个团队的目标达成时都会降低其他团队实现各自目标的能力。[60]其次，从结果效应来看，团队竞争可以划分为建设性竞争和破坏性竞争。[61-62]建设性竞争是指竞争主体以正当的、积极的、建设性或创新性的手段来增强自身的力量或优势，以达到目的的竞争。破坏性竞争是指竞争主体以不正当的、消极的、有破坏性的手段来削弱对方的力量，以达到目的的竞争。最后，从互动形式来看，团队竞争可以分为正式竞争和非正式竞争。正式竞争是指有明确组织和规则的竞争，如体育竞赛。非正式竞争是指虽未明确宣布，但是可以比较出个体或者团体实力高低的活动，如考试。

以安然公司（Enron Corporation）为例，安然公司曾多次被《财富》杂志评为全美最具创新精神的公司，这样一个业绩上佳、头顶光环的公司，却因内部竞争变成了一个“大染缸”。20 世纪 90 年代，安然公司开始实行绩效考核机制。该机制是以员工个体为单位建立的评估和比较机制，这导致团队内、团队间的竞争非常激烈，形成个体能力大于团队合作能力的风气，最终使其变成了一个浮夸成风、欺瞒哄骗、无视规则的企业。其中，团队竞争既有团队内竞争，又有团队间竞争，既为破坏性竞争，又为非正式竞争。

11.2.3　团队竞争的原因

学术界一直尝试运用理论来探讨团队竞争产生的原因，主要存在两种理论视角：理性视角和非理性视角（见表 11－2）。一是理性视角，该视角主要是从基于利己动机的经济理性出发，用利益最大化来解释团队竞争现象。“没有永恒的朋友，只有永恒的利益”则是对该视角的阐述。如零和博弈（zero-sum game）是指参与博弈的各方，在严格竞争下，一方的收益必然意味着另一方的损失，博弈各方的收益和损失相加总和永远为零，故双方不存在合作的可能性。其背后的逻辑是团队成员之间、团队之间在同一资源空间或“利基市场”中占据相似的位置，即共享资源，如客户、员工、金融资本、知识投入或者任何其他生存所必需的资源。[63]然而这些资源是有限的，因此，他们为了获取和控制其需要的资源会发生相互争抢的现象，一方资源的增加必然意味对另一方的减少，这样竞争就会发生。组织生态学家和进化理论学家将上述“生态位重叠”的情况作为竞争的基础。[64]各国对粮食、能源、淡水等资源争夺的底层逻辑正是零和博弈。再如社会互依理论指出，当个体认为自己与其他团队成员的目标进展呈现负相关性时，竞争就会发生。[22-25]原因在于，在该情境下，团队成员的协作行为与其目标实现和奖励的获得具有负相关性，这使得个体倾向于保留有价值的信息和资源，甚至通过阻碍其他团队成员进步的方式来获取竞争优势。在管理实践中，当团队的激励机制只是奖励每月业绩最优者时，该团队必然会发生相互竞争的现象。与理性视角相关的前因变量有地位关注动机[65]、锦标赛晋升激励[66]等。

表 11－2　团队竞争的原因

视角		相关理论	具体内容
理性视角	经济理性	零和博弈	参与博弈的各方，在严格竞争下，一方的收益必然意味着另一方的损失，博弈各方的收益和损失相加总和永远为零，故双方不存在合作的可能
		社会互依理论	当个体认为自己与其他团队成员的目标进展呈现负相关性时，竞争就会发生
非理性视角		社会比较理论	个体受到向上动机的影响，想要尽量减少或预先消除与其他人表现水平的差异，从而展现出保护自身优势的竞争行为

二是非理性视角，如社会比较理论（social comparison theory），该理论认为个体受到向上动机的影响，想要尽量减少或预先消除与其他人表现水平的差异，从而展现出保护自身优势的竞争行为。[57]与该理论相关的前因变量有个体相似性、关系紧密度、竞争者数量、激励机制等。[67]

11.2.4 团队竞争的结果

为了准确把握团队竞争的前因和结果，本节整合了相关研究，绘制了团队竞争的作用机制框架图（见图 11-3）。

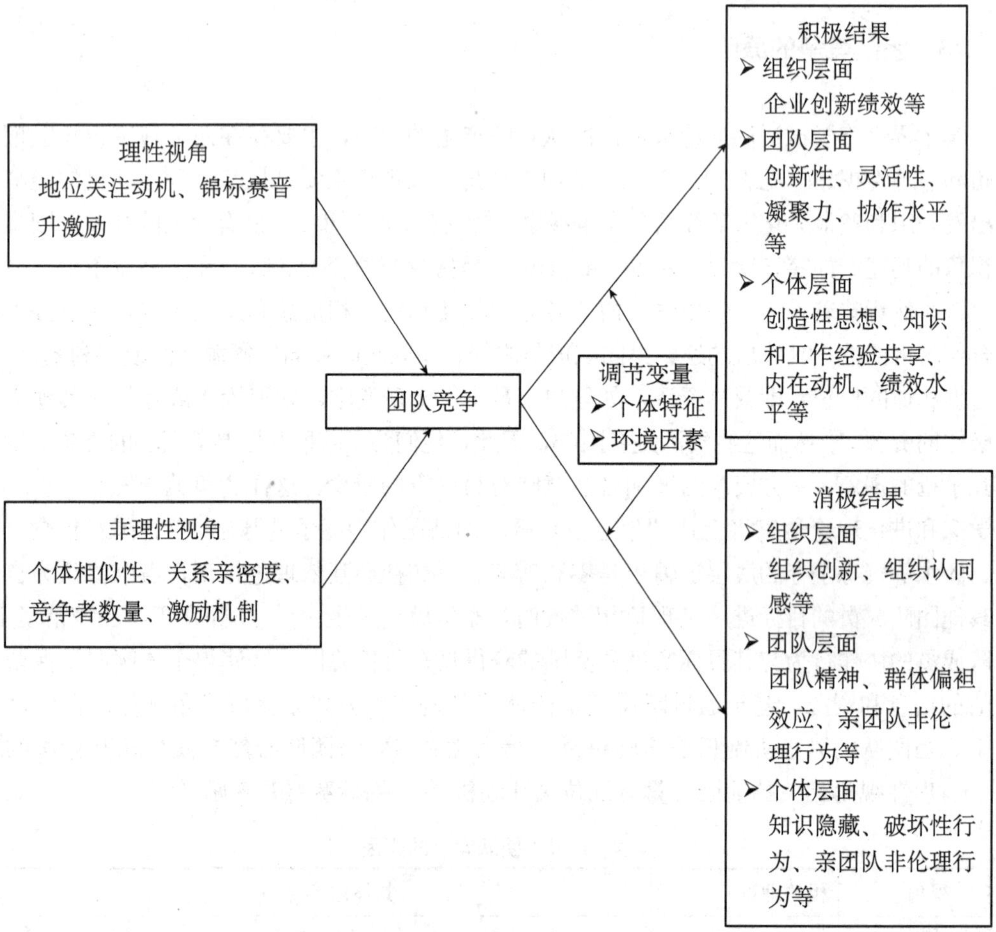

图 11-3 团队竞争的作用机制框架图

团队竞争是一把“双刃剑”，既有可能产生积极结果，也有可能产生消极结果。下面将着重介绍团队竞争可能会产生的结果。

团队竞争的积极结果包括三个层面。首先是个体层面。当团队成员以自我成就为目标实施竞争行为时，其会专注本职工作，关注探索性信息来寻求创新和变化，从而产生对任务绩效有益的创造性思想[68]；当具有亲社会动机的团队成员采取竞争行为时，其注重别人的评价，因此会帮助他人，与他人和睦相处，减少破坏性行为，并共享知识和工作经验[64]。此外，由于团队间竞争既包含提高个体能力的竞争元素，又包含有助于培养积极亲密人际关系的团队内合作的能力，因此有利于促进个体内在动机和绩效水平的提高。[69]其次是团队层面。对于团队间竞争来说，多个团队之间的力量和利益的对抗容易强化团队成员对“敌我”群体身份的认知，从而提高团队内部协作水平[70]和凝聚力[71]。对于团队内竞争来说，当个体以正当的、积极的、建设性或创新性的手段来实施竞争行为时，团队内既定不变的常规行为或惯例会被打破，任务执行会更具灵活性，更富有创新性。[72]最后是组织层面。团队竞争为团队层面带来的一系列积极影响会使组织获益，比如提高企业创新绩效。

团队竞争的消极结果包括三个层面。首先是个体层面。对于团队内竞争来说，当具有利己动机的团队成员采取竞争行为时，其期望控制他人和资源。在占有欲和控制欲的支配下，他们可能采取边缘化、恶意排挤等破坏性行为以制裁他人[73]，同时他们会产生担心输给他人的焦虑，这将分散他们对工作的专注力，降低其处理探索性信息和创造性地完成任务的主动性[68]，他们也会进行知识隐瞒，减少互帮互助行为。[74]对于团队间竞争来说，团队间竞争是“敌我”之间的较量，胜负将直接决定团队间利益格局和自身的利益得失。在该过程中，团队成员容易产生不择手段来争取胜利的想法，从而降低自身的伦理阈值，采取手段打击对手[58]，但有利于团队的亲团队非伦理行为。[75]其次是团队层面。在过度竞争的环境下，人与人之间的信任度会下降，彼此之间相互防备，甚至相互攻击来阻碍团队精神的形成。[76]并且，团队间竞争意味着“共同御敌”，不仅会导致团队产生群体偏袒效应，也会导致其失守道德底线，促使其赢得竞争胜利的亲团队非伦理行为受到了团队成员的认可、学习和效仿，从而在团队中形成一种行为规范，最终形成群体亲团队非伦理行为。[75]最后是组织层面。个体层面和团队层面的消极结果将阻碍组织的发展，比如不利于组织创新、降低组织认同感等。

团队竞争是产生积极结果还消极结果可能取决于以下两个方面：个体特征和环境因素。个体特征包括女性[77]、利己竞争动机[66]、自我效能感低[78]、控制感低[79]、成就导向低[80]或竞争力低[81]等，这些均会促使团队竞争产生消极的结果。环境因素包括任务互依性高[68]、先前高绩效水平[82]、低潜在损失[83]、低伤害预期[84]、不确定性[61]、低水平竞争对手[85]、低防御焦点[86]、违反社会规范[87]或混合团队竞争（仅与团队内竞争或团队间竞争相比）[88]等均有利于团队竞争产生积极结果。值得注意的是，何（He）等人指出团队集体主义会激发有益团队发展的团队内部竞争，并降低过度竞争的可能性。[89]因此，对于集体主义文化背景下的国家，应进一步加强对团队的集体主义价值取向的引导，使其保持适当的竞争水平，发挥团队竞争的建设性作用，避免团队竞争的破坏性作用，从而提升自身的竞争力。

11.2.5　VUCA 时代团队竞争的挑战

在 VUCA 时代，许多新型团队层出不穷，如何实现有序竞争、良性竞争是团队竞争要面对的新挑战。

对于虚拟团队来说，竞争升级可能是团队竞争面对的主要挑战。虚拟团队成员往往来自世界各地或不同的组织部门，仅靠互联网等现代化电子通信工具相互沟通协作。这种较弱的关系纽带和较低的团队承诺，容易导致团队成员间相互竞争。一旦出现任务冲突，由于地域分散和文化差异导致的沟通困难，以及竞争心态导致的控制欲和占有欲，会使得成员不愿意听从他人意见，甚至强迫他人同意自己的观点，从而引发成员间关系的进一步恶化，使原本的任务冲突演化为关系冲突，最终导致团队内竞争加剧。

对于多团队系统来说，竞争源复杂、多团队成员身份、“敌我”群体身份认知可能是团队竞争面对的新挑战。首先，竞争源复杂使管理更加困难。多团队系统由多样性的团队组成，包括三个层面：个体层面、团队层面和系统层面，涉及团队内和团队间两个方面的交互。由于多团队系统的动态性与开放性，团队竞争产生的结果存在着反馈路径。因此，多团队系统内的竞争源是多层次、全方位和反馈式的，这增加了识别的困难和管理的难度。[90]其次，多团队成员身份加剧了团队间竞争。多团队成员身份意味着团队成员同时参与多个项目，这可能会引发各团队对人才的争抢。最后，“敌我”群体身份认知会阻碍组织目标的实现。“敌我”群体身份认知虽然有助于提升团队内的协作水平和凝聚力，但也会诱导团队成员实施打击对手的行为，从而导致团队间竞争加剧[74]，妨碍组织实现整体目标。

11.3 团队竞合关系

11.3.1 团队竞合关系的界定及测量

竞合关系，又称合作-竞争关系（co-opetition relationship），最早是由勃兰登堡（Brandenbuger）和纳尔巴夫（Nalebuff）两位学者在 1996 年提出的。[91]此后，学术界围绕这一问题从企业或企业网络、团队、个体等多个层次展开研究，并对其基本内涵达成共识，即合作-竞争关系是同时共存于多元主体间的行为关系。[92]基于此，团队竞合关系（team co-opetition relationship）是指不同团队或团队成员之间存在的既合作又竞争的持续关系。学者们常常将团队竞合关系视为结构变量，采取二分法（高-低）来确定四种常见的团队竞合关系：低合作低竞争、低合作高竞争、高合作低竞争、高合作高竞争（见图 11-4）。[2]

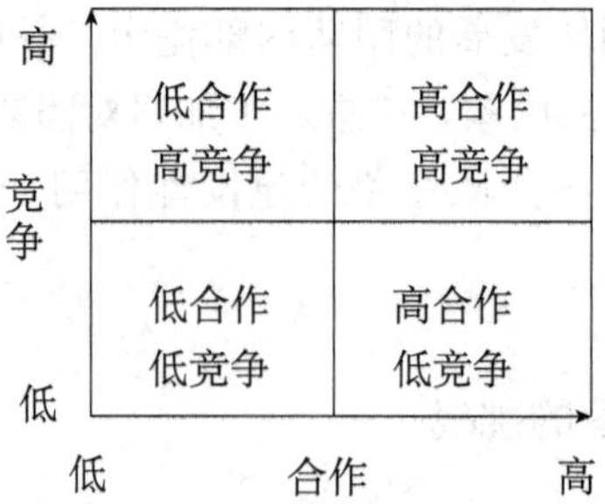

图 11-4 四种常见的团队竞合关系

低合作低竞争是指主体间合作的意愿较低，几乎不存在阻碍对方的动机，倾向于彼此孤立。低合作高竞争是指主体间会出现短期的合作，但长期内仍以竞争为主，通过资源争夺实现自身利益最大化。高合作低竞争是指长期内主体间以合作为主，但是由于资源的排他性，也可能在一定程度上存在对新资源的争夺。高合作高竞争是指在竞争与合作之间寻求动态平衡，强调竞争与合作的正和效应。此外，团队竞合关系并非一成不变，而是不断进行互动演化。“没有永恒的朋友，也没有永恒的敌人”是对竞合关系不断变化的阐释。

目前对于团队竞合关系的研究主要采用实验法，通过设置任务情境来探讨个体层面的竞合心理。具体而言，通过任务的背景（如资源稀缺、合作完成等）与目标（如奖励有限），将被试人划分为高合作高竞争、低合作高竞争、高合作低竞争以及低合作低竞争四种团队类型，进而开展后续的研究。[93]

11.3.2　团队竞合关系的原因

与团队竞合关系相关的理论主要是竞合理论。竞合理论（co-opetition theory）最早是由莫顿（Morton）在 1949 年提出的[94]，由勃兰登堡等学者对该理论进行拓展，通常用于解释企业或组织之间纷繁复杂的竞争与合作行为。莫顿认为，不同方向的依赖决定了个体间不同的互动方式：正向的依赖（合作）会产生正向的互动；负向的依赖（竞争）会产生负向的互动；无依赖（个体努力）则没有互动产生。他界定了三种目标结构：一是个体性结构，个体指向目标的动力与他人的目标达成无关；二是竞争性结构，个体指向目标的动力会阻碍他人的目标达成；三是协作性结构，个体指向目标的动力有利于他人的目标达成。[95]根据该理论，团队竞合关系形成的原因是焦点主体与某一对象既存在协作性结构的目标，也存在竞争性结构的目标，使合作和竞争共存，三种目标结构的重要程度促使四种不同团队竞合关系的出现。比如腾讯公司的微信团队和 QQ 团队，二者之间既存在竞争性结构的目标，也存在协作性结构的目标，二者具有操作互通的特点，从而实现了争夺预算的竞争行为和共同研发的合作行为。在发展前期，二者的目标结构以竞争性结构为主，因此是低合作高竞争的关系。团队合作和团队竞争的前因变量的相互作用可以产生团队竞争与合作，而团队竞合关系的前因变量的关注重点是导致团队间或团队内四种竞合关系形成与发展的原因。相关研究较少，瓦波拉（Vapola）等人指出合作型奖励与竞争型奖励的不同比例组合会产生不同程度的竞合关系。[95]

11.3.3　团队竞合关系的结果

为了准确把握团队竞合关系的前因和结果，本节整合了相关研究，绘制了团队竞合关系的作用机制框架图（见图 11-5）。下面将着重对团队竞合的结果进行阐述。

不同的团队竞合关系结构会产生不同的影响效应。萨瑟兰（Sutherland）等人通过访谈发现，低合作会对组织层面产生消极影响，如商业价值下降。高合作低竞争则会使团队产生群体思维，降低运行效率，但同时也会分享知识、提高创新水平和增强凝聚力。高合作高竞争是一把“双刃剑”，虽然会提高绩效，但长期来看，竞争会占据主导地位，从而引发消极结果。[2]罗（Luo）等人发现高合作会对公司的客户绩效和财务绩效产生积

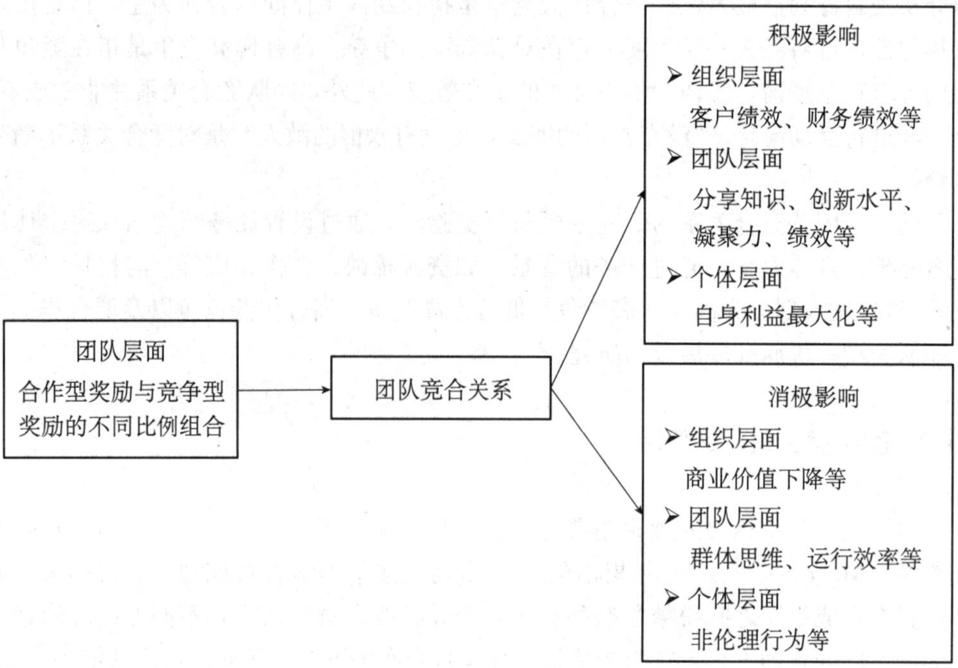

图 11－5　团队竞合关系的作用机制框架图

极影响。[96]虽然团队或团队成员之间呈现哪种竞合关系取决于团队职能和合作领域[2]，但是通过以上的研究可以发现，高合作（高合作低竞争、高合作高竞争）将有利于主体实现自身利益的最大化。其中，高合作高竞争是最优选择。值得注意的是，鉴于个体具有相互竞争的倾向，高合作高竞争将逐渐演化为低合作高竞争，从而将主体置于危险的处境（非伦理行为）。因此如何寻求团队竞合关系的平衡，即团队竞争与合作达到均衡的稳定关系[97]，并将其维持在较高的水平上，是管理者应当重点关注的问题。

11.3.4　VUCA 时代团队竞合关系的挑战

在 VUCA 时代，虚拟团队、多团队系统如何实现合作-竞争关系的平衡是团队竞合要面对的新挑战。

对于虚拟团队来说，成员需要通过密切的合作来更有效地达成团队的既定目标。但是由于虚拟团队的成员分散在各地，无法像传统团队一般进行面对面交流，而文化异质性又进一步加深了沟通隔阂，这不仅导致合作变得难以预测和控制，也容易出现竞争升级甚至失控的局面。因此，管理者可以通过建立信任关系，保证信息通畅，营造“社区”氛围，适当通过轮换工作职位、领导岗位等措施来促使虚拟团队成员将合作维持在较高的水平上，并且通过设置合理有效的利益分配机制和奖励机制来激发成员积极参与团队活动，帮助其形成差异化竞争优势，从而实现竞合关系的平衡。

对于多团队系统来说，多团队成员身份、各团队目标差异性和“敌我”群体身份认知的存在往往会加剧团队间竞争，阻碍各团队通力合作来实现系统目标，呈现低合作高竞争关系。因此，为实现多团队系统竞合关系的平衡，并将其维持在较高水平上，管理者可以尝试从提高合作水平、降低竞争水平的角度入手。一是硬性约束，比如建立专门的管理部门或任命管理者对多团队系统进行管理，或者建立基于系统而非团队的绩效考核方式。二是软性激励，比如通过共同目标和愿景来培养相互信任的合作氛围，鼓励各团队进行密切合作。

本章小结及管理启示

本章主要展示了团队合作、团队竞争、团队竞合关系的界定、测量及分类，并展示了它们的作用机理。同时，探讨了在VUCA时代，新型团队所面对的合作与竞争的挑战。团队合作与竞争作为一种重要的团队过程，能够对团队输出产生深远的影响。因此，组织管理者需要重视团队合作与竞争这一过程变量，平衡二者之间的关系，并使其维持在较高的水平上，从而促使团队合力的最大化。

关键术语

团队合作（team cooperation）
团队竞争（team competition）
多团队系统（multi-team system）
竞合理论（co-opetition theory）
社会比较理论（social comparison theory）
多团队成员身份（multiple team membership）
团队竞合关系（team co-opetition relationship）
社会互依理论（social interdependence theory）
理性选择理论（rational choice theory）
进化理论（evolutionary theory）
社会网络理论（social network theory）
零和博弈（zero-sum game）

思考题

1. 团队合作、团队竞争与团队竞合关系三者之间的区别和联系分别是什么？
2. 团队合作一定有益于团队的发展吗？
3. 团队竞争一定对团队的发展有害吗？
4. 在VUCA时代，如何使新型团队竞合关系保持平衡？

参考文献

[1] Padula G, Dagnino G B. Untangling the rise of coopetition: the intrusion of competition in a cooperative game structure [J]. International Studies of Management & Organization, 2007, 37 (1): 32-53.

[2] Naidoo S, Sutherland M. A management dilemma: positioning employees for internal competition versus internal collaboration is coopetition possible? [J]. South Afri-

can Journal of Business Management，2016，47（1）：75－87.

［3］Bendig D，Enke S，Thieme N，et al. Performance implications of cross-functional coopetition in new product development：the mediating role of organizational learning［J］. Industrial Marketing Management，2018，73（8）：137－153.

［4］Lau P，Kwong T，Chong K，et al. Developing students' teamwork skills in a cooperative learning project［J］. International Journal for Lesson and Learning Studies，2013，3（1）：80－99.

［5］Trist E L，Bamforth K W. Some social and psychological consequences of the longwall method of coal-getting：an examination of the psychological situation and defences of a work group in relation to the social structure and technological content of the work system［J］. Human Relations，1951，4（1）：3－38.

［6］Roschelle J，Teasley S D. The construction of shared knowledge in collaborative problem solving［J］. Computer-supported Collaborative Learning，1995，128：69－97.

［7］Riebe L，Girardi A，Whitsed C. A systematic literature review of teamwork pedagogy in higher education［J］. Small Group Research，2016，47（6）：619－664.

［8］Kahn K B. Interdepartmental integration：a definition with implications for product development performance［J］. Journal of Product Innovation Management，1996，13（2），137－151.

［9］Wong A，Tjosvold D，Liu C. Innovation by teams in Shanghai，China：cooperative goals for group confidence and persistence［J］. British Journal of Management，2009，20（2）：238－251.

［10］Wilderom C P M，van den Berg P T，Wiersma U J. A longitudinal study of the effects of charismatic leadership and organizational culture on objective and perceived corporate performance［J］. The Leadership Quarterly，2012，23（5）：835－848.

［11］张玲玲，王蝶，张利斌．跨学科性与团队合作对大科学装置科学效益的影响研究［J］. 管理世界，2019，35（12）：199－212.

［12］王庆金，周键．创业情境下管理强度与创业绩效关系探讨：团队合作的中介效应［J］. 科技进步与对策，2017，34（14）：16－22.

［13］Mathieu J E，Marks M A，Zaccaro S J. Multiteam systems［J］. International Handbook of Work and Organizational Psychology，2002（2）：283－313.

［14］Coleman J S. Foundation of social theory［M］. Cambridge：Hardvard University Press，1994.

［15］Thøgersen J. Socialnorms and cooperation in real-life social dilemmas［J］. Journal of Economic Psychology，2008，29（4）：458－472.

［16］韩姣杰，贾满作．基于互惠的项目复杂团队合作动态演化分析［J］. 中国管理科学，2016，24（S1）：231－239.

［17］Nowak M A. Five rules for the evolution of cooperation［J］. Science，2006，314（5805）：1560－1563.

[18] Pothos E M, Perry G, Corr P J, et al. Understanding cooperation in the prisoner's dilemma game [J]. Personality and Individual Differences, 2011, 51 (3): 210-215.

[19] Fehr E, Gächter S. Altruistic punishment in humans [J]. Nature, 2002, 415 (6868): 137-140.

[20] 金辉, 董春燕, 刘晓彦. 领导集体主义取向对员工创新行为的跨层影响机理: 基于两类知识共享的中介效应 [J]. 研究与发展管理, 2021, 33 (3): 58-72.

[21] Kelley H H. Interpersonal relations: a theory of interdependence [M]. New York: Wiley, 1978.

[22] Tjosvold D. Cooperation theory and organizations [J]. Human Relations, 1984, 37 (9): 743-767.

[23] Tjosvold D. The dynamics of interdependence in organizations [J]. Human Relations, 1986, 39 (6): 517-540.

[24] Tjosvold D. Cooperative and competitive dynamics within and between organizational units [J]. Human Relations, 1988, 41 (6): 425-436.

[25] Tjosvold D. Cooperative and competitive interdependence collaboration between departments to serve customers [J]. Group & Organization Management, 1988, 13 (3): 274-289.

[26] Bogaert S, Boone C, Declerck C. Social value orientation and cooperation in social dilemmas: a review and conceptual model [J]. British Journal of Social Psychology, 2008, 47 (3): 453-480.

[27] Tajfel H, Turner J C. The social identity theory of intergroup behavior [M]. Hove, Sussex: Psychology Pross, 2004.

[28] Mills J, Clark M. Exchange and communal relationships [J]. Review of Personality and Social Psychology, 1982, 3: 121-144.

[29] 吕峰, 刘志, 张笑腾. 冲突处理视角下服务型领导对员工工作沉浸的影响机制: 服务型领导差异化的调节作用 [J]. 南开管理评论, 2021, 24 (6): 72-83.

[30] 杨肖锋. 团队氛围, 网络密度与团队合作: 基于民营企业工作团队的实证分析 [J]. 中国人力资源开发, 2013 (11): 6-13.

[31] 顾远东, 周文莉, 彭纪生. 组织创新氛围、成败经历感知对研发人员创新效能感的影响 [J]. 研究与发展管理, 2014, 26 (5): 82-94.

[32] Flores H R, Jiang X, Manz C C. Intra-team conflict: the moderating effect of emotional self-leadership [J]. International Journal of Conflict Management, 2018, 29 (3): 424-444.

[33] Pelled L H. Demographic diversity, conflict, and work group outcomes: an intervening process theory [J]. Organizaitonal Science, 1996, 7 (6): 615-631.

[34] Sharpe W F. Decentralized investment management [J]. The Journal of Finance, 1981, 36 (2): 217-234.

[35] Lin C P, He H, Baruch Y, et al. The effect of team affective tone on team performance: the roles of team identification and team cooperation [J]. Human Resource Management, 2017, 56 (6): 931-952.

[36] 陈维政，王兴琼. 促进组织健康：合作还是冲突?：基于团队特征实证研究的启示 [J]. 中国地质大学学报（社会科学版），2010，10（2）：118-123.

[37] 魏占祥，侯云先. 劳动力年龄结构及团队合作对企业技术变革的双重影响研究 [J]. 重庆大学学报（社会科学版），2019，25（4）：63-76.

[38] 吴迪. 创新氛围、知识管理能力和突破性创新能力的相关性研究 [J]. 科技管理研究，2018，38（15）：177-182.

[39] Askari G, Asghri N, Gordji M E, et al. The impact of teamwork on an organization's performance: a cooperative game's approach [J]. Mathematics, 2020, 8 (10): 1804.

[40] Holmstrom B. Moral hazard in teams [J]. The Bell Journal of Economics, 1982, 13 (2): 324-340.

[41] Andreoni J. Why free ride?: strategies and learning in public goods experiments [J]. Journal of Public Economics, 1988, 37 (3): 291-304.

[42] Berman S L, Hill C W, Down J. Tacit knowledge as a source of competitive advantage in the National Basketball Association [J]. Academy of Management Journal, 2002, 45 (1): 13-31.

[43] Armstrong J S. Principles of forecasting: a handbook for researchers and practitioners [M]. Netherlands: Kluwer Academic Publishers, 2001.

[44] 孙健敏，张明睿. 所有制对高绩效工作系统与员工满意度关系的调节作用 [J]. 经济理论与经济管理，2009（10）：5-13.

[45] 汪敏达，李建标. 喜新厌旧与团队合作行为：有重启公共物品实验的证据 [J]. 管理工程学报，2019，33（1）：238-251.

[46] Kim T Y, Wang C, Kondo M, et al. Conflict management styles: the differences among the Chinese, Japanese, and Koreans [J]. International Journal of Conflict Management, 2007, 18 (1): 23-41.

[47] Townsend A M, Hendrickson A R, DeMarie S M. Virtual teams: technology and the workplace of the future [J]. Academy of Management Executive, 1998, 12 (3): 17-29.

[48] Hoch J E, Dulebohn J H. Team personality composition, emergent leadership and shared leadership in virtual teams: a theoretical framework [J]. Human Resource Management Review, 2017, 27 (4): 678-693.

[49] Knein E, Greven A, Bendig D, et al. Culture and cross-functional coopetition: the interplay of organizational and national culture [J]. Journal of International Management, 2020, 26 (2): 10073.

[50] O'Leary M B, Woolley A W, Mortensen M. Multiteam membership in rela-

tion to multiteam systems [M] //Zaccaro S J, Marks M A, DeChurch L A, et al. Multiteam systems: an organisation form for dynamic and complex environments. London: Routledge, 2012: 154-185.

[51] Ramarajan L, Berger I E, Greenspan I. Multiple identity configurations: the benefits of focused enhancement for prosocial behavior [J]. Organization Science, 2017, 28 (3): 495-513.

[52] Ramarajan L. Past, present and future research on multiple identities: toward an intrapersonal network approach [J]. The Academy of Management Annals, 2014, 8 (1): 589-659.

[53] 方琪，栾琨．多团队成员身份及其作用机制 [J]. 心理科学进展，2022，30 (5)：1143-1157.

[54] To C, Kilduff G J, Rosikiewicz B L. When interpersonal competition helps and when it harms: an integration via challenge and threat [J]. The Academy of Management Annals, 2020, 14 (2): 908-934.

[55] 斯蒂芬·罗宾斯，玛丽·库尔特．管理学：第9版 [M]. 北京：中国人民大学出版社，2009.

[56] Appel H, Crusius J, Gerlach A L. Social comparison, envy, and depression on facebook: a study looking at the effects of high comparison standards on depressed individuals [J]. Journal of Social and Clinical Psychology, 2015, 34 (4): 277-289.

[57] Festinger L. A theory of social comparison [J]. Human Relations, 1954, 40 (2): 117-140.

[58] Enns J R, Rotundo M. When competition turns ugly: collective injustice, workgroup identification, and counterproductive work behavior [J]. Human Performance, 2012, 25 (1): 26-51.

[59] Campion M A, Medsker G J, Higgs A C. Relations between work group characteristics and effectiveness: implications for designing effective work groups [J]. Personnel Psychology, 1993, 46 (4): 823-847.

[60] Holtz R, Miller N. Intergroup competition, attitudinal projection, and opinion certainty: capitalizing on conflict [J]. Group Processes & Intergroup Relations, 2001, 4 (1): 61-73.

[61] Tjosvold D, Johnson D W, Johnson R T, et al. Can interpersonal competition be constructive within organizations? [J]. Journal of Psychology, 2003, 137 (1): 63-84.

[62] Tjosvold D, Johnson D W, Johnson R T, et al. Competitive motives and strategies: understanding constructive competition [J]. Group Dynamics Theory Research & Practice, 2006, 10 (2): 87-99.

[63] Salvato C, Reuer J J, Battigalli P. Cooperation across disciplines: a multilevel perspective on cooperative behavior in governing interfirm relations [J]. Academy of Management Annals, 2017, 11 (2): 960-1004.

[64] Nelson R R. Why dofirms differ, and how does it matter? [J]. Strategic Management Journal, 1991, 12 (6): 61 - 74.

[65] 张少峰，程德俊，李菲菲，等．创造性团队中地位关注动机，竞争行为与知识共享 [J]. 经济管理，2019，41 (9)：109 - 124.

[66] 钱海婷．基于锦标赛模型的晋升激励负面效应研究 [J]. 管理现代化，2014 (5)：57 - 59.

[67] Garcia S M, Tor A, Schiff T M. The psychology of competition: a social comparison perspective [J]. Perspectives on Psychological Science, 2013, 8 (6): 634 - 650.

[68] 常涛，刘智强，周苗．团队中成员间人际竞争维度解构：调节聚焦视角 [J]. 管理工程学报，2018，32 (4)：28 - 36.

[69] Tauer J M, Harackiewicz J M. The effects of cooperation and competition on intrinsic motivation and performance [J]. Journal of Personality and Social Psychology, 2004, 86 (6), 849 - 861.

[70] Bornstein G, Gneezy U, Nagel R. The effect of intergroup competition on group coordination: an experimental study [J]. Games and Economic Behavior, 2002, 41 (1): 1 - 25.

[71] Swab R G, Johnson P D. Steel sharpens steel: a review of multilevel competition and competitiveness in organizations [J]. Journal of Organizational Behavior, 2019, 40 (2): 147 - 165.

[72] O'Connor K M, De Dreu C K W, Schroth H, et al. What we want to do versus what we think we should do: an empirical investigation of intrapersonal conflict [J]. Journal of Behavioral Decision Making, 2002, 15 (5): 403 - 418.

[73] 蔡地，马金鹏，孙艳，等．领导越谦卑，团队越有效?：地位冲突的中介作用 [J]. 外国经济与管理，2018，40 (7)：129 - 141.

[74] Varella P, Javidan M, Waldman D A. A model of instrumental networks: the roles of socialized charismatic leadership and group behavior [J]. Organization Science, 2012, 23 (2): 582 - 595.

[75] 张永军，李亚，邓传军，等．团队间竞争对亲团队非伦理行为的影响：一个跨层模型的检验 [J]. 管理工程学报，2023，37 (1)：40 - 42.

[76] 余俊渠．领导力视角下竞争意识与团队精神的理性解构 [J]. 领导科学，2017 (29)：47 - 56.

[77] Deci E L, Betley G, Kahle J, et al. When trying to win: competition and intrinsic motivation [J]. Personality and Social Psychology Bulletin, 1981, 7 (1): 79 - 83.

[78] Chen Z, Zhu J, Zhou M. How does a servant leader fuel the service fire? a multilevel model of servant leadership, individual self identity, group competition climate, and customer service performance [J]. The Journal of Applied Psychology, 2015, 100 (2): 511 - 521.

[79] Reeve J, Olson B C, Cole S G. Intrinsic motivation in competition: the inter-

vening role of four individual differences following objective competence information [J]. Journal of Research in Personality, 1987, 21 (2): 148-170.

[80] Jones J L, Davis W D, Thomas C H. Is competition engaging? examining the interactive effects of goal orientation and competitive work environment on engagement [J]. Human Resource Management, 2017, 56 (3): 389-405.

[81] Brown S P, Cron W L, Slocum J W. Effects of trait competitiveness and perceived intraorganizational competition on salesperson goal setting and performance [J]. Journal of Marketing, 1998, 62 (4): 88-98.

[82] Gill D, Prowse V. A structural analysis of disappointment aversion in a real effort competition [J]. American Economic Review, 2012, 102 (1): 469-503.

[83] Reh S, Tröster C, Van Quaquebeke N. Keeping (future) rvals down: temporal social comparison predicts coworker social undermining via future status threat and envy [J]. Journal of Applied Psychology, 2018, 103 (4): 399-415.

[84] Charness G, Masclet D, Villeval M C. The dark side of competition for status [J]. Management Science, 2013, 60 (1): 38-55.

[85] Rogers T, Feller A. Discouraged by peer excellence: exposure to exemplary peer performance causes quitting [J]. Psychological Science, 2016, 27 (3): 365-374.

[86] Crowe E, Higgins E T. Regulatory focus and strategic inclinations: promotion and prevention in decision-making [J]. Organizational Behavior and Human Decision Processes, 1997, 69 (2): 117-132.

[87] Blascovich J, Mendes W B, Hunter S B, et al. Perceiver threat in social interactions with stigmatized others [J]. Journal of Personality and Social Psychology, 2001, 80 (2): 253-267.

[88] Blascovich J. Challenge, threat, and health [M]. New York: Guilford Press, 2008.

[89] He H, Baruch Y, Lin C P. Modeling team knowledge sharing and team flexibility: the role of within-team competition [J]. Human Relations, 2014, 67 (8): 947-978.

[90] 牛楠，刘兵，李嫄．多团队系统研究前沿与研究框架 [J]. 现代财经（天津财经大学学报），2019，39 (7)：68-79.

[91] Brandenburger A M, Nalebuff B J. Co-opetition [M]. New York: Doubleday Currency, 2011.

[92] 黄传峰，张正堂，丁明智．团队中的合作-竞争关系研究进展评述 [J]. 商业研究，2015 (1)：124-131.

[93] 刘智强，周空，倪佳豪，等．组织内竞合的研究评述与未来展望 [J]. 管理学报，2019，16 (8)：1245-1254.

[94] Deutsch M. A theory of co-operation and competition [J]. Human Relations, 1949, 2 (2): 129-152.

[95] Vapola T J, Tossavainen P, Gabrielsson M. The battleship strategy: the complementing role of born globals in MNC's new opportunity creation [J]. Journal of International Entrepreneurship, 2008, 6 (1): 1-21.

[96] Luo X, Slotegraaf R J, Pan X. Cross-functional "coopetition": the simultaneous role of cooperation and competition within firms [J]. Journal of Marketing, 2006, 70 (2): 67-80.

[97] Gnyawali D R, Charleton T R. Nuances in the interplay of competition and cooperation: towards a theory of coopetition [J]. Journal of Management, 2018, 44 (7): 2511-2534.

案例分析

杉芙蕾公司为何能在亚洲市场获得成功

杉芙蕾公司是一家跨国化妆品公司，近年来公司为加快进入亚洲市场的步伐，设立了亚洲区分公司。张凌幼和刘依是亚洲区分公司销售部门的两位主力，为了竞争亚洲区分公司销售总监的职务，两人带领着自己的销售团队经常奔波于亚洲各地市场。

张凌幼的团队长期关注中、日、韩三国的市场，而刘依的团队更多致力于开发东南亚、西亚和中亚的潜在市场，两个团队长期处于竞争的状态。

最近，杉芙蕾公司发现其在欧美主要市场的份额在不断下降，今年的市场份额已不到1%，而亚洲市场的份额却逐年上升，今年已经达到了5%，不同地区市场份额的变化情况让公司高层做出了决策变化，公司决定将未来5～10年的发展重心向亚洲市场转移，为此，公司董事长特地将办公室和主要部门都搬到了香港。张凌幼和刘依同时收到了高层的消息，但是让她们感到意外的是，公司竟然提拔张凌幼为亚洲区分公司的市场总监，刘依为副总监，两人共同开发亚洲市场。曾经针锋相对的两人现在成了工作伙伴，彼此的团队也成了互相帮助的战友。

两人在公司高层会议上得知，这样决策的目的是整合两个团队所具有的资源，以便公司能够在最短时间内扩大亚洲市场的份额。两个团队就这样开始了合作，除了继续关注之前的区域外，区域之间的联动也成了两个团队关注的重点，为了体现公司在各区域都能"雨露均沾"，两个团队的成员联合举办了在多个亚洲国家同时上线的大型促销活动，无论消费者来自哪里、无论货源在哪里，都可以享受同等的低价折扣和优质服务。活动刚举办，在亚洲市场便掀起了轩然大波，来自各区域的消费者将杉芙蕾公司旗下品牌的化妆品抢购一空。由于不限区域，许多地区的消费者甚至跨区域进行购买，杉芙蕾公司仅用两周时间就迅速积累了大量亚洲客户，两个团队的联合行动初显成效。之后，两个团队又多次联合，经过共同努力，杉芙蕾公司在亚洲的市场份额快速增长，不到三年就成为亚洲化妆品市场的巨头。

［讨论题］

1. 如何看待案例中的竞争与合作关系？

2. 从团队的合作与竞争视角，谈一谈为实现组织发展应如何对团队进行管理。

小张该如何使团队重新焕发活力

小张是 A 公司某款旗舰产品的研发团队的领导，如今他遇到了一个管理问题。团队成立初期，成员间目标一致、开放合作、相互信任。但渐渐地，团队内部出现了“搭便车”的现象。为了使团队重新焕发活力，小张建立了激励机制，如颁发实物奖励等。然而，团队内反而出现了非良性竞争。下一步，小张该怎么做呢?

[讨论题]

1. 案例中的团队出现了什么问题?
2. 应当如何解决案例中的团队出现的问题?

第 12 章

团队沟通与谈判

中国这么大，不同人会有不同诉求，对同一件事也会有不同看法，这很正常，要通过沟通协商凝聚共识。

——习近平，二〇二三年新年贺词

学习目标

1. 掌握团队沟通的界定、类型及其优缺点
2. 掌握团队沟通网络的类型及其特点
3. 掌握团队沟通中的框架效应
4. 了解团队谈判的过程
5. 掌握团队谈判的影响因素
6. 区分团队谈判的两种策略

引导案例

究竟是谁的责任

郭婉婷是一家小型科技公司的业务主管，主要负责与公司重要客户对接、扩展公司客户群等工作。裴裕兴是这家公司的设计部负责人，平时需要与郭婉婷对接工作，郭婉婷负责向他传达和反馈客户对产品设计的想法和要求，然后设计部门递交设计方案和草图。

由于下周郭婉婷将会约见一位重要客户，所以她需要设计部提交一份之前设计的优秀产品集册，以向客户展示他们公司的风格和实力。这一天，郭婉婷准备向业务经理汇报工作，在去业务经理办公室的路上，正好路过裴裕兴的办公室，看到他正在工

作，于是郭婉婷就站在他办公室门前，说："裴裕兴，我周二前需要一份之前设计的优秀产品集册。"裴裕兴头也没抬就应了一声："好。"之后郭婉婷便径直走去经理办公室了。

裴裕兴并不是故意敷衍郭婉婷，他当时正在校对和修改一份新的产品设计图，因为图纸前几天出现了一些问题，困扰了大家很多天，经过裴裕兴反复打磨，眼看就要完成了。他必须赶在这周五之前完成，这样其他部门人员才能在下周一开始后续的各项工作。这几天他废寝忘食、全神贯注，努力争取在规定时限内完成。当郭婉婷站在他办公室门口与他说话时，他正聚精会神地修改图纸，满脑子都是这份新的产品设计图，以至于他根本没有注意郭婉婷说了什么。

然而在约见客户之前，郭婉婷没有收到裴裕兴递交的优秀产品集册，她感到非常生气，立即联系裴裕兴。裴裕兴却说他从未收到过这份任务。郭婉婷告诉裴裕兴她当时路过他的办公室，告诉了他有关集册的事情，而裴裕兴回忆说，当时他正在修改新的产品设计图，郭婉婷只是经过他的办公室，并没有说什么。郭婉婷认为是裴裕兴没有认真听她说话，是裴裕兴失职耽误了她与重要客户的谈判；而裴裕兴则认为是郭婉婷告知他任务的方式过于随意，不够正式，所以耽误谈判是郭婉婷自己的责任。

这个案例很好地说明了沟通在团队工作中所起到的重要作用。本章分析如何进行有效的团队沟通，介绍不同类型的团队沟通及其优缺点，以及区分不同的团队沟通网络。本章还会介绍团队谈判的相关内容，使读者深入了解谈判过程，并能够在不同情境下选择合适的谈判策略。

12.1　团队沟通

12.1.1　团队沟通的界定

团队沟通（team communication）是指团队成员与团队领导和其他成员之间分享信息、思想和情感的一种交流过程，以实现团队间专业知识和信息的有效整合和创新整合。[1]简单来说，团队沟通就是两个或多个团队成员之间通过语言和非语言渠道进行的信息交流。[2-3]总而言之，团队沟通是团队中成员彼此交流和分享信息、传递和表达情感的重要方式，其主要目的是促进团队间协作，从而更好地完成团队及组织目标。

12.1.2　团队沟通的类型

1. 按结构划分

沟通按照具体结构可划分为正式沟通和非正式沟通两种。正式沟通（formal communication）是指组织中依据规章制度、明文规定的原则和渠道来进行的沟通，是在规定的指挥链或组织安排内发生的沟通，例如管理者向下级发布指示或者下级员工向管理者汇报工作等。非正式沟通（informal communication）是指通过正式沟通渠道以外的信息交流和传达方式，是不受限于组织层级结构的组织沟通。非正式沟通不仅能够满足员工自身的社交需求，而且能够弥补正式沟通系统的不足。

2. 按信息流动方向划分

沟通按照信息流动方向可划分为上行沟通、下行沟通与横向沟通三类。[4] 上行沟通（upward communication）是指下级成员向上级管理者表达意见和态度的沟通。上行沟通通常是管理者进行决策和管理的重要手段之一。管理者通过上行沟通不仅可以了解员工对待他们的工作、同事和组织的看法，而且可以借此收集关于如何改进工作的想法。下行沟通（downward communication）是指从上级管理者流向下级成员的沟通，通常是指团队领导将各类信息和任务通过组织层级向下传递的过程。下行沟通一般用于通知团队目标、方针、政策及路线，指挥成员完成工作任务，协调各成员及各团队的活动，评估成员绩效及表现等。横向沟通（horizontal communication）也称为平行沟通，是指同一层级的成员、团队之间发生的沟通，因其具有速度快、效率高等特点，在组织中的重要性日益凸显。

3. 按沟通方式划分

沟通按照沟通方式可划分为语言沟通和非语言沟通。语言沟通（verbal communication）主要包括口头语言沟通和书面语言沟通两种。口头语言沟通包括面对面谈话、电话沟通和开会等，书面语言沟通包括信函、E-mail 等。非语言沟通（non-verbal communication）是指不通过语言进行的沟通，常见的非语言沟通包括肢体语言（手势、肢体动作和表情）和语调（表达特定意思而对某些字词的强调）。

团队沟通的类型如表 12-1 所示。

表 12-1 团队沟通的类型

分类标准	类型	优点	缺点
结构	正式沟通	受组织监督，信息真实准确	沟通速度较慢
	非正式沟通	灵活方便，及时迅速	过程难以控制，信息易失真，易形成小团体，破坏组织团结
信息流动方向	上行沟通	有助于上级做出科学决策	碍于地位差距，易发生隐瞒真实情况的现象
	下行沟通	帮助员工明确目标、职责和权利	传递过程中易发生信息搁置和误解的现象，影响沟通效果
	横向沟通	节省时间，效率高	头绪过多，信息量大，易混乱
沟通方式	语言沟通	有亲切感，能及时获得反馈	随机性较大，具有即时性
	非语言沟通	表达生动具体	含义复杂，易造成误解

扩展阅读

习近平在 2005 年浙江省委专题学习会上说：“在开展群众工作方面，我们有的领导干部甚至不会说话。有的同志自嘲：与新社会群体说话，说不上去；与困难群众说话，说不下去；与青年学生说话，说不进去；与老同志说话，给顶了回去。很多场合，我们就是处于这样一种失语状态，怎么能使群众信服呢？”

资料来源：习近平．干在实处 走在前列：推进浙江新发展的思考与实践．北京：中共中央党校出版社，2006：419.

12.1.3　团队沟通网络

沟通网络（communication networks）是由若干条信息沟通渠道按一定方式组合而成的各种各样的沟通模式，可分为正式沟通网络（formal communication networks）和非正式沟通网络（informal communication networks）。

1. 正式沟通网络

正式沟通网络是团队内进行正式沟通时形成的信息传递渠道，可分为链式网络（chain networks）、Y 式网络（Y-type networks）、轮式网络（wheel networks）、环式网络（circle networks）以及全通道式网络（all-channel networks）五种类型。[5]

在链式网络中，信息是自上而下或自下而上沿着正式的指挥链流动。在 Y 式网络中，只有一个成员处于沟通中心，成为沟通的中介。在轮式网络中，由一位明确的、强有力的领导者与团队中的其他成员进行沟通，该领导者充当中心枢纽的角色，所有沟通都会经过这一中心。在环式网络中，没有固定的沟通中心，各成员可与相邻的成员传递信息，进行交流。在全通道式网络中，沟通在团队所有成员之间自由流动。表 12－2 列举了五种正式沟通网络的特点。

表 12－2　五种正式沟通网络的特点

沟通网络	链式	Y 式	轮式	环式	全通道式
图例		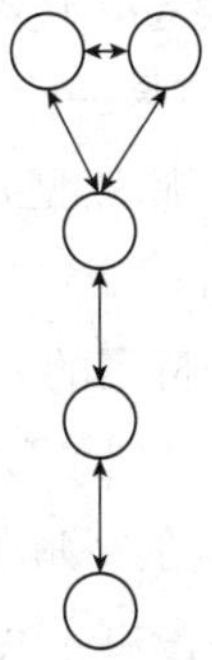	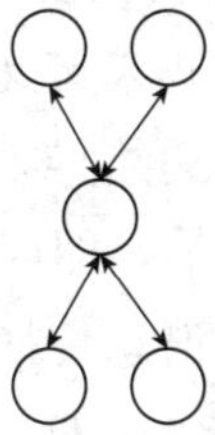	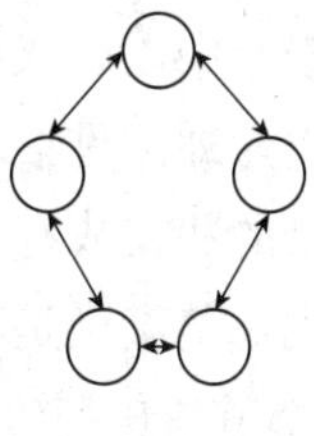	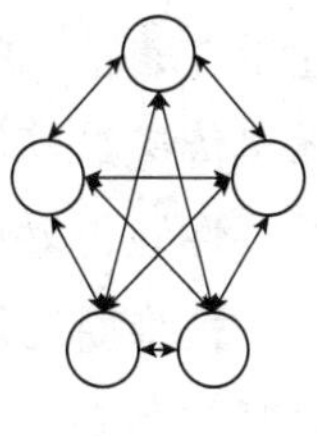
类型	纵向型	纵向型	控制型	封闭型	开放型
速度	中	快	快	慢	快
集中度	中	较高	高	低	较低

续表

沟通网络	链式	Y 式	轮式	环式	全通道式
准确度	高	较高	高	低	中
产生领导的可能性	中	高	高	低	较低
成员满意度	中	低	低	高	高

2. 非正式沟通网络

非正式沟通网络是团队内进行非正式沟通形成的信息传递渠道。与正式沟通网络相比，非正式沟通网络更强调以个人为主的信息传递方式，扩散性更强，且信息多以单向的形式进行传递，但信息的真实性和准确性明显低于正式沟通网络。美国心理学家戴维斯（Davis）通过调查研究发现，非正式沟通网络可分为单线型（single chain）、饶舌型（gossip chain）、偶然型（probability chain）和集束型（cluster chain）四种类型[6]，如图 12－1 所示。

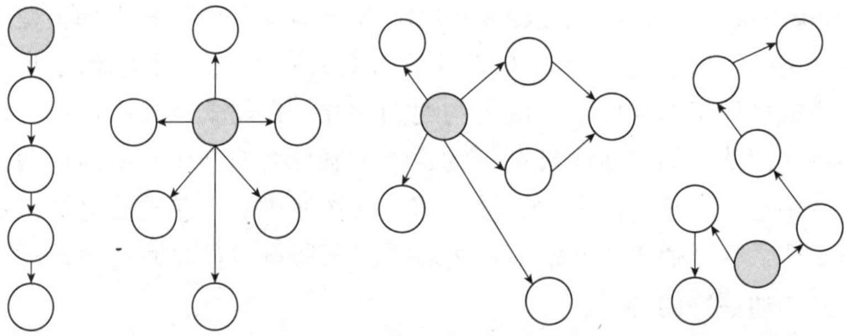

（1）单线型　（2）饶舌型　（3）偶然型　（4）集束型

图 12－1　非正式沟通网络的四种类型

单线型是通过一连串的人向最终接收者传递消息，这类渠道所传递的信息最容易失真，但最适宜传递不宜公开的信息或机密。饶舌型是一个人主动将消息传递给其他人，通常在非正式的聚会中以闲谈的方式来传递消息。偶然型是一个人因偶然的机会将消息随机传递给其他人，即碰见谁就传递给谁，并没有确定的中心人物。集束型是将信息有选择性地告诉自己的朋友或有关人员，即信息仅在特定的人群之间传递。

戴维斯还发现，集束型是小道消息传播最普遍的形式之一。[6-7] 在一个单位里，大约只有 10%的人是小道消息的传播者，而且多是固定的一群人。由于小道消息以口头传播形式为主，易于迅速形成，也易于迅速消失，一般没有永久性的结构和成员。[6] 有些学者认为小道消息的盛行不利于企业管理和团结氛围的形成，也有学者认为小道消息可以帮助管理者发现员工所关注的问题，并弥补正式沟通渠道缺乏灵活性这一缺陷。小道消息无法杜绝，但管理者可以通过完善和疏通正式沟通渠道、与员工公开且真诚地交流来降低小道消息传播所带来的负面影响，充分利用非正式沟通网络，提高沟通效率，形成良好的沟通氛围。

12.1.4 团队沟通的媒介

从传统的面对面（face-to-face）和书面交流，到电报、电话以及视频会议，再到如今的电子邮件、即时通信和社交媒体，沟通媒介的不断发展和丰富在很大程度上改变了人们的沟通交流方式。在过去的几十年里，学术界已经发展出了一些理论来解释沟通媒介和沟通需求的匹配情况。[8]

达夫特（Daft）和伦格尔（Lengel）提出了媒介丰富性理论（media richness theory），将沟通媒介按照其潜在的信息承载量进行排序，从实时反馈能力、利用的沟通渠道、个人化程度以及语言的使用这四个方面来衡量媒介丰富度。[9-10]表12-3展示了不同沟通媒介的特点及其丰富性。

表12-3 沟通媒介的特点及丰富度

媒介	面对面	电话	电子邮件	信件
实时反馈能力	即时	迅速	缓慢	非常缓慢
利用的沟通渠道	视觉、听觉	听觉	被局限的视觉	被局限的视觉
个人化程度	高	高	低	低
语言的使用	肢体语言、自然语言	自然语言	自然语言	自然语言
丰富度	高 ——————→ 低			

在发展理论框架时，达夫特和伦格尔考虑到了沟通的不确定性（uncertainty）和模糊性（equivocality）这两个因素，不确定性是指信息的缺失，模糊性是指对概念模棱两可以及对情况存在混乱的理解。[10]他们认为人们面对不同的讯息内容与沟通目的时，为了减少不确定性与模糊性，会选择不同的沟通媒介。当存在高不确定性和低模糊性的情况时，适合使用信息丰富度较低的沟通媒介，如电子邮件；当存在有高不确定性与高模糊性的情况时，则需要丰富度较高的沟通媒介，如面对面。对团队而言，因为团队经常需要完成不同的任务，所以团队沟通中需要考虑不同类型的任务是否需要匹配不同的沟通媒介。因此达夫特和伦格尔综合了媒介丰富度以及任务所需的信息丰富度，得出了任务/媒体匹配的假设（见表12-4）。[9-10]当完成任务所需的信息丰富度较高时，应采用与之相匹配的高丰富度的沟通媒介，例如，当应对利益冲突的谈判时，最好采用面对面沟通方式。[8]

如今，随着技术的不断发展，时间和空间的阻碍似乎已经消失。最近几年，“网课”“居家办公”“线上会议”等形式进入人们的工作与生活，电子沟通（e-communication）方式逐渐占据了主要地位。电子沟通是一种以计算机为媒介的沟通（computer-mediated-communication，CMC），是随着电子信息技术兴起而发展起来的一种沟通方式，常见的形式有传真、电子邮件、即时通信等。[11]虽然现在许多组织和团队都将电子沟通作为一种主要的沟通方式，认为其远远优于甚至可以取代传统的面对面沟通，但事实上二者各有优劣，无法取代。接下来将具体比较一下面对面沟通与电子沟通的优缺点，如表12-5所示。

表 12-4 任务/媒介匹配的假设

<table>
<tr><td colspan="3" rowspan="3"></td><td colspan="4">沟通媒介</td></tr>
<tr><td colspan="4">丰富度
高→低</td></tr>
<tr><td>面对面</td><td>视频</td><td>音频</td><td>计算机</td></tr>
<tr><td rowspan="4">任务类型</td><td rowspan="4">完成任务所需要的信息丰富度
高→低</td><td>利益冲突的谈判</td><td>非常适合</td><td>一般适合</td><td>不适合</td><td>不适合</td></tr>
<tr><td>判断型任务（选择更好的答案）</td><td>一般适合</td><td>非常适合</td><td>非常适合</td><td>不适合</td></tr>
<tr><td>智力型任务（选择正确的答案）</td><td>不适合</td><td>非常适合</td><td>非常适合</td><td>一般适合</td></tr>
<tr><td>产生计划和想法</td><td>不适合</td><td>不适合</td><td>一般适合</td><td>非常适合</td></tr>
</table>

表 12-5 面对面沟通与电子沟通的优缺点

媒介	面对面沟通	电子沟通
优点	1. 面对面接触 2. 误解减少，了解深入 3. 促进人际关系	1. 成本较低 2. 方便高效 3. 能产生更多独特的想法
缺点	1. 成员不平等参与 2. 成本较高	1. 技术和协调问题 2. 不利于形成良好的人际关系、信息超载

面对面沟通最大的优势就是面对面的接触。面对面沟通时，双方可以通过眼神、肢体动作、面部表情、身体位置和姿势等线索获得快速、即时的反馈，不仅可以在必要时做出快速的调整，而且有利于隐性知识的传递。[12]同时，面对面沟通时，视觉线索等信息有助于成员了解彼此的背景、技能、经验和专业领域，减少误解，对彼此的了解更加深入。[13]面对面沟通还可以在一定程度上拉近团队成员之间的距离，促进良好的人际关系形成。当然，面对面沟通也存在缺点。比如，团队中有的成员的表达能力较差，这可能会造成成员之间的不平等参与。[14]此外，面对面沟通的成本较高，沟通双方需要克服时间和空间的障碍。

电子沟通的优点包括：第一，电子沟通大大降低了沟通成本，如通过电子邮件向团队成员发送正式的通知或信息，这比将内容打印、复印并分发下去所耗费的成本要低得多。再比如，当团队成员身处不同的地方时，运用视频会议进行沟通将会节省大量出行的成本。第二，电子沟通使工作更加便利。尤其是对跨国组织和虚拟团队而言，电子沟通使跨时间、跨空间的沟通成为可能。[15]电子沟通不像面对面沟通会让沟通者感到局促，它能使沟通者的表达更加自由，让团队成员产生更多的独特想法。但是，电子沟通也有其无法避免的缺点。电子沟通会带来一些技术和协调上的问题，比如时间安排、应对时间延迟和软件操作问题。[12,16-17]电子沟通也带来了许多人际关系上的挑战。一些非语言线索的缺失和隐性知识难以转移等问题使得沟通变得困难，有可能会阻碍团队良好人际关系的形成，影响团队凝聚力和信任感。[12,17]例如，电子邮件很可能使团队成员曲解他人的意图或电子邮件所表达的含义和情感。[16]电子沟通还有一个缺点就是信息超载（information overload)。因为电子沟通的渠道具有多样化和丰富化等特点，所以信息会从不同渠道涌入，但人们处理信息的能力是有限的，大量冗余的信息充斥在人们的工作中，使得人们难以快速、准确地进行分析和做出决策。[18]

12.1.5 团队沟通的前因与结果

1. 团队沟通的前因

研究发现，团队规模、组织结构特征、领导风格以及情境特征都会影响团队沟通的效率。

当团队规模过大时，团队内部沟通人数变多、沟通程序变得更加复杂、沟通成本更大，从而导致团队沟通质量和效率下降，形成利益冲突、关系复杂的群体，组织的协调难度也会增加。[19]

就组织结构特征而言，当组织的纵向层级越多，信息被过滤掉的可能性就越大，此时极易造成信息异化的"牛鞭效应"(bullwhip effect)，使得组织沟通时间不断延长以及失真度更高，最终导致团队成员之间的沟通水平下降。[19]

就领导风格而言，不同的领导风格会对团队沟通水平产生不同影响，例如专制型领导因过于集权和独裁会抑制团队沟通和知识分享[20]；授权型领导通过权力下放对团队沟通和知识分享会产生促进作用；辱虐型领导会让团队成员感到上级明显的敌意，从而对团队沟通产生负面影响[21]；谦卑型领导能够广泛听取他人意见，从而促进团队沟通[22]。

此外，跨文化研究表明，在不同的文化情境下，团队沟通的水平和表现形式也会有较大的差异。根据人类学家霍尔(Hall)的高低情境学说，在高情境文化(high-context culture)中，人们更依赖含蓄的沟通，重视沟通中的"情境"而不是"内容"，侧重使用迂回或间接的沟通方式和以肢体语言为主的非语言沟通方式，通常需要听者去揣摩说者字里行间的意思，琢磨说者的言外之意。[23]例如，中国人追求沟通的最高境界通常是"意会"而不是"言传"，经常使用委婉含蓄的语言来进行表达。而在低情境文化(low-context culture)中，人们更依赖直接、明确的沟通方式，不太强调个体之间的关系；侧重使用直线式的沟通方式以及清晰的符号(如语言、文字等)来进行沟通，听者往往不必花太多的时间和精力去揣测说者言词背后的意思。例如，美国人在沟通中更注重"内容"本身，更倾向于用直截了当的语言来表达一切内容。[24]

2. 团队沟通的结果

大多数学者都认为团队沟通是组织健康发展的一个积极因素，也有不少学者探讨了团队沟通带来的积极作用。国内外学者通过研究发现，良好的团队沟通对于团队成员彼此建立信任关系具有正向影响。[25-26]也有学者发现有效的团队沟通可以强化共同目标，增强成员的团队认同感。[27]拉斯克(Rasker)等人发现团队沟通能够促进共享心智模型的发展[28]，这一结论也在穆罕默德(Mohammed)和达姆维尔(Dumville)的研究中得到了证实[29]。同时，有不少学者发现团队沟通对于提高组织承诺[30]、工作满意度[31]以及团队绩效[22,32]都具有显著的正向影响。此外，有学者指出，虽然团队沟通在一定程度上可以缓解破坏性冲突，但随着沟通水平的不断提高，团队成员会越来越了解彼此，团队成员的差异性也会越来越明显，反而有可能会导致团队冲突。[33]由此可见，团队沟通水平并不是越高越好，保持适度的团队沟通水平才是较为理想的状态。正如杨付和张丽华的研究结果显示，团队沟通水平较低和较高时，员工创新行为都较低，而在中等程度的沟通水平下，员工创新行为最高，也就是说团队沟通对员工创新行为有倒 U 型的影响。[34]

扩展阅读

高低情境文化下的沟通差异

在一家高情境文化的企业中，员工 A 经常迟到，上司会将 A 叫到办公室，直接指出他迟到的问题，并严肃批评他，告诉他需要立刻改正经常迟到的习惯。

在一家低情境文化的企业中，员工 B 经常迟到，上司并不会直接针对 B 迟到这件事来责备他，而是可能会不停重申同事之间的责任感、团队集体荣誉感，旁敲侧击地说明成为团队里“拖后腿”的人是一件可耻的事情等，并且通过一些语气腔调、肢体动作以及面部表情等方式来传达他的意思。B 需要揣摩上司的“言外之意”，从中理解上司是对自己迟到这件事表达了不满，需要立刻进行改正。

12.1.6 团队沟通与框架效应

想象这样一个经典场景，有一位患者到医院咨询手术的相关事宜，医生告诉他，“手术后一个月内的死亡率是 10%”，这位患者十分害怕，因此拒绝进行手术。后来，他到另一家医院去咨询，医生告诉他，“手术之后一个月内的存活概率高达 90%”，这位患者听完，立刻决定在这家医院进行手术治疗。[35]同样的事情因为用了不同的表达方式，导致这位患者做了截然不同的选择，这就是框架效应（framing effect）所发挥的作用。框架效应指的是针对同一个问题，人们对其不同的描述会导致不同的决策判断。[36]

框架效应对团队沟通有着重要的管理启示：“怎么说”往往比“说什么”更加重要。举例来说，当上级领导对两个团队的负责人说：“今年业绩不理想，公司亏损，所以取消了年终奖。”团队负责人甲回去后对团队成员说：“今年公司亏损，年终奖取消。”团队成员都怨声载道。团队负责人乙回去后对团队成员说：“今年公司亏损，年终奖取消，而且要裁员。但我据理力争，我们团队可以避免裁员。”团队成员都非常感激。再比如说，同样是发奖金 3 000 元，如果团队负责人对团队成员说，“今年公司业绩不好，本来发5 000 元的奖金，现在只有 3 000 元了”，员工听完以后多半会抱怨和不满。但如果改成，“今年公司业绩不好，本来奖金只有 1 000 元，但我努力争取到 3 000 元”，员工就会感到很知足。由此可见，同样的一件事，从积极的一面或收益的一面来进行表达，往往会带来正面的效果。团队中的成员尤其是团队领导如果能在团队沟通中善于运用框架效应，掌握这种“语言的艺术”，那么将有助于更好地开展团队合作和营造和谐的团队氛围。

12.2　团队谈判

12.2.1　团队谈判的界定

在组织和团队中，谈判与沟通一样，无时无刻不发生在成员的互动交流中。比如，在签订合同时，双方对于工作时间和工资金额的谈判、对岗位调换或薪酬福利的谈判，团队成员间就任务分配的谈判等。具备良好的谈判技能对于每位团队成员来说都是极为重要的。

当两个群体在进行互换商品或服务时发生了利益冲突的情况，他们会互相提出条件、讨价还价、让步以及不断协商，试图解决彼此的差异性，最后达成协议。我们把这个过程称为谈判（negotiation）。谈判其实就是双方或多方决定如何分配稀缺资源而互相商讨、协议的过程。[37]谈判有四个构成要素：第一，双方存在不一致或冲突，有着明显或者不明显的分歧；第二，谈判双方之间有某种程度的依赖关系，例如管理者与下属或者销售人员与客户等；第三，各方都有自己的方式去影响对方，例如管理者对下属具有管理权，员工可通过故意降低工作效率来影响组织的正常运行；第四，存在达成协议的可能性，只有双方都能做出让步或此事有商讨的空间，谈判才会发生。

12.2.2　团队谈判的过程

图12-2展示了谈判的过程，谈判包括三个阶段，分别是谈判前（pre-negotiation）、谈判中（negotiating）和谈判后（post-negotiation），其中又包含五个过程，即准备与计划、界定基本规则、阐述与辩论、讨价还价与解决问题、结束与实施。[38]

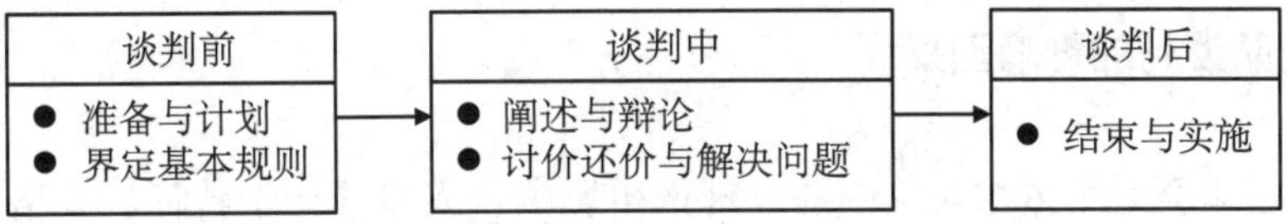

图12-2　谈判的过程

1. 谈判前

谈判开始前，谈判者需要做一些必要的准备工作，即回答三大类问题。第一类是关于谈判本身的问题：本次冲突的实质是什么？这次谈判的原因是什么？本次冲突涉及哪些人？他们持有什么观点？第二类问题是关于己方的问题：你想从本次谈判中得到什么？你的目标是什么？把你的目标写下来，划定自己可以接受的结果范围——从“最理想的结果”到“可接受的最低限度”。第三类问题是关于对方的问题：对方的谈判目标是什么？他们可能会提出什么要求？他们会如何坚持自己的立场？有哪些无形的或隐含的利益可能对他们很重要？他们希望达成什么协议？如果站在对方的立场，你如何更好地利用支持本方立场的事实和数据来反驳对方的观点？

当谈判深入时，关系会随着谈判而发生变化。如果赢得这场谈判，但是将对方逼到对你产生厌恶或憎恨的境地，那么更明智的做法也许是采取一种折中的方式。如果维持现有关系会使你看起来软弱，那么可能需要考虑一种更具侵略性的方式。当收集到了所需的信息，你就要用这些信息来制定一种策略。作为谈判策略的一部分，你应该判断对方在本次谈判中的最低接受方案。[39]最低接受方案决定了谈判时双方可接受的底线，只要获得的结果高于本方的最低接受方案，谈判就不会中止。

制定了计划和战略后，就可以和对方共同制定本次谈判的基本规则和程序。谁将进行本次谈判？谈判在哪里进行？谈判时间是多长？本次谈判仅限于哪些事项？是否在谈判陷入僵局时采取某个特定程序？在这个阶段，谈判双方还将交换各自的最初提案或要求。

2. 谈判中

在这个阶段，双方会对自己的提议进行解释、阐明、澄清、论证和辩论。这个过程不需要对抗性的双方。相反，它是双方就谈判事项交换信息的机会。在这个阶段，你可以向对方提供任何支持你方立场的材料。同时，在这个阶段谈判者还会选择适当的谈判战略（分配谈判或综合谈判）。事实上，谈判者通常会在同一场谈判中将分配谈判和综合谈判相结合，以促进协议的达成。

谈判的实质是为了达成协议而相互讨论的过程。在讨价还价与解决问题的环节，谈判双方毫无疑问都需要做出让步。通过不断的讨论与交换提议，不断的让步与讨价还价，最终达成一个双方都能接受的协议。

3. 谈判后

谈判过程的最后一步是使协议规范化，将商定的方案分解成可行的条款，并制订应急计划、监测方案，为协议的成功实施提供保障措施。同时需要处理一些协议实施过程中的挑战，比如破坏协议完整性以及谈判者对公平公正的担忧等。

12.2.3 团队谈判的影响因素

有四个因素会对个体在谈判中的表现产生影响：人口统计学特征、人格特征、情绪因素以及文化因素。[40]

1. 人口统计学特征

性别是否会影响谈判呢？根据斯蒂尔（Steele）的刻板印象威胁理论（stereotype threat theory），克雷（Kray）等人研究发现，相较于男性，女性会做出更不那么激进的报价。[41]同样，也有学者发现，女性比男性更不容易主动提出谈判。[42]女性在谈判中通常不如男性那么自信，一个关键因素是害怕受到对方的强烈抵制（backlash），即当女性被认为违反了性别规范或传统的刻板印象时，她们会感受到一种负面的社会反应。所以当女性进行谈判时，她们会调整自己的谈判行为以符合社会印象，从而避免这种强烈抵制的产生。[43]鲍尔斯（Bowles）等人还根据泰特洛克（Tetlock）的问责理论，发现当女性代表他人进行谈判时，她们更有可能创造一个公平的竞争环境。[44-45]他们发现，当女性被赋予责任时，她们在谈判中会更加自如，更有可能表达自己的诉求，提出更坚定的报价，并坚持更好的条件。阿曼图拉（Amanatullah）和廷斯利（Tinsley）发现，决定女性是否会在谈判中坚持自己想要的东西的一个关键因素是，她们是为自我主张还是为他人主张。[43]在为自我主张的情况下，女性担心主张会导致对方的强烈抵制，所以她们获得的结果可能较差；然而，当女性为他人主张时，她们会更自信并能够取得更好的结果。

2. 人格特征

不同人格特征会对谈判产生不同影响吗？早期的研究结论显示，人格特征对谈判行为和结果几乎没有影响，但谈判领域的一些学者还是在继续研究人格特征对谈判的影响。[46-48]夏尔马（Sharma）等人的元分析结果表明，各种个体差异，包括大五人格（除责任心）、情绪智力、认知能力等都会对谈判产生影响。[49]比如，大五人格中的外向性代表了善于交际、占主导地位、自信、好客和积极的倾向。[50]善于交际的人可能会在谈判中透露更多信息，这种倾向在高度竞争的环境中可能是不利的，因此这类人可能不适合分配谈判。但是，这些善于交际的特征对于需要更多沟通和互动的综合谈判来说可能是一种优势。[51]相比之下，内向的人在谈判中感到的焦虑可能会导致他们做出让步，从而退出谈判。尽管研究表明人格特征与谈判结果存在相关关系，但这种相关性并不是那么显著。从某种意义上讲，这些微弱的相关性是一个好消息，因为这意味着无论你是一个怎样的人，你在谈判时也不会总处于明显劣势，你可以通过学习而变成更好的谈判者。

3. 情绪因素

情绪会对谈判产生影响。一方的谈判者如果表现出愤怒，通常会使另一方做出让步，因为后者会认为生气的一方已经没有让步的可能性了。然而，还有一个因素可以决定这一结果，那就是权力。如果想在谈判中表现出愤怒，首先要确保自己和对方至少拥有同样大的权力。如果你的权力较小，表达愤怒实际上会刺激对方采取更强硬的手段。[52]在综合谈判中，如果谈判者表达出愤怒或消极情绪，则会产生较大的负面效应，对方会更多地陈述立场，减少关于优先事项的信息交换[53]，产生联合收益的可能性也会降低，这不利于综合谈判的进行[54]。而在分配谈判中，表达消极情绪的谈判者比表达积极情绪的谈判者会得到更多的收益。[55]

4. 文化因素

不同文化背景也会对谈判产生影响，谈判者的文化环境会影响他们所看重的利益和优先事项。[56]有学者提出，在荣誉、面子、尊严的文化框架包含自我价值、对抗风格、权力观和地位观等文化差异，可用于解释谈判策略使用中的民族文化差异。[57-58]统计数据显示，相对于美国（尊严）文化的谈判者，卡塔尔（荣誉）和中国（面子）的谈判者更依赖分配谈判，而美国的谈判者又比中国的谈判者更依赖综合谈判。[59]现有的研究表明，在跨文化谈判中达成协议往往比在文化内谈判更加困难，而且可能更依赖于谈判者的认知和社会动机。[60-61]

12.2.4 团队谈判的策略

谈判有两种基本策略，即分配谈判（distributive bargaining）与综合谈判（integrative bargaining)。[62]

1. 分配谈判

分配谈判是在零和的条件下进行的谈判，即以谈判的一方获得收益而另一方付出代价为前提，是一种非输即赢的谈判。以日常生活中最常见的买衣服为例，当你在商场中看到一件中意的衣服，但卖家的报价不在你的预期范围内，你想以更低的价格买下这件衣服，于是你和卖家就价格开始谈判。该谈判就属于分配谈判。分配谈判模式有三个组成部分，即双方把彼此看作对手、双方的目的是要让各自的利益最大化、双方只关心当前谈判。分配谈判的本质是对于一份固定大小的利益谁分得多少来进行协商。所谓固定大小的利益（fixed pie）是指谈判双方相信用来分配的产品或服务在量上是固定的。因此，此类谈判通常发生在经济问题上，如劳资双方关于工资的商谈。

图 12－3 展示了分配谈判的实质，甲、乙代表谈判双方，目标点代表本方期望达到的最高点，抵制点代表本方可接受的最差结果。如果在抵制点以下，本方宁可中止谈判也不会接受不利于己的方案。目标点与抵制点之间的区域为本方的愿望范围，双方愿望范围重叠的部分即为能使双方均满意的解决区间。

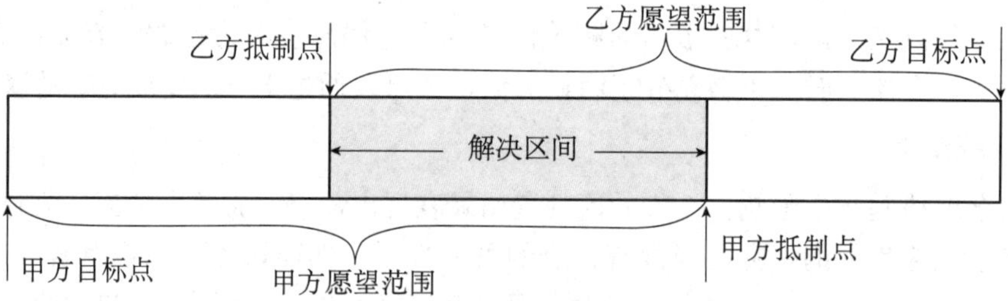

图 12－3　分配谈判

分配谈判的两种策略是首先出价和最后期限。首先出价是指先于对方给出一个激进的价位，研究表明，首先出价在谈判中会产生议价优势。[63]以先前的买衣服为例，如果你选中的这件衣服标价为 100 元，而你的理想价位是 75 元，此时如果你还价为 50 元，卖家一定不会同意，但他会给出一个高于 50 元、低于 100 元的折中价格，此时的价格更有可能接近你的理想价位。同样，在工作场所中，如果被询问期望的薪资时，这意味着你有机会设定基准，因此你可以提出一个你认为雇主会在正常情况下能够提供的最高薪水，但事实往往是，我们会出于谨慎提出一个较低的价格。因此在运用首先出价这一策略时要认真考虑合理性原则。最后期限是指以时间为武器来影响对方做出决策。比如，你与你的上级就加薪进行谈判，你知道你对团队贡献很大且团队十分需要你，你可以提出较高的工资和福利待遇要求，如果你的上级拒绝你的要求，你可以告诉他你将仔细考虑是否还留在团队内。此时，由于担心你被竞争对手挖走以及你对团队的重要性，你的上级会尽快与你达成协议。最后期限的提出会使谈判对手加快做出让步的速度，迫使对方重新考虑自身的立场。[64]

2. 综合谈判

综合谈判是基于这样一种假设：有一种或多种能够实现双赢的解决方案。在这种谈判中，当事人双方就共同的问题找出备选方案，坦率地表达偏好，最后达成一个双方都可以接受的解决办法。综合谈判需具备的四个条件包括信息的公开和双方的坦诚、各方对对方需求的敏感性、信任别人的能力、双方维持灵活性的愿望。[65]对于发生在组织内部的行为，当其他条件既定时，综合谈判比分配谈判更加可取，因为前者能够构建长期的合作关系，能使双方都处于一种积极满意的状态，使谈判双方团结起来，并让每一方在离开谈判桌时都能实现自己的目标。而分配谈判只能维持一种短期的关系，双方往往处于相互对立的情况。[66]表 12-6 展示了分配谈判与综合谈判的差异。

表 12-6 分配谈判与综合谈判的差异

	分配谈判	综合谈判
目标	本方获得尽可能多的“蛋糕”	把“蛋糕”做大，使双方都能获得满足
性质	零和	双赢
焦点	立场	利益
利益	相互对立	相互融合或一致
信息共享	低	高
关系持续时间	短期	长期

综合谈判的最终目的是双赢甚至多赢，其常用的策略有六种。一是开诚布公策略。在谈判过程中谈判人员持诚恳、坦率的态度，向对方袒露自己的真实思想和观点，实事求是地介绍自己的情况，客观地提出己方的要求，以促使对方通力合作，以便在诚恳、坦率的气氛中达成协议。这种策略成功的前提是双方都开诚布公，都以合作的态度对待谈判。二是休会策略。谈判进行中遇到某种障碍或进行到某一阶段，双方中断谈判，休息片刻，以恢复体力，调整策略或搜集相关信息。三是感情联络策略。在谈判的过程中双方互赠小礼品以表示对对方的尊重、合作的诚意、友好的感情，以使双方在友好的氛围中进行谈判。四是非正式接触策略。在谈判之余，双方一起就餐、娱乐、举行非正式的活动，以加深了解，融洽关系，促进谈判中的合作。五是留有余地策略。即使谈判中对方提出的要求合情合理，也不要立即答应，否则容易使对方提出更多的要求。六是权力有限策略。当对方提出的要求超出己方的要求时，可以以超出权力范围为由拒绝对方的要求。

需要注意的是，折中可能是实现双赢谈判的最大敌人。如果你或你的对手很容易让步的话，就没有人对谈判事项进行反复权衡并发挥创造力，从而达成一个更好的解决方案。[67]比如说两姐妹为了一个鸡蛋发生争执，她们不知道的是，其中一个想要蛋黄，而另一个想要蛋清。如果一方轻易让步并把鸡蛋让给对方，那么她们也就不会发现双赢的解决方案。

本章小结及管理启示

本章主要展示了团队沟通、团队谈判的相关内容，结合框架效应介绍了团队沟通中可以运用的技巧和需要注意的问题。这些内容展示了团队沟通与谈判作为一种重要的团队行为过程，能够对团队其他过程管理以及团队输出产生深远的影响。因此，管理者应综合运用不同类型的团队沟通方式，建立适合本组织、本团队的沟通网络，深入了解团队沟通，提高团队沟通效率。同时，在团队谈判时应选择适当的谈判策略，注重团队谈判中的个体差异，尤其是发生在不同文化情境下的谈判。

关键术语

团队沟通（team communication）
正式沟通（formal communication）
非正式沟通（informal communication）
上行沟通（upward communication）
下行沟通（downward communication）
横向沟通（horizontal communication）
沟通网络（communication networks）
链式网络（chain networks）
全通道式网络（all-channel networks）
信息超载（information overload）
高情境文化（high-context culture）
分配谈判（distributive bargaining）
综合谈判（integrative bargaining）
媒介丰富性理论（media richness theory）
牛鞭效应（bullwhip effect）
框架效应（framing effect）
刻板印象威胁理论（stereotype threat theory）
轮式网络（wheel networks）

复习题

1. 不同类型的团队沟通方式各有什么优缺点？
2. 正式沟通网络的五种类型有什么差异？
3. 面对面沟通和电子沟通各有什么优缺点？
4. 如何看待团队沟通在不同情境文化下的差异？
5. 如何区分分配谈判和综合谈判？
6. 如何理解团队谈判中的个体差异？

参考文献

[1] Patrashkova-Volzdoska R R，Mccomb S A，Green S G，et al. Examining a curvilinear relationship between communication frequency and team performance in cross-functional project teams [J]. IEEE Transactions on Engineering Management，2003，50 (3)：262－269.

[2] Adams S K. Disciplinarily hetero- and homogeneous design team convergence：communication patterns and perceptions of teamwork [J]. Business，Sociology，2007 (7) .

[3] Mesmer-Magnus J R，DeChurch L A. Information sharing and team performance：a meta-analysis [J]. Journal of Applied Psychology，2009，94 (2)：535－546.

[4] Simpson R L. Vertical and horizontal communication in formal organizations [J]. Administrative Science Quarterly, 1959 (188-196).

[5] Shaw M E. Communication networks [M]. New York: Academic Press, 1964.

[6] Davis K. Management communication and the grapevine [J]. Harvard Business Review, 1953, 31 (5): 43-49.

[7] Fisher D. Communication in organizations [J]. Business, 1993 (3).

[8] Geiger I. From letter to twitter: a systematic review of communication media in negotiation [J]. Group Decision and Negotiation, 2020, 29 (2): 207-250.

[9] Daft R L, Lengel R H. Information richness: a new approach to managerial behavior and organization design [J]. Research in Organizational Behavior, 1983 (3).

[10] Daft R L, Lengel R H. Organizational information requirements, media richness and structural design [J]. Management Science, 1986, 32 (5): 554-571.

[11] Dietz-Uhler B, Bishop-Clark C. The use of computer-mediated communication to enhance subsequent face-to-face discussions [J]. Computers in Human Behavior, 2001, 17 (3): 269-283.

[12] Bower D J, Hinks J, Wright H, et al. ICTs, video conferencing and the construction industry: opportunity or threat? [J]. Construction Innovation, 2001, 1 (2): 129-144.

[13] Rosen B, Furst S, Blackburn R. Overcoming barriers to knowledge sharing in virtual teams [J]. Organizational Dynamics, 2007, 36 (3): 259-273.

[14] Krebs S A, Hobman E V, Bordia P. Virtual teams and group member dissimilarity: consequences for the development of trust [J]. Small Group Research, 2006, 37 (6): 721-741.

[15] 肖伟，赵嵩正．虚拟团队沟通技术及其适应性问题研究 [J]. 科学学研究，2003 (6): 632-635.

[16] Bergiel B J, Bergiel E B, Balsmeier P W. Nature of virtual teams: a summary of their advantages and disadvantages [J]. Management Research News, 2008, 31 (2): 99-110.

[17] Powell A, Piccoli G, Ives B. Virtual teams: a review of current literature and directions for future research [J]. Computer Science, Business. Data Base, 2004, 35 (1): 6-36.

[18] Edmunds A, Morris A. The problem of information overload in business organisations: a review of the literature [J]. International Journal of Information Management, 2000, 20 (1): 17-28.

[19] 施杨，李南．团队有效沟通与共享心智模式的构建 [J]. 科学管理研究，2007 (1): 102-105.

[20] Yukl G. Leadership in organizations [M]. 9th ed. London: Pearson, 1981.

[21] 吴隆增，刘军，梁淑美，等．辱虐管理与团队绩效：团队沟通与集体效能的中

介效应 [J]. 管理评论，2013，25 (8)：151-159.

[22] 刘圣明，陈力凡，王思迈．满招损，谦受益：团队沟通视角下谦卑型领导行为对团队创造力的影响 [J]. 心理学报，2018，50 (10)：1159-1168.

[23] Hall E T. Beyond culture [M]. New York：Anchor Press，1976.

[24] 张骏生，徐明．全球竞争中的跨文化沟通管理研究 [J]. 经济与管理研究，2007 (9)：77-81.

[25] Jo S，Shim S W. Paradigm shift of employee communication：the effect of management communication on trusting relationships [J]. Public Relations Review，2005，31 (2)：277-280.

[26] 王重鸣，邓靖松．虚拟团队沟通模式对信任和绩效的作用 [J]. 心理科学，2005 (5)：1208-1210，1219.

[27] Van Ginkel W P，Van Knippenberg D. Group information elaboration and group decision making：the role of shared task representations [J]. Organizational Behavior and Human Decision Processes，2008，105 (1)：82-97.

[28] Rasker P C，Post W M，Schraagen J M C. Effects of two types of intra-team feedback on developing a shared mental model in command & control teams [J]. Ergonomics，2000，43 (8)：1167-1189.

[29] Mohammed S，Dumville B C. Team mental models in a team knowledge framework：expanding theory and measurement across disciplinary boundaries [J]. Journal of Organizational Behavior，2001，22 (2)：89-106.

[30] Postmes T，Tanis M，De Wit B. Communication and commitment in organizations：a social identity approach [J]. Group Processes & Intergroup Relations，2001，4 (3)：227-246.

[31] Johlke M C，Duhan D F，Howell R D，et al. An integrated model of sales managers' communication practices [J]. Journal of the Academy of Marketing Science，2000，28 (2)：263-277.

[32] Gurtner A，Tschan F，Semmer N K，et al. Getting groups to develop good strategies：effects of reflexivity interventions on team process，team performance，and shared mental models [J]. Organizational Behavior and Human Decision Processes，2007，102 (2)：127-142.

[33] Lung-Tan L. Conflict resolution strategy between foreign and local partners in joint ventures in China [J]. Journal of American Academy of Business，2006，8 (1)：236-240.

[34] 杨付，张丽华．团队沟通、工作不安全氛围对创新行为的影响：创造力自我效能感的调节作用 [J]. 心理学报，2012，44 (10)：1383-1401.

[35] NcNeil B J，Pauker S G，Sox Jr H C，et al. On the elicitation of preferences for alternative therapies [J]. New England Journal of Medicine，1982，306 (21)：1259-1262.

[36] MaClean L C，Ziemba W T. Handbook of the fundamentals of financial deci-

sion making [M]. Singapore: World Scientific, 2013.

[37] Bazerman M H, Curhan J R, Moore D A, et al. Negotiation [J]. Annual Review of Psychology, 2000, 51 (1): 279-314.

[38] Simosi M, Rousseau D M, Weingart L R. Opening the black box of i-deals negotiation: integrating i-deals and negotiation research [J]. Group & Organization Management, 2021, 46 (2): 186-222.

[39] Bazerman M H, Neale M A. Negotiating rationally [M]. New York: Free Press, 1992.

[40] Brett J, Thompson L. Negotiation [J]. Organizational Behavior and Human Decision Processes, 2016, 136: 68-79.

[41] Kray L J, Thompson L, Galinsky A. Battle of the sexes: gender stereotype confirmation and reactance in negotiations [J]. Journal of Personality and Social Psychology, 2001, 80 (6): 942.

[42] Small D A, Gelfand M, Babcock L, et al. Who goes to the bargaining table? the influence of gender and framing on the initiation of negotiation [J]. Journal of Personality and Social Psychology, 2007, 93 (4): 600-613.

[43] Amanatullah E T, Tinsley C H. Punishing female negotiators for asserting too much… or not enough: exploring why advocacy moderates backlash against assertive female negotiators [J]. Organizational Behavior and Human Decision Processes, 2013, 120 (1): 110-122.

[44] Bowles H R, Babcock L, McGinn K L. Constraints and triggers: situational mechanics of gender in negotiation [J]. Journal of Personality and Social Psychology, 2005, 89 (6): 951-965.

[45] Tetlock P E. Accountability: a social check on the fundamental attribution error [J]. Social Psychology Quarterly, 1985 (9) .

[46] Gelfand M J, Brett J M. The handbook of negotiation and culture [M]. Stantord: Standford University Press, 2004.

[47] DeRue D S, Conlon D E, Moon H, et al. When is straightforwardness a liability in negotiations? the role of integrative potential and structural power [J]. Journal of Applied Psychology, 2009, 94 (4): 1032-1047.

[48] Dimotakis N, Conlon D E, Ilies R. The mind and heart (literally) of the negotiator: personality and contextual determinants of experiential reactions and economic outcomes in negotiation [J]. Journal of Applied Psychology, 2012, 97 (1): 183-193.

[49] Sharma S, Bottom W P, Elfenbein H A. On the role of personality, cognitive ability, and emotional intelligence in predicting negotiation outcomes: a meta-analysis [J]. Organizational Psychology Review, 2013, 3 (4): 293-336.

[50] Costa P T, Mccrae R R. Revised NEO personality inventory (NEO-PI-R) and neo five-factor inventory (NEO-FFI) [EB/OL]. (2020-09-18). Wiley Online Library.

[51] Barry B, Friedman R A. Bargainer characteristics in distributive and integrative negotiation [J]. Journal of Personality and Social Psychology, 1998, 74 (2): 345.

[52] 王敏, 韩玉兰. 个体特征在权力不均衡谈判中的影响 [J]. 经济科学, 2017, (2): 116-128.

[53] Liu M. The intrapersonal and interpersonal effects of anger on negotiation strategies: a cross-cultural investigation [J]. Human Communication Research, 2009, 35 (1): 148-169.

[54] Wang L, Northcraft G B, Van Kleef G A. Beyond negotiated outcomes: the hidden costs of anger expression in dyadic negotiation [J]. Organizational Behavior and Human Decision Processes, 2012, 119 (1): 54-63.

[55] Sharma S, Elfenbein H A, Sinha R, et al. The effects of emotional expressions in negotiation: a meta-analysis and future directions for research [J]. Human Performance, 2020, 33 (4): 331-353.

[56] Brett J M. Culture and negotiation [J]. International Journal of Psychology, 2000, 35 (2): 97-104.

[57] Leung A K Y, Cohen D. Within-and between-culture variation: individual differences and the cultural logics of honor, face, and dignity cultures [J]. Journal of Personality and Social Psychology, 2011, 100 (3): 507-526.

[58] Olekalns M, Adair W L. Handbook of research on negotiation [EB/OL]. (2013-08-30). ResearchGate.

[59] Aslani S, Ramirez-Marin J, Brett J, et al. Dignity, face, and honor cultures: a study of negotiation strategy and outcomes in three cultures [J]. Journal of Organizational Behavior, 2016, 37 (8): 1178-1201.

[60] Gunia B C, Brett J M, Gelfand M J. The science of culture and negotiation [J]. Current Opinion in Psychology, 2016, 8: 78-83.

[61] Liu L A, Friedman R, Barry B, et al. The dynamics of consensus building in intracultural and intercultural negotiations [J]. Administrative Science Quarterly, 2012, 57 (2): 269-304.

[62] Walton R E, McKersie R B. A behavioral theory of labor negotiations: an analysis of a social interaction system [M]. New York: Cornell University Press, 1991.

[63] Magee J C, Galinsky A D, Gruenfeld D H. Power, propensity to negotiate, and moving first in competitive interactions [J]. Personality and Social Psychology Bulletin, 2007, 33 (2): 200-212.

[64] Moore D A. Myopic prediction, self-destructive secrecy, and the unexpected benefits of revealing final deadlines in negotiation [J]. Organizational Behavior and Human Decision Processes, 2004, 94 (2): 125-139.

[65] Dunnette M D, Hough L M. Handbook of industrial and organizational psychology [M]. Palo Alto: Consulting Psychologists Press, 1992: 651-717.

[66] Curhan J R, Elfenbein H A, Xu H. What do people value when they negotiate? mapping the domain of subjective value in negotiation [J]. Journal of Personality and Social Psychology, 2006, 91 (3): 493-512.

[67] De Dreu C K W, Weingart L R, Kwon S. Influence of social motives on integrative negotiation: a meta-analytic review and test of two theories [J]. Journal of Personality and Social Psychology, 2000, 78 (5): 889-905.

案例分析

梦正藤公司的员工意见沟通机制

梦正藤公司是一家拥有一万多名员工的老牌公司，它在创立之初就意识到公司内部的沟通至关重要。在20多年里，梦正藤公司对其内部的员工意见沟通机制不断修改和完善，现在已经发展得相当成熟。尤其是在2019年新冠疫情爆发后，这一机制对维持公司市场地位、提高公司劳动生产率发挥了巨大的作用。

梦正藤公司的员工意见沟通机制主要分为两个部分：一是员工协调会议，二是主管汇报与员工大会。

1. 员工协调会议

员工协调会议是梦正藤公司每个月都会举行一次的公开讨论会。参会人员既包括管理人员，也包括基层员工，双方通过面对面沟通的形式共同商讨一些彼此关心的问题。上至公司总部，下至各基层组织和团队，都会举行协调会议。会议开始前，员工会自行选出参会代表，然后将建议或意见传达给员工代表，传达的方式不限，但需保证传达的内容真实准确，员工代表每两个月轮换一次。代表们在协调会议上将这些建议和意见反馈给管理部门，管理部门可以利用这个机会，既能了解员工的真实想法，同时又能将公司政策和计划讲解给代表们听，相互之间进行广泛深入的讨论。

事实上，要做到对一万多名员工的意见充分了解是一件十分不容易的事。所以公司将协调会议分成若干个层次，如果问题在基层协调会议上不能解决，将反映给上级部门，直到有满意的答复为止。如果事关公司的总政策，则需总部高管出面表达态度：认为意见可行，就立即采取行动；认为意见不可行，也得把不可行的理由向大家解释清楚。员工协调会议的开会时间一般是提前一周在公司公告牌上通知，也会以E-mail的形式告知每位员工。为保证员工意见能迅速逐级反映上去，一般会先举行基层员工协调会议。

同时，梦正藤公司也鼓励员工参与到另一种形式的意见沟通中。公司内部设有许多意见箱，员工可以随时将自己的问题或意见投到意见箱里。如果有员工的意见经采纳后产生了显著效果，公司将给予优厚的奖励。事实表明，公司的确从这些意见箱里获得了许多宝贵的建议。如果员工对这种间接的沟通方式不满意，还可以直接面对面与管理人员交换意见。

2. 主管汇报与员工大会

梦正藤公司每年举行一次主管汇报与员工大会，性质和每年的股东大会相类似。公司员工每人都可以得到一份详细的公司年终报告。报告包括公司发展情况、财务报表分析、员工福利改善、公司面临的挑战以及对员工协调会议所提出的主要问题的解答等。公司各部门接到主管汇报后，就开始召开员工大会。

员工大会每次参会人数不超过200人，时间3～4小时，在规模比较大的部门里召开，由总公司委派代表主持会议，各部门负责人参加。会议先由主席报告公司的财务状况和员工的薪金、福利、分红等与员工有切身关系的问题，然后便开始进行问答式的讨论。员工协调会议提出的问题比较个人化，而员工大会提出的问题具有一般性和客观性。

在疫情时期，员工无法线下办公，梦正藤公司以线上的方式照例开展以上会议，确保员工意见沟通机制畅通无阻。

那么，梦正藤公司员工意见沟通机制的效果究竟如何呢？在疫情期间，梦正藤公司的生产率年均增长超过8%；公司员工的缺勤率低于3%，员工流动率低于10%，在同行业是最低的。

资料来源：约翰·科特．新领导：迅速提高领导力的方法［M］．北京：现代出版社，2004.

［讨论题］

1. 案例中涉及了哪几种沟通类型？它们分别有什么作用？
2. 谈一谈你对梦正藤公司员工意见沟通机制的看法。

买车时的谈判学问

小北最近有买车的打算，通过前期的一些了解，他看中了某品牌一款经典的SUV，他决定邀请懂一些行情的朋友小南一同前往车市进行深入了解。在出发之前，他们了解到另一朋友小凯买了同款车，价格是22.8万元。小南查询了有关资料，发现该款汽车的市场价格高低不一，其中最低的报价是21.6万元。

到了车市后，两人将目标锁定到了小北心仪的那款SUV和另一款相似的SUV上。于是小南就两款车的性能、配置以及内饰等一系列问题询问了销售人员，销售人员一一进行了详细说明，小北随后询问了一些他比较关心的问题。最后，小北决定购买最初看中的那款SUV。于是小南就与销售人员进行交谈。小南说："今天我陪朋友来买车，因为我在汽车方面有所了解，并且朋友很信任我。如果价格比较优惠的话，今天我们就决定把这辆车定下来，你看能给我们多大的优惠？"销售人员回答："如果你们可以今天定下来的话，我们最低可以优惠5 000元，也就是成交价22.3万元。"小南接着说："非常感谢你今天接待我们，服务态度也很好，但我们还是觉得有点贵。据我了解，有其他经销商比你们的价格低很多，你看看是否还能再优惠点？"销售人员说："这个价格已经很低了，那家给你们便宜的话，你们为什么不到他们家去看看呢？"小南说："我们比较看中你们公司的规模和服务质量，要是价格差不多我们就不用再花时间和精力跑去他们那边了。"销售人员问："他们给你们报价是多少？"小南说："他们给我们价格是21.2万元。"小南说完，销售人员非常吃惊地说："不可能的，我们这里没卖过这个价格。"然后经理走了过来，了解了大致情况后说："这样吧，给你们21.5万元，这真的是我们的最低价了。"小南迟疑了一下，说："那我们商量一下，等会儿给你们答复。"小北告诉小南这个价格他还是比较满意了，可以接受。于是，小南对经理说："看在你们销售人员这么专业、服务态度这么认真的份上，我们决定以21.5万元定下这辆车了。"

[讨论题]

1. 你认为案例中的谈判属于分配谈判还是综合谈判？为什么？
2. 谈一谈你从该案例中学习到了什么谈判技巧。

05

第五部分

团队认知过程建设与管理

- 第 13 章　团队认知加工
- 第 14 章　团队决策
- 第 15 章　团队学习、培训与开发

第 13 章

团队认知加工

哪个领域哪个环节问题突出，哪个领域哪个环节就是改革的重点。

——《习近平新时代中国特色社会主义思想学习纲要》

学习目标

1. 掌握团队认知加工的界定与实现过程
2. 掌握团队认知加工的相关理论
3. 掌握团队共享心智模式的界定、形成及影响机制
4. 掌握团队交互记忆系统的界定、形成及影响机制
5. 能够有效区分团队共享心智模式与交互记忆系统
6. 掌握团队知识共享与隐藏的界定、形成及影响机制
7. 能够有效区分知识共享与知识隐藏

引导案例

如何选择团队成员，发挥“1+1＞2”的效应

刘强是恒臻家电公司的市场部总监，主要负责市场调研、产品研发和推广等工作。刘强在公司工作了数十载，其业绩一直在公司中遥遥领先。然而，近几年，行业市场竞争加剧，新技术、新产品层出不穷，这对公司的产品研发和推广工作构成了不小的挑战，刘强的业绩也因此下滑。面对这种局面，刘强焦虑不安，想从产品研发和推广这两个领域为自己打一场“翻身仗”。

恒臻家电公司是一家传统的家用电器制造企业，主要生产冰箱、洗衣机、空调、洗碗机等家电产品。在消费升级的趋势下，消费者日益追求智能化、高品质的生活，更加看重家电的智能化、功能化和健康化，家电产品市场的更新迭代速度不断加快，这给恒臻家电公司的智能化转型带来了考验。作为传统的家电企业，公司在打造智能化产品上毫无经验可循。盲目照搬同行的经验或许能够有所突破，但无法真正树立自身的竞争优势。思来想去，刘强决定组建一支专业化的产品研发和推广团队，结合自媒体、直播带货等新兴营销渠道，打造独特、有新意、博眼球的智能化家电产品。

不过，这个想法实施起来一点也不轻松。刘强发现市场部员工的年龄普遍分布在30～50岁，工作10年以上的员工比例达到了80%，这些员工的专业技能主要集中在市场调研、数据分析和传统营销等领域。然而，员工年龄越大，工作年限越长，越容易造成散漫懈怠和认知固化的问题。此外，员工单一化的知识结构不利于新颖、独到的创意的产生。这些都让公司无法敏锐地捕捉到当下消费群体的真正需求。为了有效解决这一问题，刘强决定从外部招聘一些年轻的新员工，给部门注入新鲜血液。经过精挑细选，刘强成功招募到十名学历优秀的年轻员工。更重要的是，他们来自不同的专业领域，有大数据营销专业，也有美学设计、人工智能专业等。

新成员的加入让刘强对完成预期目标信心满满。接下来的几次部门会议，刘强察觉到老员工与新员工在讨论过程中，确实产生了很多新想法和新思路，拓展了整个团队的认知思维，产品研发和推广工作有了一定的起色。与刘强的预期一致，老员工熟悉工作流程，销售经验丰富，但在想法和思维上略显固化；相反，新员工对市场前沿和消费需求的把握更为敏锐，不过还不熟悉怎样开展手头上的具体工作，新老员工之间的配合与协调恰恰形成了优势互补。

然而，向好发展的态势并没有延续多久。两个多月过去了，刘强发现市场研发和推广工作一直没有取得建设性的成效。调查发现，新老员工之间在完成什么、怎样完成等方面产生了较大的矛盾。具体来说，新员工与老员工并不认可彼此的研发和推广理念，新员工拥护新技术、新产品，总体偏激进；老员工则更坚持拓宽传统营销渠道，扎扎实实做好现有产品，总体偏保守。因此，新老员工在开展工作时，互相并不配合，也没有形成“心照不宣”的默契。面对这一局面，刘强非常苦恼，不知该怎样搭建团队才能完成自己设想的目标。

团队这一组织模式之所以能够日渐盛行，是因为个人的知识和思维总是有限和狭隘的，而团队能够整合个人的力量，实现“1+1>2”的组合效应。根据团队IPO模型，这种组合效应主要通过团队认知加工过程来实现（见图13-1）。具体来说，团队成员的特征各不相同，他们往往有着不同的专业能力、思维模式和认知风格，通过团队学习和知识共享等认知过程，恰好能够有效弥补彼此在不同领域的不足与短板，从而形成企业特有的、不可复制的交互记忆系统。同时，通过日常的工作配合与分工协作，团队成员的工作方式和价值理念逐步趋同，这会进一步发展成团队独有的共享心智模式。正如上述案例中刘强所面临的困境，新老员工虽然具备不同的知识结构，但彼此没有相互依赖、信任和分享，这阻碍了团队搭建有效的交互记忆系统。同时，不同知识结构呈现出发散的状态，未能收敛和集聚在某一水平，这抑制了团队共享心智模式的建立。这些因素都导致了刘强的团队最终没有实现目标。

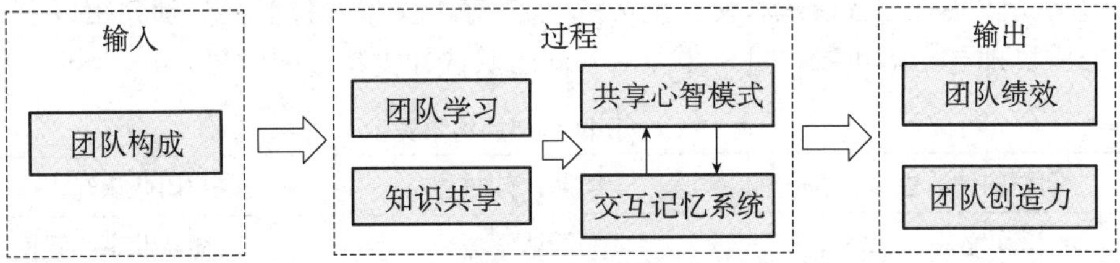

图 13-1　基于团队认知加工过程的 IPO 模型

13.1　团队认知加工概述

13.1.1　团队认知加工的界定

信息是个体或群体进行决策的主要来源和依据。团队认知加工（team cognition processing）也被称作团队信息加工（team information processing）等，是指将团队整体看作信息处理的主体[1]，实现对特定信息的关注、获取、编码、存储、检索与利用的认知过程。团队中的信息数不胜数、纷繁复杂，既包含了工作中的任务信息，也涉及一些与情感、关系相关的非任务信息。在任务方面，团队成员的建言行为就是一种主动的信息分享行为，旨在向上级提供组织中面临的一些问题和相应的解决措施；在非任务方面，团队成员的情绪也会成为加工的信息来源。以往研究发现，不同的情绪效价会影响个体的信息加工方向和程度。积极情绪会激活个体更广泛的社交联系，为团队带来更多元的信息和观点；而消极情绪会使员工关注更具体的信息，并倾向于采用更全面的信息搜索寻找更优的备选方案。

团队是信息加工的主体[1]，因此，加工信息的质量在一定程度上决定了团队的产出。然而，信息加工的质量并不完全依赖于输入信息的数量，还取决于团队利用信息的能力。在管理实践中，组织往往会在信息的索取和利用方面陷入困境。团队能够从内外部渠道中获取数量庞大的信息，但其中只有很少一部分能够形成对团队有益的高质量信息。[2]这是因为团队中出现了“信息超载”的现象，即团队中需要处理的信息量超过了成员自身具备的信息认知加工能力，从而无法发挥高质量的信息效应，进而降低了决策的质量。[3]

除此之外，我们有必要进一步了解团队认知加工的内容。以往研究主要从状态和过程两个视角来阐述团队认知的不同构念类型，其中状态视角下的团队认知强调静态的知识收敛机制，即在某一个水平上的集聚和表征，描述了组织集体知识涌现出的知识结构形态；而过程视角下的团队认知主要强调动态的知识发散机制，描述了信息在团队中编码、存储以及利用的过程。值得注意的是，状态视角下的团队认知只是短时间的稳定状态。长期来看，团队认知会逐渐地成长和壮大，并再次趋于稳定。借鉴前人的框架体系，本小节从知识的收敛程度和呈现方式两个维度对团队认知进行了划分，如表 13-1 所示。[4]从表中可以看出，团队认知的构念类型包括团队认知过程和团队认知表征两方面。其中，团队认知过程主要包括团队学习（group learning）和知识共享与隐藏；团队认知表征则包括团队共享心智模式和交互记忆系统。[4]在下文中，我们会分别介绍以上变量的内涵、形成机理与影响机制，进一步厘清不同团队认知类型之间的界限。

表 13－1　团队认知的构念类型

知识的敛散性	团队认知过程	团队认知表征
认知收敛	团队学习	团队共享心智模式
认知发散	知识共享与隐藏	交互记忆系统

总的来看，团队认知的类型框架已经被学者整理得较为全面，不过这些观点还停留在静态层面，有待与时俱进、推陈出新。第一，作为团队认知的主要来源，外部环境正在发生深刻的变化。当今世界正处于 VUCA 时代，企业所面临的信息环境具有易变性、不确定性、复杂性和模糊性。这意味着团队认知加工的环境比以往任何时候都更加复杂多变，这种条件下可能会催生出更多新的与环境契合的团队认知类型。第二，企业数字化和智能化的加快推进，改变了传统团队的运行模式。一方面，团队工作由单个团队向多个团队迈进，如医疗保健、军事指挥、航空航天等。[5]此类工作往往需要多个团队的协调与配合，共同组成一个多团队系统才能完成组织的目标。另一方面，团队活动由线下转向线下和线上相结合的模式，如虚拟团队，这种类型的团队能够更加敏锐地捕捉市场中转瞬即逝的机遇，同时活动开展形式更加灵活、便捷。总的来说，管理者应当以动态和长远的视角审视团队认知在团队运转中的地位和作用。

13.1.2　团队认知加工的实现过程

上文已经介绍过团队认知过程和团队认知表征两种团队认知，但并未进一步探讨团队认知加工的实现过程。事实上，团队认知加工是个人认知转化为团队认知的过程，厘清这一过程有助于更好地把握团队认知过程和认知表征两种类型的构念。个体信息加工是了解团队认知加工的切入口。在个体信息加工的过程中，团队成员通过对信息的关注形成短期记忆，并在不断地交往互动中对信息进行编码和反馈，进而形成长期记忆（见图 13－2）。首先，团队成员依赖注意力资源来对信息进行感知。由于个体的注意力有限，未投入注意力的信息会丢失，进而直接影响团队成员处理信息的数量和复杂程度。其次，个体会对接收到的外界信息进行解读，并通过短期记忆和长期记忆完成深加工，这一阶段未重复记忆的信息和过长时间的信息都会被逐渐遗忘。由此可见，个体认知加工的程度取决于工作记忆资源。当个体工作记忆的容量增大时，处理信息的数量和质量都会显著提升，进而有助于团队进行科学决策。

团队认知加工建立在团队成员动态互动的基础上，即团队成员通过信息交流和知识共享形成整体的解读信息的认知结构[5]，图 13－3 清晰地描绘了这种团队内部的动态互动。从图中可以看出，在个体层面，员工拥有一套处理任务信息的认知框架，这种认知框架受到该员工专业知识和先前经验的影响。在独自开展工作时，员工的认知框架决定

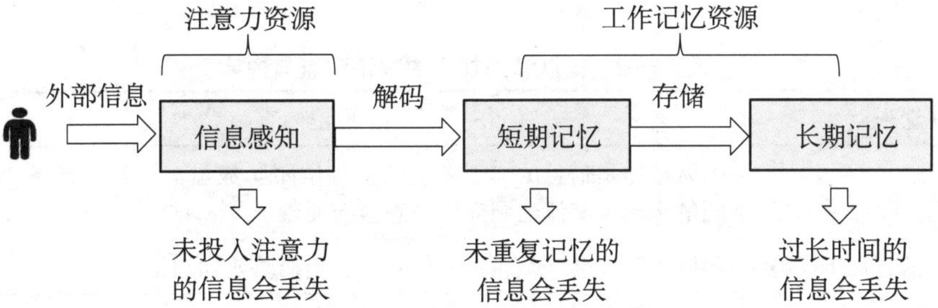

图 13-2 个体信息加工的过程

了完成任务的思路和方法。当然，个体的认知内容往往存在局限性和偏差，这时个体之间的互动显得尤为必要。因此，越来越多的企业选择运用团队来攻克复杂的认知任务。在团队层面，团队为员工之间的动态互动提供了固定的场所。不同特长的员工通过知识共享能够扩大团队的知识储备，同时也能够促进员工联系或整合不同类型的知识，从而有效激发团队整体的创新能力。在组织层面，除了每个团队内部进行互动外，团队与团队之间也具有较高的互动频率。当团队内和团队间的知识互动同时发生时，会逐步塑造整个组织的认知结构。

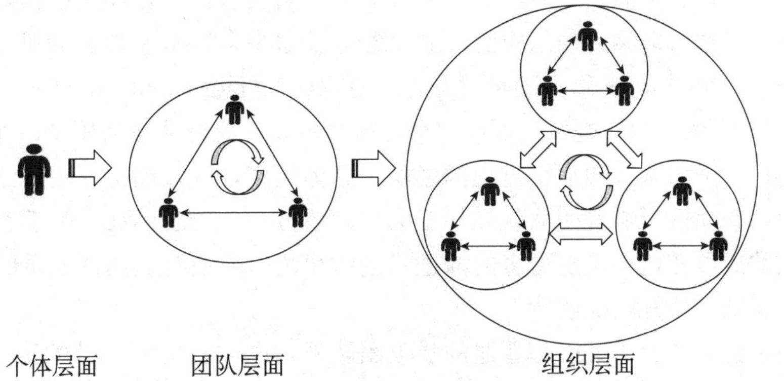

图 13-3 团队认知加工的过程

13.1.3 团队认知加工的理论视角

目前团队认知加工领域的理论视角较为分散（见表13-2），大多借鉴心理学的认知加工理论思想。其中，应用较多的是信息加工理论（information processing theory）。该理论认为团队能够作为信息的加工者，团队认知加工并非所有团队成员的静态的知识集合，而是在交往和互动的基础上相互判断和学习，进而形成认知涌现的过程。[1]可以看出，团队的信息加工结果既依赖于团队成员已有的知识结构，也取决于团队成员在既定认知基础上的动态互动。以往研究表明，团队认知加工的质量与团队成员的构成特征有着紧密的联系。根据信息加工理论的观点，团队成员的多元化程度越高，越能够提升团队成员对各种信息的加工处理和理解水平，就越有助于团队的产出。然而，基于社会分类或相似吸引理论的观点，团队的异质性容易诱发团队内部产生子群体，进而造成团队内的冲突。[6]

表 13-2　团队认知加工的理论观点与内容

理论观点	理论内容
信息加工理论	团队整体是信息的加工者，基于每位团队成员已有知识储备，通过相互间的沟通与交流达到知识的碰撞与涌现
社会分类-信息加工模型	团队中与社会分类相关的信息会影响团队认知加工的结果
动机性信息加工模型	团队成员的认知动机和社会动机会对团队认知加工过程产生影响
高阶梯队理论	高管的人口统计特征能够作为经验、偏好、价值观、认知等的有效代理变量，并能够预测企业绩效

近年来，学者们从不同的角度对信息加工理论进行了拓展。一部分学者将社会分类与信息加工模型进行了结合，并将其统称为社会分类-信息加工模型。科尔尼（Kearney）等学者在 2022 年利用该模型来解释团队中性别多样性对绩效的影响，研究结果表明，性别同质性较强的团队能够迅速整合观点，进而促进团队绩效的提升；而对性别异质性较强的团队而言，当时间压力水平较低时，团队成员能够充分利用信息，做出更好的决策，促进工作绩效的提高；而当时间压力水平较高时，团队成员更可能出现退缩行为，导致信息加工受到影响，最终表现出较低的工作绩效。[7]还有一部分学者将动机与信息加工模型进行了结合，并将其统称为动机性信息加工模型（motivated information processing model，MIP）。[8]该模型旨在探讨哪些信息会被共享以及信息共享的质量，并强调认知动机和社会动机对于团队认知加工过程的影响。具体而言，认知动机影响着团队认知加工的深度，而社会动机影响着团队认知加工的广度或方向。[9]吴（Wu）等学者基于该模型发现，团队的成员变化会激发更多的渐进式创新想法，但只有当团队成员的亲社会动机较强时，才有助于提升团队创造力。[10]

信息加工的群体除了可以是普遍的员工团队外，也可以是高管团队。其中，高阶梯队理论（upper echelons theory）就是基于信息加工理论，探讨了高管团队的认知加工与企业绩效之间的关系。汉姆布瑞克和梅森于 20 世纪 80 年代首次提出高阶梯队理论，该理论认为高管团队作为组织的带头人和领头羊，对组织的变革和发展起着举足轻重的作用。具体来说，高管的人口统计特征能够作为经验、偏好、价值观、认知的有效代理变量，这些经验和认知等会影响企业的战略选择和产出绩效。[11]

13.2　团队共享心智模式

13.2.1　团队共享心智模式的界定

观看过乐队表演的人都有过这样的感受：想要呈现出一首优雅的协奏曲，就需要不同乐器组的共同配合。尽管这些乐器组在声乐技巧上相对独立，但在演奏过程中必须有高度的心灵契合，否则不可能创造出好的音乐作品。这种心意相通的状态被学者统称为

“共享心智模式”（shared mental model）。心智模式的概念最初源自认知心理学，是指个体描述、解释和预测外在环境的心理表征，即个体的知识结构或认知框架。外界环境的所有事物，都在我们的认知系统中对应一个存储形态，这个存储形态就是心理表征，它反映了知识在个体认知中独有的存在方式。在工作场所中，员工的心智模式主要体现在其对工作内容的理解、对工作角色的认知、对群体规范的解读以及如何与他人协作开展工作等方面。

在团队工作中，成员之间的心智模式会相互作用并逐渐趋同，学者基于此类现象提出了团队共享心智模式的概念。团队共享心智模式是指团队成员共同持有的一种知识结构体系，它能使团队成员对团队作业形成一致的解释和预期，从而协调和规范自身的行为以更好地适应团队的需要。[12]从定义可以看出，团队共享心智模式反映了团队认知加工过程中的编码和表征阶段，具有相似性和正确性两个重要属性。其中，相似性是指团队成员心智模式的一致性程度，它决定了团队认知加工的方向。当心智模式的相似性水平越高时，说明团队成员理解和分析问题的角度越一致。正确性被用来衡量团队成员心智模式的质量情况，它决定了团队认知加工的深度。心智模式的正确性水平越高，代表着团队成员对问题理解和预测的准确性越高。按照共享内容的不同，共享心智模式可分为基于团队任务的心智模式和基于团队成员的心智模式。[13]近年来，有学者陆续提出团队心智模式的不同分类或维度，如借鉴时间维度理论提出了团队时间心智模式的概念和量表。[14-15]团队时间心智模式是指团队成员对任务分配和执行过程中对时间的一致性的解读。通俗来讲，除了完成什么、怎样完成外，团队成员在何时完成方面也能达成高度统一。

共享心智模式作为团队层面的认知构念，对其准确、有效地测量并非易事。[4]在实验研究中，研究者主要基于共享心智模式的相似性维度，通过认知地图法、路径发现法以及多维标度法等方法对其进行测量。[16]在调查研究中，有研究采用组内一致性系数衡量团队认知的一致性，认为这能有效代表团队心智模式。[17]也有研究开发了两维度（互动心智模式和队友心智模式）、六题项的团队心智模式测量量表，示例题项包括“如果有人问，我可以清楚地说出团队中每个人是干什么的以及他们如何分工协作”“我很清楚其他团队成员具备的技能和能力”等。[18]此外，史密斯·延奇（Smith Jentsch）、马修（Mathieu）和克瑞杰（Kraiger）基于306个空中交通管制员的样本，探究了位置目标相互依赖和提示策略关联两类共享心理模式在空中交通管制环境中的有效性，并开发了这两种心智模式的测量量表。[19]

从某种程度来说，团队共享心智模式可以理解为团队默契，反映了团队成员之间“心有灵犀”的合作程度，在医疗急诊团队和建筑安全团队中具有广泛的应用前景。以外科医生为研究对象，发现外科团队的心智模式能够正向预测团队绩效。[20]众所周知，大型外科手术通常需要十几位医生和护士的共同配合。手术过程的复杂性和不确定性要求团队成员之间必须具有默契，只有这样才能在遇到突发情形时立即达成共识。然而不难发现，在现实生活中，手术团队的成员常常临时抽调于各个不同的科室，他们彼此之间并不熟悉，因此难以在短时间内建立临时团队的共享心智模式，这些因素对手术的安全性造成了不小的挑战。不过，虽然团队共享心智模式具有诸多优势，但过于一致的认知方式可能会使团队陷入群体思维的窘境[21]，严重时还可能会导致团队产生重大的决策失误。

13.2.2 团队共享心智模式的形成及影响机制

鉴于共享心智模式在团队中的重要作用，我们在掌握了团队共享心智模式的界定后，还有必要厘清其具体的形成机制和影响机制。

1. 形成机制

团队共享心智模式的形成离不开员工、领导和团队层面的各种因素。在员工层面，员工心智模式是团队共享心智模式成立的前提，如创业团队在挑选成员时，自身的认知偏见会促使其选择具有相同思维和信念的成员[22]，这也符合吸引-选择-磨合模型（attraction-selection-attrition model）中的理论观点。在领导层面，领导的有效性和积极的领导风格对团队共享心智模式至关重要。当领导为员工提供指导时，有助于员工发现解决问题的关键要素[23]，也有助于反思团队失败的原因[24]，这些都有利于形成团队共享心智模式。此外，一些积极的领导风格也能促进团队共享心智模式，如授权型领导[25]、变革型领导[26]。在团队层面，多数研究将共享心智模式作为团队发展过程的核心变量，认为团队认知、团队任务和团队培训等因素均会影响团队共享心智模式的建立。在团队认知方面，团队认同是团队认知加工的黏合剂，能够整合团队中不同的意见，促进团队成员之间的共同理解，这有利于团队共享心智模式的形成。[27]信任是指个体对他人行为的整体期望，许科等学者以临时的新产品开发团队作为样本，发现临时团队成员的相互信任能够正向影响团队共享心智模式。[28]在团队任务方面，任务结构决定了团队认知的结构，张钢和李慧慧基于案例分析，发现团队任务互依性的水平越高，越有利于建立团队共享心智模式。[29]在团队培训方面，不同的培训方式能够对团队共享心智模式的形成起到促进作用，包括交叉培训[30]、引导式的团队自我纠正[31]。除了这些因素外，不同类型的团队干预措施也能对团队共享心智模式起到促进作用，如引导式的叙事[32]、反射性干预等[33]。

2. 影响机制

团队共享心智模式主要通过团队氛围和团队过程两种方式来影响团队产出。部分学者将共享心智模式作为一种团队氛围展开研究。例如研究发现团队共享心智模式会激发高心理安全感的团队成员的反馈寻求行为[34]，也有研究表明团队共享心智模式的准确性能够强化团队任务冲突与创造力的关系，而一致性削弱了关系冲突与创造力的关系[35]。然而，大部分学者将共享心智模式视为团队过程机制来预测团队绩效。其中，一些研究未强调共享心智模式的维度可以直接预测团队的绩效，如马修等学者通过实验模拟任务，发现团队共享心智模式可以正向预测团队绩效[13]；也有研究基于共享心智模式的相似性和准确性来预测团队绩效，发现团队共享心智模式的相似性会正向影响团队绩效，该结论得到了两项定量元分析的支持。[36-37]

除了团队绩效外，共享心智模式也常被用来预测团队的创造力。这些研究普遍认为团队共享心智模式有助于增强团队的创新力。[38-39]此外，林晓敏等人发现团队共享心智模式的相似性和准确性对团队创造力存在差异化的影响，其中，相似性对团队创造力有负向影响，而准确性可以正向预测团队的创造力。当团队共享心智模式的正确性水平越高、相似性水平越低时，团队创造力水平越高。[40]

综上所述，团队共享心智模式的形成和影响机制见图 13－4 所示。

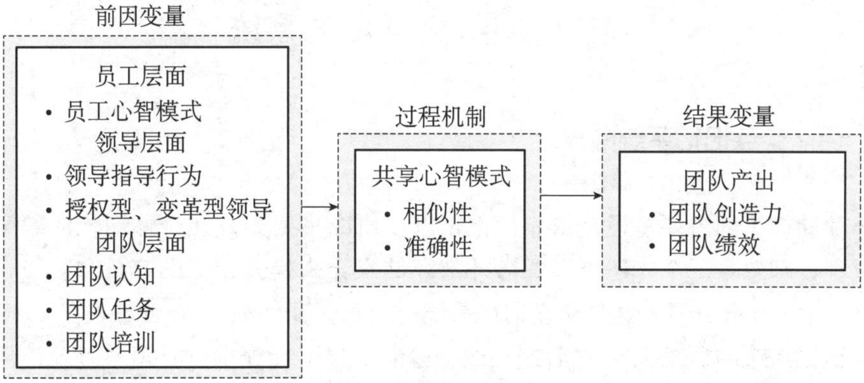

图 13－4　团队共享心智模式的形成和影响机制

13.2.3　团队共享心智模式面临的新趋势

尽管团队共享心智模式的研究已经走向成熟，但未来依然有许多新的学术增长点值得挖掘。随着企业数字化和智能化潮流的兴起，团队的内涵不断丰富和拓展。首先，团队的形式不再局限于实体团队，越来越多的管理者察觉到虚拟团队的优势。其次，由于外部环境的不确定性，团队对临时任务的攻坚变得愈发重要。最后，人工智能的普及意味着未来团队会出现人与机器人共事的情形。鉴于这些因素，未来团队共享心智模式的研究将集中在虚拟团队、危机或应急管理以及人机协同等领域。

首先，虚拟团队的共享心智模式面临着不同于以往实体团队的新挑战。虚拟团队是指分布在不同地域的个体利用信息技术远程完成任务的“无实体”团队，得益于互联网技术的成熟，虚拟团队占据了较强的平台优势，在近几年迅猛发展。虚拟团队能够把握转瞬即逝的市场机遇，对市场需求做出迅速、灵活的响应。然而，虚拟团队这一新型的组织结构也会对团队沟通产生负面影响。与面对面交流相比，线上交流虽然能够提升沟通频率，但降低了沟通质量和效率，这在一定程度上会影响团队共享心智模式的建立[41]，包括准确性和相似性两方面[42]。因此，未来有必要在实体团队已有的研究基础上进一步丰富虚拟团队的有益成果。

其次，团队共享心智模式在危机或应急管理上拥有较强的应用前景。以往研究发现，团队共享心智模式主要体现为共享情境意识，对团队绩效具有重要影响。[43]当团队遇到管理的危机或困境时，领导团队的共享心智模式会逐渐趋同于追随者团队，这有效地解释了组织在遇到危机时如何达成意见一致。[44]这些已有成果为探究危机或应急管理下的团队共享心智模式提供了有益的探索，未来可基于此进一步展开研究。

最后，团队共享心智模式在人机协同方面也有“施展拳脚”的广阔天地。虽然目前人工智能算法广泛应用于企业决策，但面临着信任度低、可控性弱等挑战，这归根结底在于人与计算机的心智模式无法达到有效的统一。因此，如何提升人机之间价值和认知的兼容性也是未来非常值得探索的研究话题。

13.3 团队交互记忆系统

13.3.1 团队交互记忆系统的界定

个体存储知识的主要途径是依靠记忆，以往研究主要聚焦在个体记忆的编码、存储和利用过程，却忽略了个体还可以凭借外部存储媒介来提升记忆的容量和质量，即外部记忆（external memory），这是交互记忆系统的前身。瓦格纳（Wegner）在1985年首次提出交互记忆系统的概念[45]，之后这一概念逐渐引起了管理学、心理学以及传播学等众多领域学者的关注。为了更加通俗地理解交互记忆系统，我们可以联想身边的互联网。实际上，互联网就是与我们交换记忆系统的外部媒介。我们把记忆上传到“云端”，其他使用互联网的个体也能够从中提取到信息并进行学习。与互联网类似，随着团队成员的互动与交流，团队内部也能够形成交互记忆系统，即团队交互记忆系统（transactive memory systems，TMS)。团队交互记忆系统是团队成员之间形成的一种彼此依赖的，用以编码、存储和提取不同领域知识的合作分工系统，属于团队认知中的分布式认知。它相当于团队的“大脑”，能够收取、加工和存储信息，并据此做出团队的最优决策。

在这样的系统中，团队成员拥有两种记忆：一是内部记忆，主要是指团队成员对自身知识技能的知晓程度，即“我自己知道些什么”；二是外部记忆，主要是指团队成员对彼此知识技能的知晓程度，即“我知道谁知道什么”。拥有这两种记忆，意味着团队交互记忆系统中囊括了所有团队成员知识的集合。[46]可以看出，知识能够流动和传递是交互记忆系统发挥作用的重要前提。当团队成员过于维护自我知识的所有权时，交互记忆系统无法发挥提取功能。[47]瓦格纳以计算机网络为例，提出了交互记忆系统发挥功能的过程，主要包括“成员-知识”目录更新、“任务-成员”信息分配和“知识-成员”检索协调三个阶段。[48]

“闻道有先后，术业有专攻”，交互记忆系统能够帮助员工高效地获取外部信息来解决问题，并且此时处理信息的能力远远超过员工原本对信息的处理能力。[49]交互记忆系统通过知识分担的方式减轻了团队成员的认知负荷，为团队成员保存了心理资源。然而，交互记忆系统也存在一些负面影响。以往研究发现，过分依赖外部媒介进行存储可能会导致个体记忆力的下降，这种现象被学者们称作“谷歌效应”（Google effect)[50]。因此，当团队成员在开展工作过程中过分依赖交互记忆系统时，可能会降低成员自身对知识的学习和掌握，久而久之他们的思维会变得不那么敏捷。

与团队共享心智模式不同，团队交互记忆系统会随着团队的任务安排或知识结构的调整而相应变化，因此团队共享心智模式采用的测量方法无法适用于团队交互记忆系统。回顾以往研究，团队交互记忆系统的测量方法主要包括两种。一种方法是在实验室环境中，针对亲密的朋友或临时的二人组合，通过回忆测量法（回忆起知识的数量和内容）、行为观察法和成员专长的自我报告法来测量团队交互记忆系统。然而，这种方法在实验组与控制组任务同质化、解决方案单一化的背景下，显示出较强的局限性。[51] 在此基础上，路易斯（Lewis）提出了第二种更为全面和使用更普遍的测量方法，即一个包含任务专业性、可靠性和协调性三个维度的团队交互记忆系统量表。[52] 其中，专业性用于评估团队成员知识资源的专业化和差异化程度，这是团队交互记忆系统的结构特征。可靠性反映了团队成员对其他成员专业知识的信任程度。协调性则描述了团队成员在工作中如何整合彼此的专业知识。研究者还可广泛借助脑电设备、模拟仿真实验等先进技术，对团队交互记忆系统进行更为深入和精确的测量，以期更加精细地揭示出其在团队认知过程中的动态性和复杂性。

13.3.2 团队交互记忆系统与共享心智模式的联系与区别

团队交互记忆系统和共享心智模式被视为两种不同的团队认知构念，二者共同构成了团队知识管理（knowledge management）的重要组成部分。大量研究和实践均表明，交互记忆系统和共享心智模式在分化和整合团队知识、提高管理效率方面发挥着重要作用。然而，这两种构念在属性上存在着显著的差异。具体而言，交互记忆系统侧重于知识的分布性，即不同个体所拥有的知识能够相互补充，通过交互检索和资源集聚来丰富团队的知识储备；而共享心智模式注重知识的整合性，通过对任务知识形成一致的解释和预期来促进工作任务的有序执行（见图 13－5）。

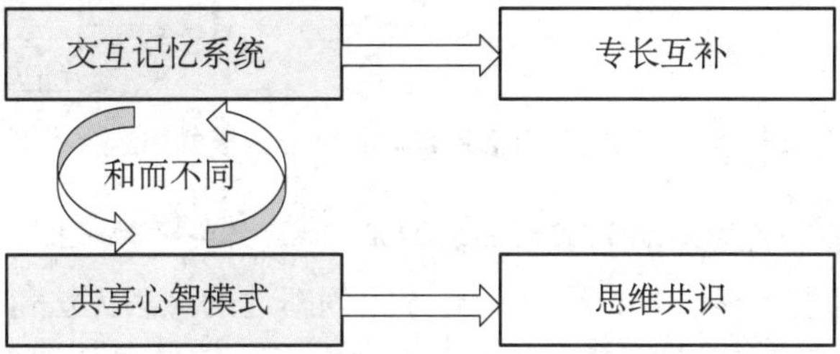

图 13－5 团队交互记忆系统与共享心智模式的关系

可以看出，团队交互记忆系统与共享心智模式共同塑造了一种“和而不同”的团队认知格局。这种格局体现了团队成员在知识管理和信息交互上的互补性与协调性。具体而言，交互记忆系统侧重于团队成员间知识的分布式特性，即每位成员各自拥有独特的知识领域，形成了“我知道，但你不知道”的知识结构。这种结构通过促进成员间的知识互补与交互检索，丰富了团队整体的知识储备，并提高了知识的利用效率。与此同时，共享心智模式则强调团队成员间知识的共享性和重叠性，即团队成员对任务相关的知识拥有共同的理解和预期，形成了“我知道，你也知道”的知识结构。这种结构有助于降低沟通成本，提高团队协同效率，确保工作任务能够高效和有序地执行。

交互记忆系统与共享心智模式的差异并非意味着二者完全对立。实际上，二者在团队知识管理过程中各自扮演着重要角色，且彼此间存在相互依存和相互促进的关系。分化是交互记忆系统的核心特征，旨在通过明确团队成员各自的知识专长，以扩大团队整体的知识存量。而整合则是共享心智模式的关键所在，通过团队成员对任务知识的共同理解和预期，以激活和同化这些分散的知识存量。交互记忆系统通过高效地识别成员间的知识结构差异，促进了知识的互补与共享，进而为共享心智模式的形成提供了基础。同时，共享心智模式所建立的共同知识框架，能够增强团队成员识别他人特定知识的能力，进一步丰富了交互记忆系统的内容。因此，共享心智模式与交互记忆系统应当努力协同发展[53]，通过相互补充和强化，实现团队知识管理的最优化。通过构建一个 2×2 的组合图（见图 13-6），我们能够更好地理解这两种模式在团队中的匹配情况。当共享心智模式与交互记忆系统的发展模式呈现不平衡时，即一方过于强调而另一方相对滞后，可能会对团队产出造成消极影响。

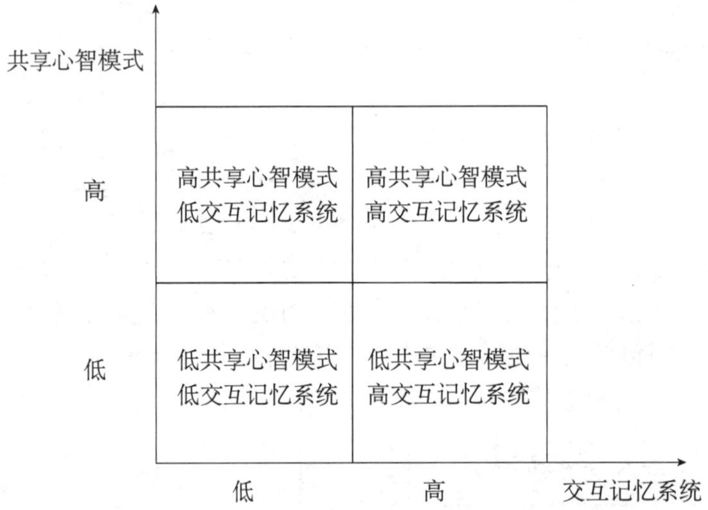

图 13-6 团队交互记忆系统与共享心智模式的组合类型

一方面，当交互记忆系统水平越高而共享心智模式水平越低时，团队成员间的多元化、异质知识得不到有效整合，最终可能会导致创新性的想法无法落地实施。另一方面，当交互记忆系统水平越低而共享心智模式水平越高时，团队成员间重叠的知识无法建立新的联系，这可能限制团队的批判性思维和创新性想法的产生，从而不利于团队整体创造力的发展。由此看来，管理者在巩固和提升团队交互记忆系统和共享心智模式的水平时，还应该竭力促进二者的同频共振，这样才能有效地保证团队认知加工的质量。

当然，团队共享心智模式和交互记忆系统彼此之间并不存在优劣之分，其效应大小依具体情境而异。以往研究发现，当团队遇到极端或紧急情况时，需要对外部环境做出迅速的、有效的反应，"单一的信息处理系统"往往最能够提升对紧急事件的适应能力。因此，在这种情境下，团队共享心智模式比交互记忆系统更能够提升团队绩效。[54]

13.3.3 团队交互记忆系统的形成及影响机制

在掌握了团队交互记忆系统的核心概念后，还有必要明晰其具体的形成和影响机制。

1. 形成机制

以往研究主要从团队成员构成、领导风格、团队结构与团队任务等团队输入特征方面阐述交互记忆系统的前因变量。

首先，在团队成员构成方面，被培训过的团队成员[55]、团队成员的果断性格[56]以及团队成员的专长异质性和关系强度[57]等均能够正向预测交互记忆系统。相反，创新团队内部的关系冲突能够有效地抑制交互记忆系统的发展，而任务冲突则促进了交互记忆系统的发展[58]。元分析结果表明，团队人力资本正向预测了团队交互记忆系统，而信息多样性和性别多样性抑制了交互记忆系统的发展。[59]研究发现，团队交互记忆系统中存在核心员工，当核心员工离开团队时，会对交互记忆系统产生较大的损害。[60]当然，有研究发现，当交互记忆系统存在核心的社会网络成员（网络中心性）时，即使团队中其他人员出现流动，也能够迅速建立起交互记忆系统[61]，这一观点被较多学者所认同[62]。其次，在领导风格方面，授权型领导通过授权提升了团队成员的自主性，鼓励成员发挥自我潜能来解决问题，这有助于构建交互记忆系统。[63]共享型领导促进了团队成员之间的沟通和交流，有助于同事之间记忆相互联结，进而推动构建团队的交互记忆系统。[64]再次，在团队结构方面，团队断裂带对团队交互记忆系统具有重要的影响。研究发现，社会分类断裂带能够正向预测交互记忆系统，而信息认知断裂带则对交互记忆系统产生负面影响。[65]最后，在团队任务方面，团队互依性和合作目标互依性能够正向预测团队的交互记忆系统。[66]

2. 影响机制

团队交互记忆系统主要会对团队绩效和团队创造力产生影响。在团队绩效方面，以往研究普遍认为，团队交互记忆系统能够正向预测团队绩效。[66]王燕青等人以民用机场的应急救援任务为研究样本，发现交互记忆系统与任务沟通、成员情境意识作用相一致，都能够正向预测应急救援的绩效。[67]吕逸婧等人聚焦高管团队，发现高管团队的交互记忆系统能够通过增强组织的战略柔性，进而有效提升组织绩效。[68]不过元分析结果表明，交互记忆系统对绩效的影响效应取决于所处的国家文化特征。当权力距离越大、集体主义水平越高时，其对绩效的影响效应越强。[59]在团队创造力方面，团队交互记忆系统对个体和团队层面的创新行为均有正向影响。研究发现，团队的交互记忆系统能够通过促进个体的创造性来提升自我效能感，增强个体的创新行为。[69]此外，团队交互记忆系统可以通过影响团队学习和知识共享来促进团队的创造力。[70]还有研究聚焦在高管团队，发现高管团队的交互记忆系统有助于实现组织的双元性。[71]

综上所述，团队交互记忆系统的形成和影响机制如图 13-7 所示。

13.3.4　团队交互记忆系统面临的新趋势

在过去几十年里，团队交互记忆系统的概念引起了管理实践者的高度重视，众多研究者在构建和促进团队交互记忆系统方面做出了卓越的探索和努力。未来团队交互记忆系统与互联网的结合是不可逆转的趋势，具有较强的可观性。一方面，虚拟团队的组织

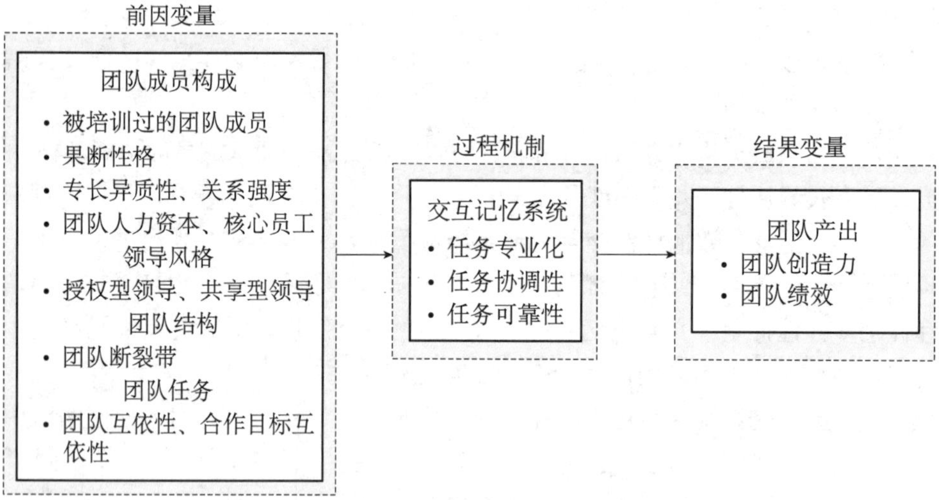

图 13-7 团队交互记忆系统的形成和影响机制

形态对交互记忆系统的发展形成了较大的挑战，未来值得探究虚拟团队中应当如何有效地构建交互记忆系统，以充分发挥各个主体的认知多样性；另一方面，团队中需要更高效、便捷地利用互联网平台中的交互记忆系统功能，同时也要警惕互联网知识的碎片化对个体认知灵活性产生的负面影响，这要求管理者务必辩证地看待互联网的“双刃剑”效应，做到取长补短。

13.4 团队知识共享与隐藏

13.4.1 团队知识共享与隐藏的界定

进入 21 世纪以来，企业对知识的重视程度和需求越来越高，企业与企业之间的竞争很大程度上体现在知识的竞争、获取和利用上，有必要对知识与信息进行有效的区分。信息中包括了众多的知识，但并不等同于知识。知识是具有一定的价值观基础，并且便于他人学习的一类逻辑化和结构化的信息。按照表现形式的不同，知识可分为显性知识和隐性知识。显性知识是指能够以书面文字、图表和数学公式加以表述的一类具体知识，而隐性知识主要是指难以用语言或数字形式表达的抽象知识。鉴于知识对企业的重要性，学术界和实践界提出了知识管理的概念。知识管理是指通过最大化地捕捉企业成员的集体知识和能力，并将其应用到管理的各个过程中，以此来实现企业的最大效益。根据资源基础理论的观点，高效的知识管理是企业拥有的一项稀缺资源，这种资源能够将本企业与同行业的其他企业进行有效的区分。知识共享（knowledge sharing）和知识隐藏（knowledge hiding）均是知识管理的重要研究内容。值得注意的是，知识共享的相关研究比知识隐藏的相关研究起步得要早，因此关于知识共享过程、机理和边界条件的系列成果已经较为丰富。

1. 知识共享

知识共享是指知识拥有者有意识地将自身所掌握的知识资源进行分享[72]，是个体的一种自愿和利他行为。组织记忆理论认为，知识在组织中的存在方式具有分散性和异质性，知识管理就是将员工各自的知识聚拢和整合起来，形成“1＋1＞2”的效应。在这种情形下，知识共享是不可多得的有利手段。然而，团队中的知识共享实则是一种社会困境[73]，归根到底是个体在集体利益与个人利益之间的取舍和博弈。对组织而言，员工的知识共享行为促进了知识流动，有利于提升企业的创新能力和绩效水平；对个体而言，员工的知识共享需要投入一定的时间和精力成本，同时当分享的知识过于专业和稀缺时，可能会存在“搭便车”的现象，这就意味着自身核心竞争力的丧失。从理性的角度出发，只有当员工预期从知识共享行为中获得的收益高于成本时，才会从事知识共享行为。[74]因此，管理者应当将团队成员的知识贡献积极纳入绩效考核体系中，以此激发员工进行知识共享的积极性。此外，知识隐藏往往会招致同事的负面评价，因此员工会碍于人情和面子不得不进行知识共享。团队知识共享是员工知识共享基础上的聚合，是指团队成员之间进行知识转移的活动，它能够促进团队中不同专业类型员工的知识流动。[75]

2. 知识隐藏

现实生活中普遍存在着知识隐藏。在学生群体中，“学渣”向“学霸”请教问题，“学霸”可能会出于维持自身竞争优势的动机而对“学渣”沉默不语，学者们将这种现象统称为知识隐藏。知识隐藏是指员工在面对同事的知识寻求时故意保留或隐瞒知识的行为[76]，这通常是员工“韬光养晦”的方式。研究表明，出于规避风险、获取利益、维护知识独占性等因素的影响，知识拥有者可能对其具备的特有知识或专长进行有意的“垄断”。按照隐藏类型的不同，知识隐藏可以分为推脱隐藏、装傻隐藏和合理隐藏。推脱隐藏是指知识拥有者对请求者的敷衍和懈怠，如提供不正确的知识信息或承诺在以后为请求者提供知识帮助；装傻隐藏是指知识拥有者以自身知识不足为理由回避请求者的知识诉求，但实际上知识拥有者具备这方面的知识技能，这是一种更加委婉、含蓄的隐藏知识的策略；合理隐藏是指知识拥有者以合理正当的理由拒绝向诉求者提供知识帮助，如涉及产权风险、牵扯公司核心利益等。值得注意的是，团队层面的知识隐藏行为并不等同于个体层面的知识隐藏行为。团队知识隐藏是指团队内部成员之间相互隐藏知识的整体状况，是员工知识隐藏聚集到一定程度所产生的结果。不过，目前对知识隐藏的研究较多聚焦在个体层面，团队层面的知识隐藏的研究较为罕见。

13.4.2 团队知识共享与隐藏的联系与区别

团队知识共享是指团队成员之间进行知识转移、交换的整体互动状态，而团队知识隐藏是指团队成员之间有意地隐藏、保留彼此知识的整体互动状态。从字面意思来看，知识共享与知识隐藏是个体在知识互动中表现出的性质相反的两种行为，但这并不意味着二者是绝对的对立关系[72]，主要体现在以下三个方面：第一，员工没有进行知识共享，并非意味着该员工在进行知识隐藏，也可能是由于其的确没有掌握该领域的知识技能。与此类似，员工没有进行知识隐藏，也不能认定其进行了知识共享。知识共享是个体主动、有意识的行为表现，员工没有进行知识隐藏，只能说明其被动地接受了知识诉求者的帮助请求，但并不代表其主动地进行了知识共享。第二，员工可能认为自己已经做出了知识共享行为，但由于表达者的表达能力有限或接受者的理解能力有限，从而导致了知识接受者认为该员工在从事知识隐藏行为，这种情形在分享隐性知识时尤为明显。第三，在大多数情形下，员工可能同时产生知识隐藏和知识共享行为。一方面，员工会隐藏一部分知识来保留自身的核心竞争力；另一方面，员工也会出于面子压力分享一部分知识，以维护其在同事心目中的良好形象。[77]

13.4.3 团队知识共享的形成及影响机制

鉴于知识共享在团队中起到的重要作用，在掌握了团队知识共享的界定后，有必要厘清其具体的形成和影响机制。

1. 形成机制

员工知识共享的形成主要受到组织、领导和分享者三个层面的影响。在组织层面，团队的任务互依性越强时，可能越容易引发团队成员的知识共享行为。组织结构也与员工的知识共享行为有关，扁平化的组织结构能够促进员工之间的有效沟通，为员工的知识共享行为创造了有利条件。在领导层面，积极的领导风格能够有效促进团队成员的知识共享，而消极的领导风格则对其形成了抑制作用。具体而言，共享型领导风格一改传统的自上而下的领导方式的弊端，通过成员之间的彼此帮助来完成领导目标，而非依赖特定的领导者发挥影响力，进而正向促进员工之间的知识共享行为的产生。[78]道德型领导风格可以通过促进员工的控制动机和道德认同感来正向影响其知识共享行为。[79]然而，部门主管的自恋特质会使其形成知识优越感和对部门内部的自信心，进而阻碍了员工之间的知识转移和分享。[80]在分享者层面，顺从导向的工作责任心会正向影响员工的知识共享行为，而成就导向的工作责任心与知识共享行为则对员工的知识共享行为产生负相关性。[81]胡琼晶和谢小云发现，在团队内成员地位差异稳定时，高地位员工会比低地位员工表现出更多的知识共享行为。[82]

相较于员工知识共享，团队知识共享的研究略显不足。员工知识共享是团队知识共享的形成基础，但这并不意味着员工知识共享一定能够形成团队知识共享。研究发现，团队氛围、团队政策、团队领导风格和团队成员的构成特征都会不同程度地影响团队知识共享。在团队氛围方面，团队内部竞争（发展竞争和超级竞争）会通过团队授权影响团队的知识共享行为。[83]此外，团队工作价值多元化和积极情绪的交互作用能够正向促进团队知识共享。[84]在团队政策方面，马（Ma）等学者基于能力-动机-机会框架，探究了高绩效人力资源管理实践对团队创造力的影响。研究发现，激励增强型人力资源管理实践通过强调公平奖励促进团队知识共享，而机会增强型人力资源管理实践通过增强员工的自我价值感，来促进团队知识共享。[85]在团队领导风格方面，变革型领导强调团队的共同价值观和集体利益，这能够有效促进团队的知识共享。[86]在团队成员的构成特征方面，基于社会认知理论，在多元文化的团队中，当团队成员的文化智力越高时，越能够提升团队的效能感，进而有效促进团队知识共享。[87]也有研究以跨国团队为样本，基于社会分类理论发现团队表层多样性与团队知识共享呈负相关性，而从信息加工视角发现深层多样性与团队知识共享呈正相关性。[88]

2. 影响机制

团队知识共享能够对团队创造力和绩效等方面产生影响。在团队、创造力方面，多项研究均表明知识共享能够提供多元化的思维和见解，对团队创新具有显著的正向影响。[89-90]不过也有研究认为知识共享对团队创新的积极效应存在边界条件，取决于个体之间的知识差异程度和分享知识的类型。在团队成员之间所具备的专业知识有差异的情况下，当在进行更高水平的隐性知识共享（如过去的经验、特殊情况下的处理方式等）时，团队成员能够表现出更高水平的创造力；而在团队成员之间具有比较相似的专业知识的情况下，当在进行更高水平的显性知识共享（如书面化的业务知识等）时，团队成员能展示出更多的创新行为。[91]在团队绩效方面，团队知识共享促进了团队成员之间的协调与合作，打破了知识信息的壁垒，进而有效提升了团队绩效。[92]不过，也有研究聚焦客户主体，发现客户知识共享与新产品开发团队的绩效呈现倒U型关系[93]，原因在于过多的知识共享超过了员工自身的信息处理能力，从而形成“过犹不及”的现象。

综上所述，团队知识共享的形成和影响机制如图13-8所示。

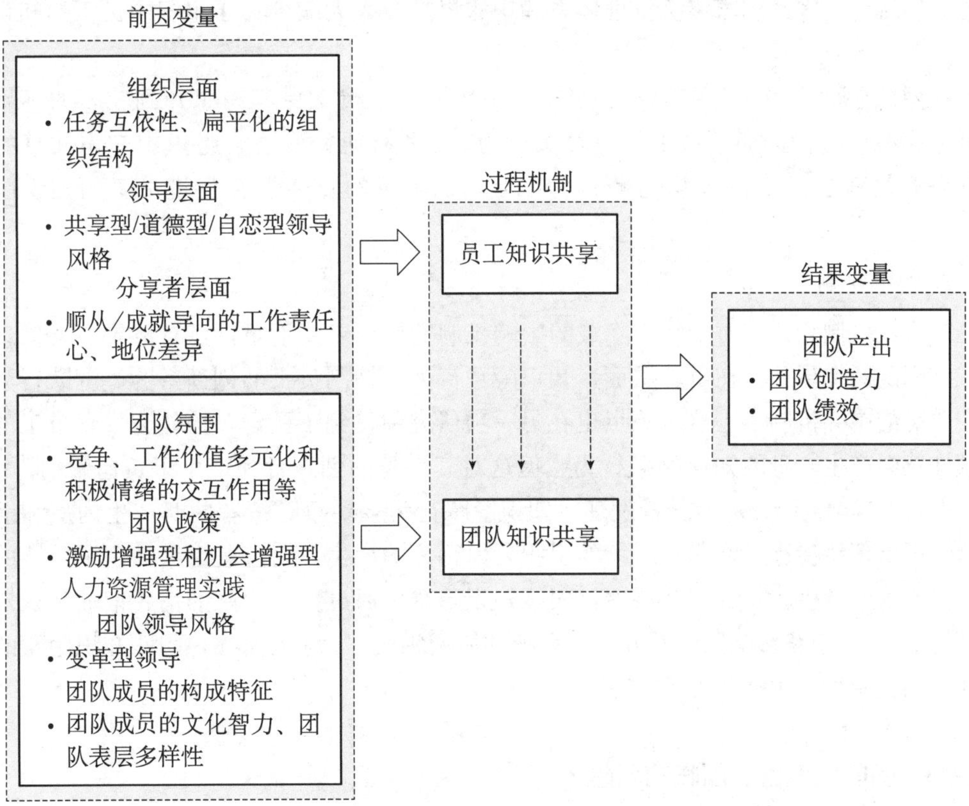

图13-8 团队知识共享的形成和影响机制

13.4.4 团队知识隐藏的形成及影响机制

鉴于知识隐藏在团队中起到的破坏作用，在掌握了团队知识隐藏的界定后，有必要厘清其具体的形成和影响机制。

1. 形成机制

以往研究主要从社会交换、资源保存和领地行为等理论来解释员工的知识隐藏行为。研究发现，领导-成员交换关系会通过增强员工的组织认同感，对推脱隐藏和装傻隐藏产生负向影响，并且当组织中相对领导-成员交换关系越大时，这种效应越强。[94]此外，资源保存理论也具有较大的解释力。当员工出现资源损失时，往往会出于保护自身资源的动机来进行知识隐藏行为。研究发现，当员工面临较大的时间压力时，会产生情绪耗竭的状态，进而易于产生知识隐藏行为。[95]领地行为理论能够有效解释这一现象。事实上，中国自古以来就有领地的观念，体现为个体对属于自我领地事物的地盘意识。领地行为是指个体对某个特定对象所产生的心理占有感或所有权而引起的一系列行为表现，即“我的知识”。研究表明，领地感是员工产生知识隐藏行为的重要前因变量。[96]领域内的相关技能会使员工产生认知固化，进而导致创造力的下降，而领地意识会加剧这一负面影响。[97]中国自古以来崇尚整体观和大局观，隐藏知识是对组织的发展和维持同事关系均不利的行为，因此儒家传统伦理体系和中庸思想会大大减少关于组织中员工的知识隐藏行为的内容。[98]

在团队层面，当团队中的竞争氛围水平较高时，员工更容易感知到较多的不确定性和紧张感，进而倾向于做出知识隐藏行为。[99]还有研究发现，组织中知识共享的氛围能够有效抑制员工的知识隐藏行为，但知识本身的复杂性会促进员工的知识隐藏行为。[100]

2. 影响机制

与形成机制相比，对于知识隐藏的影响机制的研究略显不足，已有成果主要体现在员工和团队两个层面。在员工层面，知识隐藏行为会抑制员工的创新行为，沉默行为是其中关键的中介机制。[101]这一观点也在另一项研究中得到了验证，该研究发现员工的知识领地感会产生自身的知识隐藏行为，但这对其自身的创新行为产生了负向影响。[96]布尔迈斯特（Burmeister）等学者发现，知识隐藏行为会导致隐藏者同时产生内疚和羞耻情绪，内疚情绪促进了隐藏者后续的组织公民行为的产生，而羞耻情绪抑制了后续的组织公民行为的产生。[102]在团队层面，团队知识隐藏可通过影响团队的情感信任和认知信任（可信度），最终影响团队交互记忆系统的协调维度。[47]综上所述，团队知识隐藏的形成和影响机制见图 13－9 所示。

13.4.5 团队知识管理面临的新趋势

知识管理已经成为团队管理的核心要素，这意味着管理者有必要深刻把握知识管理

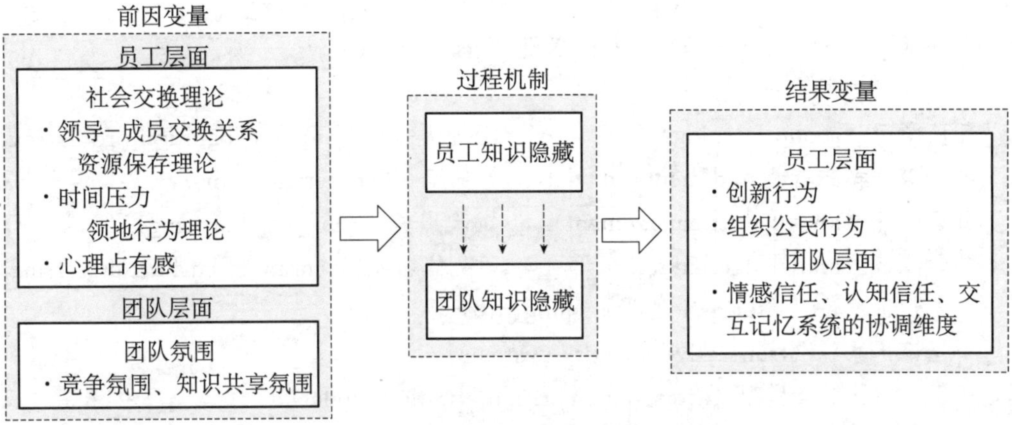

图 13-9 团队知识隐藏的形成和影响机制

领域发展的新趋势。目前，知识管理的新趋势主要体现在对象、平台、内容和利用方式四个方面。首先，知识管理的对象逐渐从内部转向了外部。以往企业的知识管理重点集中在内部各个过程，如生产制造环节。然而随着大数据、人工智能的发展，从市场、消费者群体中获得的海量数据成为知识管理的核心内容，这些知识正逐渐演变为企业进行价值创造的主要途径。因此，这要求管理者从局部、小范围的知识管理逐步过渡到全局、大范围的知识管理体系中。其次，知识管理的平台日新月异。以往科层制的组织结构无法有效促进员工之间的信息沟通，而扁平式的组织结构通过平台的无边界化打破了信息交流的壁垒，为企业的知识管理提供了绝佳的机遇。因此，管理者应当积极拥抱和吸收这些现代化组织结构为知识管理带来的红利，丰富知识的来源和渠道。再次，知识管理的内容越来越侧重隐性知识。随着互联网技术的发展，显性知识愈发具有便利性和可获得性，因此其已经不再是只属于个别企业的独特资源。相反，隐性知识正成为企业提升自身竞争力的关键手段。人才作为隐性知识的主要携带者，如何全力挖掘和培养稀缺人才变得尤为重要。最后，知识的利用方式发生了巨大的转变。过去企业主要通过人的决策完成对知识的利用，然而不难发现，个体有限的信息处理能力已经无法有效适应日趋海量和庞杂的知识资源。因此，如何利用人工智能和算法的技术优势，形成人机协同的智能决策方式也是管理者面临的一大考验。

《本章小结及管理启示》

本章首先介绍了团队认知加工的界定和实现过程，随后主要展示了共享心智模式、交互记忆系统、知识共享与知识隐藏等团队认知类型的界定，并总结了这些认知特征的形成与影响机制。可以看出，团队认知加工作为一种重要的团队过程变量，能够对团队交互过程和结果产生深远的影响。同时，结合大数据、人工智能等技术飞速发展时代背景，本章提出了各个团队认知特征在未来可能面临的发展趋势。通过本章的学习，企业管理者有必要重新审视团队共享心智模式、交互记忆系统、知识共享和知识隐藏，以充分挖掘和激发团队认知过程带来的聚合效应，让团队工作“行稳致远”。

关键术语

团队学习（group learning）
团队认知加工（team cognition processing）
共享心智模式（shared mental model）
外部记忆（external memory）
知识管理（knowledge management）
知识共享（knowledge sharing）
知识隐藏（knowledge hiding）
团队信息加工（team information processing）
信息加工理论（information processing theory）
交互记忆系统（transactive memory systems）
吸引-选择-磨合模型（attraction-selection-attrition model）
动机性信息加工模型（motivated information processing model）

思考题

1. 团队认知包括哪些构念？
2. 团队多样性一定有益于团队认知加工的质量吗？
3. 团队共享心智模式与交互记忆系统的区别是什么？
4. 团队共享心智模式与交互记忆系统的发展水平出现不一致时，会产生怎样的影响？
5. 团队知识共享与知识隐藏的区别是什么？
6. 结合本章内容，谈一谈团队成员为何不愿意进行知识共享。

参考文献

[1] Hinsz V B，Tindale R S，Vollrath D A. The emerging conceptualization of groups as information processors [J]. Psychological Bulletin，1997，121 (1)：43－94.

[2] Edmunds A，Morris A. The problem of information overload in business organisations：a review of the literature [J]. International Journal of Information Management，2000，20 (1)：17－28.

[3] 车敬上，孙海龙，肖晨洁，等. 为什么信息超载损害决策?：基于有限认知资源的解释 [J]. 心理科学进展，2019，27 (10)：1758－1768.

[4] Mohammed S，Rico R，Alipour K K. Team cognition at a crossroad：toward conceptual integration and network configurations [J]. Academy of Management Annals，2021，15 (2)：455－501.

[5] Cooke N J，Gorman J C，Myers C W，et al. Interactive team cognition [J]. Cognitive Science，2013，37 (2)：255－285.

[6] Homan A C，Van Knippenberg D，Van Kleef G A，et al. Bridging faultlines by valuing diversity：diversity beliefs，information elaboration，and performance in di-

verse work groups [J]. Journal of Applied Psychology, 2007, 92 (5): 1189-1199.

[7] Kearney E, Razinskas S, Weiss M, et al. Gender diversity and team performance under time pressure: the role of team withdrawal and information elaboration [J]. Journal of Organizational Behavior, 2022, 43 (7): 1224-1239.

[8] De Dreu C K, Nijstad B A, Van Knippenberg D. Motivated information processing in group judgment and decision making [J]. Personality and Social Psychology Review, 2008, 12 (1): 22-49.

[9] Nijstad B A, Oltmanns J. Motivated information processing and group decision refusal [J]. Group Processes & Intergroup Relations, 2012, 15 (5): 637-651.

[10] Wu S, Nijstad B A, Yuan Y. Membership change, idea generation, and group creativity: a motivated information processing perspective [J]. Group Processes & Intergroup Relations, 2022, 25 (5): 1412-1434.

[11] Hambrick D C, Mason P A. Upper echelons: the organization as a reflection of its top managers [J]. Academy of Management Review, 1984, 9 (2): 193-206.

[12] Klimoski R, Mohammed S. Team mental model: construct or metaphor? [J]. Journal of Management, 1994, 20 (2): 403-437.

[13] Mathieu J E, Heffner T S, Goodwin G F, et al. The influence of shared mental models on team process and performance [J]. Journal of Applied Psychology, 2000, 85 (2): 273-283.

[14] 张钢，岑杰. 团队时间心智模型：内涵拓展与量表开发 [J]. 管理学报，2014，11 (6): 844-851.

[15] Mohammed S, Hamilton K, Tesler R, et al. Time for temporal team mental models: expanding beyond "what" and "how" to incorporate "when" [J]. European Journal of Work and Organizational Psychology, 2015, 24 (5): 693-709.

[16] 谢小云，周帆，严进. 基于认知地图技术的团队共享心理模型测量与验证 [J]. 管理工程学报，2010，24 (4): 14-19.

[17] Levesque L L, Wilson J M, Wholey D R. Cognitive divergence and shared mental models in software development project teams [J]. Journal of Organizational Behavior, 2001, 22 (2): 135-144.

[18] Cannon-Bowers J A, Salas E, Converse S A. Cognitive psychology and team training: training shared mental models and complex systems [J]. Human Factors Society Bulletin, 1990, 33 (12): 1-4.

[19] Smith-Jentsch K A, Mathieu J E, Kraiger K. Investigating linear and interactive effects of shared mental models on safety and efficiency in a field setting [J]. Journal of Applied Psychology, 2005, 90 (3): 523-535.

[20] Gardner A K, Scott D J, Abdel F K R. Do great teams think alike? an examination of team mental models and their impact on team performance [J]. Surgery, 2017, 161 (5): 1203-1208.

[21] Davison G, Blackman D. The role of mental models in innovative teams [J]. European Journal of Innovation Management, 2005, 8 (4): 409 - 423.

[22] Parker S C. Can cognitive biases explain venture team homophily? [J]. Strategic Entrepreneurship Journal, 2009, 3 (1): 67 - 83.

[23] Marks M A, Zaccaro S J, Mathieu J E. Performance implications of leader briefings and team-interaction training for team adaptation to novel environments [J]. Journal of Applied Psychology, 2000, 85 (6): 971 - 986.

[24] Cannon M D, Edmondson A C. Confronting failure: antecedents and consequences of shared beliefs about failure in organizational work groups [J]. Journal of Organizational Behavior, 2001, 22 (2): 161 - 177.

[25] Lorinkova N M, Pearsall M J, Sims Jr H P. Examining the differential longitudinal performance of directive versus empowering leadership in teams [J]. Academy of Management Journal, 2013, 56 (2): 573 - 596.

[26] Ayoko O B, Chua E L. The importance of transformational leadership behaviors in team mental model similarity, team efficacy, and intra-team conflict [J]. Group & Organization Management, 2014, 39 (5): 504 - 531.

[27] 陈万思，周卿钰，杨朦晰，等．基于跨层双中介模型的知识服务团队认同对团队绩效的影响过程研究 [J]. 管理学报，2019，16 (8)：1153 - 1160.

[28] 许科，韩雨卿，于晓宇，等．快速信任与临时团队绩效：共享心智模型与团队互依性的角色 [J]. 管理评论，2016，28 (9)：238 - 249.

[29] 张钢，李慧慧．任务复杂性对团队认知影响的案例研究 [J]. 科技进步与对策，2019，36 (23)：111 - 118.

[30] Marks M A, Sabella M J, Burke C S, et al. The impact of cross-training on team effectiveness [J]. Journal of Applied Psychology, 2002, 87 (1): 3 - 13.

[31] Smith-Jentsch K A, Cannon-Bowers J A, Tannenbaum S I, et al. Guided team self-correction: impacts on team mental models, processes, and effectiveness [J]. Small Group Research, 2008, 39 (3): 303 - 327.

[32] Tesler R, Mohammed S, Hamilton K, et al. Mirror, mirror: guided storytelling and team reflexivity's influence on team mental models [J]. Small Group Research, 2018, 49 (3): 267 - 305.

[33] Gurtner A, Tschan F, Semmer N K, et al. Getting groups to develop good strategies: effects of reflexivity interventions on team process, team performance, and shared mental models [J]. Organizational Behavior and Human Decision Processes, 2007, 102 (2): 127 - 142.

[34] 齐蕾，邢讷，刘冰．"上有所好，下必甚焉?"：谦卑领导对员工反馈寻求行为影响机制 [J]. 东岳论丛，2017，38 (9)：167 - 176.

[35] 肖丁丁，朱桂龙．团队锦标赛视角下心智模型质量对团队创造力的影响研究 [J]. 暨南学报（哲学社会科学版），2018，40 (3)：111 - 122.

［36］ DeChurch L A，Mesmer-Magnus J R. The cognitive underpinnings of effective teamwork：a meta-analysis [J]. Journal of Applied Psychology，2010，95（1）：32－53.

［37］ DeChurch L A，Mesmer-Magnus J R. Measuring shared team mental models：a meta-analysis [J]. Group Dynamics：Theory，Research，and Practice，2010，14（1）：1－14.

［38］ Dao M A，Strobl A，Bauer F，et al. Triggering innovation through mergers and acquisitions：the role of shared mental models [J]. Group & Organization Management，2017，42（2）：195－236.

［39］ Reuveni Y，Vashdi D R. Innovation in multidisciplinary teams：the moderating role of transformational leadership in the relationship between professional heterogeneity and shared mental models [J]. European Journal of Work and Organizational Psychology，2015，24（5）：678－692.

［40］ 林晓敏，白新文，林琳．团队心智模型相似性与正确性对团队创造力的影响 [J]. 心理学报，2014，46（11）：1734－1747.

［41］ Marlow S L，Lacerenza C N，Salas E. Communication in virtual teams：a conceptual framework and research agenda [J]. Human Resource Management Review，2017，27（4）：575－589.

［42］ Schmidtke J M，Cummings A. The effects of virtualness on teamwork behavioral components：the role of shared mental models [J]. Human Resource Management Review，2017，27（4）：660－677.

［43］ Seppänen H，Mäkelä J，Luokkala P，et al. Developing shared situational awareness for emergency management [J]. Safety Science，2013，55：1－9.

［44］ Carrington D J，Combe I A，Mumford M D. Cognitive shifts within leader and follower teams：where consensus develops in mental models during an organizational crisis [J]. The Leadership Quarterly，2019，30（3）：335－350.

［45］ Mullen B，Goethals G R. Theories of group behavior [EB/OL]．(1987). Springerlink.

［46］ Austin J R. Transactive memory in organizational groups：the effects of content，consensus，specialization，and accuracy on group performance [J]. Journal of Applied Psychology，2003，88（5）：866－878.

［47］ 李浩，黄剑．团队知识隐藏对交互记忆系统的影响研究 [J]. 南开管理评论，2018，21（4）：134－147.

［48］ Wegner D M. A computer network model of human transactive memory [J]. Social Cognition，1995，13（3）：319－339.

［49］ Ren Y，Argote L. Transactive memory systems 1985—2010：an integrative framework of key dimensions，antecedents，and consequences [J]. Academy of Management Annals，2011，5（1）：189－229.

［50］ Sparrow B，Liu J，Wegner D M. Google effects on memory：cognitive consequences of having information at our fingertips [J]. Science，2011，333 (6043)：776-778.

[51] 张钢，熊立．交互记忆系统研究回顾与展望 [J]. 心理科学进展，2007 (5)：840-845.

[52] Lewis K. Measuring transactive memory systems in the field：scale development and validation [J]. Journal of Applied Psychology，2003，88 (4)：587-604.

[53] 薛会娟．共享心智模型和交互记忆系统：对立或协同?：基于知识管理视角 [J]. 心理科学进展，2010，18 (10)：1559-1566.

[54] Ungureanu P，Bertolotti F. Backing up emergency teams in healthcare and law enforcement organizations：strategies to socialize newcomers in the time of COVID-19 [J]. Journal of Risk Research，2020，23 (7-8)：888-901.

[55] Lewis K，Lange D，Gillis L. Transactive memory systems，learning，and learning transfer [J]. Organization Science，2005，16 (6)：581-598.

[56] Pearsall M J，Ellis A P. The effects of critical team member assertiveness on team performance and satisfaction [J]. Journal of Management，2006，32 (4)：575-594.

[57] 罗瑾琏，韩杨，钟竞．群体交互记忆系统成因机制研究 [J]. 管理学报，2015，12 (1)：80-87.

[58] Todorova G. Expertise diversity and transactive memory systems：insights from a conflict perspective [J]. Small Group Research，2021，52 (3)：316-340.

[59] Bachrach D G，Lewis K，Kim Y，et al. Transactive memory systems in context：a meta-analytic examination of contextual factors in transactive memory systems development and team performance [J]. Journal of Applied Psychology，2019，104 (3)：464.

[60] Siegel C J，Pearsall M J，Christian M S，et al. Exploring the benefits and boundaries of transactive memory systems in adapting to team member loss [J]. Group Dynamics：Theory，Research，and Practice，2014，18 (1)：69-86.

[61] Argote L，Aven B L，Kush J. The effects of communication networks and turnover on transactive memory and group performance [J]. Organization Science，2018，29 (2)：191-206.

[62] Mell J N，Van Knippenberg D，Van Ginkel W P. The catalyst effect：the impact of transactive memory system structure on team performance [J]. Academy of Management Journal，2014，57 (4)：1154-1173.

[63] 林晓敏，林琳，王永丽，等．授权型领导与团队绩效：交互记忆系统的中介作用 [J]. 管理评论，2014，26 (1)：78-87.

[64] He H，Hu Y. The dynamic impacts of shared leadership and the transactive memory system on team performance：a longitudinal study [J]. Journal of Business Research，2021，130：14-26.

[65] 季忠洋，李北伟．团队断裂带对团队绩效的影响：以交互记忆系统为中介 [J]. 工业技术经济，2019，38 (3)：12-18.

[66] Zhang Z X, Hempel P S, Han Y L, et al. Transactive memory system links work team characteristics and performance [J]. Journal of Applied Psychology, 2007, 92 (6): 1722.

[67] 王燕青，林育任，马宇飞．任务沟通与团队情境意识对机场应急救援绩效的影响机制分析 [J]. 安全与环境学报，2022，22 (6)：1-10.

[68] 吕逸婧，陈守明，邵婉玲．高管团队交互记忆系统与组织绩效：战略柔性的中介作用 [J]. 南开管理评论，2018，21 (1)：216-224.

[69] Fan H L, Chang P F, Albanese D, et al. Multilevel influences of transactive memory systems on individual innovative behavior and team innovation [J]. Thinking Skills and Creativity, 2016, 19: 49-59.

[70] 张鸿萍，赵惠．交互记忆系统对团队创造力的影响路径研究 [J]. 山东大学学报（哲学社会科学版），2017，(1)：106-114.

[71] Heavey C, Simsek Z. Distributed cognition in top management teams and organizational ambidexterity: the influence of transactive memory systems [J]. Journal of Management, 2017, 43 (3): 919-945.

[72] Wang S, Noe R A. Knowledge sharing: a review and directions for future research [J]. Human Resource Management Review, 2010, 20 (2): 115-131.

[73] 陆欣欣，涂乙冬．分享还是不分享：社会困境视角下知识分享 [J]. 心理科学进展，2018，26 (11)：2057-2067.

[74] Bartol K M, Liu W, Zeng X, et al. Social exchange and knowledge sharing among knowledge workers: the moderating role of perceived job security [J]. Management and Organization Review, 2009, 5 (2): 223-240.

[75] Chuang C H, Jackson S E, Jiang Y. Can knowledge-intensive teamwork be managed? examining the roles of HRM systems, leadership, and tacit knowledge [J]. Journal of Management, 2016, 42 (2): 524-554.

[76] Connelly C E, Zweig D, Webster J, et al. Knowledge hiding in organizations [J]. Journal of Organizational Behavior, 2012, 33 (1): 64-88.

[77] 金辉，段光，李辉．面子、人情与知识共享意愿间关系的实证研究：基于知识隐性程度的调节效应 [J]. 管理评论，2019，31 (5)：147-162.

[78] 袁朋伟，董晓庆，翟怀远，等．共享领导对知识员工创新行为的影响研究：知识分享与团队凝聚力的作用 [J]. 软科学，2018，32 (1)：87-91.

[79] Bavik Y L, Tang P M, Shao R, et al. Ethical leadership and employee knowledge sharing: exploring dual-mediation paths [J]. The Leadership Quarterly, 2018, 29 (2): 322-332.

[80] Liu X, Zhang L, Gupta A, et al. Upper echelons and intra-organizational learning: how executive narcissism affects knowledge transfer among business units [J]. Strategic Management Journal, 2022, 43 (11): 2351-2381.

[81] Chae H, Park J, Choi J N. Two facets of conscientiousness and the know-

ledge sharing dilemmas in the workplace: contrasting moderating functions of supervisor support and coworker support [J]. Journal of Organizational behavior, 2019, 40 (4): 387-399.

[82] 胡琼晶，谢小云．团队成员地位与知识分享行为：基于动机的视角 [J]. 心理学报，2015，47 (4)：545-554.

[83] He H, Baruch Y, Lin C P. Modeling team knowledge sharing and team flexibility: the role of within-team competition [J]. Human Relations, 2014, 67 (8): 947-978.

[84] Tang C, Naumann S E. Team diversity, mood, and team creativity: the role of team knowledge sharing in Chinese R&D teams [J]. Journal of Management & Organization, 2016, 22 (3): 420-434.

[85] Ma Z, Long L, Zhang Y, et al. Why do high-performance human resource practices matter for team creativity? the mediating role of collective efficacy and knowledge sharing [J]. Asia Pacific Journal of Management, 2017, 34 (3): 565-586.

[86] Dong Y, Bartol K M, Zhang Z X, et al. Enhancing employee creativity via individual skill development and team knowledge sharing: influences of dual-focused transformational leadership [J]. Journal of Organizational Behavior, 2017, 38 (3): 439-458.

[87] Chen M L, Lin C P. Assessing the effects of cultural intelligence on team knowledge sharing from a socio-cognitive perspective [J]. Human Resource Management, 2013, 52 (5): 675-695.

[88] Bodla A A, Tang N, Jiang W, et al. Diversity and creativity in cross-national teams: the role of team knowledge sharing and inclusive climate [J]. Journal of Management & Organization, 2018, 24 (5): 711-729.

[89] Cheung S Y, Gong Y, Wang M, et al. When and how does functional diversity influence team innovation? the mediating role of knowledge sharing and the moderation role of affect-based trust in a team [J]. Human Relations, 2016, 69 (7): 1507-1531.

[90] Hu L, Randel A E. Knowledge sharing in teams: social capital, extrinsic incentives, and team innovation [J]. Group & Organization Management, 2014, 39 (2): 213-243.

[91] Huang X, Hsieh J, He W. Expertise dissimilarity and creativity: the contingent roles of tacit and explicit knowledge sharing [J]. Journal of Applied Psychology, 2014, 99 (5): 816.

[92] Singh S K, Gupta S, Busso D, et al. Top management knowledge value, knowledge sharing practices, open innovation and organizational performance [J]. Journal of Business Research, 2021, 128: 788-798.

[93] Tang Y E, Marinova D. When less is more: the downside of customer knowledge sharing in new product development teams [J]. Journal of the Academy of Marketing Science, 2020, 48 (2): 288-307.

[94] Zhao H, Liu W, Li J, et al. Leader-member exchange, organizational identification, and knowledge hiding: the moderating role of relative leader-member exchange [J]. Journal of Organizational Behavior, 2019, 40 (7): 834-848.

[95] 姚柱，罗瑾琏．时间压力对知识隐藏的影响研究：动机与情绪的双路径 [J]. 管理评论，2022，34 (8)：180-191.

[96] Guo M, Brown G, Zhang L. My knowledge: the negative impact of territorial feelings on employee's own innovation through knowledge hiding [J]. Journal of Organizational Behavior, 2022, 43 (5): 801-817.

[97] 赵爽，马君．光环还是诅咒：领域相关技能何以阻碍创造力?：对 Amabile 经典理论的修正与拓展 [J]. 南开管理评论，2024，27 (2)：73-84.

[98] 吴士健，孙专专，权英．中庸思维对知识隐藏与员工创造力的影响机制研究 [J]. 管理学报，2020，17 (4)：527-535.

[99] 杨陈，唐明凤．竞争氛围感知对员工知识隐藏行为的影响机制 [J]. 科技进步与对策，2018，35 (17)：131-138.

[100] Chatterjee S, Chaudhuri R, Thrassou A, et al. Antecedents and consequences of knowledge hiding: the moderating role of knowledge hiders and knowledge seekers in organizations [J]. Journal of Business Research, 2021, 128: 303-313.

[101] Chen L, Luo X, Zhou F, et al. Knowledge hiding and hider's innovative behavior in Chinese organizations: the mediating role of silence behavior and the moderating role of zhongyong thinking [J]. Management and Organization Review, 2022, 18 (3): 1-28.

[102] Burmeister A, Fasbender U, Gerpott F H. Consequences of knowledge hiding: the differential compensatory effects of guilt and shame [J]. Journal of Occupational and Organizational Psychology, 2019, 92 (2): 281-304.

案例分析

创业团队如何开创未来

李枫是一家全球五百强企业的软件开发师，工作多年让李枫积攒了丰富的专业知识和工作经验。由于价值观念的原因，李枫常常在软件开发的设计环节与主管产生冲突，最终只能被迫听从主管的想法。工作的不顺心让李枫萌生了自己创业的想法。随着互联网的蓬勃发展，“互联网+旅游”逐渐兴起并受到大众的追捧。面对这一可观的发展商机，凭借着工作多年积攒的人脉资源，李枫鼓励几位要好的朋友和同事一同创业，开发旅游 APP。

李枫的初创团队只有八位成员，李枫担任这个初创团队的主要负责人，大部分成员都是程序员和软件工程师出身。虽然团队规模不大，但李枫对自己的团队信心满满，他认为团队内的八个人彼此熟悉，私下里经常聚会，相处得非常融洽。此外，大家对这款 APP 的设计和开发有着一致的想法和理念，因此都乐意参与其中。除了这些情感联结，大家还有各自的领域专长，“谁清楚什么知识”一目了然，这都有效地促进了团队成员之间的互动。在以往的合作过程中，大家从来没有因为质疑彼此的专业知识而发生冲突，这种默契被李枫认为是团队非常大的优势。

团队搭建完成后，如何有效地架构这款旅游APP的功能成为李枫面临的一大挑战。因此，李枫开始考虑旅游APP的精准定位。值得注意的是，团队的八位成员过去都在不同的互联网公司工作，对市场的需求有着一定的敏锐度。经过反复地讨论和头脑风暴，大家达成了一致的市场分析结论，即以往相关的旅游APP均缺少对景点进行语音讲解的功能。这一缺陷既增加了游客雇请导游的花销，又无法满足独立出游的游客的观景需求。这些讨论的结果给APP的设计和定位带来了新的思路，大家建议把自助语音讲解作为该旅游APP的主要功能，其他附带功能包括景区售票、美食推荐等。李枫通过大家的提议，将该旅游APP命名为“谧途”（MeToo），旨在为广大游客提供甜蜜的旅途体验。

产品功能和名称设计确定后，李枫带领初创团队联系了一些感兴趣的投资者。有两位投资者觉得这是非常好的创意，有较强的投资意向，但要求李枫在两个月内提供APP的试用版本，届时再决定是否进行投资。这给李枫造成了巨大的心理压力，他担心无法在规定的期限内完成样品，从而导致引资失败。怀着忐忑的心情，李枫带领团队开始进行软件开发，包括软件设计、程序编码和软件测试三个环节。李枫和八位合伙人都需要积极参与这三个环节，但每个环节都存在核心人物。李枫和两位合伙人擅长软件设计，因此作为该环节的核心人员，有任何问题大家可以向他们咨询和讨教。在程序编码环节，由另外四位合伙人主导。剩下的两位合作人负责后续软件测试环节。对于分工内容，团队成员都认为其具有较强的合理性和可行性，因此得到了一致认可。

功夫不负有心人，在两个月的期限内李枫的初创团队顺利地完成了APP的试用版本，也获得了两位投资者的高度认可，最终拿下了这次宝贵的投资机会。

[讨论题]

1. 结合案例，谈一谈创业团队应该如何选择合适的合伙人。
2. 结合案例并基于本章内容分析为何李枫团队能够取得成功。

我该拿这个团队怎么办

陈云是某小型市场咨询公司的主管，主要负责为具有咨询需求的公司提供准确的市场调研报告。由于工作性质的原因，公司众多岗位都要求员工熟练掌握计算机、统计学等领域的知识以及一些数据分析的软件。然而，随着当下数据信息越来越庞杂和难以获取，员工们过去掌握的软件技能已经无法满足新的数据分析的要求。为了便于开展工作，公司开始要求新老员工必须学会业务中需要用到的R语言和Python语言。然而，员工们普遍反映这项政策的实现难度过高，原因是他们无法在工作之余抽出时间进行额外的编程学习。

为此，公司开始定期对员工进行该领域的知识培训。不过，拥有十多年工作经验的陈云非常清楚培训根本无法解决员工现在面临的“语言贫穷”问题。只有员工不断去实践，以及相互广泛地交流，才能在软件技能上得到提升和进步。为了鼓励员工积极拥抱和学习新方法、新软件，陈云决定进一步增加绩效薪酬在薪酬总额中的占比，同时开展定期的测验考核。

政策实施一段时间后，陈云发现陆续有员工跑到自己办公室询问编程问题。起初，陈云以为公司内部的学习氛围愈发积极，心里暗自窃喜。直到某天下午，陈云走到公共办公区域，发现员工之间没有交流，都在“各扫门前雪”。一些编程能力薄弱的员工并没有主动向优秀的员工进行请教和求助，这与陈云内心所设想的场景完全不符。陈云起初以为是自己探班的时间不合适，便又默默在监控室待了两个小时，但仍然没有观察到自己内心所希望看到的场景。

面对这一现象，陈云非常不解，于是开始利用下班时间与员工逐个进行交流。通过长达两周的交谈，陈云明白了公司政策没有成效的症结所在。首先，公司岗位的知识化程度较高，并且与绩效薪酬紧密挂钩，这让一些高绩效员工害怕失去自己的优势和核心竞争力，因此不愿意主动与其他员工分享与编程相关的知识。其次，编程涉及的逻辑思维更多表现为一种隐性知识，这让很多员工不知道该从何问起。最后，陈云还了解到公司里存在一些“小群体”和“派系”，这些都阻碍了成员之间的沟通和交流。

了解到这些情况后，陈云陷入了沉思，不知该从何做起，才能敦促员工尽快掌握这些新的技能和方法。

［讨论题］

1. 案例中的公司内部出现了什么问题？
2. 结合案例，基于本章内容，你认为该如何解决公司所面临的问题？

第 14 章

团队决策

解决中国的问题只能在中国大地上探寻适合自己的道路和办法。

——习近平在中共中央政治局第十八次集体学习时的讲话（2014 年 10 月 13 日）

学习目标

1. 掌握团队决策的优势与劣势
2. 掌握团队决策的一般流程
3. 掌握团队决策的方法与技术
4. 掌握影响团队决策的因素

引导案例

Netflix 如何做决策

Netflix 是美国知名的影视公司，市值超过 1.7 万亿美元。从 1997 年成立以来，在 20 多年的发展历程中，Netflix 做了无数次的重要决策，小到决定导航菜单的位置，大到决定采用什么样的战略应对亚马逊、YouTube 等竞争者。正所谓“做决策很容易，难的是做正确的决策”，每一个决策都可能影响 Netflix 的命运。

Netflix 尝试采用领导决策、内部专家决策、模仿竞赛以及小组辩论等多种方式来进行决策，积累了不少经验。以小组辩论为例，之前针对“如何理解客户”这一问题，Netflix 的市场部和内容部的负责人态度强硬，始终坚持自己的观点，并展开了拉锯战。那这一问题如何解决呢？Netflix 的创始人哈斯廷斯（Hastings）想出了一个奇招，他让二人坐在椅子上面对面展开辩论，值得注意的是，他们需要为对方的立场进行辩护。

由此一来，双方都能在换位思考的过程中完善自己的决策。事实上，在 Netflix 的研发团队内部，辩论是非常常用的方式。把团队分成几个小组，从不同的角度就某个问题展开辩论，促使团队成员通过畅所欲言和换位思考来更深入地了解事实现状，这不仅可以解决成员间的观点分歧，也能够避免团队陷入群体思维陷阱，进而帮助团队做出最有效的决策。

随着市场环境的不确定性逐渐增加，Netflix 开始采用 A/B 测试以及准实验等其他因果推理方法来为最终的决策提供信息支持。在新的决策方法的支持下，Netflix 能够一直保持正确的方向吗?

在 VUCA 时代，每个决策都与组织的生存与发展紧密关联，因而，团队决策已经成为组织中的普遍现象。比如，为了决定录用哪一个候选人、采用哪一个供应商，各职能团队需要共同商定以做出最终决策。但是，团队决策一定能选择最合理的方案吗? 本章将讨论团队决策的理论基础、优劣、一般流程、方法与技术、影响因素。

14.1 团队决策的理论基础

团队决策（team decision-making）是团队成员针对需要解决的特定问题，结合明确的任务目标，运用一定的科学理论与方法系统分析和讨论情境条件，提出可行方案并选择合理方案的判断过程。[1]团队决策涉及的理论基础是现代西方管理理论中的决策理论。决策理论主要有如下两种：其一是古典决策理论（classical decision theory），其二是行为决策理论（behavioral decision theory）（见表 14－1）。古典决策理论以经济学为基础，立足于“经济人”假设，认为个体是完全理性（perfect rationality）的，并追求最优的决策方案来实现经济利益最大化。[2]行为决策理论是西蒙（Simon）在 1950 年提出的，以心理学为基础，立足于“管理人”假设，聚焦个体的决策行为，认为个体是有限理性（bounded rationality）的，因此只能做出“满意决策”。在现实世界中，受客观世界复杂性和个体认知能力等条件的限制[3-4]，决策者不可能完全掌握潜在的备选方案，这意味着最终决策的合理性只是相对的，因此决策者在决策过程中需要寻求“满意解”，而非“最优解”。

表 14－1 决策理论

要素	古典决策理论	行为决策理论
发展时期	20 世纪 50 年代前	20 世纪 50 年代后
理论基础	经济学	心理学
关键假设	经济人	管理人
理论基础	完全理性的	有限理性的
核心目的	最优的决策方案	个体的决策行为
决策类型	最优决策	满意决策

14.2 团队决策的优势与劣势

团队决策是由团队成员共同参与和共同商定决策的整体过程。[1]在组织中，团队决策已经成为广泛使用的决策手段。不可否认，团队决策具有诸多优势，但是也不可避免地具有一些劣势。

扩展阅读

"挑战者号"航天飞机的灾难

1986年1月28日，数百万美国人都关注着"挑战者号"航天飞机的发射，等待见证美国宇航事业的又一次飞跃。上午9点，7名宇航员兴致昂扬地向大家挥手告别，准备开启他们的太空之旅。谁能想到，这竟然是永别。

上午11点37分，伴随着倒计时的结束，"挑战者号"在人们的欢呼声中点火升空。然而，仅仅73秒之后，人们的脸上不再洋溢着欢愉和兴奋，而是错愕和茫然，只见控制屏幕上的"挑战者号"俨然成了一个巨大的火球。"挑战者号"爆炸了，7名宇航员和飞机的残骸坠落到了大西洋。"挑战者号"的失事对美国的航天事业造成了巨大的冲击，航天飞机计划也因此中断了32个月。

调查者发现，在"挑战者号"发射前，天气预报显示，发射当天是航天飞机发射史上气温最低的一天，只有−3℃。赛奥科工程人员提出，"低温天气很可能会影响固体助推器O形环的密封效果，容易导致燃料泄露"，并在安全会议上提出可以等到温度回升到12℃以上再进行发射。然而，航空航天局固体助推器项目主任与任务管理组长讨论是否发射的相关问题时，并未提及O形环隐患的问题，最终两人决定如期发射航天飞机。

夜间，肯尼迪航天中心观测到左侧固体助推器的温度为−4℃，右侧低至−13℃，但由于固体助推器温度不属于发射标准条件，因此并没有汇报该测量值。在航天飞机即将发射时，管道内的水也并未完全排干，这导致其结成长达73米的冰条。轨道器生产商的工程人员担心发射时冰块会猛烈掉落，影响轨道器隔热系统或发动机，进而威胁航天飞机的发射安全。然而，肯尼迪航天中心和太空中心工程人员向任务管理组长保证结冰不会威胁轨道器的安全，因而，任务管理组长决定如期发射航天飞机。

然而，仅仅发射73秒后，由于其中一枚固体助推器O形环的密封作用失效，过热的气体熔化了装有液氢和液氧的外部燃料箱，进而引发航天飞机爆炸，7名宇航员无一生还。

资料来源："挑战者"悲剧30年 太空探索在坎坷中前行［EB/OL］.（2016-01-28）. https://www.cnsa.gov.cn/n6758823/n6759010/c6773689/content.html.

14.2.1　团队决策的优势

首先，团队决策可以提升决策的准确性和有效性。团队决策是集中团队智慧的重要手段。在团队成员共同参与并制定决策的过程中，不同背景的团队成员可以结合自己的知识、经验，各抒己见，积极建言献策。[5-6]团队可以整合更加多样化和更加全面的信息和资源[7]，产生更多的备选方案，进而做出更加准确有效的决策。[8]

其次，团队决策可以提高决策的认同度和支持率。当团队成员参与决策过程时，团队成员能够了解决策的背景、目的、重要性以及必要性，进而更能够理解、接受和支持决策。[9]同时，当团队成员共同承担决策责任时，团队成员还能够从不同的角度说服其他同事支持和理解决策，进而促进决策的推广与执行。

最后，团队决策可以提高团队成员的归属感和满意度。在团队决策过程中，团队成员之间、团队成员与团队之间往往能够建立更加紧密的情感联结，这能够提升团队成员的归属感。此外，在参与团队决策的过程中，团队成员的归属需求、尊重需求和自我价值实现需求都能得到满足，团队成员会对工作产生更高的满意度。[10]

14.2.2　团队决策的劣势

首先，团队决策可能威胁决策的效果和效率。一方面，团队决策需要汇集多人的意见和观点，较多的团队成员不仅意味着观点多样化，也意味着观点和意见的良莠不齐。[11]因此，团队决策更有可能受到不良信息的干扰，威胁决策的效果。另一方面，团队成员的异质性更容易产生意见分歧和冲突，会增大团队成员达成一致的难度，进而降低决策的效率。

其次，团队决策容易导致决策伪一致和极端化。面对团队的一致性规范，团队成员可能为了维持团队和谐而放弃表达自己的质疑或异议，从而导致团队过早地达成共识，陷入群体思维陷阱。[12-13]在层级结构的团队中，团队成员往往会服从权威，顺从高层的意见。[14]此外，在团队决策中，团队成员更可能提出具有明显倾向性的观点，并在团队讨论中不断加强，从而导致团队决策更加极端化。[15]

最后，团队决策可能诱发团队成员的惰性行为和推诿塞责。团队决策由团队整体分析和共同讨论决定，这不仅减轻了团队成员对最终决策的压力与责任，也模糊了首要责任人的责任。[16]因此，团队成员很可能降低对团队决策的投入和贡献，采取“搭便车”和“拍脑袋”等惰性行为[17]，使得问题和方案得不到充分酝酿和讨论，进而降低决策的质量。此外，当决策失败时，参与决策的团队成员很容易互相推诿、逃避责任。

团队决策的优势和劣势如表 14-2 所示。

表 14-2 团队决策的优势与劣势

优势	劣势
提升决策的准确性和有效性	威胁决策的效果和效率
提高决策的认同度和支持率	导致决策伪一致和极端化
提高团队成员的归属感和满意度	诱发团队成员的惰性行为和推诿塞责

14.3 团队决策的一般流程

一般而言，完整的团队决策过程遵循“识别问题—分析问题—解决问题”的思路，主要包含“识别问题—设计方案—选择方案—实现方案”四个步骤（见图 14-1）。[18]首先，在识别问题阶段，团队最核心的任务是明确当下面临的核心问题，尽可能把握问题的性质、类型、范围等信息，并明确设定解决问题的标准。决策的目的就是要解决问题，而解决问题的前提是了解问题。因此，团队成员必须系统地结合宏微观环境，精准定位当下的问题，确定清晰具体的目标，进而找到现实与理想的差距。

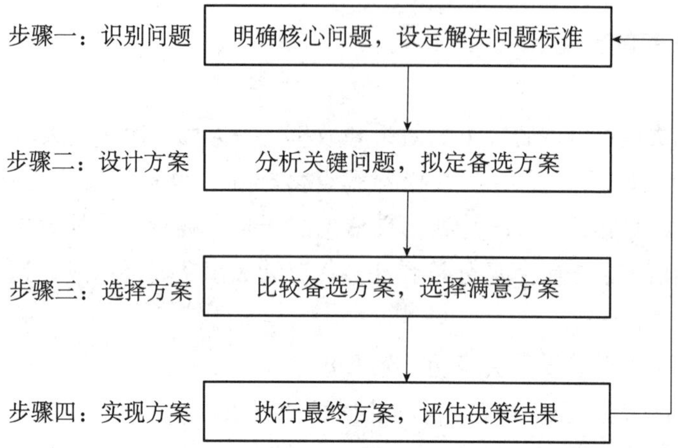

图 14-1 团队决策流程

其次，团队成员需要根据问题和标准集思广益，拟定一些备选方案。由于不同个体的能力、经验和分析思路存在差异，因此，在制定备选方案时，团队成员要多沟通与交流，尽可能发挥所有人的聪明才智，避免出现共享信息偏差的现象[19]，多角度、全方位地分析问题，尽可能产生可供选择的决策方案。

再次，团队成员需要讨论分析备选方案，权衡方案的利弊，进而做出满意的决策。在比较备选方案时，团队成员要根据问题的性质和标准采用合适的决策方法和技术，全面分析和充分讨论每个备选方案的优势与劣势，进而筛选最满意的方案。当然，最终决策方案可能还需要领导等权威角色进行确定。

最后，团队成员需要执行决策并评估决策的效果。[18]在确定最终方案后，团队需要切实贯彻执行方案，如果执行不恰当，决策可能会失败。在执行决策方案后，评估决策结果也同样重要。一方面，这可以确定问题是否得到有效的解决；另一方面，也可以为下一次的决策积累经验。

14.4 团队决策的方法与技术

14.4.1 团队决策方法

在团队中，团队决策方法可以大致分为权威决策（authority decision-making）、投票决策（voting decision-making）、共识决策（consensus decision-making）和无异议决策（no objection decision-making）。[20]

1. 权威决策

权威决策是指团队中掌握最高决策权和否决权的个体可以完全执行个人意志，单方面做出决策。[21]通常情况下，在一些初创企业中，创始人就具有这样的权力。权威决策的速度非常快，尤其适用于一些紧急决策。但是，权威决策多体现个人意志，在实际执行时非常容易受到一些阻力。并且，对于一些较为复杂的问题，权威决策很容易因为考虑不周而失败。

2. 投票决策

投票决策也可以称为少数服从多数的决策。[22]为了充分实现团队内的民主原则，不少团队往往会针对决策方案进行投票，从而做出决定。比如，当公司讨论资产重组等重大发展战略时[23]，该方法能够以较快的速度综合考虑不同主体的意见，但是，持不同意见的少数派可能会被忽略，进而不太会支持和拥护最终决策。并且，当团队中存在一定的子群体或派系，投票决策可能会导致一些恶性竞争与冲突，进而影响团队氛围和团队绩效。

3. 共识决策

共识决策追求大多数人的支持和赞同。[24]与投票决策相比，共识决策试图解决和减轻少数派的质疑和异议。共识决策为所有人提供了表达意见的机会，无论是多数派还是少数派的意见都会得到充分的讨论，这有助于提升决策的质量，推进决策的执行，提高团队成员的积极性。但是，共识决策意味着需要更长的时间供团队成员公开表达个人意见、理解他人观点以及达成共识。因此，当时间有限或者团队成员缺乏决策技巧时，这种方法难以实现。

4. 无异议决策

无异议决策是指所有人完全同意的决策。[20]与共识决策相比，无异议决策的要求更高。该方法追求团队内每一个人的赞同。尽管该方法考虑了每个人的意见，似乎更为严谨和民主，但在实践中，正如“世界上没有两片完全相同的树叶”，个体之间的态度、价值观等始终都存在差异，无异议决策很难实现。因此，这种方法在实践中应用较少。

14.4.2 团队决策技术

伴随着团队决策的普遍化，团队决策技术也日益发展，常见的有德尔菲法（Delphi technique）、头脑风暴法（brain storming）、名义小组技术（nominal group technique）和电子会议法（electronic meetings）等。这四种方法在观点数量、观点质量、经济成本、决策速度、规范压力、人际冲突等方面都表现出不同的特点，如表 14-3 所示。

表 14-3 团队决策技术效果评价

评价指标	德尔菲法	头脑风暴法	名义小组技术	电子会议法
观点数量	多	中等	多	多
观点质量	高	中等	高	高
经济成本	低	低	低	高
决策速度	慢	中等	中等	快
规范压力	低	低	中等	低
人际冲突	低	低	中等	低

1. 德尔菲法

德尔菲法，也称专家分析法，是管理者组织一组专家就某一问题匿名发表意见来进行决策的方法。[25]首先，管理者会以书面形式将问题分别发送给各位专家，各位专家就问题发表自己的意见。其次，管理者综合各位专家的意见形成解决方案，将解决方案分别发送给各位专家，并要求各位专家继续发表自己的意见。最后，管理者再次综合各位专家的意见。这个过程一直重复，直到所有专家对问题解决方案的意见达成一致。由此看来，这种方法的关键是要组织好数量适当且专业适合的专家就问题进行意见征询。总体而言，这种方法以较低成本汇集了专家意见，并巧妙地避免了专家成员之间的互相影响，同时也恰好解决了不能见面的困境，尤其适合远程办公的情况。该方法的不足是，由于需要重复整个流程直至达成一致，使得决策时间较长。

2. 头脑风暴法

头脑风暴法是团队成员集中思考和讨论以产生创新方案的决策方法。[26]在管理者清晰地阐述问题后，团队成员就问题自由发表自己的观点和意见，提出自己创造性的想法。在此过程中，所有的想法都会被记录下来，并且不会受到任何来自他人的怀疑和批评。一般来说，管理者对备选方案进行整理之后，才会开展后续的讨论。总体而言，这种方法的关键在于营造自由开放的氛围，鼓励成员积极发挥创造性思维。从整个流程可以看出，这种方法能够有效地降低群体规范的压力，激发团队成员的灵感，有利于形成创新性的备选方案，尤其适合决策的初始阶段。但值得注意的是，在鼓励团队成员提出奇思妙想的同时，也要注意观点和意见要紧密聚焦在核心问题上，避免偏离方向。

3. 名义小组技术

名义小组技术是一种以独立思考和集中讨论为特点的决策方法。[27]所谓名义小组，就是事先不存在人际关系的 7～10 名成员组成的决策团队。首先，团队成员互不交流，围绕问题进行独立思考，写下自己的观点意见和解决方案；其次，团队成员依次阐述自己的观点意见和备选方案，其他团队成员可以进行提问，但不能进行批评；最后，团队成员就所有的备选方案进行投票表决，支持率最高的方案即为最终的决策方案。此外，该过程还需要一名主持人来推进决策过程，一名记录员来记录所有人的方案，以使全体成员进行论证。从整个流程来看，这种方法的关键在于保证名义小组的“名义性”，避免团队内已经形成的人际关系影响个体围绕问题进行独立思考和发表观点。总体而言，该技术既保留了会议的正式性，充分激活了个体的思辨能力，又极大地减少了群体规范的压力，避免了人际关系对决策的影响。该方法非常适合解决分歧较大的决策问题。但是，该方法可能会影响决策方案的多样性和完备性。

4. 电子会议法

电子会议法是一种计算机技术与名义小组技术相结合的决策方法。[28] 具体而言，管理者先将决策团队成员集中到一间大会议室，每个成员拥有一台电脑，并且这台电脑与会议室内的中心电脑相连接。接着，管理者通过大屏幕呈现当前面临的决策问题，各团队成员将自己的观点意见和解决方案直接输入他们面前的电脑。随后，每个人的观点方案都会以匿名的形式呈现在中心电脑连接的大屏幕上。最后，最终汇总的决策结果在中心电脑连接的大屏幕上呈现。该方法的关键在于以匿名形式保留了各团队成员的思考独立性，成员之间互不干扰，并且每个人的意见都将真实和完整地呈现给整个团队，比较可靠。但是，在该方法下，无论最终采取谁的方案，该主体都不会受到任何的激励。同时，对于那些打字速度较慢的个体来说，尤其是一些年长的专家，电子会议法反而会限制个体的意见表达方式。此外，人机互动终究不如人际互动的信息更加丰富和多元化。[29] 总体来看，该方法更适合大型的简单投票活动，比较方便快捷。但对于比较复杂的决策问题，团队的讨论可能更为重要。

14.5　团队决策的影响因素

团队决策已经成为当今组织普遍采用的决策方式，那么，如何保证决策的效率和效果呢？正如习近平总书记强调的，“坚持实事求是，就是坚持一切从实际出发来研究和解决问题，坚持理论联系实际来制定和形成指导实践发展的正确路线方针政策”。[30] 因此，决策者必须认真权衡多种现实情境因素以科学决策。从分析框架来看，决策环境、决策问题、决策主体和决策方法与技术等因素对决策结果至关重要，如图 14-2 所示。

14.5.1　决策环境

在 VUCA 时代，环境的复杂性和不确定性日益加剧。个体、团队和组织在决策时必须与时俱进、动态调整，以适应不断发展变化的现实情况。从宏观层面看，任何一个决策都无法脱离社会、经济、政治、文化、技术等多重因素的影响，甚至有可能直接由这

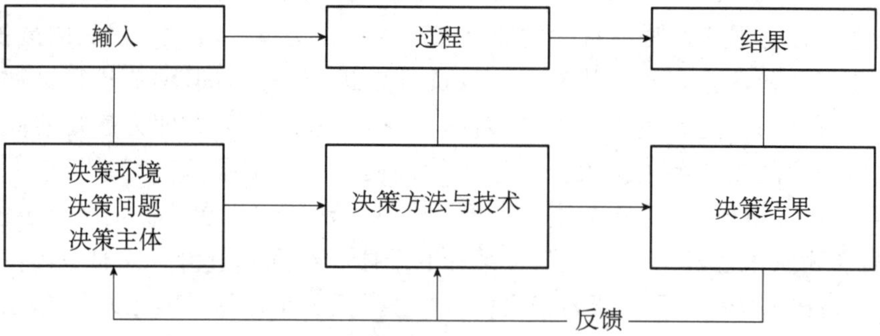

图 14-2 团队决策的影响因素的分析框架

些因素限制或者主导。[31]从微观层面看，任何一个决策都要综合考虑企业的发展规模、历史业绩、业务前景、经济实力、文化氛围、人员构成和技术设施等多种因素。比如，企业是否要承担社会责任、在不同国家的细分市场采用何种战略，这些决策都需要决策团队综合分析宏观和微观的环境因素。

14.5.2 决策问题

习近平总书记指出，“每个时代总有属于它自己的问题，只要科学地认识、准确地把握、正确地解决这些问题，就能够把我们的社会不断推向前进”[32]。不得不说，科学认识和准确把握问题对解决问题发挥着至关重要的作用。在组织中，决策问题的紧迫性和重要性深刻影响着团队决策的过程。针对比较紧急的问题，决策团队需要将决策速度放在首位。比如，面对企业的舆论危机，在社交媒体发达的今天，负面新闻在短短几分钟内就能在全网发酵，如果不及时处理，企业形象和企业声誉将会受到极大影响。因此，迅速制定解决方案以缓解负面新闻的影响至关重要。针对比较重要的问题，决策团队需要将决策质量放在首位。比如，针对新产品研发问题，如果研发成功，企业绩效将上一个台阶；如果研发失败，大量的人力、物力、财力等资源都会浪费，企业的资金链和发展前景都会受到影响。因此，企业要综合考察行业竞争、消费者需求、供应商和自身实力等各方面的信息，在团队内进行多次讨论沟通，甚至聘请第三方专家进行评估，力求达成最科学的决策。

14.5.3 决策主体

对于团队决策来说，决策的主体当然就是决策团队。从 IPO 模型来看，决策的团队构成和团队过程都会影响最终的决策。[33]第一，从团队构成来看，团队成员的数量及团队的结构都会潜移默化地影响团队决策。具体而言，团队规模的扩大虽然能使团队获得更多元化的信息，但是团队也可能难以达成一致，这将在很大程度上影响决策的质量和速度。第二，从团队结构来看，如果团队成员并不处于平等的地位，个体观点的表达以及团队的最终决策很容易受到高地位者的影响，甚至被高地位者主导[1]，尤其是团队的领导[34]。当团队中存在断层或者子团队时，团队决策很可能出现比较大的冲突，甚至陷入群体极化的陷阱，进而影响决策质量。[35-36]第三，从团队过程来看，团队成员认知、情感和行为的交互过程都会影响最终的决策。[9,37-38]团队成员由于价值观、风险偏好、能力水平和工作经验不同，在分析问题时往往会有不同的观点看法和个人倾向，在面对不一致观点时也有不同的处理方式。[34,39-41]因此，团队成员的交互既可能催生新的观点以推动团队决策，也可能引发分歧或冲突以阻碍决策的过程，当团队成员或者团队领导陷入锚定效应（anchoring effect）[42]、框架效应[43]、承诺升级（escalating commitment）[44]等决策陷阱时（见表 14－4），团队决策很可能直接失败。因此，决策团队可以由具有不同性别、教育背景、性格特征和工作经验的个体构成，利用不同个体多角度的思考和判断，丰富对目标问题和备选方案的看法[45]，提高决策的科学性。同时，决策团队还要不断提升科学思维能力，规避决策陷阱。

表 14－4 决策陷阱

类型	特征
锚定效应	以初始的信息、数据作为参照点来对事情进行估计与预测。如人们会自然而然地认为花费 99 元购买原价 299 元的商品要比购买原价 199 元的商品更实惠、性价比更高，进而倾向于购买原价 299 元的商品
框架效应	在不同的决策框架下，决策者会表现出不同的决策偏好，在收益框架下的决策者能够规避风险，而在损失框架下的决策者具有风险偏好，且这些偏好与理性决策中的最优决策相悖
承诺升级	在投入大量资金、时间和精力却得到负面反馈的决策上不断增加承诺。如人们通常不愿意抛售处于下跌期的股票

14.5.4 决策方法与技术

每一种决策方法与技术都有独特的优势与劣势、适用情境，决策团队需要“因地制宜”和“因时制宜”，综合考虑决策环境和决策问题等因素，采用合适的决策方法与技术以推进决策。采用不恰当的决策方法与技术很可能会进一步恶化问题或阻碍工作的进程。首先，对于不同的决策问题，要根据其紧迫性和重要性来选择决策方法与技术。比如，面对紧要的决策问题，采用德尔菲法进行无异议决策就容易错失处理问题的最佳时机，导致问题进一步恶化，致使决策失败。其次，伴随着事件的发展变化，决策团队可能需要在不同的阶段采用不同的决策方法与技术。比如，在准备备选方案时，采用头脑风暴法收集多样化的方案就显得十分重要。随后，在备选方案出现后，采用电子会议法进行投票也是可行的。在出现比较大的争议和分歧时，采用名义小组技术进行论证分析也可能是恰当的。虽然团队选出了最满意的方案，但是最终可能还是需要领导来进行权威决策。此外，伴随着信息技术的发展和工作模式的变化，管理者还可以采用小组辩论等方式来进行决策[46-47]，同时也需要特别注意沟通媒介对决策的影响[29,48-49]。

扩展阅读

IPO上市前陷入负面舆情风暴

经过20多年的奋斗打拼，某公司终于启动了IPO上市程序。董事长邀请第三方律师团队参加了启动会。律师团队表明将会协助公司开展尽职调查，并在会上向各位高管强调，在这段时间内，必须要维护好企业形象，谨慎规避各种负面舆情风险。董事长再三强调，各位高管必须要严于律己，不能在上市这个关键时点节外生枝，否则就卷铺盖走人。

然而，一周后，揭露该公司一名高管性骚扰多名女员工的视频在网络上疯狂发酵。视频里的涉事者正是和董事长共同打拼20多年的王总。该视频称，王总多次性骚扰公司的女员工，并且每次都以胁迫、恐吓和污蔑等手段威胁受害者。受害者往往无力抵抗，在严重的身心煎熬中放弃了申诉，王总却毫无收敛，继续骚扰其他女员工。因此，该公司受到了广大网民的声讨，要求严惩王总。

律师团队提醒，如果该负面新闻持续发酵，相关部门必然会快速介入、严格审查，轻则延缓IPO上市进程，重则丧失IPO上市资格。因此，公司高度重视，立即召集高管团队和第三方律师团队共同商讨如何解决王总引发的舆情危机。

本章小结及管理启示

本章主要展示了团队决策的优势与劣势、一般流程、方法与技术、影响因素。随着环境不确定性和复杂性不断增加，团队决策已经成为组织持续发展的制胜法宝。团队决策不仅能使决策的信息基础更加丰富和多样，也能够提升团队成员的参与感和归属感，能够促使最终决策更加合法和科学。但是，团队决策也不是百利而无一害的。因此，在开展团队决策时，管理者需要准确地把握决策环境和决策问题，科学构建决策团队，审慎使用各种决策方法与技术，动态监控决策流程，从而推动团队决策顺利展开。

关键术语

团队决策（team decision-making）
古典决策理论（classical decision theory）
行为决策理论（behavioral decision theory）
完全理性（perfect rationality）
有限理性（bounded rationality）
权威决策（authority decision-making）
投票决策（voting decision-making）
共识决策（consensus decision-making）
无异议决策（no objection decision-making）
德尔菲法（Delphi technique）
名义小组技术（nominal group technique）
头脑风暴法（brain storming）
电子会议法（electronic meetings）
锚定效应（anchoring effect）
承诺升级（escalating commitment）

思考题

1. 与个人决策相比，团队决策具有什么优势？
2. 团队决策的一般流程是什么？
3. 团队决策常用的方法与技术有哪些？
4. 影响团队决策的因素有哪些？

参考文献

[1] Hollenbeck J R, Ilgen D R, Sego D J, et al. Multilevel theory of team decision making: decision performance in teams incorporating distributed expertise [J]. Journal of Applied Psychology, 1995, 80 (2): 292-316.

[2] 周健临．决策过程的三种模式 [J]. 外国经济与管理，1990 (7): 14-15.

[3] Simon H A. A behavioral model of rational choice [J]. The Quarterly Journal of Economics, 1955, 69 (1): 99-118.

[4] 刘永芳．有限理性的本质辨析与价值之争 [J]. 心理学报，2022，54 (11): 1293-1309.

[5] Nielsen B B, Nielsen S. The role of top management team international orientation in international strategic decision-making: the choice of foreign entry mode [J]. Journal of World Business, 2011, 46 (2): 185-193.

[6] Buyl T, Boone C, Hendriks W. Top management team members' decision influence and cooperative behaviour: an empirical study in the information technology industry [J]. British Journal of Management, 2014, 25 (2): 285-304.

[7] Dayeh V, Morrison B W. The effect of perceived competence and competitive environment on team decision-making in the hidden-profile paradigm [J]. Group Decision and Negotiation, 2020, 29 (6): 1181-1205.

[8] Xiao Y, Zhang H, Basadur T M. Does information sharing always improve team decision making? an examination of the hidden profile condition in new product development [J]. Journal of Business Research, 2016, 69 (2): 587-595.

[9] 朱仁宏，王雅渲，周琦，等．创业团队关系治理对提升决策承诺的影响研究 [J]. 管理学报，2022，19 (1): 65-73.

[10] De la Torre-Ruiz J M, Ferron-Vilchez V, Ortiz-de-Mandojana N. Team decision making and individual satisfaction with the team [J]. Small Group Research, 2014, 45 (2): 198-216.

[11] Breugst N, Preller R, Patzelt H, et al. Information reliability and team reflection as contingencies of the relationship between information elaboration and team decision quality [J]. Journal of Organizational Behavior, 2018, 39 (10): 1314-1329.

[12] 毕鹏程，席酉民．群体决策过程中的群体思维研究 [J]. 管理科学学报，2002 (1)：25-34.

[13] Janis I L. Groupthink [J]. IEEE Engineering Management Review，2008，36 (1)，36.

[14] Greer L L，Van Bunderen L，Yu S. The dysfunctions of power in teams：a review and emergent conflict perspective [J]. Research in Organizational Behaviour，2017 (37)：103-124.

[15] Stoner J A F. Risky and cautious shifts in group decisions：the influence of widely held values [J]. Journal of Experimental Social Psychology，1968，4 (4)：442-459.

[16] Hussain I，Shu R，Tangirala S，et al. The voice bystander effect：how information redundancy inhibits employee voice [J]. Academy of Management Journal，2019，62 (3)：828-849.

[17] 王雁飞，朱瑜．国外社会惰性的理论与相关研究概述 [J]. 心理科学进展，2006 (1)：146-153.

[18] Forsyth D R. Group dynamics [M]. Belmont，CA：Wadsworth Cengage Learning，2014.

[19] 陈婷，孙晓敏．团队决策中的共享信息偏差：基于隐藏文档范式的机制、影响因素探究 [J]. 心理科学进展，2016，24 (1)：132-142.

[20] Levi D，Askay D A. Group dynamics for teams [M]. Thousand Oaks，CA：SAGE Publications，2020.

[21] 白云涛，郭菊娥，席酉民，等．权威类型、决策程序对高层管理团队决策结果影响的实验研究 [J]. 管理工程学报，2008，22 (4)：72-78.

[22] 尹儇鹏，徐选华，陈晓红．风险视域下的大群体应急决策策略选择研究 [J]. 系统工程理论与实践，2021，41 (3)：678-690.

[23] 孔东民，刘莎莎．中小股东投票权、公司决策与公司治理：来自一项自然试验的证据 [J]. 管理世界，2017 (9)：101-115，188.

[24] 陈玲，赵静，薛澜．择优还是折衷?：转型期中国政策过程的一个解释框架和共识决策模型 [J]. 管理世界，2010 (8)：59-72，187.

[25] Powell C. The Delphi technique：myths and realities [J]. Journal of Advanced Nursing，2003，41 (4)：376-382.

[26] Bouchard Jr T J，Hare M. Size，performance，and potential in brainstorming groups [J]. Journal of Applied Psychology，1970，54 (1)：51-55.

[27] Horton J N. Nominal group technique：a method of decision-making by committee [J]. Anaesthesia，1980，35 (8)：811-814.

[28] Dennis A R，George J F，Jessup L M，et al. Information technology to support electronic meetings [J]. MIS Quarterly，1988 (12)：591-624.

[29] O'Neill T A，Hancock S E，Zivkov K，et al. Team decision making in virtual and face-to-face environments [J]. Group Decision and Negotiation，2016，25 (5)：995-1020.

[30] 习近平. 坚持实事求是的思想路线 [N]. 学习时报，2012-05-28 (1).

[31] Qian C, Cao Q, Takeuchi R. Top management team functional diversity and organizational innovation in China: the moderating effects of environment [J]. Strategic Management Journal, 2013, 34 (1): 110-120.

[32] 习近平. 之江新语 [M]. 杭州：浙江人民出版社，2007：235.

[33] Zhu X S, Wolfson M A, Dalal D K, et al. Team decision making: the dynamic effects of team decision style composition and performance via decision strategy [J]. Journal of Management, 2021, 47 (5): 1281-1304.

[34] Song S, Chen X, Wang W, et al. Does perfectionism in leaders increase or impede team decision-making performance? team level LMX as a key factor [J]. Personality and Individual Differences, 2022, 197: 111769.

[35] Spoelma T M, Ellis A P J. Fuse or fracture? threat as a moderator of the effects of diversity faultlines in teams [J]. Journal of Applied Psychology, 2017, 102 (9): 1344-1359.

[36] 倪旭东，季百乐. 如何消除子团队的消极作用：子团队成员交换的作用 [J]. 心理学报，2019，51 (2)：259-268.

[37] Zhou W, Zhu Z, Vredenburgh D. Emotional intelligence, psychological safety, and team decision making [J]. Team Performance Management, 2020, 26 (1/2): 123-141.

[38] Huang T Y, Souitaris V, Barsade S G. Which matters more? group fear versus hope in entrepreneurial escalation of commitment [J]. Strategic Management Journal, 2019, 40 (11): 1852-1881.

[39] Chen A, Trevino L K, Humphrey S E. Ethical champions, emotions, framing, and team ethical decision making [J]. Journal of Applied Psychology, 2020, 105 (3): 245-273.

[40] Hakonsson D D, Eskildsen J K, Argote L, et al. Exploration versus exploitation: emotions and performance as antecedents and consequences of team decisions [J]. Strategic Management Journal, 2016, 37 (6): 985-1001.

[41] 何浩然，卢柯霖. 为什么团队与个人决策存在差异?：基于团队内成员互动的解释 [J]. 经济学（季刊），2021，21 (4)：1213-1232.

[42] 李斌，徐富明，王伟，等. 锚定效应的种类、影响因素及干预措施 [J]. 心理科学进展，2010，18 (1)：34-45.

[43] Tversky A, Kahneman D. The framing of decisions and the psychology of choice [J]. Science, 1981, 211 (4481): 453-458.

[44] Whyte G. Escalating commitment to a course of action: a reinterpretation [J]. Academy of Management Review, 1986, 11 (2): 311-321.

[45] Apesteguia J, Azmat G, Iriberri N. The impact of gender composition on team performance and decision making: evidence from the field [J]. Management Sci-

ence, 2012, 58 (1): 78-93.

[46] Selart M, Schei V, Lines R, et al. Can mindfulness be helpful in team decision-making? a framework for understanding how to mitigate false consensus [J]. European Management Review, 2020, 17 (4): 1015-1026.

[47] Costanzo L A, Di D M. A multi-level dialectical-paradox lens for top management team strategic decision-making in a corporate venture [J]. British Journal of Management, 2015, 26 (3): 484-506.

[48] Colquitt J A, Hollenbeck J R, Ilgen D R, et al. Computer-assisted communication and team decision-making performance: the moderating effect of openness to experience [J]. Journal of Applied Psychology, 2002, 87 (2): 402-410.

[49] Alge B J, Wiethoff C, Klein H J. When does the medium matter? knowledge-building experiences and opportunities in decision-making teams [J]. Organizational Behavior and Human Decision Processes, 2003, 91 (1): 26-37.

案例分析

这个决策合理吗

Ing是化妆品行业的龙头企业，旗下多种护肤和美妆产品深受消费者喜爱。然而，好景不长，某一原材料可能存在致癌风险的新闻将该公司推上了风口浪尖。消息一出，为了应对媒体记者的提问以及减少负面舆论对公司的影响，总经理方鹏权连夜召集公司各部门负责人开会商讨策略。

会上，方鹏权向各部门负责人提出了几个问题："我们有多少产品使用了这种原材料？这种原材料致癌的问题真的存在吗？如果现在更换这种原材料成本有多高？"研发部门负责人说："我们绝大多数的畅销产品都或多或少地使用了这种原材料，之前从未收到过这种原材料致癌的任何报告，这次的新闻事件可能具有偶发性，原材料致癌这种说法可能缺乏足够的科学依据。"生产部门负责人补充说："目前我们的大多数畅销产品都采用了这种原材料。如果现在下架，更换原材料再进行生产，成本很高。同时，之前生产的那些产品可能需要全部销毁，损失太大了。"营销部门负责人说："当下，消费者情绪激动，纷纷要求退货赔偿。"方鹏权又问："你们认为现在应该怎么处理？"问题一出，大家众说纷纭。研发部门负责人说："目前的致癌结论并未得到科学顾问委员会的最终确认。我们也在加紧地调查论证中，确认该材料是否存在致癌风险。如果得到证实，必须要尽快下架和召回相关产品。"营销部门负责人说："我建议立即对在途产品进行退货和赔偿，同时暂停相关产品的销售。"公关部门负责人说："虽然目前尚无定论，但我们要尽快发表声明，公布我们的相关举措，向社会大众和消费者表明我们公司的责任和担当。"大家纷纷发表意见。方鹏权示意大家安静，说道："我们现在进行举手表决吧，每个人说的都有道理，但是我们不能一直讨论，总要拿出一个解决办法。同意下架产品的请举手。"以营销部门负责人为代表的几个人纷纷举起了手。而研发、生产、财务部门等大多数负责人都举手同意继续售卖这些产品，并对其可能致癌提出质疑。方鹏权说："看来大多数人还是同意继续售卖这些产品，那我们先这样定了，研发部门尽快确认原材料致癌的可能性，公关部门抓紧时间发布声明，营销部门密切关注消费者的反馈并第一时间告知我，有问题再讨论。”就这样，尽管网络上对原材料是否致癌的讨论仍在持续，消费者质疑尚未停止，但该公司仍没有下架相关产品。

［讨论题］

1. 你认为案例中该公司采用的决策方法合理吗？为什么？

2. 你认为影响决策结果的因素有哪些？

团队决策与个人决策

李厂长是兴辉鞋业的创始人，回顾 10 年的创业历程，全公司上下齐心协力，共同出谋划策，终于使公司小有规模。5 年前，很多公司纷纷卷入技术浪潮，从国外引入很多先进的技术设备，但由于基础设施不配套、人员技术水平较低，高价引进的技术设备变为了一堆废铁。与此不同，李厂长在对政府政策、市场需求、技术情况和资金需求等公司内外部环境进行了 3 个月的深入考察后，决定引进二手设备。尽管这些设备没有采用最新的技术，但是这些设备的价位极低，在我国尚未被淘汰，尚且还有一定的剩余价值。当时，公司上下有近七成的成员反对这一决定，但他仍然坚持引入二手设备。后来的事实证明，李厂长的这一举措使公司摆脱了设备落后和资金短缺的困境，并帮助公司在行业中逐步领先。

如今，形势大变。李厂长在部门负责人会议上讲道：“比起 5 年前，我们公司已经发展了很多，但我想我们不应该满足于现状，而应该与时俱进，争做世界一流。为了实现这一目标，我们必须要从硬实力入手——引入世界领先的先进技术设备，以此带动技术和人员的发展。5 年前的选择创造了当下的辉煌局面，现在实现这样的目标也不是不可能。但是，现在公司规模不断扩大，公司事务不断增加，大家都是各部门的负责人，我想听听大家的意见再做决定。”然而，大家都陷入了沉默。于是，李厂长接着说：“大家不必担忧和顾虑，这项决定由大家共同决定，民主决策，如果大部分人都同意，我们就实施；如果大部分人不同意，我们就不实施。现在，大家举手表决吧。”大家面面相觑，最终，会上有近七成的人举手赞成。

［讨论题］

1. 谈一谈你对个人决策和团队决策的看法。

2. 你认为两次决策采用的方法合理吗？为什么？

第15章

团队学习、培训与开发

学习需要沉下心来，贵在持之以恒，重在学懂弄通，不能心浮气躁、浅尝辄止、不求甚解。

——习近平在中央党校建校80周年庆祝大会暨2013年春季学期开学典礼上的讲话（2013年3月1日）

学习目标

1. 掌握团队学习的界定与团队学习能力的定义
2. 掌握团队学习的相关理论
3. 能够区分和理解影响团队学习的因素
4. 掌握团队培训与开发的定义
5. 掌握团队胜任力的相关知识
6. 掌握团队培训与开发的具体策略
7. 掌握评估团队培训与开发效果的方法

引导案例

团队学习驱动企业发展创新

宏氨公司最近承接了一项开发人工智能在线教育平台的项目，鉴于涉及的技术领域广泛，公司决定组建一个跨部门、多元化的软件开发团队。团队由项目经理、软件开发工程师、UI设计师以及教育顾问等组成，成员来自不同部门，专业背景和知识技能各异。

项目研发过程中，团队定期召开技术和经验交流分享会，使每位团队成员都有机会表达观点、畅谈想法，并就研发过程中的经验与教训进行总结和提炼。深度、频繁的交流与互动，不仅有效解决了项目研发过程中遇到的诸多问题，激发出新的创意，而且极大地减少了误解，使团队更加和谐一致。

经过一段时间的紧密合作，项目进展非常顺利，团队成员彼此配合默契。大家都期望提前完成项目的开发并顺利通过验收。

与宏氨公司类似，我们能够在许多企业的管理实践中找到团队学习的影子。近年来，团队学习逐渐成为众多企业的培训方法和日常工作方式。通过团队学习，企业能够有效地应对内外部环境变化，不断开拓创新，实现高质量发展。

成功的团队一定要具备持续学习、不断反思的特征。团队学习能够加强成员间的交流和互动、更新团队所掌握的知识、发现存在的问题并总结和思考团队的行为及结果，进而使团队做出改变，提高竞争力。团队需要提升学习能力，坚持以团队胜任力为标准，利用形式多样的培训与开发策略，提高团队学习效果，实现团队的可持续发展。

15.1 团队学习

15.1.1 团队学习的界定

学习是一个很常见的词，那么什么是学习呢？学习可以是对新知识的获取和掌握的过程，也可以是对已有知识更新的过程。如果我们将学习的主体聚焦于团队，就可以得到团队学习的定义。团队学习（team learning）被定义为团队进行的反思和行动的过程。这个过程具有提出问题，寻求反馈，试验、反思行为结果，探讨行动所产生的错误和非预期结果等四个主要步骤[1]；团队学习也可以被认为是团队对知识的集体获取、组合、创建和共享[2]或团队进行信息搜寻和反思性决策的过程[3]；也有学者认为团队学习是团队成员不断获取知识、改善行为、优化团队体系，以在变化的环境中使团队保持良好状态并实现和谐发展的过程[4]。可见，大多数学者将团队学习定义为一种动态的过程。

综上，团队学习可以被定义为团队内成员通过彼此之间的交流和互动，不断更新团队知识、发现团队问题、反思团队行为结果并做出改变，从而使团队不断提高应对内外环境变化的综合能力，以实现团队可持续健康发展的循环往复的过程。

根据团队学习的定义，我们可以了解到团队学习的基本内容有知识、技能和能力。比如当一个新能源汽车研发团队发现有新的产品面世或新的技术被应用时，那么他们就需要通过学习来掌握这些新产品的功能和新技术的原理；一个杂技表演团队为了更好地呈现舞台效果需要学习新的表演技巧；一个新组建的篮球队需要通过学习和训练来不断进行自我调整和适应以增强团队成员的信任感、提高团队整体的协调和竞争能力。1911 年底至 1912 年初，泰勒（Taylor）在美国国会举行的关于泰勒制和其他工厂管理制度的听证会上提出，“科学原理的更大优点是企业中一系列巨大的、非常繁重的新责任与负担都由管理方面自觉承担起来。这些新责任包括管理人员将过去长期存在于工人头脑中的经验收集起来，形成科学知识，将科学知识与培训工人相结合等”，其中“收集过去经验”“形成科学知识”“将科学知识与培训工人相结合”这些词句都与团队学习的定义高度吻合。换句话说，团队建设与管理本质上就是一个团队学习的过程，就是一个总结过去经验、丰富团队知识，并用以培训团队成员提高团队竞争力的活动和过程。

15.1.2 团队学习能力的定义及测量

在介绍完什么是团队学习之后，我们将重点介绍与团队学习高度相关的团队学习能力。团队学习能力（team learning capability）是衡量团队在学习方面的重要指标。团队学习能力是指团队成员不断获取知识、改善行为、优化团队体系，以在变化的环境中使团队保持良好生存和健康和谐发展的能力。[4]团队学习能力被分为九个维度，分别是发现能力（团队发现内外环境变化给团队带来机遇和挑战的能力）、发明能力（团队提出应对内外环境变化的措施的能力）、选择能力（团队选择合适措施应对变化的能力）、执行能力（团队执行应对变化措施的能力）、推广能力（团队将应对变化的经验进行推广的能力）、反思能力（团队对过去的行为及其结果进行总结归纳形成知识的能力）、知识获取能力（团队吸收并获取外部知识的能力）、知识输出能力（团队将知识吸收转化后向外部输出知识的能力）和建立数据库能力（团队将知识进行分类、整理和存储的能力）。[4]

不难看出，在对团队学习能力进行划分时，主要是基于团队学习的定义展开的，团队学习主要关注团队对外部变化的反应（即发现、发明、选择和执行能力）和团队对过去行为及其结果的反思与改变（即推广、反思、知识获取、知识输出与建立数据库能力）的过程。在掌握和理解团队学习、团队学习能力概念时应思考两个概念之间的关联。

有关团队学习能力的测量采用学者陈国权开发的量表[4]，每个维度有 3 个测量题项，每个维度的得分用 3 个测量题项的算术平均值来表示。

15.1.3 团队学习的相关理论

团队学习是一种团队行为过程。由于团队是囿于组织中的，因此组织学习理论（organizational learning theory）是团队学习的一个基础理论。[5]组织学习理论认为组织学习的层次有个体、团队、组织以及组织间[6]，圣吉（Senge）曾经说过，“除非团队可以学习，否则组织就无法学习”[7]，可见团队学习是组织学习中的一个重要层次，团队学习在组织学习中的重要性不言而喻。

团队学习也可使用社会学习理论（social learning theory）作为理论基础，社会学习理论是由美国心理学家班杜拉（Bandura）提出的，该理论关注观察学习的过程与重视社会榜样的力量。观察学习是人们通过观察他人的行为来间接进行学习，典型例子就是波波玩偶实验。该实验让孩子观察成人的行为，并研究成人离开后孩子是否会对成人的行为进行模仿，结果表明孩子确实会有观察模仿成人行为的情况。观察模仿的过程有四个环节，分别是注意、记忆（memory）、模仿（imitation）和动机（motivation）。其中，注意主要是通过观察行为、认知行为来从中提炼信息；记忆是通过对他人行为的记忆、存储以及自我演练来习得行为；模仿是不断实施习得的行为并获取行为结果成功或失败的反馈；动机是针对这些新习得的行为进行正向强化。[8]团队学习也基本遵循了以上这个过程。

团队学习还可以将认知同化理论（cognitive assimilation theory）作为理论基础，认知同化理论是由美国心理学家奥苏贝尔（Ausubel）提出的，该理论认为有意义的学习是能够将新知识融入个体已有的知识体系中，建立新知识与已有知识体系间的联系，使知识系统化、具体化（即新旧知识同化的过程）。该理论也认为个体的学习是一个对知识的理解或演绎的过程，且个体的学习过程能够在成熟的条件下完成。[9-10]团队学习在本质上也是如此，团队自形成起便不断地积累经验和知识，而团队学习就是将新的知识与团队已有的知识进行系统化整合，从而实现团队知识的更新，团队学习的过程就是对知识的理解、演绎和消化的过程。团队需要为学习创造成熟的条件，包括提供良好的学习机会以及设置合理的学习内容和流程，最终实现团队的高效学习。

就团队学习的内容而言，团队成员间的知识分享和彼此间的沟通是其主要特征，因而知识分享理论（knowledge-sharing theory）和人际沟通理论（interpersonal communication theory）也是团队学习的理论基础。[5]整个团队学习过程的核心就是团队成员间针对相关的知识、存在的问题以及如何进行改正的一种交流沟通。

15.1.4 影响团队学习的因素

1. 两因素论

影响团队学习的因素是多方面的，一般认为团队学习受到团队内部特征因素和团队情境因素的影响。团队内部特征包括团队多样性、团队成员的人口统计学特征、团队内部工作流程等[2]；团队情境因素包括领导力、培训、反馈和技术等[11-13]。以上的影响因素被认为是微观情境因素。团队学习也可能受到宏观情境因素的影响，例如公司战略、治理机制以及管理实践和流程等。这些微观情境因素和宏观情境因素可能对团队学习产生多重和相互矛盾的影响。[14]

2. 三因素论

有学者认为影响团队学习的因素可以分为三个方面，即团队学习受到团队成员的个体特征（如团队成员的认知水平、能力等）、群体特征（如群体的人口统计学特征等）以及情境（如团队结构、工作量、凝聚力等）等三个因素的影响[4]。基于系统论的视角，有学者从广义上将影响团队学习的因素分为三类：超系统因素（如国家、文化、组织结构和组织战略等）、系统因素（包含团队层面的因素，如团队文化、凝聚力等）和子系统因素（包含个体层面的因素，如经验、知识和思维等）。[15]

3. 四因素论

有学者认为影响团队学习的因素可以分为四个方面，即团队学习受到个体因素（团队成员的认知水平、个性特征和人口统计学特征等）、团队因素（团队凝聚力、团队心理安全等）、组织因素（组织环境、组织结构等）和社会因素（社会文化多样性、行业特征、产业特征等）的影响[5]，但从本质上也可以将这四个方面总结为微观、中观和宏观三个层面。

综上可以将影响团队学习的因素简单划分为两类，即团队内和团队外的影响因素。团队内的影响因素可以分为团队内成员的个体因素、团队特征因素，团队外的影响因素可以分为团队所在组织因素和组织外因素，如图 15－1 所示。

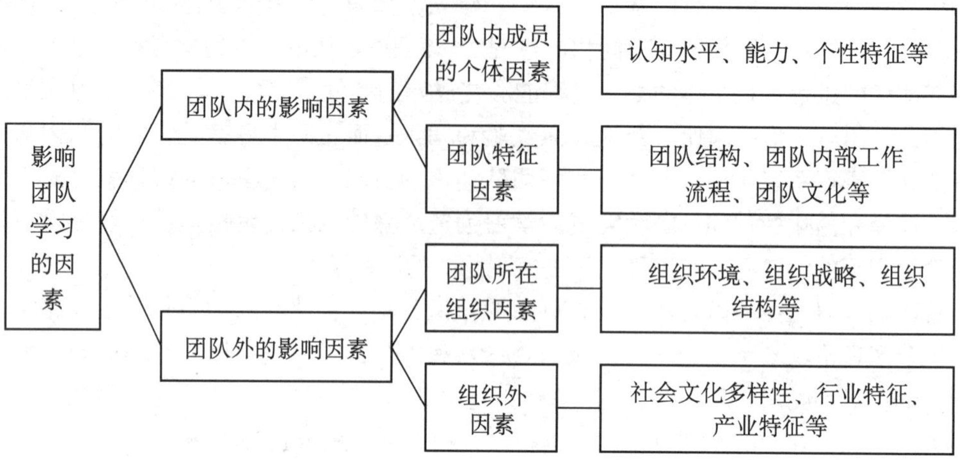

图 15－1 影响团队学习的因素

15.1.5 团队学习模型

关于团队学习的经典模型是 IPO 模型[16]，之后有学者认识到 IPO 模型并没有解释团队是一个复杂系统的相关问题，因此提出了 IMOI 模型，表明了团队的复杂性。[17-18]

关于团队学习模型，可以从我国“蛟龙号”载人潜水器科技创新团队的发展历程中略窥一二。“蛟龙号”载人潜水器科技创新团队早在成立之初就深知研发任务艰巨、使命重大，团队内不仅有经验丰富、发挥引领作用的老专家，也有初来乍到、不断探索学习新知识的年轻人。在科技攻关过程中，老专家和年轻人双向发力、相互协作、相互学习，不断总结创新工作中的经验和教训。伴随着团队的不断发展，越来越多的年轻人在团队科研和创新实践与培养中成长为骨干，“蛟龙号”载人潜水器也在不断挑战极限、征服深蓝，创造了一个又一个里程碑式的深潜纪录，成为“国之重器”。

在各个领域中，无数的团队就是在学习的过程中得到发展，下面介绍几个经典的团队学习模型。

1. 基于 IPO 模型的团队学习模型

结合影响团队学习的不同层次因素，有学者基于 IPO 模型和与时间相关的因素提出了一个系统且综合的团队学习模型（见图 15－2），该模型认为团队学习过程有八个主要步骤：分享、共建、建设性冲突、反思、行动、跨越边界、存储、检索。[15]

分享是将一个团队成员的知识、能力或想法传达给其他团队成员的过程；在分享的基础上，团队学习进入共建过程。共建是通过一定的方法分享彼此的知识，并构建对这些知识的共享含义的过程；同时，团队也可能会出现建设性冲突的情况，作为一种良性

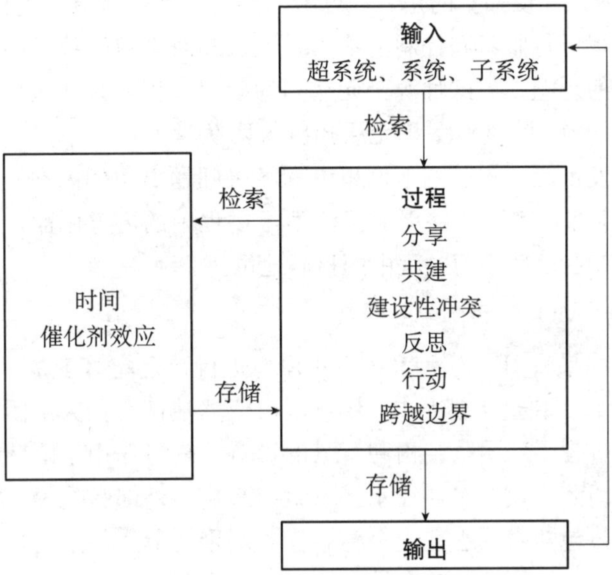

图 15-2　基于 IPO 模型的团队学习模型

冲突，团队成员可能会出现原有认知与分享的团队认知不符的情况，表现为一种谈判或对话的过程。在实践中，共建与建设性冲突可能同时存在、相互交织，甚至彼此强化。分享、共建与建设性冲突被认为是团队学习的基本过程，在此基础上，团队还会经历反思、行动以及跨越边界的过程。反思是团队对过去行为结果的重新考虑，也可以认为是团队对现状、目标以及实现方式的重新定义。行动是团队成员一起工作的过程，团队在这个过程中一般是“边做边学”。跨越边界是指团队在学习过程中不只局限于团队内部，而是会跨越团队间的边界，通过与其他团队进行互动来吸收知识、观点和想法。此外，两个过程变量，即存储和检索，主要是为了使在团队学习中共享的知识、观点和想法能够得到保存，并在未来需要使用的时候被搜索到。以上这些步骤组成了团队学习过程的整合系统模型。

2. 基于 IMOI 的团队学习模型

有学者基于团队学习的过程定义和 IMOI 模型提出了由识别、扩散、整合和行动组成的循环团队学习模型（见图 15-3），并把团队元认知（team metacognition）看作是模

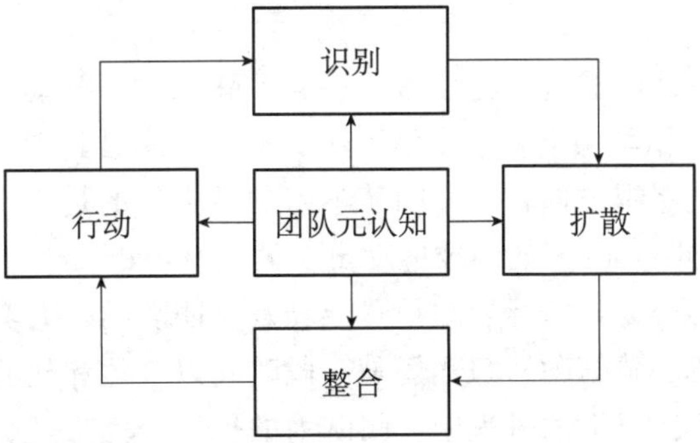

图 15-3　基于 IMOI 的团队学习模型[19]

型的核心内容。[19]团队元认知指的是一种思考的能力，即个体意识到自己是一个思考者，并对自己的认知过程进行监督和控制的能力，元认知对学习过程中的学习态度和习惯的控制意识有着重要的影响。当这种源于元认知的学习意识和认知风格得到增强时，会使个体更有效地进行学习。[20]该模型将元认知融入团队学习过程中，具有较高元认知水平的团队能够更好地发现和了解影响他们思考和解决问题方法的因素，从而改变制定策略的方式。[19]通过元认知，团队能够更加关注学习过程中的方方面面，加强反思、改进行为，这体现了元认知在团队学习过程中的核心地位。

3. 综合 IPO 与 IMOI 的团队学习模型

有学者发现，如果将 IPO 模型和 IMOI 模型进行结合能够建立一个更全面的团队学习模型（见图 15-4）。在这个模型中，团队学习依然被概念化为由团队反省与认知共享组成的过程。这个过程受到团队结构和背景的影响，最终作用于团队绩效。模型中的团队结构和背景包括团队规模、多样性水平、组织影响、外部影响等。模型中还提到了团队学习的信念，具体包括团队心理安全感和任务凝聚力等。与之前提到的模型类似，在这个模型中，团队元认知依然被放在模型的中心，表明了它对团队学习的核心作用，团队元认知让团队更好地理解自身的信念，以及这些信念是如何影响他们学习的。[18-19]

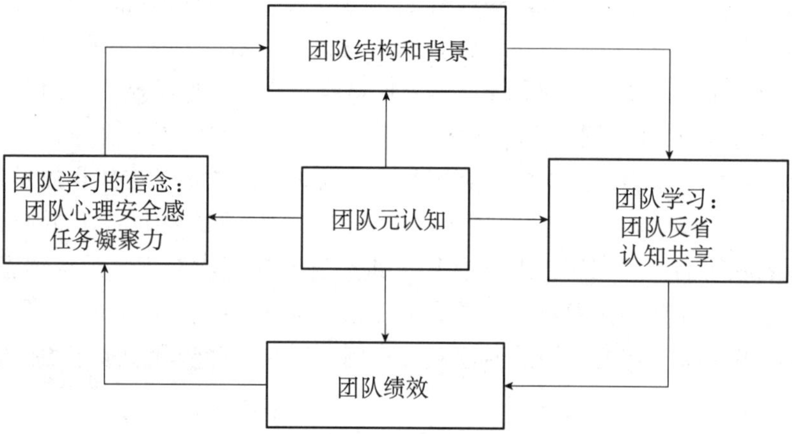

图 15-4　综合 IPO 与 IMOI 的团队学习模型[18]

15.1.6　团队学习的作用

团队学习被认为是团队成员进行学习、提高团队效率与绩效、促进组织学习与创新的关键驱动力。[6,21-23]团队学习会直接作用于团队本身，同时其作用还可以进一步向微观的团队成员以及宏观的组织方向扩展。团队学习的根本目的是实现团队目标。一个典型的例子是在 2021 年，年近 40 岁的网球运动员费德勒（Federer）在经历膝盖手术后，再度回归，这次回归看似容易，但背后却是费德勒及其团队的巨大努力与付出，整个过程体现了团队学习的作用。费德勒回归赛场是一段时间以来他和他的团队一直想要实现的目标，在为这个目标不断努力的过程中，团队内的每一个人都经历了学习过程，体能师帕格尼尼（Paganini）从 2020 年 10 月初开始就帮助费德勒进行最初级的训练。但是这次与2016年膝盖手术后的康复过程不同，在这次手术过程中费德勒的肌肉出现了严重的不平衡状况，这对帕格尼尼和费德勒来说都是需要面对的新情况。帕格尼尼需要在已有经验的基础上帮助费德勒从零开始进行康复训练。同样面临新情况的还有费德勒团队中的经纪人，他需要根据情况合理选择参赛项目。年龄和伤病的双重挑战使得团队不得不在各个方面都做出极为细致和周密的计划，参赛的重点也放在了法网和温网等大满贯赛上。整个团队的学习和决策为费德勒的复出和他在赛场上的表现提供了条件，这些成绩对团队的工作给予了肯定，鼓舞了费德勒及其团队成员的信心，费德勒也成为整个网球界和体育界高龄运动员复出的榜样。

1. 对团队的作用

团队学习的直接作用是提高团队的绩效。[1]团队通过学习行为，更新团队知识、发现团队内存在的问题，并对团队行为的结果进行反思和改进，进一步提高了团队应对环境变化的能力，提高了团队的绩效表现。团队学习还能够形成高效学习的团队氛围[14]，提高团队的生产效率和团队互动质量[24]，提升团队信息处理能力和团队关系满意度等。

2. 对团队成员的作用

第一，团队学习可以增加团队成员的可用知识和信息，创造一种更容易学习的环境[3]，进而使团队成为学习型团队，团队成员成为学习型成员。第二，团队学习也可以鼓励团队成员参加更多的社会学习活动。[25]团队成员在团队学习过程中观察其他成员，向能力强的团队成员学习，不断提高对团队学习的重视程度。第三，团队学习可以激发团队成员的个人学习倾向。这种作用更多表现在那些学习倾向比较强的团队成员身上。而对于一个学习倾向不强的团队成员，在周围人的影响下也会逐渐形成学习倾向。

3. 对组织的作用

“团队是现代组织中的基本学习单位”[7]，团队学习对组织的作用主要体现在以下两个方面。第一，团队学习形成了一种学习氛围，这种氛围既有利于学习型团队的形成，也有利于学习型组织的建立，从而通过团队学习来带动组织学习。第二，团队学习能够提高组织的竞争力。很多时候判断一个组织有没有核心竞争力，主要是依据这个组织的学习能力和学习行为，团队的学习能力和学习行为深刻影响了组织的学习能力和学习行为，进而影响了整个组织的核心竞争力。有核心竞争力的组织，其团队基本都是学习型团队，具有学习氛围浓厚、文化开放包容等特点。

15.2 团队培训与开发

15.2.1 团队培训与开发的定义

团队学习是一个循环往复的过程，在这个过程中不可或缺的是团队的培训与开发。团队培训与开发的目标是通过提升和增强团队的知识、技能和能力，以优化团队的工作流程和提高团队的绩效。[26]

团队培训（team training）是指通过使用一系列方法，结合所需的团队知识能力及既定的训练目标，形成针对团队的培训策略的过程；或者是在团队环境中进行的旨在提高团队绩效的有计划的努力；也被认为是通过帮助个人获得对团队环境中的有效表现至关重要的新信息、技能和态度的过程。[26-28]而团队开发（team development）则被定义为是一个团队发展得更为高效的过程或团队随时间不断发展变化的过程。[29-30]团队开发聚焦于描述团队如何以及为什么会随着时间的推移而变得不断成熟。[31]但是在具体的管理过程中，团队培训与开发都被认为是团队能力提升的必要方法，一般不做具体区分。

15.2.2 团队培训与开发的需求分析——团队胜任力

团队需不需要培训与开发？就要看团队是否达到了胜任力的标准。团队胜任力是团队培训与开发的基础和依据，如果团队发现其自身的能力没有达到胜任力的标准，那就需要做出团队培训与开发的决策了。

胜任力（competency）这一概念是由怀特（White）于 1959 年首次提出的。1973 年，麦克利兰（McClelland）发表了有关胜任力的研究内容，并提出了构建胜任力模型的经典方法——行为事件访谈法（behavioral event interview），这标志着胜任力体系的正式确立。

胜任力是指能将某一工作中的高绩效员工与绩效一般的员工区分开来的个人的内在和外在特征的集合。这些特征主要包括动机、特质、自我形象、态度或价值观、知识结构、认知或行为技能等，是判断一个人是否胜任某项工作的标准。[32-36]

胜任力模型的一个典型例子是“冰山模型”（见图 15－5）[32]，该模型将个体素质划分为表面可见的“冰山水面以上部分”和“冰山水面以下部分”。“冰山水面以上部分”是指个体的外在表现特征，具体表现为个体的知识、技能，这些特征易被了解和测量且可直接通过训练来改变和发展；而“冰山水面以下部分”是指个体的内在特征，具体表现为个体的社会角色、自我形象（认知）、特质和动机，这些特征不易被测量且比较稳定，对个体的行为起到关键性的作用。

越来越多的团队意识到胜任力对团队绩效的关键作用，因而在团队管理中引入了胜任力的概念以及胜任力模型。团队胜任力（team competency）是指以团队成员胜任力为核心，团队成员相互影响下的一系列知识、技能、能力等特征的组合。[37]从定义中可知，团队胜任力是团队成员胜任力的有机整合与协调统一，团队成员的胜任力是团队胜任力的核心与基础。

关注团队胜任力首先要关注团队成员的胜任力。有研究表明，团队成员的胜任力模型一般由团队的核心价值观、领导力胜任力以及专业技能胜任力三个方面构成。[38]在团队成员胜任力基础上形成了团队胜任力。团队胜任力主要包括团队完成任务所需知识、技能、行为以及相应的态度。[39]

由于每个团队的内外部环境不同，完成任务所需的知识、技能和能力不同，因此具体的胜任力也不同，团队可以通过内部访谈、德尔菲法或借鉴团队的胜任力模型，并结合团队实际情况得出本团队的胜任力模型。

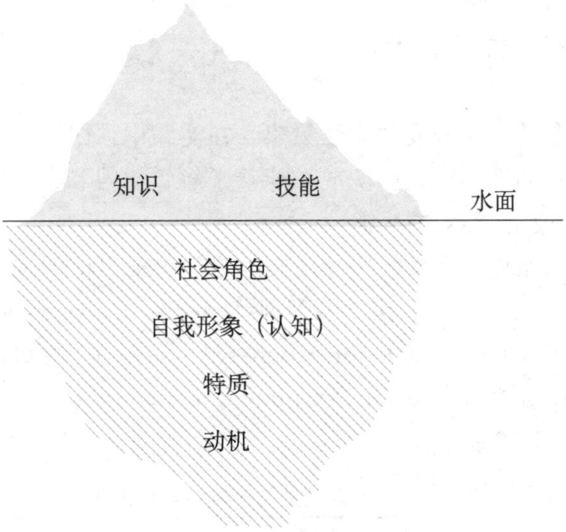

图 15－5　冰山模型

了解团队胜任力和团队成员胜任力的相关概念和内容后，团队胜任力矩阵（team competency matrix）就可以派上用场了。团队胜任力矩阵是一种对团队胜任力进行评估和测量的可视化工具（见表 15－1）。通过使用团队胜任力矩阵，团队领导可以快速了解团队成员的胜任力水平，并根据团队成员胜任力水平的高低做出有关团队培训与开发的一系列决策。

表 15－1　团队胜任力矩阵

胜任力	姓名 1	姓名 2	姓名 3	姓名 4	姓名 5
胜任力 1	1				
胜任力 2	2				
胜任力 3	3				
胜任力 4	3				
胜任力 5	2				

那么，如何使用团队胜任力矩阵来了解团队成员的胜任力水平呢？

第一步，在矩阵的左边第一列中，逐一列出团队胜任力的内容，最上面第一排列出团队成员的姓名。在这一步中涉及了团队胜任力构建的问题。团队领导与成员集思广益，参考团队成员现有的各项素质能力，确定并罗列出对完成团队任务所需的几项关键素质能力。

第二步，让团队成员对自己的每项团队胜任力进行打分（最低 1 分，最高 3 分）或用不同的颜色进行标注（绿色代表高水平，黄色代表一般水平，红色代表低水平）。

第三步，根据评价结果，分析团队成员胜任力水平的情况，并做出团队培训与开发的决策。这一步的目的是要找出差距，在了解到每位成员的自我评估与团队所需胜任力水平的差距之后，团队领导与成员一起讨论具备特定胜任力素质对团队目标实现的必要性。就必要的团队胜任力素质达成一致后，团队成员共同制订出培训与开发的行动计划。

15.2.3 团队培训与开发的具体策略

团队更多关注的是培训与开发的方法策略，在实践中，团队培训与开发的方法种类繁多，以任务为导向的团队培训使团队成员能够了解、学习和实践所需的团队能力和工作流程，并及时获得对团队绩效的反馈。

有学者总结了团队培训与开发的一些经典策略，包括自信训练（assertiveness training）、交叉训练（cross-training）、错误管理训练（error management training）、引导团队自我纠正训练（guided team self-correction training）、元认知训练（metacognition training）、团队适应和协调训练（team adaptation and coordination training）[40-43]，每种策略的具体内容如表 15-2 所示。

表 15-2 团队培训与开发的经典策略

策略	内容	主要针对的团队胜任力
自信训练	开发与任务相关的和与团队绩效相关的自信的沟通策略	冲突管理能力 信任能力 团队心理安全 团队领导力 闭环沟通能力
交叉训练	通过让团队成员在培训期间轮换位置，来培训团队成员所必需的知识和技能	团队认知能力 团队角色理解能力
错误管理训练	鼓励团队成员在培训场景中犯错误，通过分析这些错误来培养他们错误识别和管理的能力	团队效能感 团队适应能力
引导团队自我纠正	引导团队成员学习诊断团队的问题并制定有效的解决方案	闭环沟通能力 团队导向意识 任务分析能力 团队信任能力 团队适应能力 团队领导力
元认知训练	通过分析、更新和调整团队任务，以提升团队的协调能力和应对突发事件的能力	任务分析能力 团队适应能力
团队适应和协调训练	通过训练改变团队成员的协调策略，并减少成功完成任务所需的沟通量	闭环沟通能力 任务分析能力 团队领导力

除了学者总结的经典策略外，企业顾问和咨询人员也从管理实务中总结了一些培训与开发的策略以及常用的游戏方法。[44]

（1）技术论坛：团队成员共同探讨工作中遇到的技术问题，或邀请团队外的专业人士召开座谈会。

（2）候补培训：团队中参与某一特定工作内容的成员教导其他成员处理类似事务，以便彼此能够建立联系、协助工作，或在遇到紧急情况时由团队内其他成员代替其工作，保证团队工作的正常运行。

（3）分享外部培训成果：团队内的部分成员被外派至其他地方进行培训学习。学成归来后将所学到的内容以及学习培训的成果分享给团队成员，使整个团队受益。当团队因经费、预算等原因无法集体外出培训时，分享外部培训成果是团队培训与开发的好方法。

根据不同的培训与开发目的，团队可以使用不同的培训游戏方法。当以提高团队创新能力为目标时，团队可以采用合作手工的游戏方式，比如用给定的材料来搭建一个桥梁、图形或者其他简易建筑物等；当以提高团队协作能力为目标时，团队可以采用两两分组的方式进行竞争对抗或根据口令做出一样的动作。这些方法既可以锻炼团队成员间的协作能力，也可以培养团队成员彼此之间的信任。游戏的培训与开发方式可以使这个过程既轻松又愉快，当团队成员放下心理包袱、全身心投入游戏过程中，培训与开发的效果就可以得到显著的提高。

15.2.4　团队培训与开发的效果评估

在了解团队培训与开发的过程、掌握了相关方法策略之后，我们需要评估一系列行动的效果。培训与开发不能仅停留在过程和方法层面，结果显然更加重要，团队投入了大量的精力来进行培训与开发，如果效果较好，那么培训与开发可以被认为是有效和成功的；如果效果不太好，事倍功半，就需要及时反思、及时调整，以免做更多的无用功。

如何对团队培训与开发的效果进行评估？一般对培训与开发效果的评估集中在两点。第一，让受训者在培训后立即接受测试，用测试分数来确定是否达到了培训目标；第二，在培训结束一段时间后对受训者进行效果评估，以确定受训者是否能将在培训中学到的知识、技能和能力应用到工作中。[45]

针对培训与开发效果评估的一个经典模型是柯式四级培训评估模型[46]，该模型将培训与开发的效果评估分成四级（见图15-6）：

第一级是对受训者的反应进行收集，一般通过对受训者发放量表，了解受训者对整个培训与开发过程的第一印象如何，对培训与开发的过程是否满意；

第二级是对受训者的学习进行评估，一般通过测试来了解受训者在培训和开发过程中学习到了哪些知识、技能和能力；

第三级是对受训者接受培训和开发后的工作行为进行评估，一般通过观察法来了解受训者经过培训和开发后有哪些行为上的变化；

第四级是对培训与开发的成果进行评估，一般可以通过组织的绩效水平、各种指数的衡量来了解通过培训与开发，组织在降低成本、提高效率等方面取得了哪些实际效果。

经典的柯式四级培训评估模型同样适用于团队培训与开发的效果评估。从团队成员对团队培训与开发过程的反应评估，团队成员在培训与开发过程中学习到的知识、技能和能力，到团队成员在接受培训与开发后工作行为的改变，再到团队经过培训与开发最

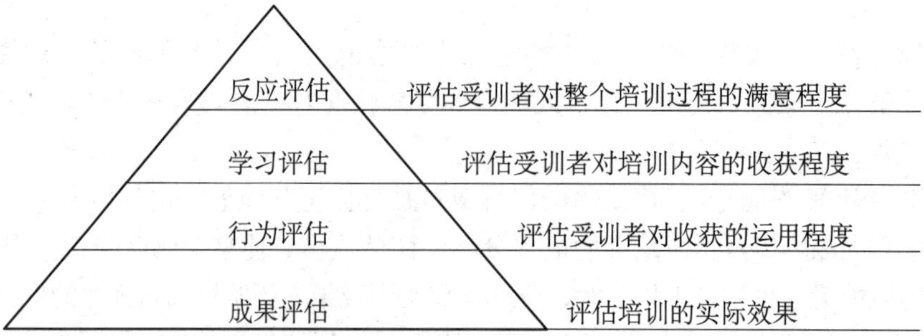

图 15-6 柯式四级培训评估模型

终获得的团队效率和综合能力的提高，利用柯式四级培训评估模型可以有效地评估团队培训与开发的效果。根据效果反馈，团队可以对未来的学习、培训与开发过程进行调整，从而使团队能够在不断学习、培训与开发过程中实现综合能力的不断提高以及可持续健康发展。

本章小结及管理启示

本章主要介绍了团队学习的界定、影响因素，讲解了团队学习过程中的几个相关理论，并揭示了团队学习对于个体、团队以及组织发展的重要影响；同时还介绍了团队培训与开发的定义、团队胜任力的构建以及团队培训与开发的策略方法，最后介绍了团队培训与开发的效果评估模型。这些内容说明了团队学习、培训与开发对于团队建设、发展以及综合能力的提高至关重要。毫不夸张地说，团队发展的过程就是团队学习的过程，培训与开发是助力团队学习的重要措施和方法。组织管理者、团队管理者需要形成鼓励团队及其成员学习的意识，引导团队的培训与开发工作。只有认识到团队学习、培训与开发对于团队综合能力提高的重要性，团队才能够不断发展，组织才能建立学习的氛围，形成学习型组织。

关键术语

团队学习（team learning）
团队学习能力（team learning capability）
社会学习理论（social learning theory）
团队开发（team development）
知识分享理论（knowledge-sharing theory）
自信训练（assertiveness training）
团队元认知（team metacognition）
团队培训（team training）
元认知训练（metacognition training）
交叉训练（cross-training）
组织学习理论（organizational learning theory）
认知同化理论（cognitive assimilation theory）
人际沟通理论（interpersonal communication theory）
团队胜任力矩阵（team competency matrix）
错误管理训练（error management training）

引导团队成员自我纠正训练（guided team self-correction training）
团队适应和协调训练（team adaptation and coordination training）

思考题

1. 团队学习基于什么理论？
2. 团队学习受到哪些因素的影响？
3. 团队学习模型包括哪些？
4. 团队胜任力的概念是什么？如何将其运用于团队培训与开发中？
5. 团队培训与开发有哪些具体策略？
6. 如何评估团队培训与开发的效果？

参考文献

[1] Edmondson A. Psychological safety and learning behavior in teams [J]. Administrative Science Quarterly，1999，44（2）：250－282.

[2] Argote L，Ingram P. Knowledge transfer：a basis for competitive advantage in firms [J]. Organizational Behavior and Human Decision Processes，2000，82（1）：150－169.

[3] Hirst G，Knippenberg D V，Zhou J. A cross-level perspective on employee creativity：goal orientation，team learning behavior，and individual creativity [J]. Academy of Management Journal，2009，52（2）：280－293.

[4] 陈国权．团队学习和学习型团队：概念，能力模型，测量及对团队绩效的影响 [J]. 管理学报，2007，4（5）：602－609.

[5] 王雁飞，杨怡．团队学习的理论与相关研究进展述评 [J]. 心理科学进展，2012，20（7）：1052－1061.

[6] Crossan M M，Lane H W，White R E，et al. Organizational learning：dimensions for a theory [J]. The International Journal of Organizational Analysis，1995，3（4）：337－360.

[7] Senge P M. The art and practice of the learning organization [M]. New York：Doubleday，1990.

[8] Bandura A，Walters R H. Social learning theory [M]. Prentice-Hall：Englewood Cliffs，1977.

[9] Ausubel D P，Novak J D，Hanesian H. Educational psychology：a cognitive view [M]. New York：Holt Rinehart and Winston，1968.

[10] 何雪玲．奥苏贝尔认知同化学习理论对现代教学的启示 [J]. 钦州学院学报，2008，23（1）：99－102.

[11] Gibson C，Vermeulen F. A healthy divide：subgroups as a stimulus for team learning behavior [J]. Administrative Science Quarterly，2003，48（2）：202－239.

[12] Sole D, Edmondson A. Situated knowledge and learning in dispersed teams [J]. British Journal of Management, 2002, 13 (S2): S17-S34.

[13] Zellmer-Bruhn M E. Interruptive events and team knowledge acquisition [J]. Management Science, 2003, 49 (4): 514-528.

[14] Zellmer-Bruhn M E, Gibson C. Multinational organization context: implications for team learning and performance [J]. Academy of Management Journal, 2006, 49 (3): 501-518.

[15] Decuyper S, Dochy F, Van den Bossche P. Grasping the dynamic complexity of team learning: an integrative model for effective team learning in organisations [J]. Educational Research Review, 2010, 5 (2): 111-133.

[16] McGrath J E, Altman I. Small group research: a synthesis and critique of the field [M]. New York: Holt, Rinehart and Winston, 1966.

[17] Ilgen D R, Hollenbeck J R, Johnson M, et al. Teams in organizations [J]. Annual Review of Psychology, 2005, 56: 517-543.

[18] Knapp R. Collective (team) learning process models: a conceptual review [J]. Human Resource Development Review, 2010, 9 (3): 285-299.

[19] McCarthy A, Garavan T N. Team learning and metacognition: a neglected area of HRD research and practice [J]. Advances in Developing Human Resources, 2008, 10 (4): 509-524.

[20] Bransford J D, Brown A L, Cocking R R, et al. Committee on developments in the science of learning [M]. Washington, DC: The National Academies Press, 1999.

[21] Slavin R E. Research on cooperative learning and achievement: what we know, what we need to know [J]. Contemporary Educational Psychology, 1996, 21 (1): 43-69.

[22] Sweet M, Michaelsen L K. How group dynamics research can inform the theory and practice of postsecondary small group learning [J]. Educational Psychology Review, 2007, 19 (1): 31-47.

[23] Van den Bossche P, Gijselaers W H, Segers M, et al. Social and cognitive factors driving teamwork in collaborative learning environments: team learning beliefs and behaviors [J]. Small Group Research, 2006, 37 (5): 490-521.

[24] Andres H P, Shipps B P. Team learning in technology-mediated distributed teams [J]. Journal of Information Systems Education, 2010, 21 (2): 213-222.

[25] Rosenthal T L, Zimmerman B J. Organization and stability of transfer in vicarious concept attainment [J]. Child Development, 1976, 47 (1): 110-117.

[26] Salas E, Cannon-Bowers J A. Methods, tools, and strategies for team training [M]. Washington, DC: American Psychological Association, 1997.

[27] Goldstein I L. Training in organizations: needs assessment, development, and evaluation [M]. Dallas: Wadsworth/Thomson Learning, 1993.

[28] Colquitt J A, LePine J A, Noe R A. Toward an integrative theory of training

motivation: a meta-analytic path analysis of 20 years of research [J]. Journal of Applied Psychology, 2000, 85 (5): 678-707.

[29] Wheelan S A, Kesselring J. Link between faculty group: development and elementary student performance on standardized tests [J]. The Journal of Educational Research, 2005, 98 (6): 323-330.

[30] Tuckman B W. Developmental sequence in small groups [J]. Psychological Bulletin, 1965, 63 (6): 384-399.

[31] Raes E, Kyndt E, Decuyper S, et al. An exploratory study of group development and team learning [J]. Human Resource Development Quarterly, 2015, 26 (1): 5-30.

[32] McClelland D C. Testing for competence rather than for "intelligence". [J]. American Psychologist, 1973, 28 (1): 1-14.

[33] Spencer L M, Spencer P S M. Competence at work models for superior performance [M]. New York: John Wiley & Sons, 2008.

[34] 彭剑锋. 人力资源管理概论 [M]. 上海：复旦大学出版社，2003.

[35] 时勘，王继承，李超平. 企业高层管理者胜任特征模型评价的研究 [J]. 心理学报，2002，34 (3)：306-311.

[36] 王建民，杨木春. 胜任力研究的历史演进与总体走向 [J]. 改革，2012 (12)：138-144.

[37] 马红民，李非. 创业团队胜任力与创业绩效关系探讨 [J]. 现代管理科学，2008 (12)：45-46.

[38] 徐芳. 研发团队胜任力模型的构建及其对团队绩效的影响 [J]. 管理现代化，2003 (2)：43-46.

[39] Branco C K. Predicting individual team member performance: the role of team competency, cognitive ability, and personality [D] Halifax: Saint Mary's University, 2003.

[40] Cannon-Bowers J A, Salas E E. Making decisions under stress: implications for individual and team training [M]. Washington, DC: American Psychological Association, 1998.

[41] Smith-Jentsch K A, Zeisig R L, Acton B, et al. Team dimensional training: a strategy for guided team self-correction [M] //Cannon-Bowers J A, Salas E. Making decisions under stress: implications for individual and team training. Washington, DC: American Psychological Association, 1998.

[42] Salas E, Nichols D R, Driskell J E. Testing three team training strategies in intact teams: a meta-analysis [J]. Small Group Research, 2007, 38 (4): 471-488.

[43] Weaver S J, Dy S M, Rosen M A. Team-training in healthcare: a narrative synthesis of the literature [J]. BMJ Quality & Safety, 2014, 23 (5): 359-372.

[44] Brounstein M. Managing teams for dummies [M]. New York: John Wiley &

Sons, 2011.

[45] Delise L A, Gorman C A, Brooks A M, et al. The effects of team training on team outcomes: a meta-analysis [J]. Performance Improvement Quarterly, 2010, 22 (4): 53-80.

[46] Kirkpatrick D L. Evaluation of training [M] //Craig R L, Bitte L R. Training and development handbook. New York: McGraw-Hill Book Company, 1967: 87-112.

案例分析

团队能力差，学习来解决

宇颜公司是一家快递公司，主要负责C市乡镇地区的快递运输、配送等服务。公司在C市设置了快递集散点，并在每个县区都设置了快递分流站，同时在较大的村镇设置了配送服务站。配送服务站是由1个站长和2～3个快递员组成的服务团队负责。每个配送服务站都有团队成员的照片及职务信息板。

由于业务的需要，宇颜公司的许多配送服务站都设在较为偏远且交通不便的村镇。大部分配送服务站的工作人员都是在村镇中招聘的本村村民。由于地处偏远山区，这些工作人员前往公司总部进行培训的频率不高，对于服务流程等工作内容的熟悉度也比较低。

伴随着乡村互联网基础设施的不断完善、网上购物不断普及、乡村振兴与电商行业的不断融合，农村地区的快递业务迎来了快速发展时期。而宇颜公司的一些配送服务站由于工作人员的工作熟练度不高、服务效率较低，经常受到村民的投诉。公司为了提高这些配送服务站的服务团队的工作能力和服务效率，通过不同形式鼓励团队成员进行学习。

公司为偏远地区配送服务站的服务团队开发了一个简单的学习小程序，每次工作指南和管理规定有更新，团队成员就可以通过学习小程序进行学习，并提交学习心得；遇到公司定期的集体学习，团队成员也可以在云端观看和参与；不同团队成员可以在小程序上交流彼此的工作经验、分析遇到的问题，也可以分享自己的工作感悟。每隔一段时间，公司宣传部门就会选择部分团队的学习心得、经验总结以及教训总结与反思，经过整理发布在公司的网站上供大家参考借鉴。每年的年底，公司会表彰积极学习的团队，给予团队奖金激励。不到2年的时间，几乎所有配送服务站的服务团队的工作效率都有显著的提高，村民们对他们的服务也是赞不绝口。现在，不仅配送服务站的服务团队养成了学习的习惯，而且整个宇颜公司都形成了学习的氛围，全公司上下干劲十足。

[讨论题]

1. 谈一谈案例中的问题及其成因。
2. 从团队学习的视角谈一谈案例中的问题是如何解决的。

提高竞争力，培训开发来帮忙

富股公司是一家本土制造业公司，主要生产小型电子设备。近年来富股公司不断开发新的产品。由于产品物美价廉，所以其深受国内消费者的喜爱，甚至远销欧美。安瑞莉是富股公司的销售总监，在这几年中，她带领自己的团队取得了惊人的销售成绩。同时，她也深深感知到，许多老牌的国内外公司已经把富股公司视为竞争对手。这些公司除了不断在创新和研发上增加投入外，也开始在销售上做起文章。

安瑞莉每时每刻都在关注着竞争对手的销售动向。每次遇到节假日或者类似“双11”的大促活动，她都要带领团队想方设法地创新营销方式，以吸引消费者的眼球。但竞争对手也总是以新颖、超前的销售手段抢占先机。安瑞莉不断思考，是什么原因让这些竞争对手能始终成为行业领头羊？从产品的功能、价格来说，富股公司并没有什么劣势，甚至产品的更新速度还要稍快于市场平均水平。经过思考，她认为问题还是出在了营销上，自己和自己所带领的销售团队需要好好琢磨一下原因。

安瑞莉与销售团队成员不断沟通，并结合自己的观察，总结出销售团队目前存在的一系列问题，包括工作流程不熟悉、难出新点子、彼此不配合等。

为了解决工作流程不熟悉的问题，安瑞莉向公司人力资源部建议，邀请国内知名高校的市场营销方面的专家学者来到公司为销售部门的员工进行授课，并与高校一同开发属于本团队的胜任力模型。通过对团队成员的胜任力进行评估后，公司与高校共同制订了培训计划。培训内容包括促销策略的选择、市场营销计划的制订以及对消费者反馈的及时跟踪等，让许多初入销售领域的员工了解相关知识，知晓工作方法及流程，并提高他们所需的能力。同时，安瑞莉亲自召开培训会，为员工分享自己的经验，并收集员工们的反思和收获，编纂出一本销售团队经验集。

为解决难出新点子的问题，安瑞莉多次带领销售团队的成员研究本品牌和其他品牌成功商品的营销案例，与团队成员一起分析案例中的成功点和不足，不断优化营销策略；她对每一次提出新点子并收到良好效果的团队成员给予奖励，整个团队的创新氛围空前热烈。

为了解决团队内员工彼此不配合或配合不佳的情况，安瑞莉定期组织团队进行团建活动，每次有新员工加入，她都会抽时间搞一次破冰活动，除了让大家的身心得到放松，也能使团队成员彼此之间增加信任。

经过一系列的培训和开发活动，整个销售团队的凝聚力、创新能力和策划能力得到了显著增强。大家都积极融入团队工作，每次制定销售策略时，策划案从之前的一两份变成了十几份；原来需要三天完成的工作，现在只需要一天就能完成。在最近一次的跨年销售活动中，富股公司成了本行业销售额最高的公司，越来越多的消费者选购富股公司的产品，甚至有消费者自发组建了产品粉丝群，富股公司的影响力得到了空前提高。公司为了表彰安瑞莉及其团队的贡献，拟将安瑞莉提拔为公司副总经理，团队成员都得到了相应奖励。

资料来源：Weaver，S J，Dy，S M，Rosen，M A Team-training in healthcare：a narrative synthesis of the literature [J]. BMJ Quality & Safety，2014，23（5）：359－372.

［讨论题］

1. 案例中团队领导者使用了哪些培训与开发的方法？效果如何？
2. 你认为除了案例中提到的培训与开发方法，还有哪些可以运用到实践中？

06

第六部分

团队输出管理

第16章

团队绩效管理

创造业绩，必须解决好为谁创造业绩、创造什么样的业绩、怎样创造业绩的问题，也就是要解决好政绩观问题。

——习近平，《努力成长为对党和人民忠诚可靠、堪当时代重任的栋梁之才》

学习目标

1. 掌握团队绩效的界定与分类
2. 掌握团队绩效的理论框架
3. 掌握团队绩效管理的工具种类
4. 掌握团队绩效管理的步骤
5. 能够使用相关理论分析团队绩效管理中存在的问题

引导案例

如何打造能打胜仗的高绩效团队

拥有“胜利举杯相庆，败则拼死相救”的优秀团队是华为在众多竞争者中脱颖而出的关键。在这些团队中，团队成员密切合作，互帮互助，冲锋在前的成员的背后是一个强有力又坚实的后援团队。在任何成员有需要的时候，后援团队的成员都会毫不犹豫地上前提供支援，这种强调团队协作的“狼性”文化为华为打造了一批又一批对手难以超越的团队。

华为非常注重团队建设，在华为的项目团队中，会从项目经费中单独拿出一部分经费专门用于团队建设。如定期进行一些诸如户外拓展等娱乐活动，活跃团队内的气氛；每个月集体过一次生日，当月过生日的团队成员能够感受到团队的温馨；设立职称奖励制度，鼓励团队成员参加一些对工作有益的认证考试。

华为的项目团队还有一个优良传统，就是每月举行一次民主生活会。在进行民主生活会时，现场会提供许多零食、水果等，氛围轻松。同时，这也是一个正式的工作会议，因为项目经理会对当月整个项目的工作情况进行总结和回顾，并部署和安排下一个月的工作计划和目标。在会议最后，各团队需要认真进行批评与自我批评，项目经理还会要求各团队撰写并阐述 3 条自身需要改进的问题和 2 条其他团队或项目经理需要改进的问题。这样，每个团队在检讨自身工作不足的同时，还能帮助其他团队发现问题，最后实现共同成长和进步。这种方式有利于增进各团队之间的友情，提高后续合作配合的效率。

项目经理还会定期与各位成员进行定期沟通。一方面，经理会与成员一同回顾上一阶段的工作表现，肯定成员的努力与成绩；另一方面，经理会指出成员在工作中的不足与问题，并帮助成员明确如何改进以及共同制定下一阶段的目标。此外，项目经理还会关注成员在工作中的问题、疑虑、意见、建议等，进而更清楚地掌握每位成员的思想动态，方便为成员提供针对性较强的帮助和教育，增强成员的认同感和凝聚力。

资料来源：吴建国．华为团队工作法［M］．北京：中信出版社，2019.

经济全球化的强劲发展势头、对信息获取的高时效性要求以及激烈的市场竞争都在改变着组织的运作和响应策略，世界各地的企业越来越依赖以团队的工作方式来处理复杂耗时、高度灵活的工作任务，因而组建一支矢志爱国奉献、勇于创新创造的优秀团队对于中国企业来说必不可少。习近平在 2022 年春节团拜会上的讲话中指出，“一百年来，党和人民取得的一切成就都是团结奋斗的结果，团结奋斗是中国共产党和中国人民最显著的精神标识”，因此，在团队管理中，组织不仅希望团队成员能够不断提高知识、技能，锐意创新，为国家、组织做贡献，还希望团队成员之间能加强沟通交流，相互协作，为实现超越个人绩效的团队绩效而共同努力。

16.1 团队绩效的界定与分类

16.1.1 团队绩效的界定

对团队绩效（team performance）的概念界定大致可以分为广义和狭义两种。广义的团队绩效更为宏观和抽象，通常是指团队实现预定目标的实际结果，即团队有效性，主要包括团队的实际产出（数量、质量、速度、顾客满意度等）、团队对其成员的影响（结果）、团队持续性三个方面。[1-2]狭义的团队绩效是广义的团队绩效中的任务绩效（task performance），是一个团队实现团队目标与完成团队使命的程度。[3]团队绩效也可以表示为基于团队过程的结构，即团队成员参与个人任务、团队任务和团队合作的多层次过程。[4-5]事实上，我们通常采用对团队绩效的狭义界定，即团队绩效主要包括团队对组织既定目标的达成情况、团队成员的满意度和持续协作的能力三个方面。[6]

16.1.2 团队绩效的理论框架

尽管哈克曼[1]、朱厄尔（Jewell）和赖茨（Reitz）[7]、格拉德斯坦（Gladstein）[8]、科恩等[9]多位学者基于不同的研究目的和研究视角，提出了多种团队互动过程理论模型，但这些模型都是基于麦格拉斯的 IPO 模型演变而来的[10-12]，因此，IPO 模型是众多模型中最具影响力的，此小节我们着重阐述 IPO 模型中团队输出的内容。

团队输出的是有形或无形的结果，它主要分为任务输出（包括品质提升、问题快速解决和错误减少）和情感输出（包括提升工作满意感、增强团队凝聚力和改变态度）两类。该模型的关键假设是个体、团队以及环境层面的输入因素，通过团队成员之间的相互作用影响团队输出，即团队互动过程在此过程中扮演着中介角色。如图 16－1 所示，若想跟踪特定时间段内的团队绩效动态，可以在 T1 和 T2 这两个任意时间点评估模型内的所有变量。此外，团队输出并非完全是以最终产品或服务的形式出现，它也可以作为后续周期的输入[14]，所以团队输出也会提供反馈结果，进而帮助团队改善团队的互动过程。

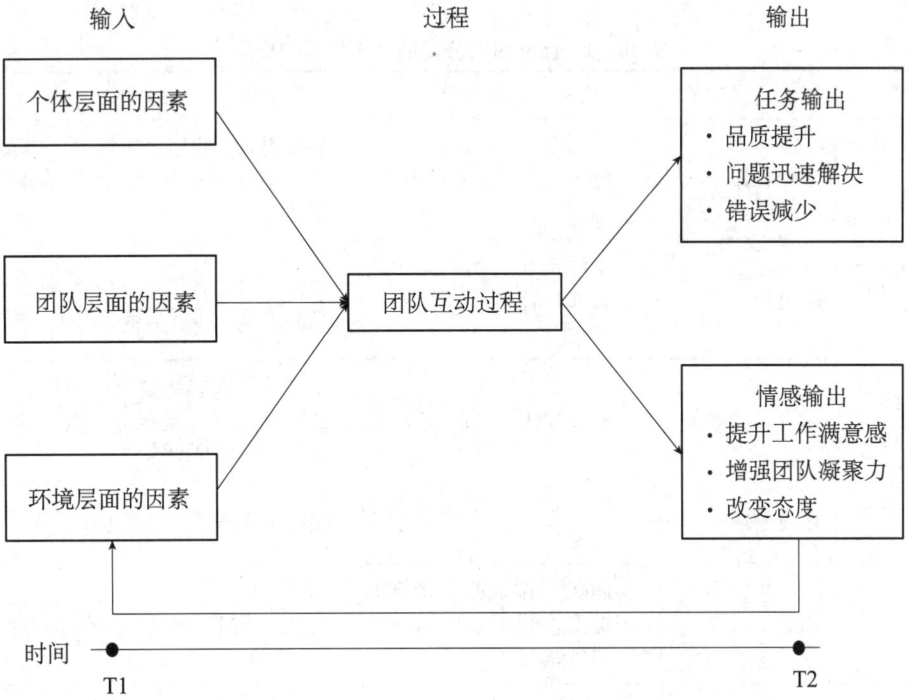

图 16－1 基于团队互动过程的 IPO 模型

例如，高凝聚力团队和低凝聚力团队面临一项相同的任务，它们都在时间点 T1 输入，经过一段时间的团队互动后，发现高凝聚力团队在时间点 T2 的绩效比低凝聚力团队高。为了理解造成这种绩效差异的原因，我们可以通过比较团队互动过程来进行分析。我们可能会发现高凝聚力团队在完成任务的过程中，团队成员待在一起的时间更长、分工更明确、更频繁地交流想法意见、更喜欢相互鼓励等，无论最终对这种绩效差异的解释是什么，我们在团队的互动中都能够找到原因。[14]此外，团队管理者也可以根据这些解释，有针对性地改善低凝聚力团队的互动过程，进而改善其团队输出。

在此框架中，团队绩效是团队和个体层面上过程和输出的函数，通过评估过程和输出，可以获得更准确的团队绩效的整体情况，因为输出常常受到团队不可控的外部因素的影响。[15]团队绩效是一个复杂、多面的结构，没有可以度量团队整体绩效的单一指标[16]，评估过程和输出有助于避免依赖单一、不充分的度量标准所带来的相关问题。

16.1.3 团队绩效的测量与分类

出于不同的研究目的，学者们对团队绩效有着不同的理解与解释，主要分为侧重结果、侧重行为以及侧重形式的三种团队绩效测量类型。其中，侧重结果的团队绩效主要关注上述行为给团队带来的结果；侧重行为的团队绩效关注达成团队目标的相关行为，主要包括团队过程的改进、团队学习性行为和团队认知性任务绩效；侧重形式的团队绩效主要包括主观绩效和客观绩效。表 16－1 总结了国内外学者对团队绩效分类的代表性研究成果。

表 16－1 团队绩效分类的代表性研究成果

分类	代表学者	分类内容	细分指标
侧重结果	麦格拉斯	绩效产出、其他产出[10]	品质提升、问题迅速解决、错误减少、工作满意感提升、团队凝力增强、态度改变等
	哈克曼	实际产出、团队对其成员的影响、团队持续性[1]	数量、质量、速度、顾客满意度、成员满意度、团队承诺、团队凝聚力等
	朱厄尔和赖茨	外在绩效、内在绩效[7]	生产力、顾客满意度、决策、团队间的互动关系、凝聚力、服从性、影响力、工作满足度等
	格拉德斯坦	团队绩效、团队成员满意度[8]	团队工作产出、团队生命力等
	徐芳	团队工作成果、团队成员工作成果、团队未来工作能力[17]	数量、质量、速度、顾客满意度等
侧重行为	博尔曼（Borman）和摩托维德罗（Motowidlo）	任务绩效、周边绩效[18]	任务熟练程度、团队目标的实现情况等
	科恩等	团队绩效、团队成员的态度、团队成员的行为[9]	数量、质量、效率、满意度、信任、反生产行为、缺勤等

续表

分类	代表学者	分类内容	细分指标
侧重行为	戚振江和王端旭	业绩效能、员工态度、行为结果[19]	数量、质量、成员满意度、成员承诺、缺勤、离职、安全
	麦克布赖德（MacBryde）和门迪比尔（Mendibil）	效果、效率、学习与成长、团队成员满意度[20]	团队利益相关者对任务/过程结果的满意程度，团队的工作过程对结果、团队成长和成员满意度的支持程度，创新、实践、方法、过程改进等技能的学习，团队工作对成员的成长和个人特质的促进程度
侧重形式	坎贝尔和舒曼（Schuman），张辉华等	主观绩效、客观绩效[21-22]	个体帮助团队达成团队目标的程度，客观数值所反映的绩效水平

16.2 团队绩效管理的工具

16.2.1 团队绩效管理及其必要性

绩效管理（performance management）是以员工为中心的一系列活动，包括从绩效考核、员工反馈，到员工培训和奖励管理（如加薪、晋升），其最终目标是要充分开发和利用每个员工，以实现组织绩效的提升。因此，绩效管理是一个识别、衡量和发展个人和团队绩效，并使个人、团队的绩效与组织的战略目标保持一致的持续过程。[23]虽然员工个人绩效的提升是绩效管理的焦点，但当前动态的工作环境对组织的工作效率、反应速度、团队协作能力等都提出了更高的要求。因此，以团队为导向的工作形式在现代企业实践中十分常见，团队绩效管理（team performance management）也就成了目前提高组织绩效的重要革新方向。团队绩效管理是团队管理者和团队内成员对工作目标的制定与实现以及达成共识的过程[24]，有效的团队不仅能使团队成员扬长避短，充分激发团队成员的工作潜能，还能促进团队成员之间取长补短，培育和发展团队精神，进而提高团队内的资源利用率[25]，因此，团队绩效管理也是组织绩效管理的重要基础。[9]然而，许多现代企业似乎并没有意识到团队本身的特殊性可能会给团队绩效带来的影响，也没有意识到团队绩效管理对组织绩效管理的重要性。

事实上，传统绩效管理思想已经不能再完全适用于当代企业的团队绩效管理。第一，在传统绩效管理思想下，团队成员的绩效考核不明晰。因为，在传统绩效管理中，组织会对员工的职责、工作流程、绩效目标、绩效计划等进行清晰明确的规定，并根据完成任务的关键指标对员工进行考核，以保证工作任务的顺利完成。然而，在不同专业知识、背景、技能的成员组成的团队中，成员之间合作密切，难以对成员的职责进行明确的划分。此外，团队通常承担着组织中高创新性的任务，这类任务不仅完成时间模糊不清，而且对知识劳动进行客观量化也具有较大的难度。因为在大多数情况下，成员可能比管理者更加清楚如何完成团队任务，所以团队成员比管理者更了解绩效目标与绩效计划，因此管理者难以提供关于绩效目标与绩效计划准确的解释和指导。

第二，个别团队成员绩效的提升并不能保证其所在的组织拥有高绩效。[26]组织进行团队绩效管理是为了激励成员在对团队负责的同时，也可以拥有相较团队其他成员更高的绩效。团队绩效管理往往比个人绩效管理（individual performance management）更加复杂。在团队中，成员之间不仅拥有共同的目标和责任，工作任务的依赖程度也比较高[27-28]，所以相较那些不在团队中工作的个人而言，团队内部成员之间的合作更加紧密，各自完成的任务更难以进行明确的区分。因此，在管理团队绩效时，管理者除了需要关注团队任务和结果，还需要关注团队过程。在衡量团队绩效时，需要分别在个体和团队层面评估作为过程和输出的计件工资、团队合作以及团队层面行为。[29]可见，传统绩效管理方式很难对团队成员的绩效进行充分评估，企业必须意识到基于团队的绩效管理的重要性。

扩展阅读

如何平衡个人绩效与团队绩效

向兴荣是某科技公司研发部门的一名刚入职一年的普通员工。最近，同事们发现他每天笑容满面，整个人喜气洋洋。原来是因为向兴荣自从入职以来，比团队同时期入职的其他同事工作表现得更好，领导也常对他的工作完成情况称赞有加，向兴荣自然觉得自己在临近的年终考核中会有不错的业绩。

然而，当年终绩效考核结果出来时，向兴荣满腹困惑，尤其是知道陈实的绩效考核结果比自己好时更是难以理解。陈实与自己属于不同的团队，但与自己是同职位、同期进入公司的，其工作表现平平。为此，向兴荣多次在夜里辗转反侧，百思不得其解。终于，在绩效考核结果出来的第三天，向兴荣一大早就到公司的人力资源管理部门讨要说法。

人力资源部门的同事告诉向兴荣，公司的绩效考核方式在两年前进行了改革，过去是将个人绩效分为 4 个等级，每个等级都有一个计算个人绩效的固定个人系数，并要求员工的绩效考核符合特定分布。然而，在新的绩效考核方式下，员工个人的绩效由团队绩效和个体绩效共同组成，并且团队绩效所占的比重较大。其中，个人绩效是员工本人可以控制的，团队绩效则需要团队内部成员的共同努力。因此，公司通过新的绩效考核方式能更好地平衡个人绩效与团队，缓解因公司内部部分员工过分追求个人绩效而忽略团队合作所造成的团队低效率问题。根据新的绩效考核方式，虽然向兴荣比陈实开拓了更多的业务，拥有更高的个人绩效，但向兴荣所在团队开拓的业务比陈实所在团队却少得多，团队绩效更低，所以总体看来，向兴荣的绩效也会比陈实低。

听完同事的解释，向兴荣才明白“滴水不成海，独木难成林”的现实含义，不仅要关注自己开拓的业务量，还要重视团队开拓的业务量，只有多与团队内的其他同事互帮互助，团结协作，促进团队绩效的提升，自己才会有更高的绩效。

事实上，个人绩效与团队绩效在团队绩效管理中并不冲突，因为团队绩效管理是通过团队绩效带动个体绩效的一种绩效管理方式。首先，在基于团队的绩效管理中，管理者可以通过团队整体考核的方式来管理无法准确分工的任务，这不仅能够简化工作量，还能降低管理成本。其次，个人绩效的考核是由个体和团队层面的考核共同组成的，避免了因个别成员过分关注个体绩效而忽略团队绩效，从而给团队带来消极影响，并且这也有利于团队成员之间相互协作，增强团队凝聚力、向心力，营造良好的团队氛围。最后，管理者能够更直接地将团队绩效与任务目标、组织战略结合起来，制定具有战略意义的绩效目标和计划，调动团队成员的主动性与积极性，促进组织的长远发展。然而，将团队绩效作为个人绩效的主要组成部分，可能会产生“搭便车”、偷懒、推卸责任等现象，或过分强调团队绩效，而忽略了团队成员的个人价值、能力等。[30]因此，团队成员的绩效考核应充分考虑如何实现团队绩效与个体绩效的平衡。

16.2.2　团队绩效管理的工具种类

1. 平衡计分卡

平衡计分卡（balance score card，BSC）是卡普兰（Kaplan）和诺顿（Norton）在对多家绩效测评处于领先地位的公司进行研究的基础上，提出的绩效管理方法，为组织管理者提供了发现问题并正确决策的绩效评价体系。[31]近年来，BSC得到了迅速发展，已经成为企业实践中的战略管理工具，它主要是将组织的战略目标转化为团队的目标，并为目标提供具体的测评指标，进而实现组织战略和团队绩效的有机结合。BSC从客户（市场份额、顾客满意度、顾客忠诚度等）、内部流程（产品成本与质量、库存量、售后等）、财务状况（利润率、投资收益率、销售收入、资本负债率等）、学习与成长（研发、培训、满意度等）四个维度的绩效测评指标对团队绩效进行衡量（见图16－2），通过对各项指标进行合理的排序并根据重要性赋予权重，形成可实施、可考核的具体目标和评价指标，为团队指明影响团队绩效的关键因素。

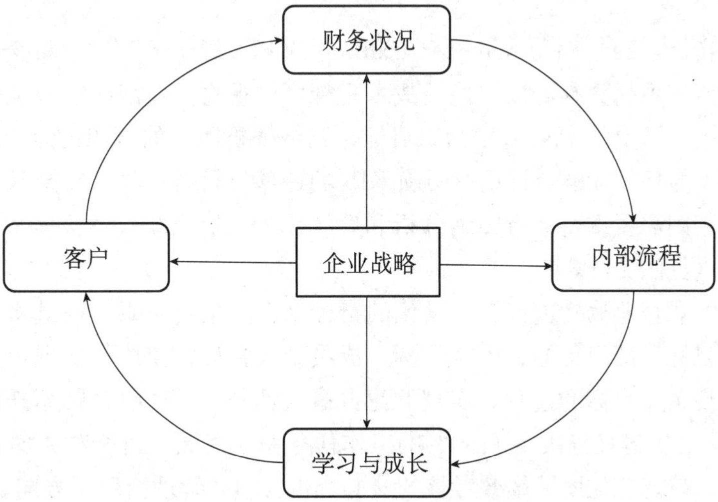

图16－2　平衡计分卡的四个维度

其中，财务状况是团队最终的绩效测评指标，它需要团队更好地满足顾客的需求，这促使团队对产品或服务进行不断的改进与创新，对成员知识、技能、能力提出了新的、更高的要求，进而推动成员不断学习与成长。以产品研发项目团队为例，其平衡计分卡如表16-2所示。

表16-2 产品研发项目团队的平衡计分卡

客户指标（25%）	财务状况指标（25%）
新产品的质量 客户对新产品的满意度 新产品的市场份额 ……	新产品的成本 新产品的研发投入与销售额的比重 新产品引起的销售额增长 ……
内部流程指标（25%）	**学习与成长指标（25%）**
成员的满意度 成员的流动率 研发成本控制 ……	专利数量 团队凝聚力 新产品开发的效率 ……

相较于传统的绩效管理方法，BSC提供了具有因果关系、财务和非财务组合的绩效评价体系，除了企业内部、短期利益和财务方面外，还考虑了企业外部、长远利益和非财务方面的指标，具有较强的综合性。此外，BSC使用相对较少的指标将抽象和宏观的战略具体化，方便将战略目标落实到团队具体的工作行为中，所得的绩效反馈也有利于团队有针对性地提高绩效。

然而，BSC需要具有高素质能力的团队耗费大量时间、精力来完成对战略目标的制定并对其进行分解，因此，该方法在团队内实施起来非常复杂且不易实现，尤其是针对进行知识劳动的团队。此外，在实施过程中，由于BSC考虑的指标比较全面，所以对实施人员的专业度要求很高，工作量也很大，更适合全面发展的团队。BSC实施的周期比较长，短期来看可能效果并不会很好。

2. 关键绩效指标

关键绩效指标（key performance indicators，KPI）源于BSC，它将企业战略目标层层分解，以产生一系列具有可操作性的战术目标，注重将企业战略有效地转化为企业的内部管理过程[32]，具体包括：基于组织目标，归纳分析团队的KPI；筛选并确定团队的KPI；制定KPI的具体标准与权重；明确KPI的计算与数据来源，确保KPI具有可行性与可操作性，否则需要重新进行归纳分析和后续流程；形成绩效考核体系，推行绩效考核结果的产生（见图16-3）。

KPI采用能对企业战略进行有效量化的指标来反映最终结果，通过将企业目标依次分解为分公司目标、部门目标、团队目标、成员个人目标，使成员实现个人目标的过程最终体现为实现企业目标的过程，实现互惠共赢。此外，KPI符合帕累托提出的“二八法则”，即20%的关键任务决定了80%的工作任务完成情况，通过对20%的关键任务的合理精确管理，就能抓住团队绩效考核的核心，也为绩效管理指明了方向。[33]因此，KPI在对部门、团队、个人进行约束的同时，对实施企业战略也有着导向作用。

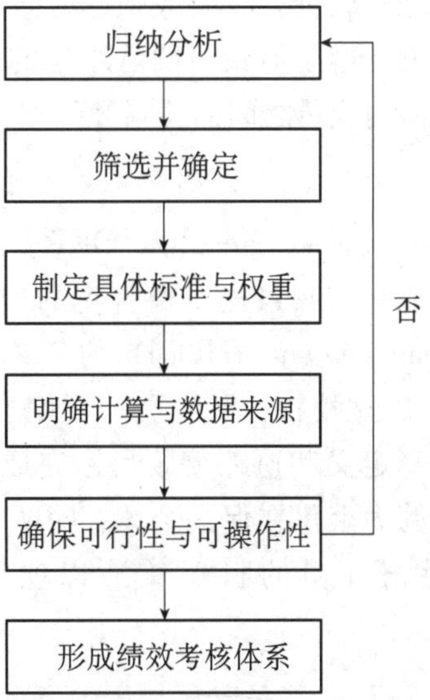

图 16-3　KPI 的确定过程

在建立 KPI 时，首先，必须以既定目标为导向，进行 KPI 分解。管理者可以采用鱼骨图分析法将组织的目标计划逐级分解到各团队，再由团队进一步分解为团队成员的绩效考核指标。其次，要注重工作质量。对团队而言，一些关键指标是团队的核心竞争力，但并不容易衡量，如创新型团队中的脑力劳动。这就要求管理者突破惯性思维，摒弃不适用的传统量化指标，采取更灵活的方式来进行指标量化。再次，必须保证选取的指标可操作性较强。管理者必须对每一个指标进行清晰明确的定义，并保证具有完善的渠道来收集指标相关的信息。最后，注意目标的平衡性，对于需要团队成员与上级管理者共同制定的绩效指标，需要相关人员进行充分沟通交流后再达成共识。此外，在制定 KPI 时，一定要遵循 SMART 原则：具体、可衡量、可实现、相关和时限性。

由于 KPI 采用易量化的指标，所以考核结果更容易做到公平客观，员工也更加明确绩效目标，能够有效地激励员工。此外，顾英伟和李娟指出，KPI 不仅注重结果的考核，还关注关键的流程，并针对关键流程选择合适的指标。[32] 此方法对团队绩效考核是相对友好的，因为对团队合作流程的关注，更有利于对团队成员进行管理，提高团队成员相互协作、互帮互助的动力，进而改善团队绩效。然而，KPI 也存在一些局限性，它很难对知识型劳动的绩效指标进行量化，所以考核结果不一定清晰准确，因此该方法适合更成熟、能用业绩和数据进行绩效考核的团队。

3. 目标管理

目标管理是由德鲁克提出的一种综合性的绩效管理方法。[34] 在进行目标管理时，企业会将公司整体的目标逐层转化为各个部门、团队，乃至个人的目标并形成体系，使各个部门、团队、个人的职责权力明确，因此该方法更适用于为改进组织绩效目标而建立的团队。其中，目标的设定是通过企业上下沟通交流达成的，转化后的目标也被企业用来激励各个部门、团队、个人，并且在实现目标的过程中，上下级会通过沟通对目标和绩效考核进行修正，所以目标管理方法有助于员工之间的交流，增强团队精神。

目标管理操作简单，成本相对较低，具有较强的时效性，因此，其适用于因中短期项目而组成的团队。然而，该方法容易导致对团队结果的过分重视，而忽略了团队的互动过程，所以其可能会导致团队内成员之间的关系遭到破坏，影响团队的长远发展。

4. 目标关键成果法

目标关键成果法（objectives and key results，OKR）由 O 和 KR 两个部分组成，其中 O 代指目标，KR 代指关键成果，其最先由德鲁克的忠实追随者格鲁夫（Grove）以“高输出管理”（high output management，HOM）的名义提出，并在谷歌及其所控股的企业实行。随后，国内外知名企业微软、甲骨文、百度、豌豆荚等也开始借鉴和使用 OKR 的管理模式。OKR 是一套定义和追踪绩效目标完成情况的绩效管理工具和方法，旨在确保成员紧密协作，在将精力聚焦在促进个体、团队和组织层面可衡量的价值贡献上的同时，具备目标管理和考核工具的职能。[35-36] 以项目团队为例，其 OKR 系统如图 16－4所示。

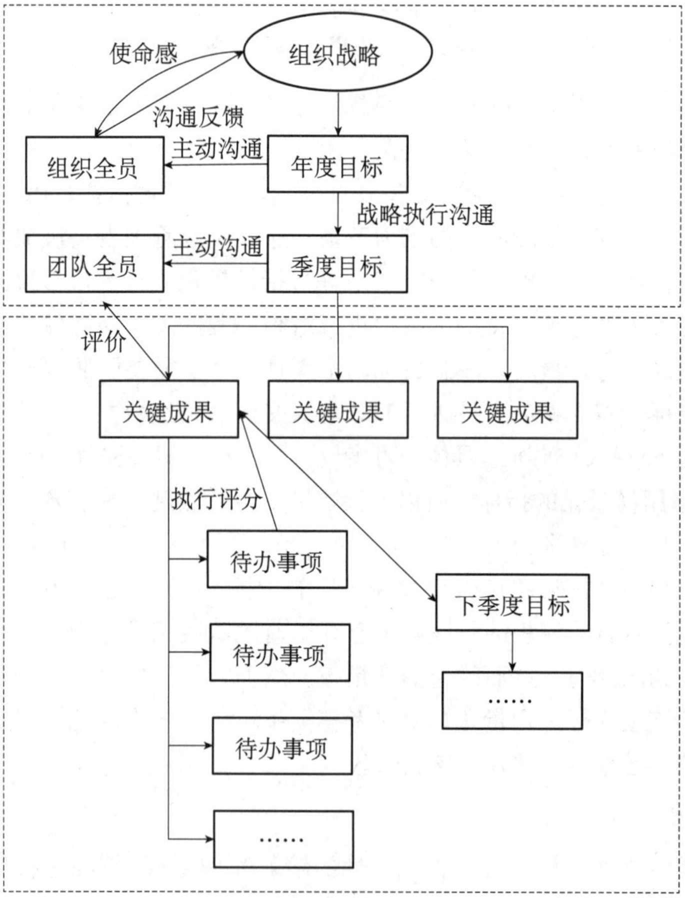

图 16－4 项目团队的 OKR 系统

OKR 具有简单、直接、透明的特征，一方面，OKR 通过事先为不同层级设定好的目标和关键成果来衡量组织、团队、个人的绩效，其中目标被分解成可直接执行的任务，所有这些基于任务的关键成果共同确保了组织按照计划正常运行；另一方面，在 OKR

中，每个团队与个人的目标、关键成果以及最终得分在组织内部都是公开透明的，这既保证了团队的公平、公正，有助于提升团队的默契度与团队导向的形成，也有助于通过过程辅导、及时正向反馈等绩效反馈渠道促进员工自我激励和成长，促使组织、团队与个人目标保持一致，帮助团队达到理想的状态。

OKR 也存在以下弊端：操作难度较大，因为指标的达成主要依靠成员自身的主观能动性及上下级沟通，缺少一定的量化指标，需要成员具有较高的责任心和贡献重视度，也对管理者的勤勉程度提出了更高的要求；对公开透明度提出了更高的要求；缺乏与薪酬福利、职位晋升相关的激励。

相比以 KPI 或 BSC 为代表的传统绩效管理实践，OKR 注重过程和沟通，更有助于组织灵活配置资源，促进组织内部协同与外部匹配，进而更好地应对组织内外部环境的挑战。此外，OKR 作为一种自下而上的协商式管理，关注员工对于企业战略的贡献，更适合创新团队的绩效管理。

总体看来，上述四种团队绩效管理的工具既有相似之处，也有着明显的区别。具体而言，它们的优缺点如表 16-3 所示。

表 16-3　团队绩效管理工具的优缺点

工具	优点	缺点
平衡计分卡	支持企业战略的实施 注重团队合作 综合性强 提高管理效率	工作量大 指标体系建立困难 权重分配难度大 实施难度大、成本高
关键绩效指标	结果公平客观 关注团队流程 实施简单 成本相对较低 激励性强	缺乏弹性 适用程度有限 缺乏沟通 无法全面考核 部分指标难以量化
目标管理	易操作 短期效果明显 成本相对较低 时效性强 有利于内部交流合作	目标难以确定 忽略团队过程 忽略长期目标 协调沟通成本高 缺乏创新
目标关键成果法	透明 有利于发挥员工的能动性 注重过程和沟通	部分指标难以量化 实施困难 对公开透明度提出了更高的要求 缺乏激励

16.3　团队绩效管理的步骤

团队绩效管理主要包括制订团队绩效计划（team performance plan）、管理团队绩效

(managing team performance)、团队绩效考核（team performance appraisal）和奖励绩效（rewarding performance)、团队绩效反馈（team performance feedback）五个环节。[24]有效的团队绩效管理的核心是一系列活动的连续不断的循环过程，一个团队绩效管理过程的结束，是另一个团队绩效管理过程的开始。

16.3.1 制订团队绩效计划

团队绩效计划是团队绩效管理的首要环节，管理者、团队及其成员需要对该绩效周期内的工作目标、考评标准和工作环境进行深入沟通交流，并最终达成一致。制定团队绩效计划是一个确定组织对员工的绩效期望并得到员工认可的过程，必须清楚地说明期望团队成员达到的结果以及为达到该结果期望团队成员表现出来的行为和技能，即确定工作目标（work objectives）和发展目标（development objectives)。

1. 工作目标及其制定原则

工作目标的设计需要从组织目标出发，经过层级分解将其转化为团队成员个体的绩效目标，以实现个人目标、团队目标以及组织目标的结合。此过程需要团队成员的共同参与，尤其是一些专业性较强的团队，因为团队成员具备比考核制定者更专业的知识和更丰富的经验。此外，参与过程也是团队成员了解自己的职责和任务的过程，有助于其将个人绩效与团队、组织目标相结合，增强团队成员的主动性与积极性，进而提升组织绩效。

在制定工作目标的过程中，需要遵守五项原则：第一，相关性原则。团队工作目标的制定需要与组织战略、组织目标保持一致，一定要围绕组织战略、组织目标，自上而下地分解到每个团队与团队成员，且团队成员个人绩效目标的实现最终要促进组织绩效的提升。第二，全员参与原则。参与工作目标的制定的成员应该包括团队成员，他们应当是工作目标制定的主动参与者。团队成员能实现、可接受的工作目标，才是真正有意义的工作目标。第三，可衡量原则。绩效计划中的工作目标应该是具体、明确且可衡量的，这为团队成员指出明确的努力方向，且由此得出的绩效结果才可能比较公正客观。第四，可行性原则。据目标设置理论，过高或过低的工作目标都无法充分发挥团队成员的价值，因为过高的工作目标会使团队成员的士气低落，过低的工作目标则失去了制定目标的意义。因此，可实现且富有挑战性的工作目标是最佳的。第五，时间限制原则。绩效管理是一个循环的过程，上一个阶段的目标实现了，就可以对其绩效管理进行总结和评估，然后再对下一个目标进行改进。因此，管理者应当为工作目标的实现确定完成时间，以便在总结与反思的同时保证工作任务的持续、有效地推进。

2. 发展目标

在确定工作目标的同时，还应确定团队成员需要满足的相应的工作行为要求，即胜任特征。发展目标主要通过胜任特征模型来确定，具体包括以下步骤：第一步，确定绩效标准，例如销售额或利润、客户满意度等。第二步，选择效标样本，根据已确定的绩效标准，选择达到和未达到绩效标准的组别。第三步，通过行为事件访谈法、专家小组、

360度评估、问卷调查等方法，获取与效标样本有关的胜任特征的数据资料。第四步，分析数据资料并建立胜任特征模型。第五，验证胜任特征模型。

3. 团队绩效计划的内容

团队绩效计划至少应该包括以下几个方面的内容：

(1) 成员在本次绩效考核周期内所要达到的工作目标是什么？

(2) 如果一切顺利的话，成员应该何时完成这些目标？

(3) 评估成员出色地完成工作的标准是什么？

(4) 工作目标与结果的重要性如何？

(5) 如何获得关于成员工作成果的信息？

(6) 成员的各项工作目标的权重如何？

(7) 应该为成员提供哪些支持和资源以保证成员绩效目标的实现？

(8) 成员在进行工作时可能会遇到哪些问题与障碍？如何解决？

(9) 绩效周期内，成员应当如何与上级管理者进行沟通？

(10) 是否要对成员进行工作技能的培训？

16.3.2 管理团队绩效

团队、成员绩效的管理是团队绩效管理非常重要的环节，也是常常被忽视的环节。通过管理，能够保证团队与成员在特定阶段规定的时间内完成工作任务，主要采用四种管理团队绩效的方式：辅导（coaching）、咨询（counselling）、进展回顾（progress review）、自我监控（self-monitoring）。

Facebook的绩效提升计划

一年前，秦晓凭借优异的学历与工作经历，成功跳槽到美国知名公司Facebook，成了Facebook总部广告技术部的C1员工。入职后的秦晓一直兢兢业业地工作，公司也给予了优厚的薪资待遇，在工作一年后，秦晓还将父母接到身边一起生活，前途可谓是一片光明。

令人意想不到的是，秦晓最近却觉得前路茫茫。原来在过去的一年里，秦晓一直处于超高强度的工作状态，熬夜加班更是家常便饭。此外，由于各种文化差异，秦晓与美国的同事在对事物的看法、处事方式等方面都有着明显的差异性，美国同事的直接、注重、竞争等性格，导致秦晓在日常工作中常与同事在沟通上出现问题。因此，秦晓与同事的关系越来越差，但这些问题还不是最让秦晓崩溃的。

Facebook有一个PIP机制，即绩效提升计划（performance improved plan）。员工在下一个绩效考核开始前需要签署PIP，若员工在三个月内绩效考核不合格，就会被裁员，所以每个季度都会淘汰一部分员工。在秦晓所在的广告技术部，工作上的一个小失误都可能导致上百万美元的高额损失，所以秦晓与团队内的同事面临的压力都很大，唯恐在某个阶段的绩效考核结果不理想，被列入PIP机制。

然而，这一天终究还是来了。在上个季度，秦晓因未能在规定时间内完成绩效目标，被列入了PIP机制。这就意味着，如果秦晓后续的绩效考核依旧不理想，他将被Facebook开除。同时，秦晓只有临时的工作签证，如果在被开除的60天内还没有找到一份新的工作，他与他的家人将被遣送回国。

在规定的解决问题的截止日期的上午，秦晓去了上司的办公室，试图为自己争取留下来的机会，而办公室外的同事却听见秦晓与上司发生了激烈的争吵。在规定的截止日期前一个小时，看不到希望的秦晓选择了结束自己的生命。这种绩效考核压力带来的轻生想法不仅存在于秦晓身上，还存在于与秦晓同团队的众多同事身上。

资料来源：发生了什么？年仅38岁，Facebook中国程序员跳楼自杀［EB/OL］.（2019－09－29）. https：//mp. weixin. qq. com/s/1lrvdpb－jgWw5e5v7qBrzw.

1. 辅导

辅导是一个帮助成员丰富知识，并提升和完善胜任特征（行为）和技能的过程。辅导可以及时帮助成员了解自身工作进展，明确工作中的问题、需要改进的地方以及需要学习的知识和技能，以方便工作的下一步开展。因此，成员完成团队任务的过程也是不断学习的过程，使其能够感受到上级管理者的支持与重视以及自身的进步。此外，成员通过辅导不断接受新的东西，完成工作也就更加有动力。

2. 咨询

咨询是组织帮助团队成员解决在完成团队任务过程中遇到的问题和障碍的过程，它具有以下要求：及时，即团队成员遇到问题和障碍后管理者立即提供咨询；提前制订计划，管理者需要提前安排安静、舒适的咨询环境；双向交流，上级管理者应是“积极的倾听者”，要允许成员发表自己的意见、建议、看法等，并在成员讲话时给予积极的回应，包括但不限于适当的眼神交流、点头、微笑；给予肯定与建议，上级管理者在指出成员的具体问题与缺点并给予详细建议的同时，应当对好的工作表现给予肯定和赞扬；共同制订改进绩效的具体行动计划。

3. 进展回顾

进展回顾是为了根据特定时期提供的信息，与团队成员在实现绩效目标方面达成进一步的共识。具体而言，是指定期对团队及团队成员完成团队任务的情况进行检测。团队在每周、月、季度应进行进展总结，这是一个直线管理过程，可以保证团队任务在规定时间内稳步推进。在进展回顾时，应该符合团队与团队成员的工作实际，若确实有需要，还应对绩效目标进行调整。

4. 自我监控

自我监控是指团队和团队成员主动对其绩效进行管理。一方面，团队可以从团队成员以及在工作上有交叉的团队那里了解团队工作的完成情况，获得一些反馈、建议；另一方面，团队成员可以从团队内的其他成员那里了解自身的工作完成情况。通过这种自我监控，团队与团队成员能够在进展回顾之前对自身的绩效进行大致的判断，进而能在进展回顾中就自身问题展开更具体的讨论。此外，随时掌握自身绩效的完成情况，也有助于根据结果对计划进行合理的调整。

16.3.3 团队绩效考核

就绩效考核的对象而言，个体绩效考核结果由团队和团队成员的绩效考核结果共同决定。其中，团队绩效考核指标的确定可以将不同的测评方法分解成具体的测评标准。每种方法各有其特点，组织需要根据团队的性质、类型、实施情景等进行合理选择，也可以将多种方法结合起来考核团队绩效。例如，吉尔伯特（Glibert）的四要素法就包括质量、数量、成本、时效性。通过团队绩效来衡量个体绩效，有助于增强团队的凝聚力，促进成员之间的合作与协调，但这会导致团队成员的责任感下降，出现偷懒、“搭便车”等现象。[37]

团队成员绩效指标是指除团队绩效外，团队成员实际的绩效，可以使用360度评估方法来进行考核。该方法经过不断的发展与完善，逐渐成为企业进行人力资源管理和开发的重要工具之一。它通过将被考核者的上级评价、同级评价、下级评价、客户（内部客户或外部客户）评价、自我评价相结合，从多角度对被考核者进行比较全面的绩效考核，再通过一定的反馈程序，督促被考核者完善工作、提高绩效，因此该方法也称为全方位考核法或全面评价法（见图16－5）。

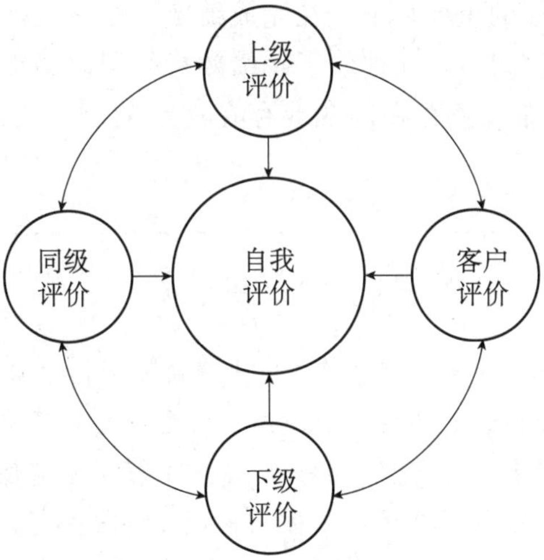

图16－5 360度评估方法

在360度评估方法中，多元的参评主体使得绩效考核更公正，员工接受度也更高，但不同主体在认识程度上的差异性可能会影响结果的客观性。360度评估方法还容易导致团队内拉帮结派，并使其演变成争权夺利的工具，不利于团队的稳定。此外，仅通过团队成员绩效指标来衡量个体绩效，会导致团队成员过分追求个人利益，而忽略团队和组织的利益，并在团队内引起激烈的竞争。因此，在个体绩效考核中应以团队绩效为主、团队成员绩效为辅，扬长避短，更好地实现个体绩效与团队、组织绩效的发展。

16.3.4 奖励绩效

团队的奖励绩效，应该同时考虑团队和成员层面。通常，团队或团队成员达到或超过了规定的绩效标准，就应该给予一定的激励，例如物质激励（绩效工资、晋升、奖金、津贴等）、精神激励（表扬、授权、尊重、信任、弹性工作时间、提供学习机会等）。正如 2021 年习近平在中央人才工作会议上所强调的，“让事业激励人才，让人才成就事业”。组织应将个人的利益与团队利益、组织利益深度捆绑，使激励能够反映被奖励者的需要，让被奖励者重视奖励，满足被奖励者的需求，使其付出的努力和取得的成绩相一致，进而充分发挥奖励的激励作用。

16.3.5 团队绩效反馈

以往研究大多基于团队绩效的 IPO 模型，对绩效反馈并未给予足够的重视。IMOI 模型弥补了 IPO 模型的缺陷，认为上一次的结果反馈应当作为下一次绩效考核的输入因素，并对下一次团队过程和结果产生影响，这是一个不断循环往复的过程。[38] 事实上，绩效反馈所提供的历史信息，有助于团队及团队成员进行工作总结与改进后续工作，进而促进组织学习和变革。[39] 此外，过往较好的绩效反馈会对团队成员产生鼓舞作用，强化团队成员之间的信任，使其能够积极发表观点，进而减少任务冲突的产生。[40] 因此，绩效反馈是团队绩效考核的重要环节，在完成绩效考核之后，管理者需要将绩效考核的结果反馈给团队和团队成员，让他们了解绩效考核期内的绩效状况，例如哪些工作任务进展顺利、哪些工作任务存在问题或存在潜在问题，从而促进工作任务的顺利开展。

扩展阅读

一个好的领导班子，要善于团结协作。大事讲原则，小事讲风格，遇事多通气，多交心，多谅解，真正做到讲团结、会团结。讲团结不是不要原则，而恰恰是要坦诚相见，勇于直率地开展批评与自我批评。在一个班子里就像是在同一条船上，开展工作就好比划船。大家同舟共济，目标一致，心往一处想，力往一处使，形成了合力，这船就能往预定的目标快速前进。[41]

1. 绩效反馈的目的

绩效反馈是考核者与被考核者根据绩效考核期内被考核者的绩效情况，进行面谈沟通的环节。上级管理者在绩效反馈中，不仅要肯定团队及其成员的成绩，还需要找出团队及其成员在完成工作任务中的不足，并提供建议、意见来帮助团队及其成员加以改进。一方面，绩效反馈是为了让团队及其成员了解自己在绩效考核期内是否实现了工作目标，行为和态度是否合格；另一方面，绩效反馈为团队及其成员在考核期内的问题、建议、意见等进行向上反馈时提供了平台，最终使考核者和被考核者就考核结果达成一致。此外，针对绩效考核期内团队及其成员存在的问题，管理者需要与团队及其成员共同寻找问题发生的原因，并制订改进计划，同时管理者还要向团队及其成员传达组织的期望，使其对下一个绩效考核期的绩效目标达成共识。

绩效反馈对绩效管理至关重要。首先，有效的绩效反馈为管理者与团队及其成员搭建了沟通的桥梁，增加了绩效考核的透明度，保证了考核结果的公平公正；其次，有效的绩效反馈有助于团队及其成员了解自身在考核期的优点与不足，有助于下一次绩效考核期内工作任务的顺利开展，最终实现团队整体绩效乃至组织绩效的提升；最后，绩效反馈有助于向团队及其成员传达组织目标，使组织目标与团队目标、个体目标相一致，个体目标朝着团队目标发展，团队目标朝着组织目标发展，进而减少目标冲突。

2. 绩效反馈面谈

按照反馈的内容与形式，绩效反馈可以分为正式绩效反馈和非正式绩效反馈。正式绩效反馈是团队管理者通过事先计划和安排将绩效考核结果反馈给团队及其成员，例如面谈、定期书面报告、定期小组论谈会等；非正式绩效反馈则是团队管理者未经事先计划和安排将绩效考核结果反馈给团队及其成员，例如闲聊、走动式交谈等。其中，面谈是绩效反馈的主要形式，是管理者与团队及其成员共同针对上一个绩效考核期的绩效考核结果所做的反思与讨论。面谈内容一般包括工作绩效、行为表现、改进措施和新的目标四个方面。工作绩效是面谈的主要内容，管理者需要向团队及其成员反馈绩效结果，并对上一个绩效考核期的考核标准、目标进行反思，此外，管理者还需要对团队及其成员有异议的地方做出详细的解释。管理者在对团队及其成员给予肯定的同时，还需要帮助被考核者总结经验，发现其在绩效考核期内存在的问题及其产生的原因。行为表现包括团队及其成员的工作态度、工作能力等，这有助于了解其在绩效考核期内所缺乏的知识、技能，以更好地进行改进。改进措施是指管理者针对团队及其成员上一个绩效考核期未完成的绩效计划来分析原因，并给予具体的绩效改进措施。上一个绩效考核期的结束意味着新的绩效考核期的到来，在对上一个绩效考核期进行总结和回顾后，考核者还需要结合新的绩效考核期的计划、目标、要求，在传达组织期望的同时，与团队及其成员共同商定下一个绩效考核期的工作目标与标准。

本章小结及管理启示

本章主要展示了团队绩效的界定及分类，并介绍了团队绩效的理论框架。同时，对团队绩效管理及其重要性、工具和步骤进行了阐释。因此，组织管理者需要重视团队绩效管理，使团队在制定团队绩效管理计划中发挥主导作用，平衡好个人绩效与团队绩效之间的关系，以构建合理的团队绩效管理体系，促进团队绩效的提升。团队绩效与组织目标与战略的紧密结合，有助于实现个人、团队以及组织的共同进步。

关键术语

团队绩效（team performance）
绩效管理（performance management）
关键绩效指标（key performance indicators）
平衡计分卡（balance score card）
团队绩效计划（team performance plan）
管理团队绩效（managing team performance）
团队绩效考核（team performance appraisal）
团队绩效反馈（team performance feedback）
目标关键成果法（objectives and key results）
团队绩效管理（team performance management）
个人绩效管理（individual performance management）
任务绩效（task performance）
奖励绩效（rewarding performance）
发展目标（development objectives）
辅导（coaching）
自我监控（self-monitoring）
进展回顾（progress review）
工作目标（work objectives）
咨询（counselling）

思考题

1. 什么是团队绩效？
2. 团队绩效的 IPO 模型的作用机理是什么？
3. 有必要进行团队绩效管理吗？
4. 团队绩效管理的工具有哪些？它们各自的特点与优缺点是什么？
5. 结合本章内容，谈一谈如何打造一个高绩效团队。

参考文献

[1] Hackman J R. The design of work teams [EB/OL].（2011-08-26）. Scholars at Harvard.

[2] Sundstrom E，De Meuse K P，Futrell D. Work teams：applications and effectiveness [J]. American Psychologist，1990，45（2）：120-133.

[3] Zellmer-Bruhn M，Gibson C. Multinational organization context：implications for team learning and performance [J]. Academy of Management Journal，2006，49（3）：501-518.

[4] Dionne S D，Yammarino F J，Atwater L E，et al. Transformational leadership and team performance [J]. Journal of Organizational Change Management，2004，17（2）：177-193.

[5] Kozlowski S W J，Klein K J. A multilevel approach to theory and research in organizations：contextual，temporal，and emergent processes [M]. Hoboken，NJ：

Jossey-Bass/Wiley，2000.

[6] Nadler D A，Tushman M L. Beyond the charismatic leader：leadership and organizational change [J]. California Management Review，1990，32 (2)：77 - 97.

[7] Jewell L N，Reitz H J. Group effectiveness in organizations [M]. Glenview，IL：Scott，Foresman Company，1981.

[8] Gladstein D L. Groups in context：a model of task group effectiveness [J]. Administrative Science Quarterly，1984，29 (4)：499 - 517.

[9] Cohen S G，Bailey D E. What makes teams work：group effectiveness research from the shop floor to the executive suite [J]. Journal of Management，1997，23 (3)：239 - 290.

[10] McGrath J E. Social psychology：a brief introduction [M]. New York：Holt，Rinehart and Winston，1964.

[11] Stewart G L，Barrick M R. Team structure and performance：assessing the mediating role of intrateam process and the moderating role of task type [J]. Academy of Management Journal，2000，43 (2)：135 - 148.

[12] 葛宝山，刘牧，董保宝．团队互动过程模型研究评介与未来展望 [J]. 外国经济与管理，2012，34 (12)：38 - 48.

[13] Marks M A，Mathieu J E，Zaccaro S J. A temporally based framework and taxonomy of team processes [J]. Academy of Management Review，2001，26 (3)：356 - 376.

[14] Hackman J R. A normative model of work team effectiveness [J]. A Normative Model of Work Team Effectiveness，1983 (11)．

[15] Smith-Jentsch K A，Johnston J H，Payne S C. Measuring team-related expertise in complex environments [M]. Washington，DC：American Psychological Association，1998.

[16] Borman W C，Ilgen D R，Weiner I B，et al. Handbook of industrial and organizational psychology [EB/OL]．(1976 - 01 - 01). ResearchGate.

[17] 徐芳．团队绩效测评技术与实践 [M]. 北京：中国人民大学出版社，2003.

[18] Borman W C，Motowidlo S M. Expanding the criterion domain to include elements of contextual performance [J]. Personnel Selection in Organizations，1993 (71)．

[19] 戚振江，王端旭．研发团队效能管理 [J]. 科研管理，2003，24 (2)：127 - 132.

[20] MacBryde J，Mendibil K. Designing performance measurement systems for teams：theory and practice [J]. Management Decision，2003，41 (8)：722 - 733.

[21] Campbell A，Schuman H. Racial attitudes in fifteen American cities [EB/OL]. (1969 - 07 - 01)．SEMANTIC SCHOLAR.

[22] 张辉华，李爱梅，凌文辁，等．管理者情绪智力与绩效的关系：直接和中介效应研究 [J]. 南开管理评论，2009，12 (3)：104 - 116.

[23] 赫尔曼·阿吉斯．绩效管理．英文版．第3版 [M]. 北京：中国人民大学出版社，2012.

[24] 仲理峰，时勘．绩效管理的几个基本问题 [J]. 南开管理评论，2002，5 (3)：15 - 19.

[25] Pieterse A N，Van Knippenberg D，Van Ginkel W P. Diversity in goal orientation，team reflexivity，and team performance [J]. Organizational Behavior and Human Decision Processes，2011，114 (2)：153 - 164.

[26] Solow D，Vairaktarakis G，Piderit S K，et al. Managerial insights into the effects of interactions on replacing members of a team [J]. Management Science，2002，48 (8)：1060 - 1073.

[27] Dyer J L. Team research and team training：a state-of-the-art review [J]. Human Factors Review，1984，26：285 - 323.

[28] Cannon-Bowers J A，Bowers C. Team development and functioning [M]. Washington，DC：American Psychological Association，2011.

[29] Wildman J L，Bedwell W L，Salas E，et al. Performance measurement at work：a multilevel perspective [J]. Washington，DC：American Psychological Association，2011.

[30] 路变玲，黄国青，闫博华．基于结构方程模型的研发团队绩效评价 [J]. 科技管理研究，2008，28 (7)：315 - 317.

[31] Kaplan R S，Norton D P. The balance scorecard-measures that drive performance [J]. Harvard Business Review，1991，70 (1)：71 - 79.

[32] 顾英伟，李娟．关键绩效指标 (KPI) 体系研究 [J]. 现代管理科学，2007 (6)：79 - 80.

[33] 田五星，王海凤．大数据时代的公共部门绩效管理模式创新：基于 KPI 与 OKR 比较的启示与借鉴 [J]. 经济体制改革，2017 (3)：17 - 23.

[34] Drucker P F. The practice of management [M]. New York：Routledge，1954.

[35] 曹仰锋，王永贵．OKR：绩效管理创新实践 [J]. 中国管理会计，2019，34 (4)：52 - 57.

[36] 西楠，彭剑锋，曹毅，等．OKR 是什么及为什么能提升团队绩效?：柔性导向绩效管理实践案例研究 [J]. 科学学与科学技术管理，2020，41 (7)：116 - 138.

[37] 彭剑锋，徐芳．团队绩效测评指标与标准如何建立? [J]. 总裁，2003 (6)：30 - 31.

[38] Ilgen D R，Hollenbeck J R，Johnson M，et al. Teams in organizations：from input-process-output models to IMOI models [J]. Annual Review of Psychology，2005，56 (1)：517 - 543.

[39] 卫旭华，刘咏梅，车小玲．中国上市企业高管离职影响因素的跨层研究 [J]. 管理科学，2013，26 (6)：71 - 82.

[40] 卫旭华，刘咏梅．团队过往绩效，效能感与冲突关系研究 [J]. 科学学与科学技术管理，2014，35 (9)：152 - 160.

[41] 习近平. 之江新语 [M]. 杭州：浙江人民出版社，2007：254.

案例分析

如何利用 KPI 打造高绩效团队

方正是一家从事电力、热力生产和销售的公司，随着人们的绿色环保理念不断强化，公司在生产运营上面临着极大的压力，尤其是环保问题和安全隐患问题，使得公司发展进入了瓶颈期。为此，方正公司的管理层开始转变发展理念，通过构建 KPI 体系，为公司发展注入了新的动力。

方正公司总体战略是通过系列举措，逐步提升公司价值和竞争力，把公司打造成一流的发电企业。为此，方正公司对自己的优势、弱势、机会和威胁进行了 SWOT 分析，将战略目标进一步具体为：实现股东价值、员工价值以及社会价值的同步增长，使公司与优质客户维持互惠的长期合作关系，以经济效益为中心，确保关键设备的完好率为 100%，完成绿色发展计划，实现降本增效；创建学习型企业和良好的企业文化，尽量避免发生安全事故，降低事故损失，不断提升安全生产技术水平和企业员工的整体安全素质。基于 KPI，方正公司将上述战略目标分解成了具有可行性的行动计划。

首先，利用鱼骨图确定影响战略目标实现的关键因素，主要包括安全生产、生产管理、节能环保、利税增长和队伍建设。其次，对上述关键因素进行分解，识别重点工作任务。具体而言，安全生产包括安全评估、安全教育、安全整改；生产管理包括质量管理、采购管理、管理效率；节能环保包括环保制度、节能效果；利税增长包括质量、成本、企业盈利水平；队伍建设包括人员结构、人才培养。最后，基于 SMART 原则，验证上述指标并进一步对 KPI 进行分解，保证 KPI 具有较强的可操作性。在确定企业级 KPI 后，方正公司按照部门、团队对其进行了分解，最终形成了岗位级 KPI，帮助企业实现节能环保和安全生产。

[讨论题]

1. 结合方正公司的企业级 KPI，你认为安全环保团队应该如何设置团队的 KPI？
2. KPI 为方正公司的安全环保团队带来了哪些好处？可能会带来哪些问题？

应该如何评估团队内部成员的绩效

小勤是 M 公司研发团队的一名工程师，自入职以来一直勤勤恳恳、踏实认真，并且善于创新与钻研，已经成为公司研发团队的一名骨干成员，不仅团队内部的同事对其称赞有加，其他部门的同事也对小勤的工作高度认可。

然而最近，研发团队负责人黎经理发现小勤的工作热情不是很高，在设计上总是出现一些以往不会出现的小错误，为了避免小勤怠工情绪的进一步扩大，给团队造成损失，黎经理立即对其进行了约谈。

在约谈中，小勤坦言自己对待工作比较认真、谨慎，为了避免设计失误，自己经常加班校对自己的设计文件，所以自己设计出来的图纸错误率低，其他部门的同事也乐意接收。然而，团队内与他同一时间入职的另一名工程师小聪的设计文件比较粗糙，常有小设计失误，导致其他部门的同事叫苦不迭。但是这并没有影响小聪的绩效考核结果，因为这些小的设计失误并没有给公司造成直接的经济损失，按照公司的绩效考核制度规定，只有在产生直接经济损失的前提下，才会影响绩效考核结果。这些小的失误需要生产部门的同事与小聪进行沟通，双方确认改图后，小聪再进行修改，并将修改后的图纸给生产部门，生产部门紧接着会对产品进行重新修改，如此循环往复，直到小聪将图纸修改正确为止。在此过程中，不仅耗费了大家大量的时间，也增加了公司成本，这些难道不算损失吗？因此，尽管小聪和自己的设计质量明显不同，但在绩效考核中没有差别，这使小勤心里感到极不平衡。听了小勤的谈话，黎经理认为这种绩效考核确实存在一定的弊端，但是该怎样去解决绩效考核中的这个问题呢？

［讨论题］

1. 在案例中，团队的绩效考核出了什么问题？
2. 应当如何解决案例中的团队绩效考核问题？

第 17 章

团队创新管理

创新是引领发展的第一动力。抓创新就是抓发展，谋创新就是谋未来。

——习近平在十二届全国人大三次会议上海代表团审议时的讲话（2015 年 3 月 5 日）

学习目标

1. 明晰创新与创造力的异同
2. 掌握团队创新的界定
3. 掌握团队创新的多种测量方式
4. 了解团队双元创新
5. 理解如何促进团队创新

引导案例

微信的诞生：张小龙给马化腾的一封邮件

2011 年 1 月 21 日，腾讯公司正式推出微信。经过 10 多年的发展，微信日活用户已超过 10 亿，成为名副其实的“国民社交软件”，微信的功能早已不再局限于初始时期的通信、社交，而是将触手伸向了用户的日常生活和工作中，微信已深刻地融入了人们的生活。微信一路披荆斩棘、发展成为“巨无霸”的传奇历程，起源于 2010 年腾讯公司广州研发部（以下简称“广研”）的团队领导者张小龙写给公司创始人马化腾的一封邮件。

2005 年，Foxmail 邮箱创始人张小龙带领 20 多人的研发团队加入腾讯公司，接手了腾讯邮件业务的研发运营工作，并在随后的几年里日益完善 QQ 邮箱产品，将其打造成中国用户量最大的邮箱产品。张小龙所领导的团队在日后回顾起这段经历时表示，在创造性地开发微信产品的过程中，对用户体验的高度重视、团队之间的沟通和知识整合以及技术能力的积累，都得益于团队在QQ邮箱开发过程中的经验积累。

在成功打造了明星产品——QQ邮箱之后，该团队敏锐地关注到其他公司推出的名为Kik的社交软件，并迅速在团队内部达成共识：移动互联网时代将诞生全新的社交软件，这将对公司最重要的产品——QQ产生巨大的威胁。很快，张小龙就给马化腾写了一封邮件，邮件内写明了团队成员对未来移动互联网时代社交软件的认识和担忧，并主动请缨由广研团队来进行新的社交软件的研发工作。

2010年11月，微信项目正式启动。渡过了艰难的开发期，微信1.0版本于2011年1月下旬正式推出，但推出初期用户增长数量很少，使团队内的很多成员都对产品产生了怀疑。有成员回忆起当时的情景说，“当时的用户数增长慢还不是最令人丧失信心的，最难的是，有些团队成员总是在自我怀疑，认为微信所做的事情，QQ也能完成，且QQ有更大的用户基数和更强的渠道，用户会认为微信是一款鸡肋产品，没有前途”。还有成员在谈及自己当时的想法时说，“微信刚开始的时候，很多团队成员都没有什么信心，包括我自己在内，也觉得微信很难成功，真正相信微信会成为爆款软件的只有我们团队的领导者张小龙。但是我愿意尝试，我认为就算做不出成果也没关系，我们做这样一件事更多是为了阻击腾讯潜在的对手，况且做这样一件产品对我们来说也是一种新的体验，能够提升我们的能力，所以我还是会拼尽全力去做，也愿意这样鼓励我的同事”。

功夫不负有心人，在微信1.0版本的基础上，团队成员不断尝试创新，为微信加入了许多新功能，例如语音、附近的人、摇一摇、朋友圈等功能，每一次新功能的加入都为微信添上了一把火，使用户数量得到了大幅度的提升。在微信迅速崛起后，马化腾曾感慨道，如果不是腾讯自己革命自己的话，微信将会出现在另外一家公司，那么腾讯可能根本就招架不住。腾讯终于在QQ之后，又为自己赢得了移动互联网时代的王牌。

资料来源：微信怎样诞生：张小龙给马化腾的一封邮件［EB/OL］.（2014-02-28）. https://www.163.com/tech/article/9M67OQ9100094ODU.html.

习近平总书记在党的二十大报告中明确提出，要“实施科教兴国战略，强化现代化建设人才支撑”，“必须坚持科技是第一生产力、人才是第一资源、创新是第一动力，深入实施科教兴国战略、人才强国战略、创新驱动发展战略，开辟发展新领域新赛道，不断塑造发展新动能新优势”，充分体现了科技创新对于国家发展的重大战略意义。

在当前时代，数字化（数字科技）正逐步成为全球企业变革的重要突破点[1]，也逐步改变了工业经济的根本立足点，使现代社会正式进入了VUCA时代。在该时代背景下，组织必须对环境变化保持高度敏感性，以极大的灵活性来面对瞬息万变的外部环境，并满足不断变化的客户需求。这就需要组织培育出良好的创新意识和创新精神，不断地从事创新活动才能够获得可持续发展的竞争优势。

“创新”这一概念是由学者熊彼特（Schumpeter）于 1912 年提出的，他指出，创新是经济增长的根本原因，并将创新定义为“建立一种新的生产函数”，是在生产过程中使用全新的生产要素或者将旧的生产要素打乱重新进行组合。创新能够通过完善生产技术、优化资源配置来降低产品成本，还能够培育新的市场需求、创造出全新的产品类型，从而为组织带来丰厚的超额利润。[2]因此，对企业而言，创新是非常重要的成长途径，也是获得长期发展的动力来源。但不同于一般的生产活动，创新在为企业带来难得的发展机遇的同时，也带来了严峻的考验。创新具有风险性强、投资周期长、转化成本高以及溢出性强等特点，这就使得创新变成了一把双刃剑，企业既有可能因为创新成功而取得突破性的发展，也有可能因为创新失败而一落千丈。[3]但总的来讲，创新给企业带来的益处远远超过风险，甚至可以说，创新已经成为企业经营发展的应有之义。

随着时代的发展，传统的组织创新在变幻莫测的环境中业已丧失优势，以往金字塔式的科层结构无法对创新工作快速响应，亟须建立更加扁平化的组织架构，尤其是知识导向下的创新工作需要更加扁平化的组织架构。因此，相对扁平化结构的团队的优势日益凸现出来。团队往往能够结合多项技能，对组织目标的执行更加到位和及时。[4]越来越多的组织意识到，团队是组织中的基本功能单位，需要打造以“产品”为中心的创新团队，才能够更灵活、更快速地帮助组织积极适应环境，团队创新管理已成为关乎组织能否顺利应对外部环境不确定性的关键所在。正如华为创始人任正非所言，未来的商业战争是“班长战争”，组织需要将一部分决策权和控制权下放到一线创新团队，使其能够有较大的自由创新空间，激发团队的创新活力。诚然，团队创新的价值已经日益获得肯定，但目前的问题在于，我们应该如何认识团队创新、又如何能够充分实现团队创新的价值呢？这正是本章想要探索的问题。

17.1　团队创新的界定

创新已被广泛认为是当代组织保持或提高核心竞争力的重要途径。创新通常发生在一个团队中，随后再发展到常规实践中。[5]学者们基于不同的研究视角，对团队创新做出了不同的定义。持过程观的学者认为，团队创新是“团队引进和实施新的想法、过程、产品或程序的过程，旨在使个人、团队、组织或更广泛的社会受益”[6]，即从创新想法出现到应用的全过程[7]；而持结果观的学者指出，团队创新是团队有目的地运用新技术、创意或思想，给组织带来显著的回报[8]，强调团队创新须取得创新性成果。从团队成员个体出发，学者们认为全体团队成员的创新行为共同构成了团队创新，团队创新是团队内部成员个体创新的总和[9]；立足于团队整体的学者则认为，团队创新是在团队成员的个体知识与团队整体的群体知识基础上，共同产生创新想法并将其付诸实践的团队行为[10]。团队创新的界定见表 17－1。

表 17－1　团队创新的界定

研究视角		代表学者	定义
创新重心	过程观	威斯特、乔治（George）	团队引进和实施新的想法、过程、产品或程序，旨在使个人、团队、组织或更广泛的社会受益
	结果观	科恩、贝利	团队有目的地运用新技术、创意或思想，给组织带来显著的回报
创新主体	个体观	塔格尔（Taggar）	团队创新是团队内部成员个体创新的总和
	整体观	卢梭（Rousseau）	在团队成员的个体知识与团队整体的群体知识基础上，共同产生创新想法并将其付诸实践的团队行为

值得一提的是，团队创新与团队创造力这两个概念时常被混淆，二者虽然有一定的共通之处，但并不完全相同。正如威斯特所言，团队创新包括创新想法的产生与实施，而团队创造力则指的是产生新颖而实用的想法，团队创新建立在团队创造力的基础之上，将创造力付诸行动。[6]具体而言，团队创造力的重点仅仅在于创新想法的诞生，至于想法能否施行、如何施行，则超出了团队创造力所考虑的范畴。而团队创新的第一步就是使团队成员的创造力发挥作用，团队成员依靠彼此之间的社会互动，整合他们各自的知识和观点，以此来发散、拓展和评估新的思维，将个人的创造性想法转换为团队创新的方向。团队创新的第二步是创新想法的实践，这通常需要团队内部、团队与外界利益相关者之间达成紧密的合作与密切的联系，首先在团队内部对创新想法达成共识，再与外部利益相关者进行协调与合作，争取外部利益相关者对创新行为的资源支持，使团队创新得以顺利实施。[11]团队创造力与团队创新的关系见图 17－1。

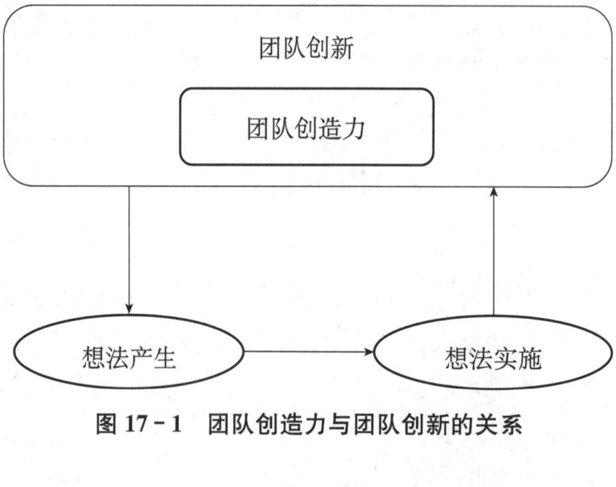

图 17－1　团队创造力与团队创新的关系

17.2　团队创新的测量方式

诸多学者基于自己对团队创新的理解，给出了对团队创新不同的测量方式，总的来说，可以分为主观测量方式与客观测量方式两大类型。

17.2.1　主观测量方式

对于团队创新的主观测量方式，根据学者们的研究视角可分为两种类型。

第一，根据侧重点的不同，学者们开发了基于个体层面和团队层面的量表。其中，韩翼等学者立足中国本土实践，对该量表进行了改进，形成了创新意愿、创新行动与创新结果的创新三维度量表，也有学者将这一量表测量结果进行聚合来计算团队创新指数，示例题项为“为了改善现有状况，提供新想法”“主动支持具有创新性的思想”。[12] 伯皮特（Burpitt）和比戈纳斯（Bigoness）侧重于从团队层面观察团队创新，开发了九题项量表，主要从市场导向和问题导向两个方面来测量团队创新水平[13]，示例题项为“团队学习应用原有技能的新方法，开发能够吸引或服务新市场的新产品”。

第二，基于对团队创新界定的过程观和结果观，学者们亦开发出了不同的量表。立足于过程观，韦尔伯恩（Welbourne）等人开发了四题项量表，从创意提出到实施对团队创新进行考察，示例题项为“形成新的想法”“努力实施新的想法”。[14] 德拉赫-扎哈维（Drach-Zahavy）和萨默奇（Somech）通过测量在一定时期内团队的工作目标、方式、技能发生的变化来计算团队创新指数，示例题项为“团队启动了新的程序和方法”。[15] 从结果观出发，贝尔根据团队是否提供了新产品、新技术或新服务，开发了一个三题项量表，示例题项为“团队推出了新的产品”[16]。张光磊等人对该量表进行了本土化，开发了七题项量表来测量团队创新，示例题项为“团队经常开发一些能够被市场接受的产品或服务”[17]。洛夫莱斯（Lovelace）等人开发了四题项量表，在之后的研究中也得到了广泛应用，示例题项为“团队引入的创新或新想法的数量”。[18]

17.2.2　客观测量方式

此外，还有一些学者借助客观数据来计算团队创新指数。这一类的衡量方式可分为结果观与过程观。

持结果观的学者们认为，团队创新应根据团队创新的结果或产出来判断，可通过专利数据来进行测算。奥托尔（Autor）等人采用专利申请数量作为团队创新的代理变量[19]；默穆德（Mahmood）和鲁芬（Rufin）、黎文靖和郑曼妮使用团队所获专利数量来计算团队创新指数[20-21]；吉特尔曼（Gittelman）则建议使用团队所有专利的引用量来衡量团队创新成果[22]。

持过程观的学者们认为，创新投入是指从事研发活动中所发生的各类支出，因此研发资金投入是衡量团队创新的常用指标。根据《企业会计准则》的规定，企业从事的研究开发项目应区分为研究和开发两个阶段，企业应当在财务报表附注中对所发生的全部研发费用进行列示，包括开发时满足资本化要求的开支以及研发过程中所有的费用开支。[23] 赫什莱弗（Hirshleifer）等人采用研发投入占总资产的比例来衡量创新投入的多少[24]，胡国柳等人分别采用研发投入占总资产比重和研发投入占营业收入比重对创新水平进行衡量[25]。

17.3 团队双元创新

17.3.1 双元创新的定义

近年来，双元创新（ambidextrous innovation）的概念愈发引人注目，越来越多的学者与企业家认为创新具有天然的二元性：探索式（exploration）与利用式（exploitation）并存。双元创新的提出者马奇指出，创新活动可分为探索式创新（explorative innovation）与利用式创新（exploitative innovation）两种类型，二者的显著差异在于创新目的不同。[26]其中，探索式创新主要从事的是对全新的技术、市场、产品的开发，从根本上颠覆现有的技术能力与组织架构；而利用式创新则基于过去的创新成果，渐进式地对已有技术和产品进行改良和升级。马奇对双元创新分别给出了定义词汇，探索式创新包括搜寻（search）、变异（variation）、冒险（risk）、试验（experimentation）、发挥作用（play a role）、灵活（flexibility）、发现（discovery）、创造（innovation）；利用式创新包括完善（refinement）、选择（choice）、制造（production）、提效（improve efficiency）、挑选（selection）、实施改革（implement reforms）、执行（execution）。[26]

扩展阅读

双元创新实例

iPhone 4 智能手机横空出世，首次采用前后玻璃材质的设计、实现定制 A4 芯片加前置摄像头等众多创新举措，使其一经发售便大受欢迎，一举打破了当时霸占市场的功能机神话，这便是颠覆性的探索式创新成功的典型案例。在 iPhone 4 之后，历代 iPhone 的升级换代均是在前代产品的基础上完成的，这就是利用式创新。

17.3.2 团队双元创新的辩证关系

对团队而言，探索式创新与利用式创新都是必不可少的创新活动。探索式创新能够为团队发掘全新的发展机会，储备面对不确定性的能量，一旦探索式创新成功，得到了颠覆性的创新成果，就会帮助团队占据更大的市场份额，为团队带来丰厚的超额利润。与之相对，风险与收益往往是成正比的。探索式创新在为团队带来巨大收益的同时，也会因其本身需要打破现有常规技术、投入大量资金和资源、试探性地寻找创新的方法，而带来不可估量的风险成本，这些都给团队带来了极大的挑战。利用式创新是对团队现有知识和能力的整合，能够引导团队不断地修补和完善现有的产品，维护对客户的长期承诺，相较于探索式创新的高收益与高风险，利用式创新给团队带来的收益更具有细水长流的特征，能够在较小的失败风险下，给企业带来一定的收益。

探索式创新需要团队在前期进行长期且大量的投资，才有可能找准创新方向，实现创新成功，获取高额的回报。[27]这也就说明，探索式创新不可能在短期内就给团队带来真金白银的好处，反而会消耗团队大量资源，因此它并不利于团队的短期绩效；但探索式创新代表的是团队未来发展的潜能，对团队的长期成长具有非比寻常的意义。相比之下，利用式创新所需的资源较少，能够在短期内获得立竿见影的收益，对团队的短期绩效有较大的好处，但利用式创新无法为团队指明下一步的技术发展方向，也易造成团队僵化与惰性，不利于团队的长期发展。正是因为如此，团队需要找到探索式创新与利用式创新的平衡点，既从事利用式创新，也不忽视探索式创新，为团队储备短期发展力量与长期成长动能，从而保持企业的良性运转。

相对于战略管理领域与知识管理领域，双元创新的相关研究在团队创新领域的开展较为缓慢，但近年来依然引起了学术界与实务界的关注。团队层面的探索式创新与利用式创新，呈现出一种竞争又互补的关系。[28]一方面，无论是资金、人力、信息还是关系资源，团队资源总是有限的，而从事探索式创新或利用式创新都需要资源的投入，受制于有限的团队资源，当进行探索式创新的强度较大时，势必会挤占原本应用于利用式创新的资源，反之亦然，因此团队的双元创新之间是存在资源竞争关系的；另一方面，探索式创新更像是灵光乍现般的焰火，它的成功会给团队带来巨大的收益，但颠覆性的技术更迭不可能时时发生，在探索式创新成功以后，如何延续它的价值是一个重要的议题，这需要团队在探索式创新成果的基础上继续深耕，进行利用式创新，进一步完善探索式创新，获取源源不断的创新成就。此外，探索式创新并不是无源之水，团队的利用式创新也会为探索式创新打下良好的知识基础和资金基础，二者能产生强烈的互补关系。团队的双元创新之间存在竞争又互补的辩证关系，既相互挤占、争夺团队创新资源，又相互促进、紧密联系。团队双元创新的辩证关系如图 17－2 所示。

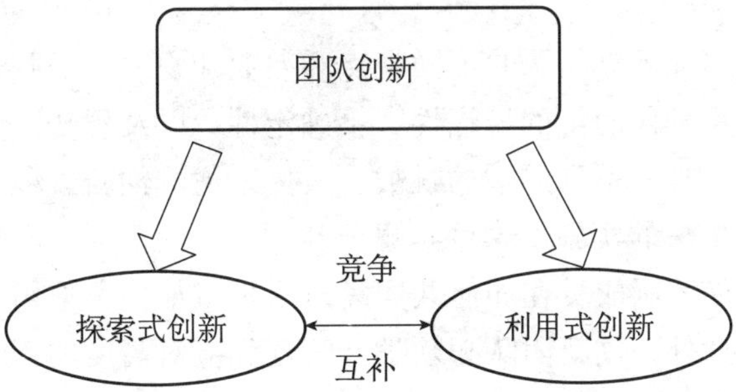

图 17－2　团队双元创新的辩证关系

17.3.3　团队双元创新的测量

目前对于团队双元创新的测度方式主要有以下四种。

(1) 通过年度报告披露的研发投入来测量。[29]具体来说，现行的《企业会计准则》要求上市公司在年度报告中披露研发投入数据，并将其细分为研究阶段与开发两个阶段，其中研究阶段指的是研发项目尚处在萌芽时期，不能保证对该项目的投资能够产生回报，因此将这一时期的支出进行资本化处理；开发阶段指的是该研发项目已经初步成型，有较大的几率使企业获得回报，因此将这一时期的支出进行费用化处理。学者们往往用投入的资本化和费用化支出来分别测量探索式创新与利用式创新。

（2）通过团队专利申请/授权数量来测算。[30-31]根据《中华人民共和国专利法》的规定，专利包括发明专利、实用新型专利和外观设计专利三种类型。其中，发明专利的要求最高，它需要对现有产品进行大幅度的改造和提升，提出有竞争力的新技术方案。实用新型专利要求对产品的形状、构造或者其结合所提出的适于实用的新的技术方案，相较于发明专利，它更注重实用性，对新技术的要求较低。外观设计专利是指对产品的形状、图案或其结合以及色彩与形状、图案的结合所做出的富有美感并适于工业应用的新设计，无需对技术进行改进，是三者中要求最低的。学者们通常用发明专利数量来测量探索式创新，用实用新型专利和外观设计专利数量来测量利用式创新。

（3）运用文本分析方法进行测量。[32]企业/团队发布的文本信息能够有效地反映其行为指向和决策逻辑，基于此，学者们开发出了针对双元创新的文本分析测度方法。首先，收集企业/团队大量新闻稿/年度报告，再利用马奇开发的双元创新词汇表，使用 Python 程序对海量文本进行关键词分析，统计出双元创新词汇出现的频次，最后将双元创新词汇出现的频次与文本总字数的比值作为探索式创新、利用式创新的测量值。[26]

（4）采用问卷调查方式获取团队创新的一手数据来测量。[33-34]问卷调查是直接面向调查对象的，能够较好地反映出调查对象的真实情况，在研究双元创新时，它是一种很好的测量方式。

17.4 通过管理激发团队创新

尽管组织越来越多地依靠团队的不同观点和专业知识来为面临的问题提供新颖的解决方案，但与创新过程相伴而生的模糊性、不确定性，以及想法产生和想法实施过程的矛盾性，使创新团队面临一系列严峻的挑战。具体来说，创新过程不仅涉及创造性想法的产生，还涉及创新想法的实施，这些“想”与“做”的活动，不仅可能对团队成员个人造成负担，而且会使团队成员在如何共同完成目标或如何争取组织的最大程度的支持等问题上发生冲突。此外，创新团队必须学会管理和应对高度的不确定性和模糊性。因为创新任务本身就是非程序化的，甚至可能是方向模糊的，组织对于团队成员具体从事什么样的工作，能够给出的指导较少，这往往会使对团队的培训工作也变得很困难。创新团队不仅要面临创新任务的模糊性和不确定性，还要面临外部市场环境、政策环境的不确定性。若团队成员不熟悉他们所处的市场，缺乏应对新环境所需的知识和经验，很可能会损害团队的凝聚力，并产生高昂的经济成本。如何应对这些复杂严峻的挑战，是关系到团队能否充分发挥其创新潜能的关键。因此，本节的重点就是探索如何通过管理来激发更大程度的团队创新。

学术界对于团队创新影响因素的系统研究，始于 1964 年麦格拉思等人提出的 IPO 模型（详细内容参见第二章）。威斯特开发了一个多层次框架来解释团队创新过程。[6]根据这个模型，团队的任务特征以及团队的知识多样性和技能促进了团队的整合过程，进而推进了团队创新的实施。该模型还考虑了组织和环境因素的影响。马姆福德（Mumford）和亨特（Hunter）同样使用了多层次框架来探索团队创新的前因，在个体层面上，该框架考虑了个体的知识水平、动机等因素[35]；在团队层面上，该框架考虑了团队氛围、团队领导、团队沟通以及团队架构等因素；在组织层面上，该框架包括组织控制、组织资源、对创新的倡导程度以及组织结构；在环境层面上，该框架考虑了市场环境的动荡性、行业联盟以及关系网络等因素。莎利（Shalley）和吉尔森（Gilson）亦从个体、团队和组织等多个层面来考察团队创新的重要影响因素[36]，值得注意的是，在团队层面上，他们发现沟通、多样性、共同的心理模式、领导力和氛围是团队创新的关键因素。休尔斯海格（Hülsheger）等人通过元分析方法对团队创新的前因进行了梳理，发现与输入变量相比，团队过程变量通常与创新有更强的关系，特别是团队规模、工作相关的多样性、目标相互依存、凝聚力、内外部沟通等因素。[37]泰尔（Thayer）等人对以往关于团队创新的重要文献进行了系统性的回顾，并总结了团队创新的六个关键因素，分别是：(1) 团队构成，包括团队成员的属性（如知识、技能和能力）和团队的特征（如团队的多样性）；(2) 沟通和知识整合；(3) 认知；(4) 冲突；(5) 创造性的领导；(6) 背景，包括团队氛围和文化。[11]接下来将重点探讨输入因素和过程因素。

17.4.1 输入因素

1. 团队成员的属性、倾向和行为

团队成员的属性、倾向和行为会影响团队的创新行为。以往研究已经发现了一些会影响团队创新的因素，例如大五人格中的外倾性、开放性都能够显著影响团队成员的创新水平，进而提升团队的创新能力[38-39]；米隆（Miron）等人发现，团队成员的主动性对于其产生创新想法并愿意实施创新想法是非常必要的[40]。

2. 团队成员的价值观、目标导向

团队成员的价值观、目标导向也会对团队创新产生影响。吴颖宣等人关注了员工在领导拒绝创新想法后依然坚持己见、继续工作的抗令创新行为，研究发现，抗令创新行为能够增加团队创新想法的数量，进而对团队创新绩效产生正向影响。[41]

扩展阅读

价值观塑造创新

重庆白鹤电力有限公司（以下简称“白鹤公司”）计划修建两台 30 万千瓦燃煤发电机组，但由于关键技术的限制，工程进度严重滞后。公司领导高度重视工程建设进度，聘请了具有丰富基建、生产经验的金庆林担任总经理。

金庆林非常重视价值观的作用，刚一上任，就结合公司战略安排，提出了一套白鹤价值观体系，以“奉献绿色能源、服务社会公众”为企业精神，以追求“最佳管理、最佳服务、最佳效益”为企业经营理念，以“诚信奉献、竞争创新、务实严谨”为企业价值观。

白鹤公司这一系统的企业文化建设理论在工作实践中发挥了巨大的作用，在一年多的时间里，以合作、和谐的理念团结参建单位等各方力量，理顺了各种关系，获得了多方的鼎力支持；“人本”思想使企业员工心情舒畅、各尽其才，充分调动了大家的积极性、创造性，技术取得了突破性进展，迅速扭转了被动局面，使按时竣工投产由不可能变为可能。

3. 团队成员的动机

团队成员的动机会影响团队的创新能力。动机是一种能够引导团队成员活动方向并维持团队成员活动的动力，包括由内在刺激引发需求的内在动机和由外在刺激引发需求的外在动机。梅斯曼（Messmann）和穆德（Mulder）研究发现，当团队成员自发地对工作产生兴趣时，他们会认为工作本身就能够实现自我价值和具有挑战性，会投入更多的时间和精力，进而产生更多的团队创新行为[42]；董念念和王雪莉基于自我决定理论和态度改变理论，采用多时点、多来源的问卷调查数据，探索了团队成员的内在动机对创新质量的影响，发现当团队成员的内在动机比较强烈时，其提出的创新想法会有较强的可实施性，当团队成员的外在动机较强时，其进行创新的行为往往是迫于压力的，因此从事创新工作的成员也不会有很强的主动性和积极性[43]。

4. 团队成员的心理状态

团队成员的心理状态与团队创新之间存在着显著的关系。现有研究普遍发现，情绪是影响团队成员工作行为的重要因素之一，团队成员的积极情绪有助于创新行为的开展，而消极情绪则会阻碍创新行为。积极情绪往往能够激发人的工作动力，而消极情绪则会导致团队成员产生回避和禁止行为。还有一些心理学的研究表明，消极情绪会降低团队成员的信息加工能力和执行能力。

5. 团队成员的思维方式和知识水平

创新并非易事，其要求创新主体具有先进的思维方式、较高的知识储备和专业技能，因此团队成员的思维方式和知识水平也会对团队创新有所影响。思维方式指的是团队成员在面对任务时，如何认识任务、完成任务的思路。思维方式的差异造就了团队成员创新成果的不同。斯科特（Scott）和布鲁斯（Bruce）认为，注重逻辑性和倾向于从以往经验中寻求解决办法的团队成员，往往具有较低的创新水平。因为他们面对问题时总是希望采用传统的和保守的解决方法，而那些不太看重既有规则和规律的人，往往能够从直觉中获取新的灵感，进而提升团队创新水平。[44]

6. 团队的多样性

诚然，团队成员特质对于团队创新来说是不得不考虑的因素，但脱离了团队层面中的其他因素来谈团队成员特质对团队创新的影响，也是不全面的。例如，一个有严格程序的组织很难留住从事创造性工作的员工，因为这项工作通常需要更大的自主权。因此，有必要在个人特质和团队其他因素之间进行平衡，以促进创新工作的顺利完成。巴尔（Baer）研究了团队成员的开放性与工作环境的相互作用对创新行为的影响，发现当工作环境中的创新想法比较活跃时，团队成员的开放性更能够促进创新行为的产生。[45]

团队的多样性是引起广泛关注的团队创新的影响因素。早期研究发现，由于不同的教育或培训背景而导致的团队成员之间的知识差异，以及任期的多样性，都与产品的开发和实施呈负相关。[46]然而，这与创新团队可以从不同的观点中受益，从而能够针对各种问题提供更具创造性的解决方案的观点背道而驰。随后的众多研究都认为，多样性更有助于团队创新，例如，周（Zhou）等人的研究发现，当成员的职能和技能更加多样化时，团队认知能力的深度和广度都得到了较大程度的提高，同时团队能够更好地面对风险，进而提升团队的创新能力。[47]库尔茨伯格（Kurtzberg）发现新产品的成功取决于团队贡献不同技能和角色的能力，以及理解团队成员之间独特信息的能力，因此团队成员认知风格的多样性与团队产生创新想法的数量呈正相关。[48]

7. 团队的领导风格

团队的领导风格会对团队创新产生影响。团队领导在特定领域的技能或专业知识，以及创造性解决问题的能力水平会极大地影响团队工作环境，进而对团队成员的创新水平产生影响。迈内梅利斯（Mainemelis）等人的研究表明，创意领导往往通过“以领导者的创造性愿景来指导”“促进下属的创造性愿景”“整合这两种创造性愿景”三种方式来激励团队成员进行创新工作。[49]罗辛（Rosing）等人提出了双灵巧型领导是团队创新的最优策略，其通过开放式和封闭型领导行为来引导团队进行动态创新过程，开放式领导行为鼓励追随者以不同的方式思考并打破常规，而封闭型领导行为则通过建立例行程序、控制目标实现和遵守规则等方式来指导追随者。[50]例如，接受团队成员的反馈被认为是开放式领导行为，而封闭型领导行为可能包括隐瞒关于开发中的产品信息，以使其更快地通过生产过程。开放式领导行为主要在创意的产生阶段是有益的，而封闭型领导行为在创意实施阶段是必要的。因此，一个有效的双灵巧型领导可以通过动态创新过程在开放式和封闭型领导行为之间灵活切换，进而帮助团队克服创新的挑战。

扩展阅读

A公司的辞职现象

A公司是一家中等规模的家具公司，对于人事工作的安排采用部门经理负责制，因此部门经理对于员工的招聘、录用和解聘都具有决定权。

前几年，公司总经理李华任命资深员工杜明为研发部经理，从那以后，研发部的人员流动性比原来大了许多，很多员工进入研发部很短时间后就跳槽，并且一些元老级的员工也相继离开了研发部。慢慢地，研发部推出的新产品和新技术越来越少，这引起了李华的重视。

一次偶然的机会，李华遇到了刚从研发部离职不久的王亮，在闲谈中，王亮告诉李华，杜明在成为研发部经理之前工作十分出色，但是他不适合作为领导来管理研发部，他不善于处理与下级的关系，对于员工千辛万苦研发出来的成果，他总要想办法据为己有，对犯错的下属也过于苛刻，许多员工都忍受不了这样的上级而最终选择跳槽。

8. 团队氛围

团队氛围是学术界和实务界公认的团队创新的影响因素之一。在团队层面，创新研究主要关注团队创新氛围，或培养团队内部积极的创新观点。创新团队氛围包括愿景、安全参与、任务导向和创新支持。愿景代表了一种更高的目标和动机，其特征是清晰的、共享的、可实现的和有价值的；当团队成员在一个没有威胁的环境中参与决策时，安全参与就得以建立；任务导向是指团队围绕其目标对高质量绩效的共同关注；创新支持被定义为鼓励旨在改善或改变当前工作环境的尝试。[11]休尔斯海格等人发现，创新与愿景、创新支持和任务导向之间存在着很强的正相关关系。安全参与与创新的关系最弱。[37]黄（Huang）等人指出，团队创新受到成员对传统主义的重视程度的影响，也就是说，重视旧的做事方式而不是打破先例和创造新方法，会使成员更有可能讨论过去的经验和再次采用过去的方法。[51]

扩展阅读

三联软件公司缘何创新成功

总部设在美国得克萨斯州的三联软件公司一直是该行业的领军企业，公司CEO曾在一次采访中提到公司的创新秘诀："我们公司始终认为团队氛围是团队创新的关键所在，所以我们一直鼓励创新团队保持合作、友好和乐观的氛围。"三联的企业文化鼓励员工充分地展示自己的热情、精力和承诺，而且公司会根据他们的绩效进行奖励。公司福利旨在保持员工的积极性和兴奋感，公司提供各种福利项目，如公司组织的旅行、当地体育馆的打折卡、医疗保险和人寿保险、上门家政服务等。

9. 团队规模

组建团队时，势必要考虑团队规模的大小，因此团队规模也是团队创新的影响因素之一。一般而言，团队规模太小或太大都不利于团队创新，因为团队规模太小，就会缺乏观点和视角的多样性，不利于团队成员之间的知识互动和创新想法的碰撞；而团队规模太大，团队成员之间难以形成充分有效的沟通，不利于创新决策达成一致。[52]

17.4.2 过程因素

1. 团队冲突

团队冲突是影响团队创新水平的重要因素之一。创新团队常常会产生冲突，这可能源于团队任务的分歧（任务冲突）或团队成员的不兼容（关系冲突）。冲突对团队创新究竟是好是坏，这一问题还未产生定论。魏因加特（Weingart）等人发现，当一个团队的异质性更强且知道如何管理冲突时，在创造高质量产品时，任务冲突是有益的。[53]奥尼尔（O'Neill）等人发现任务冲突、关系冲突和过程冲突与团队创新之间没有显著关系，在某些情况下，与任务相关的冲突可以促进学习、提高创造力和创新。[54]

2. 团队沟通

团队沟通也是团队创新的重要影响因素之一。沟通允许团队成员交换知识、观点和想法。休尔斯海格等人发现，团队内部沟通和团队外部沟通与创新呈正相关。然而，更多的团队内部沟通并不一定会带来创新。[37]凯拉策（Kratzer）等人发现沟通频率与新产品开发团队的创造性表现呈负相关。这些研究表明，团队沟通的频率不一定重要，重要的是沟通的内容。[55]具体来说，对于一些从事高新技术的团队来说，仅仅共享信息是不够的，还需要整合团队成员独特的知识[56]，当团队成员有效地交流和整合知识时，他们可以从不同的角度提出新颖的想法和解决方案。

团队创新的IPO模型见图17-3。

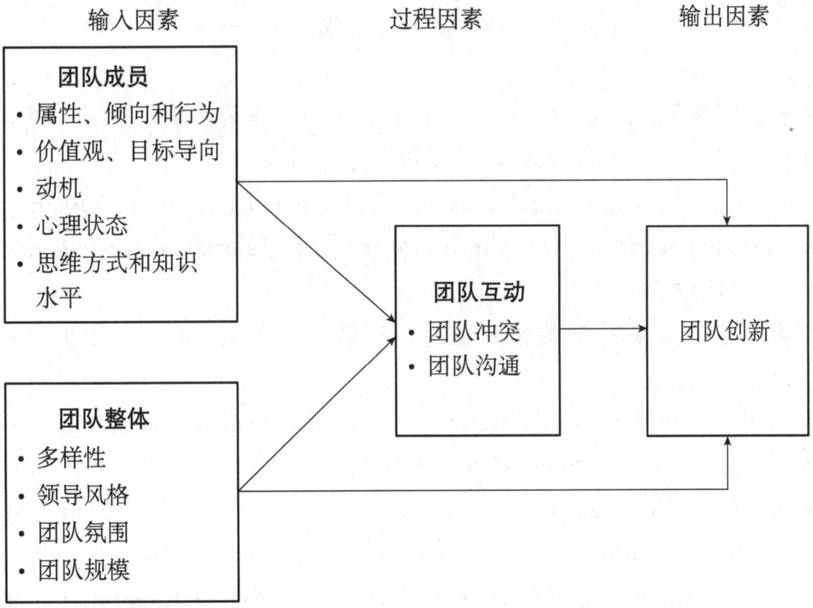

图17-3 团队创新的IPO模型

本章小结及管理启示

本章主要介绍了团队创新的界定、测量方式、影响因素以及团队双元创新的相关知识。这些知识展示了团队创新对于组织的重要性，以及如何测量团队创新，从哪些方面可以改善团队创新。因此，管理者需要正视团队创新，改善组织的方方面面来激发团队创新。

关键术语

双元创新（ambidextrous innovation） 探索式创新（explorative innovation）
利用式创新（exploitative innovation）

思考题

1. 什么是团队创新？
2. 团队创造力与团队创新的区别是什么？
3. 如何衡量团队创新？
4. 什么是团队双元创新？
5. 团队创新的影响因素有哪些？

参考文献

[1] 吴非，胡慧芷，林慧妍，等．企业数字化转型与资本市场表现：来自股票流动性的经验证据［J］．管理世界，2021，37（7）：130－144.

[2] Crossan M M，Apaydin M. A multi-dimensional framework of organizational innovation：a systematic review of the literature［J］. Journal of Management Studies，2010，47（6）：1154－1191.

[3] 郭玥．政府创新补助的信号传递机制与企业创新［J］．中国工业经济，2018（9）：98－116.

[4] Forsell J，Forslund F K，Hammar C E. Group work assessment：assessing social skills at group level［J］. Small Group Research，2020，51（1）：87－124.

[5] Somech A，Drach-Zahavy A. Translating team creativity to innovation implementation［J］. Journal of Management，2013，39（3）：684－708.

[6] West M A. Sparkling fountains or stagnant ponds：an integrative model of creativity and innovation implementation in work groups［J］. Applied Psychology，2002，51（3）：355－387.

[7] George J M. 9 creativity in organizations［J］. Academy of Management Annals，2007，1（1）：439－477.

[8] Cohen S G，Bailey D E. What makes teams work：group effectiveness research from the shop floor to the executive suite［J］. Journal of Management，1997，23（3）：239－290.

[9] Taggar S．Individual creativity and group ability to utilize individual creative resources：a multilevel model［J］. Academy of Management Journal，2002，45（2）：315－330.

［10］Rousseau V，Aubé C，Tremblay S. Team coaching and innovation in work teams：an examination of the motivational and behavioral intervening mechanisms［J］. Leadership & Organization Development Journal，2013，34（4）：334－364.

［11］Thayer A，Petruzzelli A，McClurg C E. Addressing the paradox of the team innovation process：a review and practical considerations［J］. American Psychologist，2018，73：363－375.

［12］韩翼，廖建桥，龙立荣．雇员工作绩效结构模型构建与实证研究［J］. 管理科学学报，2007（5）：62－77.

［13］Burpitt W J，Bigoness W J. Leadership and innovation among teams：the impact of empowerment［J］. Small Group Research，1997，28（3）：414－423.

［14］Welbourne T M，Johnson D E，Erez A. The role-based performance scale：validity analysis of a theory-based measure［J］. Academy of Management Journal，1998，41（5）：540－555.

［15］Drach-Zahavy A，Somech A. Understanding team innovation：the role of team processes and structures［J］. Group Dynamics：Theory，Research，and Practice，2001，5（2）：111－123.

［16］Bell G G. Clusters，networks，and firm innovativeness［J］. Strategic Management Journal，2005，26（3）：287－295.

［17］张光磊，刘善仕，彭娟．组织结构、知识吸收能力与研发团队创新绩效：一个跨层次的检验［J］. 研究与发展管理，2012，24（2）：19－27.

［18］Lovelace K，Shapiro D L，Weingart L R. Maximizing cross-functional new product teams' innovativeness and constraint adherence：a conflict communications perspective［J］. Academy of Management Journal，2001，44（4）：779－793.

［19］Autor D，Dorn D，Hanson G H，et al. Foreign competition and domestic innovation：evidence from US patents［J］. American Economic Review：Insights，2020，2（3）：357－374.

［20］Mahmood I P，Rufin C. Government's dilemma：the role of government in imitation and innovation［J］. Academy of Management Review，2005，30（2）：338－360.

［21］黎文靖，郑曼妮．实质性创新还是策略性创新?：宏观产业政策对微观企业创新的影响［J］. 经济研究，2016，51（4）：60－73.

［22］Gittelman M. National institutions，public-private knowledge flows，and innovation performance：a comparative study of the biotechnology industry in the US and France［J］. Research Policy，2006，35（7）：1052－1068.

［23］周达勇，董必荣．银行信贷与中小企业双元创新投入［J］. 经济管理，2022，44（12）：118－137.

［24］Hirshleifer D，Low A，Teoh S H. Are overconfident CEOs better innovators?［J］. The Journal of Finance，2012，67（4）：1457－1498.

［25］胡国柳，赵阳，胡珺．D&O保险、风险容忍与企业自主创新［J］. 管理世界，

2019，35 (8)：121 - 135.

[26] March J G. Exploration and exploitation in organizational learning [J]. Organization Science，1991，2 (1)：71 - 87.

[27] Lin H E，McDonough E F，Yang J，et al. Aligning knowledge assets for exploitation，exploration，and ambidexterity：a study of companies in high-tech parks in China [J]. Journal of Product Innovation Management，2017，34 (2)：122 - 140.

[28] Jansen J J P，Kostopoulos K C，Mihalache O R，et al. A socio-psychological perspective on team ambidexterity：the contingency role of supportive leadership behaviours [J]. Journal of Management Studies，2016，53 (6)：939 - 965.

[29] 毕晓方，翟淑萍，姜宝强．政府补贴、财务冗余对高新技术企业双元创新的影响 [J]. 会计研究，2017 (1)：46 - 52.

[30] Wang C，Rodan S，Fruin M，et al. Knowledge networks，collaboration networks，and exploratory innovation [J]. Academy of Management Journal，2014，57 (2)：484 - 514.

[31] 杨博旭，王玉荣，李兴光，等．技术多元化对双元创新绩效的影响研究：基于正式与非正式制度环境的视角 [J]. 科学学与科学技术管理，2021，42 (12)：145 - 162.

[32] Uotila J，Maula M，Keil T，et al. Exploration，exploitation，and financial performance：analysis of S&P 500 corporations [J]. Strategic Management Journal，2009，30 (2)：221 - 231.

[33] Jansen J J P，Van Den Bosch F A，Volberda H W. Exploratory innovation，exploitative innovation，and performance：effects of organizational antecedents and environmental moderators [J]. Management Science，2006，52 (11)：1661 - 1674.

[34] Kostopoulos K C，Bozionelos N. Team exploratory and exploitative learning：psychological safety，task conflict，and team performance [J]. Group & Organization Management，2011，36 (3)：385 - 415.

[35] Mumford M D，Hunter S T. Innovation in organizations：a multi-level perspective on creativity [M]. London：Emerald Group Publishing Limited，2005.

[36] Shalley C E，Gilson L L. What leaders need to know：a review of social and contextual factors that can foster or hinder creativity [J]. The Leadership Quarterly，2004，15 (1)：33 - 53.

[37] Hülsheger U R，Anderson N，Salgado J F. Team-level predictors of innovation at work：a comprehensive meta-analysis spanning three decades of research [J]. Journal of Applied Psychology，2009，94 (5)：1128 - 1145.

[38] Feist G J. A meta-analysis of personality in scientific and artistic creativity [J]. Personality and Social Psychology Review，1998，2 (4)：290 - 309.

[39] 钟熙，王甜，彭秋萍．领导信任、消极人格特质与员工创新行为 [J]. 工业工程与管理，2019，24 (6)：132 - 138.

[40] Miron E，Erez M，Naveh E. Do personal characteristics and cultural values

that promote innovation, quality, and efficiency compete or complement each other? [J]. Journal of Organizational Behavior, 2004, 25 (2): 175-199.

[41] 吴颖宣，程学生，杨睿，等. 抗令创新与团队创新绩效关系研究：建言行为和工作自主性的调节作用 [J]. 科学学与科学技术管理，2018，39 (12)：142-155.

[42] Messmann G, Mulder R H. Innovative work behaviour in vocational colleges: understanding how and why innovations are developed [J]. Vocations and Learning, 2011, 4 (1): 63-84.

[43] 董念念，王雪莉. 有志者，事竟成：内在动机倾向、创意质量与创意实施 [J]. 心理学报，2020，52 (6)：801-810.

[44] Scott S G, Bruce R A. Determinants of innovative behavior: a path model of individual innovation in the workplace [J]. Academy of Management Journal, 1994, 37 (3): 580-607.

[45] Baer M. The strength-of-weak-ties perspective on creativity: a comprehensive examination and extension [J]. Journal of Applied Psychology, 2010, 95 (3): 592-601.

[46] Ancona D G, Caldwell D F. Demography and design: predictors of new product team performance [J]. Organization Science, 1992, 3 (3): 321-341.

[47] Zhou W, Vredenburgh D, Rogoff E G. Informational diversity and entrepreneurial team performance: moderating effect of shared leadership [J]. International Entrepreneurship and Management Journal, 2015, 11 (1): 39-55.

[48] Kurtzberg T R. Feeling creative, being creative: an empirical study of diversity and creativity in teams [J]. Creativity Research Journal, 2005, 17 (1): 51-65.

[49] Mainemelis C, Kark R, Epitropaki O. Creative leadership: a multi-context conceptualization [J]. Academy of Management Annals, 2015, 9 (1): 393-482.

[50] Rosing K, Frese M, Bausch A. Explaining the heterogeneity of the leadership-innovation relationship: ambidextrous leadership [J]. The Leadership Quarterly, 2011, 22 (5): 956-974.

[51] Huang L, Gibson C B, Kirkman B L, et al. When is traditionalism an asset and when is it a liability for team innovation? a two-study empirical examination [J]. Journal of International Business Studies, 2017, 48 (6): 693-715.

[52] 薛继东，李海. 团队创新影响因素研究述评 [J]. 外国经济与管理，2009，31 (2)：25-32.

[53] Weingart L R, Todorova G, Cronin M A. Task conflict, problem-solving, and yielding: effects on cognition and performance in functionally diverse innovation teams [J]. Negotiation and Conflict Management Research, 2010, 3 (4): 312-337.

[54] O'Neill T A, Allen N J, Hastings S E. Examining the "pros" and "cons" of team conflict: a team-level meta-analysis of task, relationship, and process conflict [J]. Human Performance, 2013, 26 (3): 236-260.

[55] Kratzer J, Leenders O T A, Engelen J M V. Stimulating the potential: crea-

tive performance and communication in innovation teams [J]. Creativity and Innovation Management, 2004, 13 (1): 63-71.

[56] Salazar M R, Lant T K, Fiore S M, et al. Facilitating innovation in diverse science teams through integrative capacity [J]. Small Group Research, 2012, 43 (5): 527-558.

案例分析

集思广益助推团队创新

大卫是芙恒软件公司的研发总监，他手下的研发团队近年来开发出的多款应用软件广受好评，公司为表彰大卫和他团队的出色业绩，对大卫及其团队内的每位成员给予了巨额奖励，还让大卫和他的团队总结成功的经验，向全公司推广。

大卫在第二天的团队例行会议上与大家一同探讨了团队的成功经验，大卫最先说道："作为研发团队，咱们最强的优势就是创新能力。你们看，咱们团队成员每天都有新的点子，我个人认为点子甚至比方法更重要，咱们这几年做的软件，几乎每一个都因为新颖、务实而深受用户的喜爱，这一点我会特别向公司说明。当然，要不是大家思维都很活跃，经常能够在一起探讨市场、竞争对手和新闻等相关内容，可能就收不到这么好的效果，这一点大家不仅要保持而且还要发扬光大。大家还有补充吗?"会议室里的团队成员都纷纷点头，赞同大卫说的话。大卫的助理补充道："除了领导说的思想创新以外，我们团队的创新执行能力也非常强，如果咱们团队只是提出点子而不将其落实于行动，很难取得像今天这样的成绩。每天大家都在提出新的点子、新的发现，如果没有很强的创新执行能力，咱们的点子、想法就只是点子、想法，不可能变成实际的产品，更不可能变成业绩，大家觉得呢?"又有团队成员说："咱们也有很强的理解能力，彼此的想法很快就能被大家接受，大家也很快就将其付诸行动。另外，大家也发现，每次有新的灵感，真正能够落地其实不是仅靠想出新点子的那个人，而是通过大家的努力。比如之前的那个软件，大卫提出了灵感，大家在讨论以后列出了许多创新点和不足，也认真地分析了其可行性和难点，咱们确定方向以后几乎每天都在头脑风暴，从灵感出发，大家一直在创新，创新实现方式、创新用户界面等。咱们开发的每一款软件其实都凝聚了咱们团队每一个人的创新、凝聚了咱们团队每一个人的灵感，咱们就是这样一步一步地走到了今天。"大卫说："说得很对，这就是对我们整个团队创新的最准确的概括。"

过了一会儿，大卫想了想又接着说："在咱们找成功经验的同时，也应该吸取一些教训。我不知道大家还记不记得之前有一个很好的点子咱们最后没做出来，结果和咱们竞争的另一家公司做出来了，而且还取得了成功。我提这件事的原因是，创新其实并不总是一帆风顺的，有时候大家在创新时遇到瓶颈，反复努力后还是失败了，然后就会有气馁的情绪，会影响团队的士气。这种类似的事情我相信以后可能还会发生，但是如果我们下次再遇到这类事情，我们应该怎么办？我觉得，大家可以想想这个问题。"有团队成员说："以后遇到这种情况，大家一定要共同讨论来解决，如果一个人遇到问题反复思考无果，那么集思广益、群策群力是解决类似问题最有效的方法，因为总有一个人能够想出一些新的东西，有助于我们度过瓶颈期。”大卫听完后说：“有道理。咱们团队的创新不是闭门造车式的，是集思广益式的，是相互沟通式的，是个人创新在团队层面的整合。这次会议过后，我们的经验就要在全公司推广了，以后全公司都会以我们为标杆，我们得继续努力了，大家加油！”

［讨论题］

1. 简要概括案例中团队创新成功的原因。
2. 从团队氛围的视角出发，应该如何促进团队创新？

3M 公司的创新之道

成立了 100 多年的 3M 公司以重视创新和产品繁多而闻名。3M 公司的创新秘诀源于其对团队创新工作的重视。3M 公司非常重视搭建小型创新团队，构建扁平化的组织架构，鼓励每一个团队进行创造性的工作。公司高度重视内部资源共享，支持团队内部与团队之间进行充分的交流，及时将市场信息、技术发展进度等反馈给各个团队。公司要求团队管理者耐心对待员工的创造性想法，容忍创新失败，让员工带着创意前进。另外，公司还设定了一个“15%原则”，是指员工可用 15%的工作时间从事自我或团队创新工作，而无须进行常规的工作。这一系列措施极大地激发了 3M 公司的创新活力，使其源源不断地产出创新成果。

资料来源：员工创新？看看 3M 公司是怎么做的吧［EB/OL］.（2021-03-31）. https://baijiahao. baidu. com/s?id=1695755063529453867&wfr=spider&for=pc.

［讨论题］

1. 3M 公司的创新活力源自什么？
2. 3M 公司的这些措施有什么优缺点？

图书在版编目（CIP）数据

团队建设与管理 / 卫旭华主编. -- 北京：中国人民大学出版社，2024.7
新编 21 世纪研究生系列教材
ISBN 978-7-300-32693-1

Ⅰ. ①团… Ⅱ. ①卫… Ⅲ. ①企业管理-组织管理学-高等职业教育-教材 Ⅳ. ①F272.9

中国国家版本馆 CIP 数据核字（2024）第 061562 号

新编 21 世纪研究生系列教材
团队建设与管理
主编　卫旭华
Tuandui Jianshe yu Guanli

出版发行	中国人民大学出版社		
社　址	北京中关村大街 31 号	**邮政编码**	100080
电　话	010－62511242（总编室）		010－62511770（质管部）
	010－82501766（邮购部）		010－62514148（门市部）
	010－62515195（发行公司）		010－62515275（盗版举报）
网　址	http://www.crup.com.cn		
经　销	新华书店		
印　刷	北京捷迅佳彩印刷有限公司		
开　本	787 mm×1092 mm　1/16	**版　次**	2024 年 7 月第 1 版
印　张	22.5 插页 1	**印　次**	2024 年 7 月第 1 次印刷
字　数	495 000	**定　价**	69.00 元

中国人民大学出版社　管理分社

教师教学服务说明

中国人民大学出版社管理分社以出版工商管理和公共管理类精品图书为宗旨。为更好地服务一线教师，我们着力建设了一批数字化、立体化的网络教学资源。教师可以通过以下方式获得免费下载教学资源的权限：

★ 在中国人民大学出版社网站 www.crup.com.cn 进行注册，注册后进入“会员中心”，在左侧点击“我的教师认证”，填写相关信息，提交后等待审核。我们将在一个工作日内为您开通相关资源的下载权限。

★ 如您急需教学资源或需要其他帮助，请加入教师 QQ 群或在工作时间与我们联络。

中国人民大学出版社　管理分社

教师 QQ 群：648333426（工商管理）　114970332（财会）　648117133（公共管理）
教师群仅限教师加入，入群请备注（学校＋姓名）

联系电话：010-62515735，62515987，62515782，82501048，62514760

电子邮箱：glcbfs@crup.com.cn

通讯地址：北京市海淀区中关村大街甲 59 号文化大厦 1501 室（100872）

管理书社　　人大社财会　　公共管理与政治学悦读坊